中国现象学文库
现象学研究丛书

现象学及其效应

——胡塞尔与当代德国哲学

倪梁康 著

商務印書館
创于1897 The Commercial Press
2019年·北京

图书在版编目(CIP)数据

现象学及其效应/倪梁康著．—北京：商务印书馆，2014（2019.4重印）
（中国现象学文库．现象学研究丛书）
ISBN 978-7-100-09399-6

Ⅰ.①现… Ⅱ.①倪… Ⅲ.①现象学—研究 Ⅳ.①B81-06

中国版本图书馆 CIP 数据核字(2012)第 213673 号

中国现象学文库
现象学研究丛书

现象学及其效应
——胡塞尔与当代德国哲学
倪梁康 著

商务印书馆出版
（北京王府井大街36号 邮政编码100710）
商务印书馆发行
北京市艺辉印刷有限公司印刷
ISBN 978-7-100-09399-6

2014年2月第1版 开本 880×1230 1/32
2019年4月北京第2次印刷 印张 12

定价：35.00元

《中国现象学文库》总序

自20世纪80年代以来，现象学在汉语学术界引发了广泛的兴趣，渐成一门显学。1994年10月在南京成立中国现象学专业委员会，此后基本上保持着每年一会一刊的运作节奏。稍后香港的现象学学者们在香港独立成立学会，与设在大陆的中国现象学专业委员会常有友好合作，共同推进汉语现象学哲学事业的发展。

中国现象学学者这些年来对域外现象学著作的翻译、对现象学哲学的介绍和研究著述，无论在数量还是在质量上均值得称道，在我国当代西学研究中占据着重要地位。然而，我们也不能不看到，中国的现象学事业才刚刚起步，即便与东亚邻国日本和韩国相比，我们的译介和研究也还差了一大截。又由于缺乏统筹规划，此间出版的翻译和著述成果散见于多家出版社，选题杂乱，不成系统，致使我国现象学翻译和研究事业未显示整体推进的全部效应和影响。

有鉴于此，中国现象学专业委员会与香港中文大学现象学与当代哲学资料中心合作，编辑出版《中国现象学文库》丛书。《文库》分为"现象学原典译丛"与"现象学研究丛书"两个系列，前者收译作，包括现象学经典与国外现象学研究著作的汉译；后者收中国学者的现象学著述。《文库》初期以整理旧译和旧作为主，逐步过渡到出版首版作品，希望汉语学术界现象学方面的主要成果能以《文库》统一格式集中推出。

我们期待着学界同仁和广大读者的关心和支持，藉《文库》这个园地，共同促进中国的现象学哲学事业的发展。

《中国现象学文库》编委会

2007年1月26日

谨将此书
献给
我的导师和朋友
耿宁

现象学赠予我们以道路的可能性。

——海德格尔

所有现象学的都是清楚明白的；但并非所有清楚明白的都是现象学的。

——罗姆巴赫

目　录

下篇

现象学在当代德国哲学中的效应

附录

绪　论

1. 当代西方哲学主要趋向。现象学在当代西方哲学整个视域中的位置

西方哲学发展到现代，各种学说和流派的兴起和衰落似乎加快了节奏。古代的柏拉图主义和亚里士多德主义，甚至连近代理性主义和经验主义都延续了几百年之久。而时至今日，一个哲学流派的广泛影响一般不会超过三分之一个世纪。上一个世纪西方哲学中的叔本华(A. Schopenhauer)、尼采(F. Nietzsche)，本世纪的柏格森(H. Bergson)主义、存在主义、现象学运动、分析哲学运动、结构主义、西方马克思主义以及如此等等，它们在社会生活中的平均寿命都没有超出过三十年。所以，一个哲学论题、一种哲学追求作为一个"运动"出现，这是西方哲学在现代的特产。这些运动此起彼伏，而且每一个运动都有可能在消失之后再次兴起。西方马克思主义的著名代表人物恩斯特·布洛赫(E. Bloch)将这种现象称之为"哲学之谜"："我们只要看一下黑格尔(G. W. F. Hegel)的例子便可：他已经彻底地结束了，在上世纪的四十年代和五十年代里，没人知道他的名字，甚至没人能写对他的名字。但后来怎么样了呢？黑格尔几乎无处不在。相反，其他一些哲学家如叔本华在一段时间里又同样神秘地遭到贬低。另一些较小的哲学人物如施本格勒(O. Spengler)则完全地消失了。这里面包含着哲学本身之谜。这是如何可能的？叔

本华的悲观主义曾影响过成千上万的人，为什么现在没有人再受到他的推动？这本身便是一个哲学问题。”[①]对于今日哲学的“运动性”这一“哲学问题”，还有许多哲学家发出过类似的感叹。

也许，当代哲学运动的兴衰之谜的答案恰恰包含在当代哲学运动本身的特征之中。“哲学运动”这一概念一方面表达了各种哲学思潮的起落性，另一方面则指明了这种哲学思潮的普及性。后者实际上是前者的主要前提。换言之，如果一个哲学运动“兴”得不普及，那么它必定也不会“衰”得明显；反过来说，一个哲学运动兴盛得越是广泛，那么它的衰落给人的印象便会越显著。也许是由于科学技术为人们提供了现代的先进传播媒介的缘故，各种哲学思想在以往的任何一个时代中都没有像今天（十九、二十世纪）这样在社会生活中发挥如此普遍的影响，以至于它们的迅速衰落会引起人们的惊异；而且影响的广泛和影响的久远似乎越来越不成比例。例如，1987 年至 1989 年，在发表维克多·法利亚斯（Victor Farias）《海德格尔与纳粹主义》一书的法、德文本时，连德国各地的地方小报也在频频地、大块地登载各种争论文章，但到了 1990 年以后，“海德格尔事件”（der Fall Heidegger）就已经在报纸和电视上消声匿迹，像从未发生过一样。由此看来，西方哲学各思潮的兴衰之谜与它最主要的现代特征有关，这个特征便是它们影响和效果的广泛性。

但这里对“哲学运动”的影响所作的分析显然还不够全面。“哲学运动是效果史的现象。它们掩盖了学院哲学的不断进程，这些学院哲学的漫长节奏与论题和学派的急快变化是不谐调的。”[②]我相信，哈贝马斯（J. Habermas）在说这番话时，他已经注意到，任何一门

① 转引自“体系的时代已经结束——恩斯特·布洛赫谈话录”，载于《思维就意味着超越——纪念恩斯特·布洛赫文集》，法兰克福/美茵，1982 年，第 19 页。

② 哈贝马斯：《后形而上学思维》，法兰克福/美茵，1988 年，第 11 页。

哲学学说都可以具有双重意义上的影响和效果：它的理论（学院）效应和它的实践（社会）影响；前者往往可以持久而深远，后者则一般是广泛而短暂。我们可以在二十世纪西方哲学的各个流派的发展中把握到这一事实。在这部书中，我们所要关注的主要是前一种影响。

按哈贝马斯的说法，西方哲学在二十世纪已经提供了四个最重要的"哲学运动"：1）现象学运动；2）分析哲学运动；3）结构主义运动；4）西方马克思主义运动。撇开后两个运动不论，现象学运动和分析哲学运动代表了欧洲大陆哲学和英、美哲学中最主要的思潮，"它们在各自的领域中留下了最深刻的痕迹。它们早已找到了自己的历史学家并且找到了对它们自己的标准说明。"哈贝马斯认为，现象学运动的奠基性著作是胡塞尔（Edmund Husserl）的《逻辑研究》，分析哲学运动的奠基性著作是摩尔（G. E. Moore）的《伦理学原理》和罗素（B. Russell）、怀特海（A. F. Whitehead）的《数学原理》；而维特根斯坦（L. Wittgenstein）的《逻辑哲学论》和《哲学研究》，海德格尔（M. Heidegger）的《存在与时间》和《关于人道主义的通信》则分别标志着这两个运动的转折和突破。①

哈贝马斯的这一划分还是很粗糙的。我在后面将会指出另一种划分哲学思潮的角度。但哈贝马斯的划分已足以能够为读者确定我们在这里将要讨论的课题在西方哲学的整个视域中的位置，这个论题便是：现象学运动，并且更进一步说：胡塞尔的现象学以及它所产生的效应。

伽达默尔（Hans-Georg Gadamer）在二十世纪六十年代初便认为，"撰写一部现象学运动史"的时间已经成熟。这句话一般说来可以被理解为：现象学运动已经成为过去、已经成为历史。我们可以在

① 参阅哈贝马斯：《后形而上学思维》，第 11－12 页。

一定的距离中考察这一哲学的历史现象。[①] 实际上，在这之前(1960年)，曾留学于德国弗莱堡大学的美国现象学家 H. 施皮格伯格(H. Spiegelberg)就已在《现象学丛书》中发表了《现象学运动——历史导引》(海牙，1960 年)一书。此后人们还作过多次有效的尝试。伽达默尔本人也曾写过“现象学运动”的文章。[②] 现象学家们在这方面最系统的一次合作在 1988 年纪念胡塞尔逝世五十周年时取得成效。由弗莱堡大学胡塞尔文库汉斯－赖纳・塞普(Hans-Rainer Sepp)主编的《胡塞尔和现象学运动》一书(弗莱堡，1988 年)出版，该书图文并茂，其中不仅载有伽达默尔和一批在世的著名现象学家的文章，而且还提供了大量的有关现象学运动的历史资料。而有关现象学运动的专著，则分别由几位权威性的现象学家合作完成：关于胡塞尔及其哲学思想的论著《埃德蒙德・胡塞尔——对他的思想的阐述》(汉堡，1989 年)由三位著名的瑞士现象学家鲁道夫・贝耐特(Rudolf Bernet)、伊索・凯恩(Iso Kern)、爱德华・马尔巴赫(Eduard Marbach)和《胡塞尔全集》编委合作撰写；关于现象学运动在德国进一步发展的专著由著名的女哲学家、当时的科隆大学胡塞尔文库主任伊丽莎白・施特雷克(Elisabeth Stroeker)和著名现象学哲学家保罗・江森(Paul Janssen)合作撰写，题为《现象学的哲学》(弗莱堡，1989年)；关于现象学运动在法国的发展则由著名哲学家伯恩哈特・瓦尔登菲尔茨(Bernhard Waldenfels)撰写，题为《现象学在法国》(法兰克福/美茵，1987 年)；现象学在各个学科以及在世界各个地区的发展和研究现状也在 B. 瓦尔登菲尔茨的近作《现象学引论》(慕尼黑，

---

① 参阅《哲学评论》第 11 期，1963 年，第 1 页；转引自海尔曼・施密茨(Hermann Schmitz)：《新现象学》，波恩，1980 年，第 5 页。

② 参阅伽达默尔：《新近哲学》第一卷，《伽达默尔全集》第三卷，图宾根，1987 年，第 105－146 页。

1992 年)中得到描述和概括。除此之外,几十年来有关胡塞尔现象学的著述以及现象学文献可谓汗牛而充栋,令人有目不暇接之感。哈贝马斯 1987 年曾说:现象学运动“早已找到了自己的历史学家”并且找到了“对它自己的标准说明”,这段话可以被看作是对伽达默尔 1963 年所提的“为现象学运动撰写历史”这一要求的一个总结性回应。

然而,所有这些尝试都是对现象学运动本身发生、发展历史的展示和反思,而不是一个哲学家或一个哲学流派本身广义上的“效果史”或“作用史”。这与我们在前面所说的一个哲学思潮的理论效应和实践影响是相对应的。从前一个角度上看,不仅作为现象学运动之首的胡塞尔现象学已成为历史,而且整个现象学运动也已成为过去,在某种程度上已退出社会生活。而从后一个角度来看,不但胡塞尔的现象学和由此而引发的现象学运动的影响对于欧洲大陆哲学来说始终是当下的(例如,伽达默尔本人也强调他的解释学以现象学为基础①);而且甚至可以说,哲学史上任何一个重要哲学家和哲学流派的作用都是伸手可及的。从这个意义上看,例如认为整个西方哲学史是对柏拉图哲学的注释,以及其他与此类似的说法,都具有一定的合理性。

胡塞尔的思想仍在发生着影响。这种影响是一种理论效应意义上的影响,它表现在:一方面,胡塞尔所使用的现象学方法不仅为欧洲大陆本世纪最重要的哲学思潮——现象学运动的产生和发展提供了基础,而且它还影响了现象学运动以后的西方哲学、心理学/病理学、美学/文学/艺术论、社会哲学/法哲学、神学/宗教理论、教育学、逻辑学/数学/自然科学,甚至经济学等等学科的问题提出和方法操

---

① 参阅伽达默尔:《解释学》第二卷,《伽达默尔全集》第二卷,图宾根,1986 年,第 446 页。

作。另一方面，无论是赞成他还是反对他，人们都无法避开他，都必须对他提出的问题作出回答。虽然认识的现象学或理论现象学始终处在胡塞尔哲学兴趣的中心，但他在一生的哲学追求中所把握到的生活真谛远远不局限在理论理性领域。他所指出的其他各个思维方向也在很大程度上决定了二十世纪西方思想的发展，以至于对胡塞尔的不理解同时也就意味着对当代西方哲学，至少是对欧洲大陆哲学的认识上的狭隘性。

我们在前面谈及哈贝马斯对当代西方哲学四个运动的划分时曾批评这种划分的粗糙性，因为它给人的感觉就好像西方哲学是由四条大小不一、各行其道的河流所组成，这种感觉在涉及各个哲学运动的相互关系和相互影响时尤为明显。因而，我更为赞赏由德国哲学家和哲学史家瓦尔特·舒尔茨（Walter Schulz）所提供的另一种做法。他在《变化了的世界中的哲学》（普夫林根，1972 年）一书中对西方当代哲学的各种走向进行了整体的把握。这部著作作为对当代西方哲学的总体透视虽然在材料上已有陈旧之感，不可能展示近二十年来西方哲学的最新进程，但它对当代西方各种哲学基本趋向的理解与析出在今天仍然是准确而有效的。舒尔茨认为，当代西方哲学由五种趋向所组成：1）“科学化”的趋向：这一趋向表现在胡塞尔哲学、逻辑实证主义、语言分析哲学、科学哲学以及现代物理学、现代社会学、信息论、社会信息论等等哲学流派和学说之中；2）“内在化”的趋向：这一趋向的代表人物是基尔凯戈尔（S. Kierkegaard）、胡塞尔、海德格尔、萨特（J.-P. Sartre）、雅斯贝尔斯（K. Jaspers）；3）“精神化”和“肉体化”的趋向：“精神化”的趋向由柏拉图起，至黑格尔止，“肉体化”的趋向则自费尔巴哈（L. Feuerbach）和谢林（F. W. J. v. Schelling）始，而后在基尔凯戈尔、叔本华、尼采的哲学中以及在舍勒（M. Scheler）、普勒斯纳（H. Plessner）和格伦（A. Gehlen）的哲学人类学中的到发展;4)“历史化”的趋向:这种趋向一方面反映在从狄尔泰(W. Dilthey)的生命哲学、到海德格尔的生存哲学和伽达默尔的解释学哲学的发展中,另一方面也反映在马克思(K. Marx)、孔德(A. Comte)、布克哈特(J. Burckhardt)、尼采、施本格勒等人的哲学思想中:5)“责任化”的趋向:这一趋向与伦理学领域有关,指明了当代西方伦理学哲学所探讨的中心课题。舒尔茨的这一划分较好地照顾到了在各哲学流派和学说之内的各种理论可能性,较好地勾画了在各哲学流派和学说之间错综复杂的交互关系。以胡塞尔为例,显而易见,不仅他的“哲学作为严格的科学”和“面对实事本身”的著名口号使他在“科学化”和“内在化”的哲学趋向中占有一席之地;而且,他后期对“生活世界”和“交互主体性”问题的关注和探讨在哲学“肉体化”和“历史化”的努力中也发挥着重大的、直接的影响;此外,我们以后将会清楚地看到,胡塞尔还间接地作用于伦理学的“责任化”趋向。胡塞尔似乎是无处不在的。

雅斯贝尔斯的学生、瑞士巴塞尔大学著名的女哲学家燕尼·海尔施(Jeanne Hersch)在她的《哲学的惊异》一书中表述了许多非现象学的哲学家和哲学研究者的共同想法,她在其中坦率地说:“胡塞尔不是‘我的’哲学家。对于我来说,他的哲思太令人捉摸不透,他用过多和过于复杂的语言来表述他对直接性的要求,有时我甚至不知道,这是一种深刻性呢,还是一种‘模糊性’。我恨不得能将他干脆置而不论,因为在构想这本书时已经考虑到:它可以是不完整、不连贯的。但这种置而不论的做法是不可能的:胡塞尔对当代哲学以及对各种精神科学的影响实在太明显、太深刻了。于是我只能尽力而为之。”[①]海尔施的这段话一方面概括了胡塞尔哲学对当代德国哲学的

① 燕尼·海尔施:《哲学的惊异》,慕尼黑,1981年,第304页。

重要影响；胡塞尔本人已经部分地体验到他自己思想所带来的影响，并且他也看到了他的哲学方法为欧洲哲学所划定的新的时代——现象学的时代。胡塞尔所说的“我对未来抱有绝对的把握”[①]一语，尽管带有一种独断论的乐观主义色彩，但却在很大程度上预见到了现象学运动变革特征和它影响的深远性。我们在后面的展开的论述将会一再地证实这种影响。

而另一方面，海尔施的这段话也表明了胡塞尔哲学的晦涩特征和由此而带来的理解与传播方面的艰难。实际上，现象学研究界曾经已经多次讨论过这一问题，因为它显然是造成现象学哲学影响大都局限在学院哲学范围内的主要原因之一。例如，德国现象学学会主席K.黑尔德(K.Held)教授便认为：“由于胡塞尔是犹太人，因此他的后期著作在第三帝国不能出版，从而当人们在五六十年代在德国的大学内外热烈地讨论海德格尔与萨特时，却中断了对他的思想的分析”，从而造成了哲学界对胡塞尔的长时期“避而不论”，导致了“纳粹主义保留下来的一个胜利”，导致“德国在经济奇迹时期文化事件中的一个耻辱”；但除了这个原因之外，“人们必须承认另一方面的因素：胡塞尔的讲坛哲学的晦涩文体从一开始就无法像存在哲学所具有的那种易于把握的表述方式那样适合于公众讨论”。[②] 关于后面这点，甚至连胡塞尔本人也不否认。他曾在一封信中写道：“如果说我的思想给人们的理解造成了巨大的困难，那么这种情况也适用于我本人。我只能在精神新鲜、思路清晰的时间里才能理解我的思

① 转引自阿维-拉勒蒙：“现象学运动——起源、开端、展望”，载于《胡塞尔与现象学运动》，第75页。

② K.黑尔德：“导言”，载于《现象学的方法——胡塞尔文选Ⅰ》，斯图加特，1985年，第6页。

想；而在过度工作之后，连我自己也无法把握它们"[①]。可以说，理解胡塞尔比理解其他任何一个当代哲学家都要花费更多的力气。

我在这里愿意借用海尔施的忠告："但我要告诫读者：只有当人们能够成功地与一位哲学家一同思维（mitdenken）时，他才能理解这位哲学家。"[②]所谓一同思维，用解释学的术语来说，就是要进入到胡塞尔本人的思维视域中去，尽可能地将自己的思维视域包容下胡塞尔的思维视域，从而做到从胡塞尔的角度出发理解和考察现象学的问题。而要进入和包容胡塞尔的思维视域所必须具备的重要前提，就是要尽可能充分地把握与胡塞尔以及与现象学运动有关的历史材料和理论材料。

但历史材料和理论材料的提供仅仅是本书的主要目的之一，另一个更为重要的意图还在于分析胡塞尔现象学的"得"与"失"。在这里，"得"是指胡塞尔哲学在哲学史、思想史上所具有的重要地位，其中包括它所阐明的新的思维方式和思路可能性，它对后来的各种哲学思潮所产生的革命性、突破性影响；"失"则意味着这门哲学的局限性（实际上也是人类思维的局限性），它之所以被后人改造、被后人逾越的原因和理由。如果读者在读过本书之后能认为以上这两个目的已经达到，我便可以允许自己认为这部书是成功的。

2.胡塞尔现象学与现象学运动的形成与发展

现象学与现象学运动的整个产生、发展过程可以分为三个部分：A）胡塞尔对现象学的创立；B）胡塞尔所领导或经历的现象学运动三

---

① 转引自阿维－拉勒蒙："现象学运动——起源、开端、展望"，载于《现象学的方法——胡塞尔文选Ⅰ》，第75页。

② 燕尼·海尔施：《哲学的惊异》，第304页。

阶段;C)胡塞尔去世后的现象学运动。

A. 胡塞尔与现象学的创立

1859 年 4 月 8 日,胡塞尔出生在麦伦地区的一个叫普罗斯尼茨的小城镇上。他的父亲是一个布商。父母都是犹太人。在读了几年小学之后,胡塞尔在九岁时由父亲的一个亲戚带到维也纳去读书,以便日后能进入文科中学学习。1876 年,胡塞尔从维也纳的文科中学毕业。他的成绩不好,几乎不能通过毕业考试。但他临时抱佛脚,日夜加班准备,终于得以毕业。然而,恰恰是在这段毕业前的突击准备过程中,胡塞尔对数学发生了浓厚的兴趣。

1876 年秋,胡塞尔开始他的大学学习生涯。在莱比锡大学,他先听了三个学期的天文学课程,同时也听了一些数学、物理学和哲学的讲座。在莱比锡大学,胡塞尔认识了以后成为捷克斯洛伐克共和国总统(1918 – 1935 年)的托马斯·G. 马塞里克(Thomas Masaryk)。马塞里克使胡塞尔注意到近代哲学的开端,注意到笛卡尔(R. Descartes)、莱布尼茨(G. W. Leibniz)和英国经验主义。最主要的是胡塞尔通过马塞里克而了解到一个几年后对他一生的哲学道路具有决定性影响的同时代哲学家——弗兰茨·布伦塔诺(Franz Brentano)。两年后胡塞尔转学到柏林大学,注册学习数学和哲学。在学习了六个学期之后,胡塞尔又转到维也纳,打算在那里攻读数学博士学位。1882 年秋,他的博士论文"变量计算理论的论文集"获得认可。

在维也纳期间,胡塞尔继续与马塞里克交往。在马塞里克的影响下,胡塞尔开始研究新约圣经,由此而产生的宗教方面的经验使胡塞尔开始从数学研究转向哲学研究,以便——他在四十年后所做的回顾中这样写道——"借助于一门严格哲学的科学来找到通向上帝和通向真正生活的道路”[1]。此后，胡塞尔又在柏林听了数学家魏尔斯特拉斯(K. Weierstrass)一个学期的数学课。在服了一年兵役之后，胡塞尔回到维也纳，跟随布伦塔诺学习哲学。在“回忆布伦塔诺”一文中，胡塞尔自己曾回顾布伦塔诺对他的影响：“从布伦塔诺的讲座中，我获得了一种信念，它给我勇气去选择哲学作为终生的职业，这种信念就是：哲学也是一个严肃工作的领域，哲学也可以并且也必须在严格科学的精神中受到探讨。他解决任何问题时所采取的纯粹实事性，他处理疑难问题的方式，对各种可能的论据的细致而辩证的考虑，对各种歧义的划分，将所有哲学概念都回溯到它们在直观中的原初源泉上去的做法——所有这一切都使我对他满怀钦佩和信任。”[2]

这一时期对胡塞尔有重要影响的另一位哲学家是卡尔·施通普夫(Karl Stumpf)，胡塞尔以后发表的最重要著作《逻辑研究》便是题献给他的。布伦塔诺的描述心理学研究和施通普夫的声音感觉分析为胡塞尔的现象学的建立奠定了基础。施通普夫本人也是布伦塔诺的学生，当时在萨勒河畔的哈勒大学任教。胡塞尔在维也纳大学随布伦塔诺学习了几个学期之后，便遵照布伦塔诺的推荐于1886年到施通普夫那里准备任教资格考试。胡塞尔到哈勒时只有二十七岁，在一年的时间里，他在施通普夫那里通过了教授资格考试。获得任教资格的这一年也是胡塞尔结婚的一年。他的妻子马尔维娜(Marvine)也是犹太人血统。女儿伊丽莎白(Elisabeth)、长子格哈特(Gerhart)和幼子沃尔夫冈(Wolfgang)分别于1892、1893和1895年出生。

获得任教资格后，胡塞尔的生活与其他大学教师从外表上看并

---

① 引自《胡塞尔与现象学运动》，第131页。

② 引自《胡塞尔与现象学运动》，第132页。

没有很大区别。但在胡塞尔的内心世界中，一个“哲学工作者”的第二生命已经展开。他不信任哲学中的大话和空话，要求把哲学史上的“大纸票”兑换成有效的“小零钱”；他相信哲学所具有的伟大任务，但认为只有在完全澄清了这些任务的意义内涵的起源之后，才有可能解决这些任务；他拒绝形而上学的思辨，主张在“看”、在“直观”中把握到实事本身。可以说，胡塞尔思维的现象学特征在他的哈勒时期已基本形成。也正是由于掌握了这种方法，他以后从心理主义向反心理主义的过渡才得以可能；并且我们在后面将会看到，这种方法最后成为现象学运动的最突出标志。

胡塞尔的任教资格论文《论数的概念》得以付印，但未能进入书店出售。四年后，胡塞尔发表的第一部著作《算术哲学》重新采纳和提出了他任教资格论文中的基本问题。在这部书中，胡塞尔试图通过对数学基本概念的澄清来稳定数学的基础。这种以数学和逻辑学为例，对基本概念进行澄清的做法以后始终在胡塞尔哲学研究中得到运用，成为胡塞尔现象学操作的一个中心方法。由于胡塞尔在《算术哲学》中对基本概念的澄清是在对心理行为的描述心理学分析中进行的，因而在此书发表后不久，他便受到了指责。最主要的批评来自数学家和逻辑学家 G. 弗雷格（Gottlob Frege），他在《算术哲学》一书的书评中指出胡塞尔把客观的数学内涵加以心理学化。此后，胡塞尔的研究的主要兴趣便在于建立“纯粹的”、“本质的”或“意向的”心理学，使它成为任何一门经验心理学的基础。

胡塞尔本来计划出版《算术哲学》的第二卷，但后来便因这部书的哲学起点不够稳定而放弃了这个打算。心理主义的困境使他放弃了这个立场并开始转向它的对立面。几年后，胡塞尔在回顾这一转折时说：“一系列无法避免的问题……不断地阻碍并最终中断了我多年来为从哲学上澄清纯粹数学所做的努力的进程。除了有关数学基本概念和基本观点的起源问题之外，我所做的努力主要与数学理论和方法方面的难题有关。那些对传统的和改革后的逻辑学的阐述来说显而易见的东西，即：演绎科学的理性本质及其形式统一和象征方法，在我对现有演绎科学所做的研究中却显得模糊可疑。我分析得越深入，便越是意识到：抱有阐明现时科学之使命的当今逻辑学甚至尚未达到现实科学的水准。……而我在另一个方向上却纠缠在一般逻辑学和认识论的问题中。我那时以流行的信念为出发点，即坚信：演绎科学的逻辑学和一般逻辑学一样，对它们的哲学阐明必须寄希望于心理学。因此，在我《算术哲学》的第一卷（也是唯一发表的一卷）中，心理学的研究占了极大的篇幅。我对这种心理学的奠基从未感到过完全满意。在论及数学表象的起源，或者，在论及确实是由心理因素所决定的实践方法的形成时，我感到心理学分析的成就是明白清晰而且富于教益的。然而，思维的心理联系如何过渡到思维内容的逻辑统一（理论的统一）上去，在这个问题上我却无法获得足够的连贯性和清晰性。此外，数学的客观性以及所有科学的客观性如何去俯就心理学对逻辑的论证，这个原则性的怀疑就更使我感到不安了。这样，我建立在流行的心理学信念——用心理学分析来逻辑地阐明现有的科学——之上的全部方法便发生了动摇，这种情况愈来愈迫使我对逻辑学的本质，尤其是对认识的主观性和认识内容的客观性之间的关系做出普遍批判的反思。每当我对逻辑学提出一定的问题并期望从它那里得到解答时，它给我的总是失望，以至于最后我不得不决定：完全中断我的哲学－数学研究，直到我在认识论的基本问题上以及在对作为科学的逻辑学的批判理解中获得更可靠的明晰性为止。”①

① 胡塞尔：《逻辑研究》第一卷，A V/B V。

因此，胡塞尔在九十年代将其主要精力放在探讨逻辑学和认识论的基本问题上。他在此期间发表的一系列文章为以后的《逻辑研究》奠定了基础。几年后，即 1900 年，胡塞尔的巨著《逻辑研究》第一卷发表，题为《纯粹逻辑学导引》。在这一卷中，胡塞尔反驳了当时在哲学界占统治地位的心理主义观点，即认为逻辑概念和逻辑规律是心理的构成物的观点；这实际上是胡塞尔本人原来所持的观点。所以胡塞尔在《逻辑研究》的前言中曾引用歌德的话来形容他对心理主义的批判："没有什么能比对已犯过的错误的批评更严厉了。"[①]这些批判在当时结束了心理主义的统治，而且在今天，无论人们把逻辑定理看作是分析的还是综合的，这些批判仍然还保持着它们的有效性。可以说，随着这一卷的发表，心理主义这种形式的怀疑论连同有关心理主义的讨论在哲学史上最终被归入了档案。在一年之后，胡塞尔又出版了《逻辑研究》的第二卷：《现象学与认识论研究》，它们由六项研究组成。在这六项研究中，胡塞尔通过对意识的现象学本质分析揭示了逻辑对象的观念性，由此而试图从认识论上为逻辑学奠定基础；分析的结果表明，在一种特殊的范畴直观中可以把握到所有观念的、范畴的对象。这种范畴直观便是后来被称之为"本质直观"、"观念直观"或"本质还原"的方法。

《逻辑研究》一书在西方哲学史上的重要地位是确定无疑的。只要看一眼与它有关的哲学史资料和人们今天对它的评价和定论，我们便可以知道，无论是在当时，还是在九十多年后的今天，它的作用和影响在二十世纪都只有少数几部哲学著作能够与之比拟。也正是在《逻辑研究》所获得的广泛而深入的影响的基础上，一个由当时最出色的思想家所组成的现象学运动之势才有可能形成。

---

① 胡塞尔：《逻辑研究》第一卷，A VIII/B VIII。

直至今日,这部著作也始终被西方的哲学家们公认为是胡塞尔现象学的最重要著作,并且被普遍看作是哲学自近代以来最重要的创作之一。其原因在于,这部著作不仅在很大程度上规定了胡塞尔的同时代人如海德格尔、舍勒、尼古拉·哈特曼、萨特、梅洛-庞蒂、英加尔登、古尔维奇、许茨等一大批重要哲学家的思维方向,而且它的作用已经远远超出了哲学领域。用比利时卢汶大学胡塞尔文库教授、著名现象学家 R.贝耐特的话来说:"这部著作的影响几乎是无法界定的:从新康德主义、现象学基础本体论和早期结构主义语言学,到当今语言哲学和认知心理学所提出的问题,它的影响无处不在。"[①]所以,如果说这部著作提供了理解二十世纪西方哲学或西方思维的基础,那么这绝非是一种夸张。就目前而言,西方哲学界一方面有愈来愈多的人看到了现象学分析和当代语言分析哲学之间所具有的亲和力,另一方面有愈来愈多的现象学家和非现象学家开始拒绝在胡塞尔后期思想中所形成的现象学唯心主义,在这种情况下,胡塞尔的这部早期著作所引起的兴趣和关注便愈来愈大。

B.第一期现象学运动的三个阶段

随着《逻辑研究》的发表,现象学第一次出现在公众面前,由此而揭开了在二十世纪欧洲大陆影响最广泛的哲学运动——现象学运动的序幕。慕尼黑的现象学哲学家阿维-拉勒蒙(E. Ave-Lallemant)将最广义上的现象学运动划分为两个圆周:第一个圆周由《逻辑研究》的发表起,至胡塞尔 1938 年逝世止,前后三十多年,是胡塞尔本人身临其中的现象学发展时期;第二个圆周则是指胡塞尔去世后现

① R.贝耐特:《哲学著作辞典》,斯图加特,1988 年,第 425 页。

象学运动至今为止的发展。[①]

《逻辑研究》第二卷发表的同一年，教育部建议任命胡塞尔为哥廷根大学哲学正教授。但教育部的这一建议遭到哥廷根大学哲学教授们的抵制，最后教育部不得不为胡塞尔设立一个特别教习。职业上的这一不顺利也给胡塞尔对自己能成为一名真正的哲学家的信念造成内在的危机。按 W. 比梅尔（Walter Biemel）的说法，"看来，这种'同行相轻'对他的触动远比他承认的更大。"[②]但无论如何，胡塞尔于 1901 年来到了哥廷根，并且在他周围很快聚拢了一批有志于现象学的青年学者。到了 1904 年，现象学作为一个哲学运动已正式形成。现象学运动史上第一个圆周的第一阶段可以说是从这时才真正开始。这一年，胡塞尔在慕尼黑与那里的现象学家们相会。1905 年慕尼黑现象学派和哥廷根现象学派开始进行相互交流。

从 1910 年至 1912 年期间，年轻的现象学经历了第一个繁荣期。一大批著名的现象学文论在此期间得以发表。在由胡塞尔主编并于 1913 年出版的《哲学和现象学研究年刊》第一卷上，第一批现象学的代表人物得以崭露头角。在这批现象学家中包括有马克斯·舍勒（Max Scheler）、亚力山大·普凡德尔（Alexander Pfaender）、莫里茨·盖格（Moritz Geiger）、阿道夫·莱纳赫（Adolf Reinach）、约翰·道伯特（Johanes Daubert）、特奥多尔·康拉特（Theodor Conrad）、威廉·沙普（Wilhelm Schapp）等等。在《年刊》第一期上刊登的舍勒的《伦理学中的形式主义与质料的价值伦理学》是这一时期除胡塞尔的著作之外最富影响的现象学经典著述。

---

① 阿维－拉勒蒙："现象学运动——起源、开端、展望"，载于《胡塞尔与现象学运动》，第 61－75 页。

② W. 比梅尔："出版者序言"，载于胡塞尔，《现象学的观念》，《胡塞尔全集》第二卷，海牙，1973 年，第 Ⅶ 页（中译本，第 1 页）。

胡塞尔本人在《年刊》第一期（1913 年）上发表的《纯粹现象学和现象学哲学的观念》第一卷则公开表明他的思想已经进入到一个新的阶段。胡塞尔思想的发展有其内在的必然性，这部著作是他六七年深思熟虑的结果。胡塞尔 1907 年在哥廷根大学所做的五次讲座稿《现象学的观念》于 1950 年作为《胡塞尔全集》第二卷发表，它显示出，胡塞尔在这时已经坚定地完成了他的第二次思想转变。在发表《纯粹现象学和现象学哲学的观念》第一卷的同一年，胡塞尔在为《逻辑研究》第二版所写的"引论"中有意识地强调从《逻辑研究》向《纯粹现象学和现象学哲学的观念》过渡的必然性："《逻辑研究》是一部突破性著作，因而它不是一个结尾，而是一个开端。"[①]但是，一方面，由于胡塞尔在《逻辑研究》第二卷用大量的篇幅来讨论意识活动的因素和结构并且自己也把现象学称之为描述心理学；另一方面，由于胡塞尔在这些分析中大段地重复了他在《算术哲学》中所做的研究，所以许多人认为胡塞尔仍然没有摆脱心理主义，认为他所说的"现象学"仍然是一门心理学。

因此，在《纯粹现象学和现象学哲学的观念》中，胡塞尔在书名中便用纯粹现象学来区分他以前所说的"描述现象学"。他在"前言"中明确地指出：纯粹现象学"是一门本质上新型的，由于它原则上的独立性而为自然思维所不易理解，从而至今才得以发展的学科"，它"不是心理学，并且它之所以不能被看作是心理学，其原因不在于偶然的划界和术语，而在于其根本的原则"。[②] 胡塞尔在这里强调"纯粹现象学"不是心理学的原因有二：其一，将现象学理解为心理学，就意味着胡塞尔在《逻辑研究》第一卷中对心理主义、人类主义的批判无效，

---

① 胡塞尔：《逻辑研究》第一卷，B VIII。

② 胡塞尔：《纯粹现象学和现象学哲学的观念》第一卷，[1－2]。

意味着承认心理主义、相对主义的合理性，这与胡塞尔“哲学是严格科学”的理想是不相容的；其二，胡塞尔认为他的现象学所要研究的对象不是人类的心理现象，而是纯粹的意识；相对于人类的心理学而言，现象学应当是一门纯粹的意识论，而人类意识在胡塞尔看来只是这种纯粹意识的一个实在事例。

但第一阶段现象学运动的大多数成员仍然不赞同或不理解胡塞尔的这一立场变化，他们认为胡塞尔这一变化是向先验唯心主义的回落，是投入到康德的怀抱中。这一次的意见分歧导致了现象学运动在两个方向上的分化：作为“本质现象学”的现象学和作为“先验现象学”的现象学。胡塞尔本人将这两者的区别称之为“现象学的心理学”和“现象学的哲学”之间的区别，以此也批评了第一阶段现象学运动成员（即哥廷根学派与慕尼黑学派）的不彻底性。直到1935年，胡塞尔在回忆这次分裂时仍然感到痛心：“人们这样不理解我，我深感遗憾。自从我的哲学发生巨大变化以来，自从我内在的转折发生以来，没有人再与我同行。1901年出版的《逻辑研究》只是一个小小的开端——而今天人们只是根据《逻辑研究》来评价胡塞尔。但我在它出版后的很长一段时间里都不知道该往哪儿走。我自己都不清楚，我只是不愿让所有的人都在这部书上停滞不前。它只是一条必经之路而已。”①

正是通过《逻辑研究》这条“必经之路”，胡塞尔从“现象学的心理学”迈向“现象学的哲学”。我们在后面将会看到，这个转折至今还是现象学研究的一个热门课题，因为对它的评价涉及到对胡塞尔整个哲学成就的评价：在胡塞尔作出其毕生的努力之后，现象学是否终究

① 引自“A.耶格施密特与埃德蒙德·胡塞尔的谈话录”，载于《埃迪·施泰因：通向内在宁静之路》，阿沙芬堡，1987年，第214页。

还是一门人类心理学或人类意识论？一个普遍有效的、独立于人类意识的纯粹意识论的设想是否永远只是一个可望而不可即的虚幻？

胡塞尔在哥廷根一共居住了十五年。1916年，新康德主义代表人物李凯尔特(R. Rickert)转到海德堡大学哲学系去接替另一位新康德主义代表人物文德尔班(W. Windelband)的教习，并推荐胡塞尔继承因李凯尔特离开弗莱堡大学而空出的哲学教习。胡塞尔到弗莱堡后所做的就职讲座“纯粹现象学及其研究领域和方法”体现了他这一时期的现象学研究纲领。随胡塞尔的迁居，现象学运动的中心逐渐转向弗莱堡，由此而开始了现象学运动的第一圆周的第二阶段。

与在哥廷根时期一样，胡塞尔到弗莱堡之后，在他周围很快便聚集了一批学生和助手，并且，从他们中间不久便产生出了现象学运动第二阶段的代表人物：海德格尔、贝克尔、罗曼·英加尔登(Roman Ingarden)、埃迪·施泰因(Edith Stein)、格尔达·瓦尔特(Gerda Walther)、卡尔·勒维特(Karl Loewith)、阿隆·古尔维奇(Aron Gurwitsch)、汉斯·莱纳赫(Hans Reinach)等等。另一些以后成为著名哲学家的人物，如解释学哲学家汉斯-格奥尔格·伽达默尔、生态哲学家汉斯·约纳斯(Hans Jonas)、分析哲学家R. 卡尔纳普(Rudolf Carnap)、西方马克思主义代表人物M. 霍克海姆(Max Horkheimer)等等，也曾在弗莱堡听过胡塞尔的讲座或参加过胡塞尔主持的讨论课。此外，在弗莱堡随胡塞尔一同研究现象学的还有从美国、日本等地远道而来的一批学者。当时的弗莱堡大学已成为公认的欧洲哲学中心，世界哲学界所关注的焦点。

以上提到的这些人物都在二十世纪西方哲学史上占有重要的地位。但在这批人物中间，海德格尔显然是最出类拔萃的一个，他于1927年发表在《哲学与现象学研究年刊》第八期上的《存在与时间》无疑是现象学运动这一阶段的最重要代表作之一。这部著作在开始时还被看作是对胡塞尔先验现象学进行“具体化”的尝试，[1]但人们以后便逐渐认识到，“《存在与时间》所说的完全是另外一种语言。”[2]海德格尔已经突破了胡塞尔现象学的范围，建立起自己的哲学框架。胡塞尔与海德格尔的关系问题——不仅包括他们各自哲学理论之间的联系，而且包括他们两人的私人交往——始终是二十世纪下半叶的哲学史家们的热门讨论话题。

至此，胡塞尔在哥廷根时期的左膀舍勒和在弗莱堡时期的右臂海德格尔都已经与胡塞尔貌合神离。三位哲学家各有自己的哲学意图和系统设想。他们的哲学虽然都以现象学为名，但后人已经可以用“先验的”、“本体的”和“生存的现象学”来区分它们了[3](13)。

这里已经可以看出，第一阶段和第二阶段现象学运动的另一个相似之处在于，胡塞尔与现象学运动其他成员在现象学研究上的分歧依然存在，海德格尔只是其中的一个突出例子而已。胡塞尔与其追随者们之间的最重要分歧仍然表现在：虽然他的追随者们希望他同时也关注实践现象学的领域，但胡塞尔本人却一如既往地坚持，现象学首先必须解决理论理性的问题。他在这一阶段中的代表作《内时间意识现象学讲座》发表在1928年的《哲学与现象学研究年刊》第九期上，由埃迪·施泰因整理、海德格尔主编。这部著作与《逻辑研究》一样，是胡塞尔生前发表的仅有的两部非引论性著作，胡塞尔的现象学思维方式和操作方法以及现象学的“工作哲学”特征在这里得到了充分的体现。海德格尔参与工作的另一篇文字是1927年胡塞

---

① 例如O.贝克在1929年的文章“论美的事物的可衰性和艺术家的冒险性”，以及G.米施(Georg Misch)在1931年的著作《生命哲学与现象学》中都表述过这一看法。

② 伽达默尔：“解释学与狄尔泰学派”，载于《哲学评论》，1991年，第三期，第169页。

③ 参阅阿维-拉勒蒙：“现象学运动——起源、开端、展望”，载于《胡塞尔与现象学运动》，第74页。

尔为《不列颠大百科全书》所撰写的“现象学”条目：胡塞尔前后四易其稿，海德格尔在每一稿上都加了评论。胡塞尔此时尚未注意到，海德格尔在同一年发表的《存在与时间》已经不再是意识结构的分析，而是人的此在的分析了。

这个阶段随胡塞尔 1929/30 年教学活动的结束而告终。但更严格地说，1928 年已经应当被看作是现象学运动第一圆周第三阶段的开端。胡塞尔于这一年退休并推举海德格尔作为他的教椅继承人。当时的候选人中还有著名的新康德主义代表人物恩斯特·卡西尔(Ernst Cassier)，但用 H. 奥特(H. Ott)的话来说，他的提名不过是被胡塞尔用来“做做样子的”。[①] 另一位重要的候选人则是慕尼黑现象学派的元老、在现象学研究中也享有盛名的 A. 普凡德尔。在经过一番犹豫之后，胡塞尔最终还是在海德格尔与普凡德尔之间选择了前者。但对于这个选择，胡塞尔在以后的几年里并不是没有感到后悔的。

第三阶段现象学运动的重要代表人物与前两个阶段相比在人数上没有很大变化，当然其中要除去 1917 年在第一次世界大战中战死的 A. 莱纳赫和 1928 年因心脏病突发而病逝的舍勒。另外几位新的代表人物则脱颖而出：以后享有盛名的德国现象学哲学家 L. 兰德格雷贝(Ludwig Landgrebe)，他于 1923 年开始做胡塞尔的私人助教，1930 年离开胡塞尔到布拉格做教授资格论文并与胡塞尔保持着密切的通信联系；在胡塞尔最后一批学生中还要提到的有捷克斯洛伐克的著名哲学家帕托契卡(J. B. Patočka)，他在 1977 年死于“布拉格之春”运动中。日后成为西方马克思主义代表人物的 H. 马尔库塞

---

① 参阅胡果·奥特：“胡塞尔与弗莱堡大学”，载于《胡塞尔与现象学运动》，第 99 页。

(Herbert Marcuse)和日后成为法国存在哲学代表人物的勒维纳斯(Emmanuel Levinas)也是胡塞尔最后一批学生中的一员。这一阶段较大的变化是许多代表人物已经逐渐离开胡塞尔而靠向海德格尔,也就是说,这一阶段现象学运动的中心已经从胡塞尔转到海德格尔。其中的例外除了兰德格雷贝和帕托契卡以外还包括1928年成为胡塞尔私人助教、1929年在胡塞尔那里通过博士考试的欧根·芬克(Eugen Fink)和1926年在胡塞尔那里通过教授资格考试的F.考夫曼(Fritz Kaufmann)。他们两人在这一时期——正如马克斯·米勒(Max Mueller)所说——"能够做到,不是'投奔到'海德格尔那边去,而是在胡塞尔和海德格尔之间构成一个具有真正中介性的独立的中间层。尽管如此,他们还是以另一种方式与退休了的胡塞尔建立了私人的关系。"[①]这一时期与胡塞尔保持联系并且仍然敢去拜访胡塞尔的另一位著名现象学家是阿尔弗雷德·舒茨(Alfred Schutz),他发表于1932年的《社会世界的意义构造》一书系统地提出了社会现象学的纲领并得到了胡塞尔本人的承认,以后成为社会现象学的经典著作。

在这一阶段中,胡塞尔现象学的作用可以概括为:相对于德国国内其他大学而言,胡塞尔在弗莱堡大学的影响逐渐被缩小;相对于德国本身而言,他在国外的声誉日益扩大。1928年在阿姆斯特丹的讲演"现象学的心理学",1929年在巴黎所做的"巴黎讲演";1929年正式发表的《不列颠大百科全书》条目"现象学",1931年用法文发表的《笛卡尔式的沉思》,同年在法兰克福、柏林、哈勒的讲演"现象学与人类学";1935年在维也纳的讲演"欧洲危机中的哲学",同年在布拉格的讲演"欧洲科学的危机与心理学"以及在贝尔格莱德发表的《欧洲

---

① 马克斯·米勒:"回忆胡塞尔",载于《胡塞尔与现象学运动》,第36页。

科学的危机与先验现象学》第一部分;这一系列的事实都是对这一时期特点的说明。除此之外还可以补充的是,胡塞尔在1928年被选为“美国艺术与科学学院”的国外名誉院士,1932年被“法国伦理学和政治学学院”授予通讯院士称号,1935年被“布拉格哲学院”授予荣誉院士称号,1936年被命名为“英国学院”的院士。

但这时的胡塞尔与以往相比可以说是离群索居,只有少数几个学生和朋友还在拜访这位具有犹太血统、但已加入基督教的哲学家,或与他保持着通信联系。1928年前的门庭若市与现在的门可罗雀形成鲜明的对比。据当时与胡塞尔一家交往甚密的A.耶格施密特(Sr. Adelgundis Jaegerschmid)修女回忆:“当时的胡塞尔是非常孤独的。因为纳粹使得他的朋友圈子越来越小,科学界也开始疏远他。当我去祝贺他的78岁生日时,只有他一个人在。”[①]胡塞尔逝世于1938年可以说是一个幸运,否则他有可能像他的犹太女学生埃迪·施泰因一样死在纳粹集中营的煤气室中。在参加胡塞尔的火化仪式的人中,来自弗莱堡大学哲学系的只有一个人,并且是以私人的身份出现。“政治的历史最终还是赶上了远离政治思维的胡塞尔。”[②]

胡塞尔在这一阶段发表的著作有1929年载于《哲学与现象学研究年刊》第十期的《形式的和先验的逻辑》,它意味着胡塞尔在《纯粹现象学和现象学哲学的观念》第一卷中所提出的纲领的完成。胡塞尔为此花费了十五年的时间。但胡塞尔与以往一样,每一部著作的发表对他来说都意味着新的开端。自二十年代末、三十年代初以来胡塞尔所作的一系列讲演的标题以及他撰写的最后一部著作《欧洲

---

① 引自“A.耶格施密特与埃德蒙德·胡塞尔的谈话录”,载于《埃迪·施泰因通向内在宁静之路》,第225页。

② B.瓦尔登菲尔茨(Bernhard Waldenfels):《现象学引论》,慕尼黑,1992年,第43页。

科学的危机与先验现象学》的标题表明，胡塞尔开始公开地探讨与人类历史、政治有关的“实践现象学”问题。我在后面将会详细讨论胡塞尔的这个新的思维方向。而另一部由兰德格雷贝根据胡塞尔手稿整理，经胡塞尔本人审定的著作《经验与判断》则是胡塞尔逝世之后才于1938年在布拉格得到出版。

现象学运动第一圆圈中的第三阶段一直延续到胡塞尔在1938年逝世以后。胡塞尔的遗稿由比利时青年范·布雷达(H.L. Van Breda)用比利时驻德大使馆的免检外交公文箱带出德国，最后在德国边界以外比利时的大学城卢汶安家落户，从而得以避免落入纳粹之手。这对现象学运动史第一个圆周的结束可以说是具有象征性的意义：现象学发源于德国，最后在国际哲学界立足。

此后，现象学发展开始进入到没有胡塞尔本人身临其中的第二圆周。

C.胡塞尔去世后的现象学发展

阿维－拉勒蒙曾用两个相互对立的倾向来构画这个圆周：“一种倾向的目的在于：将现象学所发出的原动力加以继续展开，它从现象学所获得的基地出发，在现象学所开启的新角度中，不断地穿透着科学与生活的所有领域。在这里可以谈得上应用现象学，它的区域在此期间已经有了几乎难以估量的扩展。另一个倾向的目的则在于对现象学的清查，对现象学起源的反省和对现象学本质的把握。”[①]阿维－拉勒蒙将这两个倾向分别称之为“离心的倾向”和“向心的倾向”。实际上，这两种倾向在胡塞尔在世时就已经得到充分展露，并

---

① 阿维－拉勒蒙：“现象学运动——起源、开端、展望”，载于《胡塞尔与现象学运动》，第73页。

且，它当然也是今日现象学运动状况的确切写照。阿维－拉勒蒙认为："要想继续发展胡塞尔的课题和现象学运动的课题，就意味着要具体地询问，这两种倾向在现象学运动的历史中事实上发挥了什么样的效应。"①

我们先看一看在胡塞尔逝世至第二次世界大战结束的十多年里德国现象学的状况。在这段时间里，哲学和现象学的发展已经无从谈起。纳粹对犹太学者和持不同政治见解学者的排斥和驱逐在胡塞尔生前便已开始，而后愈演愈烈。现象学在德国达到了分崩离析的地步：一些德国学者在自己的国家中采取各种方法来进行自我保护，从而勉强得以渡过严冬，例如伽达默尔；另一些人则自愿地与纳粹为伍，一度丧失了哲学家的尊严和良心，例如海德格尔；还有一些则落入纳粹的魔爪，未能等到春天的来临，例如埃迪·斯泰因；而更多的学者则是远离家园，在荷兰、美国、日本等地找到栖身之处，例如，在现象学和与现象学有关的哲学家中有 H.普莱斯纳、K.勒维特、M.盖格、A.古尔维奇、A.舒茨、H.约纳斯、维尔纳·马克斯(Werner Marx)，他们的命运与西方马克思主义哲学家 E.布洛赫、霍克海姆、马尔库塞、阿道尔诺(Th. W. Adorno)等等相似。德国现象学家和其他哲学家的留亡也有积极的一面：它使现象学和其他德国哲学在德国国外得到了传播与发展；当然这几乎已经超出本书所要讨论的范围，②我在这里仅举现象学在美国的发展为例：当时美国本土的现

① 阿维－拉勒蒙："现象学运动——起源、开端、展望"，同上书，第 73 页。

② 关于现象学研究和现象学运动发展的全球状况，可以参阅瓦尔登菲尔茨在 1992 年出版的《现象学引论》一书，他在这部著作中对当今世界各个地区的现象学研究和现象学运动发展做了简要的评述，其中包括：1)德语/荷兰语/佛兰德语地区；2)法语地区；3)意大利；4)英美地区；5)东欧地区；6)斯堪的纳维亚地区；7)西班牙和拉丁美洲地区；8)印度、日本、韩国。同时，现象学在各个学科领域中的发展以及现象学与其他哲学流派的关系也在这部著作中得到了概要的阐述。

象学代表人物主要是曾在弗莱堡留学过的马文·法伯(Marvin Farber)和多伦·凯恩斯(Dorian Cairns),尽管他们在三十年代末已经组建了"国际现象学研究学会"并出版了《哲学与现象学研究》杂志,但对现象学在美国的发展具有决定意义的仍然是以古尔维奇和舒茨为首的一批德国流亡学者的参与。

现象学在德语国家的复兴一直等到第二次世界大战结束后才成为可能。建立在比利时卢汶大学的胡塞尔文库在范·布雷达的主持和兰德格雷贝与芬克的参与下开始翻译胡塞尔留下的约四万页速记手稿,1950 年出版《胡塞尔全集》第一卷,至 1992 年已出版至第二十八卷。用伽达默尔的话来说,"这一系列伟大著作的出版使得人们对胡塞尔思想的哲学兴趣经久不衰"。[①] 胡塞尔的这些著作与从 1954 年开始出版的《舍勒全集》以及从 1975 年开始出版的《海德格尔全集》一起,为现象学研究的重新复兴创造了前提条件。在卢汶大学胡塞尔(总)文库建立之后,兰德格雷贝和芬克又在科隆大学和弗莱堡大学建立并主持了胡塞尔(分)文库。在第二次世界大战结束至今的几十年里,首先是德国和奥地利的"现象学研究学会"创立,然后是欧、亚、美许多国家的"现象学研究学会"以及"国际现象学研究学会"的建立,表明现象学并没有因为政治史的干扰而丧失它在思想史上的永久地位。

关于现象学研究在战后德国的发展状况,我想借用瓦尔登菲尔茨的一段极为出色的概括来加以说明。

a)在现象学的实事研究上,"得到贯彻的毋宁说是现象学在反体系方面的冲动。所以,像 H. 施密茨的多卷本《哲学体系》(1964－1980 年)或者像海因利希·罗穆巴赫(Heinrich Rombach)的结构

---

① 伽达默尔:《新近哲学》第一卷,第 105 页。

本体论那样一种对'一门无等级制的形而上学'的庞大综合实属罕见之事。前者将现象学的史料和经验的史料加工成为一门建立在身体基础上的人类学;而后者则将发生现象学、历史思维和存在思维转变成为一种包罗万象的结构发生,以至于人类的认识被看作是一种'自然所进行的自身澄明运动的特殊形式'并且与一门《当代意识的现象学》(1980年)融为一体。在现象学的实事研究中占据主导地位的实际上是一些细致的研究工作,这些研究有意识地与同类的研究展开争论,并且与人文科学、社会科学和艺术科学进行密切的学科间合作。E. W. 奥尔特(Ernst Wolfgang Orth)主编的《现象学研究丛书》是对这一状况的清楚证明,在这套丛书中,时间、语言、逻辑、交往、行为、伦理、技术以及交互文化这些实际问题始终是最重要的讨论对象。同样重要的是在K. -O. 阿佩尔(K.-O. Apel)、H. 布鲁门贝格(H. Blumenberg)、H. -G. 伽达默尔(H.-G. Gadamer)、M. 图伊尼森(M. Theunissen)和E. 图根特哈特(E. Tugendhat)的著述中对现象学所做的或多或少批判性的阐释。……将目光超越出自己的学科和自己的国家,这已经被证明是一种卓有成效的做法。例如,自G. 布兰特(Gerd Brand)发表其纵览性著作〔《生活世界》,1971年〕以来,对生活世界问题的争论一再发生,最近又由在H. 布鲁门贝格那里〔《生活世界与生活时间》,1986年〕得到展开,它不仅得到现象学的研究,而且导致了在伽达默尔、兰德格雷贝、H. 吕贝(H. Luebbe)、Th. 卢克曼(Th. Luckmann)、R. 格拉特豪夫(R. Grathoff)和B. 瓦尔登菲尔茨的著作中与J. 哈贝马斯和N. 卢曼的社会理论所进行的持续辩论,并且最终甚至突破了欧洲文化的范围。"

b)在现象学的总体方向上,"展现出一幅丰富多彩的画面,与英美当代哲学和法国哲学或近或远的联系决定了这幅图画的多样性。例如,有像格尔哈特·冯克(Gerhard Funke)、爱丽莎白·施特雷克

(Elisabeth Stroeker)、特奥多尔·西波姆(Theodor Seebohm)、洛塔·埃莱伊(Lothar Eley)所做的尝试,他们试图保持现象学的先验轮廓,或者在形式逻辑上将这个轮廓精美化;也有像卡尔·费里德利希·盖特曼(Carl Friedrich Gethmann)那样的尝试,他试图在现象学和一门构造主义的原逻辑学之间进行沟通;还有像埃尔玛·霍伦斯坦(Elmar Holenstein)所做的尝试,他试图将胡塞尔的本质转变成语言学、认知学的范畴;此外还有像维尔纳·马克斯、奥托·珀格勒(Otto Poeggeler)、阿洛伊斯·哈尔德(Alois Halder)和克劳斯·黑尔德(Klaus Held)所做的尝试,他们试图借助现象学来克服形而上学的历史,试图从现象学中获得新的伦理和政治的动力;最后还有像伯恩哈特·瓦尔登菲尔茨所做的尝试,他试图从身体性和社会性的状况出发,用现象学来处理'他人的本己阴影'和'异者的芒刺'问题"①。

我们可以将这些说明看作是对后面所要深入讨论的各种问题的一个简要指南。

我们发现,并且在后面的阐述中将进一步发现,胡塞尔在世时便已经感受到,现象学在他的各个学生那里所受到的种种改造不尽如人意;而战后现象学的所有这些发展与胡塞尔弘扬现象学精神的原意仍然是不尽相符的。我们在这里涉及到了现象学的"二律背反"。

纵观现象学意识在哲学史上的作用,我们可以看到,它首先表现在对传统学说的反叛和对直接面对实事本身的研究态度上。我认为,现象学意识在哲学史上所引起的转变完全可以和宗教史上马丁·路德(Martin Luther)创立新教所带来的转变相比拟。他们都要求摆脱权威的中介,直接面对自己所要达到的目的——无论这中

---

① 瓦尔登菲尔茨:《现象学引论》,第46-47页。

介是来自传统,还是来自教会,无论这目的是意味着真理,还是意味着上帝。并且,正如马丁·路德和他的同时代人没有意识到这个转变所带来的结果一样,胡塞尔本人也没有预见到现象学意识在哲学史上所造成的必然效应。这种效应表现在:

从一方面来看,现象学意识开拓了一种新的哲学传统,这种传统拒绝借助于旧的传统,拒绝借助于以往的理论、前人的学说,而是要求直接、明见、原本地把握绝对真理自身;但不无矛盾的是,这种新的传统并不否认自身具有帮助人们更明晰、更熟练地去"看到"绝对真理的职能,从而为人们认识真理提供一种新的工具或中介。这种"排除成见","面对实事本身"的态度是现象学研究之所以能够成为一种为一大批严肃的哲学家所认同的哲学运动的首要原因,它意味着一种能够维系整个现象学运动的统一性的东西。

另一方面则很明显,现象学意识所引起的这种转变和突破可以一再地被重复:一旦现象学成为新的传统,那么它所主张的对传统的反叛迟早也会适用于自身。事实上,正是这种一再重复转变的可能性规定了现象学运动后来的进一步发展以及它不断分化的趋向。因此可以说,在现象学最初所提出的主张中便隐含着现象学运动自身分裂的前提。

当人们在现象学研究过程中过分偏好于这两个方面中的某一方面时,其结果便是"离心倾向"或"向心倾向"的形成。如果我们用"面对实事本身"来概括现象学精神,那么,"向心倾向"的过度发展会导致人们不是面对实事本身,而是面对胡塞尔的文本本身,或者说,"面对语词本身",有人也将这种倾向讥之为"胡塞尔－经院哲学"①,现象学精神在这里已经丧失殆尽;而反过来说,离心倾向的过度发展同

① 参阅海尔曼·施密茨(Hermann Schmitz):《新现象学》,第5页。

样会毁灭现象学精神：这种倾向或者意味着对“实事本身”之存在的根本否定，或者意味着对“面对”态度之可能性的根本怀疑。

因此，展望现象学的未来，“如果现象学不愿丧失自身，不愿消融自身，不愿放弃它自己的精神，那么这两个倾向就必定要进行相互补充。”①正如当离心力和向心力在达到一定的平衡之后，太阳系的各个行星找到了各自的轨道，既不会无限地接近太阳，最终与其融为一体，从而丧失自身的存在，也不会无限地远离太阳，导致自己固有位置的失落一样，现象学运动与胡塞尔哲学的关系也处在，并且仍应当会处在这样一种中间位置上，即处在两种倾向的对立与和谐之中。

① 阿维－拉勒蒙：“现象学运动——起源、开端、展望”，同上书，第73页。

上篇
胡塞尔的纯粹现象学和现象学的哲学

这一篇将要涉及的内容在标题中已经显示出来，它要讨论的是胡塞尔的现象学——各种意义上的现象学——而非这门现象学的效应。在开始这一篇的论述之前，我们必须先引用胡塞尔在1907年对现象学所做的一个定义："现象学：它标志着一门科学，一种诸科学学科之间的联系；但现象学同时并且首先标志着一种方法和思维态度：特殊的哲学思维态度和特殊的哲学方法。"①

如果我们想根据胡塞尔自己的这一定义从他的现象学概念中划分出两种含义，那么这两种含义分别可以被称之为"作为方法的现象学"和"作为哲学的现象学"。我们在下面将要展开的第一章中所要讨论的现象学概念虽然主要是与作为方法的现象学有关，但也从根本上涉及到"作为哲学的现象学"的一部分，即：先验的现象学，或者更确切地说，先验本质的现象学，因为这门现象学所探讨的是先验意识的本质结构，亦即"第一哲学"：它既是先验的，又是本质的。而在第二章中，我们讨论的现象学概念则主要集中在"作为哲学的现象学"的另一个部分上，即："生活世界的现象学"。②

为了更清楚地说明本篇的目的，我们还可以用另一种标准来划分下面两章的内容：胡塞尔在1900年至1936年的近四十年中，几乎每十年都提供给后人一部突破性的著作，并因此而为现象学赋予了新的意义：第一个十年中的《逻辑研究》是伴随着"本质直观"和"本质现象学"的观念而产生的；在第二个十年中问世的《纯粹现象学和现

---

① 胡塞尔：《现象学的观念》，第23页（中译本，第24页）。

② 出于相同的理由，K.黑尔德将他所编的两卷本《胡塞尔文选》（斯图加特，1985/86年）分别冠之以《现象学的方法》和《生活世界的现象学》的标题。

象学哲学的观念》则使现象学获得了“先验还原”和“先验现象学”的定义，第三个十年中的《笛卡尔式的沉思》使人们在今天有可能谈论“交互主体性现象学”，第四个十年的产物《欧洲科学的危机与先验现象学》则又意味着“生活世界的现象学”观念的初步成熟。下面将要开始的第一章所要讨论的是胡塞尔在前两个十年中（胡塞尔思想发展的早、中期）所主张的现象学方法以及现象学观念，第二章则分析胡塞尔在后两个十年中（胡塞尔思想发展的后期）所提出的现象学观念。

只要我们回顾一下本世纪最重要的哲学思潮“现象学运动”，回顾一下我们至此为止对胡塞尔与当代德国哲学之间关系的论述，那么我们基本上可以确定，“现象学的效应”首先并且主要是通过“作为方法的现象学”而得以传播的，它是使“现象学运动”得以可能的第一前提。而在“作为哲学的现象学”这一方面，它的影响则始终是分散的，换言之，它的旗帜所具有的凝聚力相对于“作为方法的现象学”要小得多；无论是在“纯粹现象学”的领域，还是在“现象学哲学”的领域，无论是在“现象学心理学”的领域，还是在“现象学美学”的领域，或是在“生活世界现象学”、“现象学人类学”、“现象学解释学”等等领域，“作为哲学的现象学”都没有能像“作为方法的现象学”那样产生出创造一个新时代的效应。但是，我们不要忘记：胡塞尔早、中期对意识的意向性结构的分析和在后期对“生活世界”、“危机”、“交互主体性”等等问题的探讨，即使没有像他所希望的那样创造一个新时代，也在相当大的程度上规定了我们这个时代的思维内涵。

第一章
《逻辑研究》与《纯粹现象学和现象学哲学的观念》中的“现象学”观念

3.胡塞尔在《逻辑研究》中对意向性的现象学分析

两卷本《逻辑研究》的发表,确立了胡塞尔作为现象学创立者的身份。在这部著作中,胡塞尔完成了两个伟大的功绩:一方面是他在第一卷成功地批判了当时在欧洲思想界占据统治地位的心理主义;另一方面,胡塞尔在第二卷中用他的意识分析方法开辟了一个全新的视域并以此而为“可以被称之为关于意识一般、关于纯粹意识本身的科学”①的现象学奠定了基石。

我们在这一节中所要论述的主要是第二个方面,即胡塞尔对意识的分析。当我们在谈到这项著名的意识分析工作时,最常出现的一个概念当然是“意向性”。我们首先注意胡塞尔在《逻辑研究》中对意识的意向性分析。

---

① 胡塞尔:《文章与报告(1890－1910)》,《胡塞尔全集》第二十五卷,海牙,1979年,第72页。

A. 意识行为的意向本质——质料(Materie)与质性(Qualitaet)的统一

我们暂且不经检验就将胡塞尔所提出的一个重要命题作为我们的出发点接受下来。当然,随着阐述的展开,这个出发点将会得到论证。胡塞尔的这个命题就是:客体化(objektivierend)的行为是奠基性(fundierend)的。所谓客体化的行为,是指能够使客体显现出来的意识行为(例如表象)。而客体化行为的奠基性则意味着,这类意识行为构成所有其他的、非客体化的意识行为(例如快乐)的基础。因此,与胡塞尔这个命题相等值的一个命题是:非客体化的行为是被奠基的(fundiert)。[①] 这个命题在胡塞尔看来带有普遍有效性,它意味着,任何一个简单的或复合的意识行为"都必然地包含着客体化行为种类的行为质性"[②],也就是说,客体化的行为毫无例外地包含在每一个意识行为中。我们可以随意地举出许多例子:没有爱的客体也就无所谓爱;没有值得快乐的东西也就不会有快乐,以及如此等等。

胡塞尔在这个问题上显然受到布伦塔诺的影响,他在《逻辑研

---

① "奠基性"与"被奠基"这对概念在胡塞尔的意识分析中无疑占有极为重要的位置。胡塞尔本人对这对概念的解释如下:"一个行为的被奠基并不是指这个行为——无论在哪种意义上——建立在另一些行为之上,而是意味着,就其本质,即就其种类而言,被奠基的行为只有建立在奠基性种类的行为上,它们才是可能的"(胡塞尔:《逻辑研究》第二卷,第二册,A651/B 179)。图根特哈特(E. Tugendhat)对奠基问题也做过这样的说明:"奠基并不意味着论证。它仅仅意味着,被奠基的构成物如果不回溯到奠基性的构成物上去就无法自身被给予。"(图根特哈特:《胡塞尔与海德格尔的真理概念》,柏林,1970 年,第 182 页。)

根据我自己的研究,除了客体化和非客体化之间的奠基关系以外,胡塞尔至少还确定了意识行为中其他八种类型的奠基,例如某些客体化的行为(如想象)奠基在另一些客体化行为(如感知)之中。下面我们还会接触到其余类型的奠基,这里不再一一列出。

② 胡塞尔:《逻辑研究》第二卷,第一册,A 461/B 496。

究》中经常引用布伦塔诺所提出的一个命题:心理现象或者就是表象本身,或者以表象为基础。胡塞尔将布伦塔诺的这个命题改造成为这样的一个现象学定律:“任何一个意向体验要么本身就是一个客体化的行为,要么就以一个客体化的体验为其‘基础’。”[①]但胡塞尔所说的“客体化行为”绝不等同于布伦塔诺意义上的“表象”。毋宁说,“客体化行为”在自身之中包含着“表象”。因为,胡塞尔将客体化的行为分为两类:“称谓性的(nominal)客体化行为”和“论题性的(propositional)客体化行为”,它们基本上可以与“表象”和“判断”同义。[②] 但我们在这里将放弃“表象”和“判断”这对多义的概念[③],而只运用“称谓性的客体化行为”和“论题性的客体化行为”这对概念。(以下简称作“称谓行为”和“论题行为”)

---

① 胡塞尔:《逻辑研究》第二卷,第一册,A 459/B 494。

② 胡塞尔对名称有一个否定性的说明:“我们不应将名称仅仅理解为主词,主词只是标志着对表象的表述。”(胡塞尔:《逻辑研究》第二卷,第一册,A 434/B 463 - 464。)

③ “表象”和“判断”这对概念在这里会引起混乱,因为它们在布伦塔诺和胡塞尔那里具有本质上不同的含义。此外,表象这个概念仅在胡塞尔那里便包含着十三种含义(参阅胡塞尔:《逻辑研究》第二卷,第一册,第六章,第 44 节。)为了较好地理解这对概念,我们在这里可以做一个比较性的说明。

在布伦塔诺那里,判断首先是一种设定性特征(参阅布伦塔诺:《经验立场上的心理学》,汉堡,1955 年,第二卷,第二册,第七章,<2>)。判断与表象的区别在于,同一个对象在表象中只是被单纯地想象,在判断中则得到承认或否认。同时布伦塔诺认为,“所有判断都以一个表象作为前提”(同上书,第 38 页)。因此,“判断”这个术语在布伦塔诺那里起着与胡塞尔的“设定”或“信仰”相似的作用。当然,即使如此,在胡塞尔与布伦塔诺之间仍存在着以下区别:在胡塞尔那里,所有不设定的行为都奠基于设定的行为之中,也就是说,所有不设定的行为都以一个设定行为为前提。

在胡塞尔这里,表象与判断构成一个属质性,这个属质性又可以划分为设定的质性和不设定的质性。因此,在胡塞尔这里,既有设定的表象和判断,又有不设定的表象和判断。

我们可以总结说:在布伦塔诺那里,表象和判断之间的区别涉及到质性;而在胡塞尔那里,这个区别则与质料有关。尽管胡塞尔在讲座中有时也在布伦塔诺所赋予的意义上运用“判断”一词(例如参阅胡塞尔:《被动综合分析》,《胡塞尔全集》第十一卷,海牙,1966 年,第 52 - 53 页),但在公开的著述中则批评这个意义是“不合适的”。(胡塞尔:《纯粹现象学和现象学哲学的观念》第一卷,[216])。

“称谓”与名称或称呼有关，“论题”则与陈述或表述有关。所以胡塞尔将那些具有这两种性质的意识行为也标志为“命名”和“陈述”。这两者之间的关系表现为：一方面，每一个可能的陈述都与一个名称相对应，或者说，每一个可能的表语都与一个定语相对应。这个关系反过来也同样成立，即：每一个可能的名称都与一个陈述相对应。[①] 每一个名称都可以转变为一个陈述，并且每一个陈述都可以转变为一个名称，同时却不必改变它的质性，至少不必改变它的属质性（Qualitaetsgattung）。[②] 例如，“蓝天”这个称谓可以转变为“天是蓝色的”这样一个陈述；反之亦然。因此，就质性而言，在称谓行为与论题行为之间存在着一种“类的共同性”。但另一方面，称谓行为和论题行为在胡塞尔那里又具有“本质区别”[③]。他认为：“在不改变其本质天性并因此而不改变其意义本身的情况下，一个陈述永远不能作为名称起作用，一个名称也永远不能作为陈述起作用。”[④]这也就是说，名称永远只能起名称的作用，陈述也永远只能起陈述的作用。

这里我们已经接触到胡塞尔现象学中一个重要概念：意识行为的“意向本质”。胡塞尔对意向本质的定义是：“在我们看来，质性和质料是一个行为的极为重要的、因而永远必不可少的组成部分，所以，尽管这两者只构成一个完整行为的一个部分，我们把它们称为行为的意向本质仍然是合适的。”[⑤]这样，胡塞尔所确定的意向本质就是由两个成分所组成：质性和质料。我们在这里暂且可以不去考虑，

① 参阅胡塞尔：《逻辑研究》第二卷，第一册，A 439/B 470。

② 参阅胡塞尔：《逻辑研究》第二卷，第一册，A 445/B 477。

③ 胡塞尔：《逻辑研究》第二卷，第一册，A 445/B 477。

④ 胡塞尔：《逻辑研究》第二卷，第一册，A 443/B 475。

⑤ 胡塞尔：《逻辑研究》第二卷，第一册，A 392/B 417。

一个具体的意识行为实际上并不仅仅受到意向本质，即质性、质料之统一的规定，而且还受到其他因素的规定。

现在我们可以解释在前面已多次出现的“质性”概念以及现在遇到的“质料”概念了。质性是指那种使表象成为表象，使意愿成为意愿的东西。换言之，表象的质性一旦丧失，表象也就不再是表象。“例如，如果我们将某一个体验称之为判断，那么必定有某种内在的规定性，而不是某种依附在外表上的标记，将这个体验与愿望、希望以及其他种类的行为区别开来。”[①]胡塞尔在这里所说的内在规定性就是指“质性”。就判断而言，在所有判断行为中都存在着一种共性，这种共性就在于它们共同具有的质性。

我们在这里再进一步：“A = A”和“两点之间的最短距离为直线”显然都是判断，显然都具有相同的质性。但这两个判断是绝对不同的。使这两个判断得以区分开来的东西，便被胡塞尔称之为“质料”。他认为，质料“在某种程度上是为质性奠基的（或者说，不因质性的不同而变化的）对象立义的意义（或者简言之：立义意义）”。它包含在行为之中，“赋予行为与一个对象的联系，而这种联系是一种得到完善规定的联系，以至于质料不仅确实地规定了整个对象，而且还确实地规定了对象被意指的方式”。[②]

在对称谓行为和陈述行为的划分中，质性不起任何作用。在这里，质料是关键，“它单独地规定了称谓行为的统一和陈述行为的统一”。[③]

所有客体化行为都具有同一个属质性。但这并不意味着，所有

① 胡塞尔：《逻辑研究》第二卷，第一册，A 400/B 426。

② 胡塞尔：《逻辑研究》第二卷，第一册，A 390/B 415。我在下面将会解释胡塞尔“立义”概念的含义。

③ 胡塞尔：《逻辑研究》第二卷，第一册，A 449/B 480。

这类行为都只具有一个质性。在胡塞尔那样，人们至少可以在客体化行为这个种类中区分两个相互对立的质性："设定的（setzend）质性"和"不设定的（nichtsetzend）质性"。胡塞尔对设定与不设定的解释是："前者是指在某种程度上对存在的意指；……后者则将存在置而不论"①。因此，"设定"这个概念与动词的"信仰"或"存在信仰"（belief）是同义的。从理论上说，每一个客体化的意识行为都可以是设定性的，也可以是不设定的；"在这里起作用的是这样一个规律，即：每一个设定性的称谓行为都与一个不设定的称谓行为，与一个对同一质料的'单纯想象'相对应，反之也是如此。"②这个规律同样也适用于陈述行为，但带有这样一个区别：在陈述中的设定具有更为广泛的意义。确切地说，在陈述中的设定或信仰不仅意味着将某物视之为"存在着的"，而且还意味着将某个事态视之为"真实的"。在这个意义上，胡塞尔的"设定"概念与休谟的"belief"概念是相似的：休谟的这个概念不仅意味着真实性意识，而且也意味着必然性意识。

设定的行为与不设定的行为是关于同一个质料的相辅相成的行为。例如，无论我是看见南京中华门城堡，还是仅仅想象这个城堡，质料在这两个行为中都是相同的，改变的只是行为的质性而已。

由此可见，在整个客体化行为种类的范围之内，称谓行为和陈述行为是通过质料的不同而相互区分开来；设定的行为与不设定的行为则是通过质性的不同而相互区分开来。最后，将客体化行为与非客体化行为区分开来的则是属质性。

现在应当说明，为什么一个非客体化的行为，例如喜悦，必须奠

① 胡塞尔：《逻辑研究》第二卷，第一册，A 447－448/B 479－480。

② 胡塞尔：《逻辑研究》第二卷，第一册，A 447－448/B 479－480。

基于一个客体化的行为之中。这里的原因在于，非客体化的行为在胡塞尔看来不具有自己的质料。使喜悦成为喜悦的质性特征，在其内在本质中并不具有与对象的联系。“但是”，胡塞尔认为，“在这个本质之中建立着一个观念规律的联系，这种联系就是：质性特征不具有补充的‘质料’就无法存在，只是随着质料的补充，与对象的联系才得以进入到完整的意向体验之中并因此而进入到具体的意向体验本身之中去。”①对胡塞尔的这一论述，我们在这里可以换一种说法：与对象的联系只能在质料中构造起来。但由于只有客体化的行为才具有自己的质料，也就是说，由于每一个质料都是客体化行为的质料，因此，非客体化的行为必须奠基于客体化的行为之中，并且借助于这种奠基而获得质料。这便是客体化行为的奠基作用所在。②

从设定的行为向不设定的行为的过渡被胡塞尔标志为一种变更。由于这种变更与行为的质性有关，所以胡塞尔在《逻辑研究》中将它明确地称为“质性变更”。③ 而那些与行为质料有关的变更，实应被称作“质料变更”，但却被胡塞尔简单地称作“变更”。

我们这里应当再深入一些，并且把注意力集中到称谓行为上。我们可以区分两种名称或称谓行为，只要我们做如下的考虑：“一种称谓行为赋予被称谓者以存在者的价值，另一种称谓行为则不做这类事”④。这也就是我们所说的设定的和不设定的称谓行为。例如，“拿破仑”这个名称往往带有对其存在的设定，也就是说，我们一般相信他的存在，或者严格地说，相信这个人物存在过；而“鲁宾逊”这个

① 胡塞尔：《逻辑研究》第二卷，第一册，A 409－410/B 436。

② 胡塞尔：《逻辑研究》第二卷，第一册，A 458－459/B 494。

③ 胡塞尔在《纯粹现象学和现象学哲学的观念》第一卷中将“质性变更”改称为“中立化变更”。（参阅胡塞尔：同上书，[227]，注 1）

④ 胡塞尔：《逻辑研究》第二卷，第一册，A 435/B 464。

名称则往往不带有存在设定。当然，"不带有存在设定"并不意味着，我们不相信他的存在，而是说，我们不关心他是否确实存在过。因此，这里需要注意，"不设定"是指不去关心某物的存在，而不是指相信某物不存在；相信某人或某物不存在也是一种设定，即否定性的存在设定。因此，胡塞尔也把"设定"与"不设定"称之为"执态"与"不执态"，即对某物的存在与否做出表态，或不做表态。

如果我们将称谓行为加以扩展，使它不仅包括那些本身起着称谓作用的行为，而且还包括那些带有逻辑目的的行为，即那些充实着称谓的意指意向的行为，那么我们就可以将感性的、设定对象存在的感知、回忆和期待，都看作是设定的称谓行为，而单纯想象则可以被归入到不设定的称谓行为这一类去。

值得注意的是胡塞尔在称谓行为问题上所确定的另一个事实，即："所有简单的行为都是称谓性的"①。在胡塞尔看来，一个客体化的行为要么是简单的，即称谓性的，要么就是复合的。"简单的"这个词意味着，一个简单行为的质料只依赖自身，除此之外不需要以其他的质料为奠基。由此可见，每一个复合的客体化行为最终都可以被还原到简单的客体化行为上。根据胡塞尔所揭示的这种情况，我们可以将客体化的行为标志为"奠基性的行为"，而将简单的客体化行为标志为"最后奠基的行为"。

这样，在上面所提到的布伦塔诺命题"心理现象或者就是表象本身，或者以表象为基础"实际上便接受了胡塞尔的第二个改造：任何一个意向体验要么本身就是一个简单行为，要么就以一个简单行为为其"最后基础"。与此相应，奠基这个概念现在至少具有这样两重含义，它一方面是指非客体化行为（如喜悦、意愿、憎恨）在客体化行

① 胡塞尔：《逻辑研究》第二卷，第一册，A 462/B 497。

为（如称谓、陈述）中的奠基；另一方面是指一些客体化行为（复合行为）在另一些客体化行为（简单行为）中的奠基。[①]

以上我们跟随胡塞尔一起对行为做了质性划分：我们把行为分为设定的或信仰的，以及不设定的，即“单纯想象的”或“中立的”[②]。这种划分至此为止仅仅与客体化行为的整个种类有关，这个种类由于它的奠基性而可以被称之为第一性的意向。这里有两个问题：首先，客体化行为所具有的这种第一性的奠基作用是否依赖于它自身的设定和不设定特征呢？胡塞尔对这个问题的回答是否定的。[③] 其次，对设定行为和不设定行为的质性划分是否超越出客体化行为的范围之外也仍然有效？胡塞尔对这个问题的回答是肯定的，但认为需要进一步做出探讨。至少有一点可以确定，质性的划分在客体化行为这种第一性行为中是必然要进行的，在其他第二性的行为中则不尽如此。“有些第二性的行为完全需要视之为真的态度，例如喜悦与悲哀；而另一些第二性的行为则满足于变更，例如愿意、美感等等。”[④]

从以上这些对客体化行为的考察中，我们可以归纳出胡塞尔的几个结论：1）只有客体化的行为才具有其必然的、本己的质料，并且因此而具有奠基的功能；2）只有客体化的行为才具有对设定性行为和不设定行为进行划分的必然特征；3）在这两个结论之间不存在必然的联系。

---

① 参阅胡塞尔：《逻辑研究》第二卷，第一册，A 463/B 498。

② 参阅胡塞尔：《逻辑研究》第二卷，第一册，A 459/B 494。

③ 参阅胡塞尔：《逻辑研究》第二卷，第一册，A 459/B 494。

④ 胡塞尔：《逻辑研究》第二卷，第一册，A 459/B 494。

B. 充盈(Fuelle)——行为的体现性内容[①]

然而,我们在上面已经暗示过,由质性与质料所组成的意向本质并不能构成一个具体、完整的行为,至少不能构成一个具体、完整的客体化的行为。因此,胡塞尔在《逻辑研究》中曾做过一个可以被看作是补充的说明:“每一个具体、完整的客体化行为都有三个组成部分:质性、质料和体现性内容。”[②]

“体现性内容”(repraesentierender Inhalt)在胡塞尔那里是与“充盈”这个概念同义的。[③] “充盈”这个词与充实或直观有关,它的同义词还有“感性材料”(Hyle, Sinnesdaten)等等。在展开对“充盈”的分析之前,我们必须先探讨胡塞尔的另一对新概念:“含义意向”和“含义充实”。这对概念与康德哲学中的一对概念相联系,即:“概念”与“思维”。但这个比较并不是要说明,“含义意向”和“含义充实”这对概念与“概念”和“思维”这对概念相接近。毋宁说,在康德的“概念”与胡塞尔的“质料”之间存在着某种相似性。“质料”、“含义”(Bedeutung)和“意义”(Sinn)在胡塞尔那里是同义词。[④] 我们可以

---

① 胡塞尔对充盈(感觉材料+想象材料)和立义(统摄)的划分实际上是以笛卡尔的二元论和感觉主义为前提的。尽管胡塞尔有时也对这一观点进行自我批判,但可以证明,他仍然将这个观点一直保留到他的后期。

② 胡塞尔:《逻辑研究》第二卷,第二册,A 562/B 90。

③ 但我们在这里必须特别小心,因为胡塞尔将“作为理想的充盈”区别于“表象的充盈”(参阅胡塞尔:《逻辑研究》第二卷,第二册,A 562/B 90)。前者是意向对象本身的充盈,是“构造这个对象的各种规定性的总称”;而后者则是属于表象本身的规定性之总和,“借助于这些规定性,表象或者是类比地将它的对象当下化,或者是将这个对象把握为自身被给予的。”(同上)连同质性和质料一起构成具体的客体化行为的充盈,指的是后一种充盈,即“表象的充盈”。

④ 当然,在对“含义”和“意义”的运用上还存在着细微的区别。图根特哈特已经非常敏锐地看到了这一点,他认为一般说来,“含义”这个概念比较适合运用于表述,即适用于逻辑语言分析,而意义则比较适用于行为,即适用于意识分析。(参阅图根特哈特:《胡塞尔与海德格尔的真理概念》,第 36 页,注 44。)

将含义意向改称为“给予含义的”或“给予含义的意向”。

胡塞尔将意向理解为意指(Intendieren, Bedeuten)或思想(Denken)。意识是意向的,这就是说,在意识的本质中,即在意识的质性与质料的统一之中包含着这样一个规律,意识总是关于某物的意识。这里值得重复一下胡塞尔的观点:“质性特征自在自为地使表象成为表象,并且与此一致地使判断成为判断,使欲望成为欲望,以及如此等等,这种质性特征在其内在本质中不具有与一个对象的联系。但是在这个本质之中建立着一个观念规律的联系,这种联系就是:质性特征不具有补充的‘质料’就无法存在,只是随着质料的补充,与对象的联系才得以进入到完整的意向体验之中并因此而进入到具体的意向体验本身之中去。”[①]因此,是质料才使意识与对象的联系得以可能并因此而使意识的意向性得以可能。意指这个或那个对象,这也就意味着,带着特定的质料去朝向这个或那个对象。简言之,意指 = 给予意义 = 赋予质料。

我们在这里接触到一个双重的对立,这个双重对立也被胡塞尔称之为在含义和直观之间的静态的和动态的一致性[②]:静态方面的对立是指在质料与充盈之间的对立。胡塞尔将“充盈”也标识为“体现性的内容”,将“质料”则标识为“被体现的内容”(repraesentierter Inhalt)或“被展现的内容”。此外,胡塞尔还用“(在意向中的)被意指之物”来称呼“质料”,用“(在直观中的)被给予者”来标识“充盈”;动态方面的对立则是指在意向和充实方面的对立。换言之,与这个对立有关的是,随着充盈在直观中的不断增多而完成的意义给予和证实。

---

① 胡塞尔:《逻辑研究》第二卷,第一册,A 409 - 410/B 436。

② 参阅胡塞尔:《逻辑研究》第二卷,第二册,A 504/B 32。

意指是一个运动，或者说，是一个过程。胡塞尔本人区分了两种不同的意向概念："形象地说，与瞄准的动作相对应的是射中（发射与击中）。同样，与作为'意向'的某些行为（如判断意向、欲望意向）相对应的是另一些作为'射中'或'充实'的行为。因此，'意向'这个概念非常形象地适合于前一类行为；但'充实'也是行为，因而也是'意向'，尽管它们（至少一般说来）已经不是在那种狭义上的、朝向相应的充实的意向。"[①]因此，正如"意向的"这个形容词在胡塞尔那里具有"意指的"和"被意指的"这双重含义一样，他的"意向"概念也可以得到双重的解释：首先，狭义上的意向意味着"瞄准"，确切地说，它是指，行为带着它的意义指向一个或多个对象；广义上的意向则既包括瞄准，也包括射中，也就是说，它意味着整个行为。胡塞尔将广义上的意向也等同于"行为特征"，[②]因为在这个意义上的意向"构成了'行为'的描述性种类特征"[③]并且规定了行为的质性。它实际上无非也就是我们在上面所说的"意向本质"[④]，因为它将质性和质料都包含在自身之中。当然，在"含义意向"和"含义充实"这对概念中所涉及到的意向是指狭义上的意向。

同样具有双重含义的是胡塞尔的"充实"（Erfuellung）概念。狭义上的"充实"与"失实"（Enttaeuschung）相对立。一个意向得到充实，这就是说，它在充实的过程中与直观达到了"一致"。被展示的内容（质料）与展示性的内容（充盈）相符合。最理想的充实，或者说，一个得到最完满充实的意向应当是这样的："不仅所有被展示的东西都

① 胡塞尔：《逻辑研究》第二卷，第一册，A 358/B 379。

② 参阅胡塞尔：《逻辑研究》第二卷，第一册，A 348/B 368 和 A 358/B 379。

③ 胡塞尔：《逻辑研究》第二卷，第一册，A 347/B 367。

④ 参阅胡塞尔：《逻辑研究》第二卷，第一册，A 405/B 431。

已被意指，而且所有被意指的东西都得到了展示。"[①]与充实情况相反的是不相一致，或者说，失实的情况。一个意向的失实是以反驳的方式进行的。"直观与含义意指'不一致'，前者与后者'发生争执'。"[②]我们可以这样说，如果充实意味着认同，那样失实便意味着分歧。展示性的内容（充盈）与被展示的内容（质料）发生分歧。

另一方面，广义上的充实与意向相对立。它既包括狭义上的充实，也包括失实。因此广义上的充实与一种证实有关：一个意向是通过直观得到证实的，它可以被证实为现实、合理的，也可以被证实为不现实、不合理的。前一种情况所涉及的是狭义上的证实，后一种情况所涉及的则是失实。

这里必须注意，胡塞尔认为，含义意向的（广义上的）充实过程也就是认识的过程。[③] "对象的认识和含义意向的充实，这两种说法所表述的是同一个事态，区别仅仅在于立足点的不同而已。前者立足于被意指的对象，而后者则只是要把握行为的双方面关系。"[④]这就是说，意向本身还不构成认识，例如："在对单纯象征性语词的理解中，一个意指得到进行（这个语词意指某物），但这里并没有什么东西得到认识。"[⑤]胡塞尔认为，只有当一个含义意向通过直观而得到充实时，或者说，只有当一个意向在足够的充盈中被直观所证实时，真正的认识才成为可能。对于我们后面的研究来说，这一点极为重要。

---

① 胡塞尔：《逻辑研究》第二卷，第二册，A 553/B 81。

② 胡塞尔：《逻辑研究》第二卷，第二册，A 514/B 42。

③ 胡塞尔：《逻辑研究》第二卷，第二册，A 537/B 65。

④ 胡塞尔：《逻辑研究》第二卷，第二册，A 505/B 33。

⑤ 胡塞尔：《逻辑研究》第二卷，第二册，A 505/B 33。

C. 立义形式[①]

意指、意义给予或质料给予，这些貌似复杂的概念在胡塞尔那里实际上表达的是同一个意义。胡塞尔在《逻辑研究》中也将这些概念等同于“立义”(Auffassung)。“立义”这个概念与康德的“统觉”概念具有相似性，胡塞尔自己也将“立义”标志为“超越性的统觉”。[②] 立义是意识活动所具有的基本特征。如果说，我们在上面所探讨的“质料”所代表的是意识活动的内容，那么这里就必然要回答意识活动的形式问题，这就是立义形式的问题。

因此，除了质料与质性的对立之外，质料与立义形式之间也存在着对立。在解释这个对立之前，我们先举几个例子来澄清立义形式的作用，同时也可以澄清胡塞尔意识分析中的其他几个要素的作用。第一个例子：有个人告诉我，他有个弟弟。我或者相信他弟弟的存在，或者对他弟弟的存在不执态，也就是说，我不关心他弟弟是否存在。在这两种情况之间存在着质性的变化，而质料“他的弟弟”则没有改变。第二个例子：我看见我的弟弟，然后我又看见我的妹妹。这两次看的行为在质性上是相同的，因为我相信我的弟弟和妹妹的存在。这里所改变的只是质料。第三个例子：我看见我的弟弟在远处，看得不太清楚，然后他向我走来，我现在看见他在近处，看得非常清楚。尽管质性和质料相同，这两次看的行为是不同的，因为充盈(感觉材料+想象材料)在这里发生了变化。第四个例子：我看见我的弟弟，并且，在他走了之后，我回忆我的弟弟。在这里，质性和质料没有

① 这里需要说明的是，胡塞尔在《逻辑研究》中虽然提出“立义－立义形式”这样一个“范式”，但他后期并不认为这个“范式”具有普遍有效性。

② 胡塞尔：《被动综合分析》，第17页。

发生变化，使这两个行为得以区分的就是立义形式。

所以，与立义形式有关的问题是，“对象是符号性地，还是直观性地，还是混杂性地被表象。感知表象、想象表象等等的差异，也属于这类问题”。[①] 胡塞尔认为，立义形式一共有三类：符号性的、直观性的和混合性的。直观性的立义形式本身又可分成为两种：感知性的和想象性的。与此相应，所有客体化的行为在胡塞尔看来都可以划分成四种类型，即：符号意识、想象、感知和混合表象。

但一个行为是符号意识还是直观，决定这一点不仅仅是立义形式，而且还有充盈。根据第四个例子，我们可以清楚地看到，对我弟弟的看和对我弟弟的回忆这两种行为不仅具有不同的立义形式，而且还具有不同的体现性内容：在胡塞尔看来，对我弟弟的看建立在感觉材料（Empfindungen）的基础上，建立在一种当下之物的基础上，而对我弟弟的回忆则建立在想象材料（Phantasmen）的基础上，即建立在一种当下化之物的基础上。[②] 在这个意义上，胡塞尔解释说，“这个（体现性的）内容或是纯粹作为符号性的体现者起作用，或是纯粹作为直观性的体现者起作用，或是同时作为这两者起作用，随这个内容的作用不同，行为或是一个纯粹符号性的行为，或是一个纯粹直观性的行为，或是一个混合性的行为。”[③]我们可以这样来解释胡塞尔的这个确定：有三个要素决定了一个行为究竟是符号性的、直观性的，还是混合性的。1）一个东西如何被立义（是符号性地，还是直观性地，等等）？——立义形式。2）什么东西被立义（即什么样的内容

---

① 胡塞尔：《逻辑研究》第二卷，第一册，A 566/B 94。

② 这个划分又涉及胡塞尔思想中的经验主义残余，它在现象学上实际上是无法得到充分论证的。但我们在这里无法再展开这个批判。

③ 胡塞尔：《逻辑研究》第二卷，第二册，A 562/B 90。

被立义)?——被立义的内容[①]。3)一个东西被立义为什么,或者说,一个东西在什么立义意义上被立义?——立义质料,即意向质料。

如上所述,立义形式分为三种。与此相同的是对立义质料的划分,它也分为三种:符号性的、想象性的和感知性的质料。与此不同的是对被立义的内容(充盈)的划分,充盈仅仅由直观内容所组成,也就是说,充盈只能划分为想象性内容和感知性内容,这也就是我们前面已经提到过的“想象材料”和“感觉材料”。[②]

我们在这里可以引用胡塞尔的一段话来对这一节所述内容做个总结:

“根据至此为止所做的思考,一个行为与一个对象具有各种各样的联系方式,这一说法具有以下这些本质的多义性。这种多义性涉及到:

1.行为的质性,……

2.作为基础的体现(立义),它包括:

a)立义形式:……

b)立义质料:……

c)被立义的内容……”。[③]

前面的分析是分步进行的,首先提出的是质性与质料这两个要素的对立,而后从这个对立又过渡到质性、质料和充盈的三角形,再从这个三角形进入到最后对四个要素的划分。胡塞尔在《逻辑研究》

---

① 胡塞尔又将它称之为“行为的直观内涵”:“我们将这个在相应立义中的并连同这个立义一起的展示性的或在现性的内容称之为行为的直观内涵。”(胡塞尔:《逻辑研究》第二卷,第二册,A 551/B 79)。

② 这里需注意:符号行为不具有自己的充盈,因此只有借助于直观的充盈才能成立。

③ 胡塞尔:《逻辑研究》第二卷,第二册,A 566/B 94。

中所做的这些意识分析时常会显得有些矛盾，但这只是术语的混乱所造成的假象而已，这些意识分析的结果至今仍有十分重要的影响。

在结束这一节的论述之前，还有一点需要补充说明：展示胡塞尔现象学的所有分析成果并不是此书的目的，因此我在这一节中对胡塞尔的意识分析的研究实际上只涉及《逻辑研究》中的一个部分，尽管是最为重要的部分。确切地说，我在这里所做的阐述在内容上受到双重的限制：它一方面局限在胡塞尔对客体化行为之研究的范围内。这样做的原因很简单：胡塞尔本人认为，质性的差异在非客体化行为中并不代表着一种必然的特征，因而需要进行另外的（即在《逻辑研究》之外的）特殊研究；另一方面，这里的研究还撇开了胡塞尔对客体化行为中的"陈述行为"（即判断）的研究，而仅仅限制在他对"称谓行为"（表象）的分析上。做这个限制的理由胡塞尔早在 1894 年就已提供了："我尤其相信可以这样认为：任何一个判断，只要它不是建立在对直观和体现之间的描述性和发生性关系的深入研究的基础上，这个判断就不可能与事实相符合。"①

4. 现象学分析的范例：胡塞尔对感知与想象这两种意识行为的描述分析

我们可以总结一下前一节的分析结果：1）所有意识行为都可以被划分为客体化的和非客体化的这两种意识行为。任何一个非客体化的行为都奠基于客体化的行为之中，因为非客体化的行为不具有自己的质料，从而只能依赖于客体化行为的质料而成立。2）所有客体化的行为都可以划分为称谓的和陈述的这两种意识行为。任何一

① 胡塞尔：《文章与报告（1890－1910）》，第 120 页。

个陈述的行为都可以被还原为称谓的行为。3)所有称谓的行为都可以被划分为直观的和符号的意识行为[①]。任何一个符号的意识行为都奠基于直观行为之中,因为符号行为不具有自己的充盈,从而只能借助于直观行为的质料而成立。据此,真正独立的,或者说,最终奠基性的意识行为是直观行为。所有其他的意识行为最后都奠基在直观行为之中,而直观行为却不需要依赖任何其他的意识行为。

接下来,我们在这一节中将会看到胡塞尔对最终奠基性的意识行为——直观的描述分析。[②] 它们只是作为胡塞尔意识分析的实际范例被提供给读者,它们只构成他所做的庞大而又细致的意识分析中的极小一部分,尽管是至关重要的一部分。而要想说明关于感知和想象的现象学分析在整个现象学研究中的重要性,我们只需列出两部著名的现象学著作的标题便可:梅洛-庞蒂的《感知现象学》和萨特的《想象——想象力的现象学心理学》。

一旦通过以下这些介绍了解了胡塞尔现象学意识分析的操作过程,我们就会毫无保留赞同胡塞尔对这种分析本身所做的一个特征描述:“这就是现象学分析的特征:向前迈出的每一步都会提供新的

---

① 我在这里将胡塞尔所提到的另一种意识行为,即混合型的行为忽略不计。因为在我看来,实际上所有符号的意识行为都必然是混合的意识行为,而所有直观行为原则上都可以不是混合行为。

② 这些描述分析已经超出了《逻辑研究》的范围,甚至也超出了《纯粹现象学和现象学哲学的观念》的范围。虽然这对这里的整个论述顺序有所违背,并且与这一章的标题,即:“《逻辑研究》与《纯粹现象学和现象学哲学的观念》中的‘现象学’观念”也有所违背,但这种违背是无法避免的。因为一旦涉及具体的分析,那么问题就不可能仅仅局限在一两本书或某个特定时期的范围内,它们所涉及的内容贯穿在胡塞尔一生的思想发展之中。与此相同,在第二章中对生活世界等问题的讨论也将会超出胡塞尔后期哲学的范围。因此,第一章和第二章对胡塞尔思想早、中、(以《逻辑研究》、《纯粹现象学和现象学哲学的观念》为标志)与后期(以《笛卡尔式的沉思》、《欧洲科学的危机与先验现象学》为标志)的划分并不意味着胡塞尔在早、中期与后期思想内容的绝然割裂,而只意味着胡塞尔思维中心点的转移。

观察点，在这些新观察点上，已被发现的东西又以新的面目显现出来，以至于在开始时被认为是单纯而无别的东西，后来则常常会表现得极为复杂而有别。”[①]

我们在上一节中已经提到胡塞尔对直观行为的更深一层的划分：整个直观行为是由感知和想象这两个部分所组成的，胡塞尔在二十年代以后又把这两种行为分别称之为当下行为（Gegenwaertigung）和当下化的行为（Vergegenwaertigung）。想象行为奠基于感知之中，这一点在下面的论述中将会得到证实。因此我们从感知开始。

A. 对感知的概念定义和特征描述

在胡塞尔那里，感知的首要特征表现在以下两点：1)“完全一般地说，感知是原本意识（Originalbewusstsein）。”[②]2)“感知是存在意识（Seinsbewusstsein）。”[③]

感知的第一个特征主要与感知的立义形式有关，即感知性的（perzeptiv）立义形式。胡塞尔认为，所有意识行为要么是原本的行为[④]，要么就是非原本的行为。在感性行为的领域中，原本性这个词就意味着感觉材料[⑤]的特征，感觉材料构成了感知的体现性内容，或者说，自身展示的内容。与之相反，所有其他的感性意识行为都是非

① 胡塞尔：《想象、图像意识、回忆》，《胡塞尔全集》第二十三卷，海牙，1980 年，第 18 页。

② 胡塞尔：《被动综合分析》，第 4 页。

③ 胡塞尔：《想象、图像意识、回忆》，第 286 页。

④ 当然，在胡塞尔那里，“original”与“originaer”并不始终是同义词，尤其是在交互主体性的现象学研究领域中，它们具有根本不同的含义。但在这里所涉及的课题中，胡塞尔是在完全相同的意义上使用这两个概念。

⑤ “原本的”这个概念是在其最狭窄的意义上被使用，例如它不包含对本质的感知或对本质的直观的原本性。而对“感觉材料”这个概念，我们在下面会做进一步的说明。

原本的，它们事实上都只是一种在最广泛意义上的对感知的再造(Reproduktion)。

比较难以解释的是胡塞尔对感知的另一个规定，即感知是存在意识，这个规定涉及到感知的质性。胡塞尔在这个问题上长时间犹豫不决：感知是否只能具有唯一的一个质性，即设定的质性或具有存在设定的质性，或者，是否也存在着一种不具有存在设定的感知。

在《逻辑研究》中，胡塞尔将感知等同于存在信仰行为(belief)并认为，一个无信仰的感知仅仅只是一种感知表象。[①] 此后，在关于"事物与空间"(1907 年)的讲座中，胡塞尔又将感知的本质划分为可信性和切身性。切身性是"感知本身的基本本质"，而可信性则"可有可无"。[②] 由于我们在胡塞尔那里可以读到，"切身性"这个概念就意味着"原本性"[③]或"印象性"[④]。因此可以说，感知就是原本意识这个规定是有效的，而感知是存在意识这个规定则不一定有效。换言之，在感知的本质中虽然包含着原本性，但并不包含着存在信仰。胡塞尔自己也明确地证实了这一结论："在狭义的感知中，显现物作为存在者出现，它被看作是现实的。在缺乏存在信仰的情况下，我们称之为现象的东西的本质核心却可以保留下来。"[⑤]但胡塞尔对这个结论的信心并没有能保持很久。1908 年，他想"试图论证这样一个观点，这种观念不是将存在信仰解释为一种本己的特征性因素，而是解释为'立义'本身的印象性"。[⑥] 在 1909 年，胡塞尔又在这句话旁边加

---

① 参阅胡塞尔：《逻辑研究》第二卷，第一册，A 414/B 442。

② 胡塞尔：《事物与空间》，《胡塞尔全集》第十六卷，1973 年，第 16 页。

③ 参阅胡塞尔：《纯粹现象学和现象学哲学的观念》第一卷，[126]，《被动综合分析》，第 305 页。

④ 参阅胡塞尔：《事物与空间》，第 23 页和第 338 页。

⑤ 胡塞尔：《事物与空间》，第 151 页。

⑥ 胡塞尔：《想象、图像意识、回忆》，第 219 页。

了一个注解，这个注解表明了他在这样“两种观点”之间的动摇；一种观点是：“存在信仰是一个本己的、可分的因素，”另一种观点是：“存在信仰是一种样式”[①]。他当时倾向于后一种观点，并且把存在信仰定义为“原立义（Urauffassung）的基本样式（Grundmudos）”。[②] 这样，感知也获得了“存在意识”的意义，这就是说，感知是“关于存在着的对象的意识，并且是关于现在存在着的对象的意识。被感知就意味着：对象在感知显现中显现出来并且在一个感知设定中被设定”。[③] 这样，在对感知的基本规定中，原本意识和存在意识就达到了一致。

奇怪的是，胡塞尔在 1910 年又开始怀疑自己的结论。在这一年所写的一篇手稿中，他首先把所有当下化行为都分为现时的（aktuell）和非现时的（inaktuell）当下化行为，随后他便问自己：“感知一般看来就是当下行为。这里也须区分现时性和非现时性吗？首先，人们会说，感觉材料本身就是现时性。现时和非现时的划分仅仅属于作为拟－感觉材料的当下化行为吗？”对这个问题，他后来加上了一个否定性的回答。[④] 这也就是说，非现时的感知是存在着的，就像在当下化的行为中有现时的想象和非现时的想象一样。一个非现时的感知也就是指“不带有‘存在设定’的感知，就像是在形象中（在感知形象中）生活，但不带有任何现时性意识（即不带有任何存在设定）。”[⑤]

我还可以将胡塞尔所做的这些左右动摇的思考按编年史的方式

① 胡塞尔：《想象、图像意识、回忆》，第 220 页。

② 胡塞尔：《想象、图像意识、回忆》，第 222 页。

③ 参阅胡塞尔：《想象、图像意识、回忆》，第 286 页。

④ 胡塞尔：《想象、图像意识、回忆》，第 298－299 页。

⑤ 胡塞尔：《想象、图像意识、回忆》，第 322 页。

继续排列下去。例如，1912 年，胡塞尔得出了一个相当可靠的结论："素朴感知实际上是最素朴的意识行为。它在素朴直观的领域中是带有存在信仰的原现象"，"因此，存在信仰是在'立义'现象的序列中的原样式，我们将这些立义现象称之为一个事物的感知性显现。存在信仰不是一种与感知并列的东西，而是在原样式中的感知。如果我们生活在不受阻碍的感知中，那么我们就在感知着，我们便在进行着一个感知并且同时在进行着一个存在信仰。"[①]在 1913 年发表的《纯粹现象学和现象学哲学的观念》第一卷中，胡塞尔则又一次谈到现时的和非现时的感知。[②]

胡塞尔在对这些问题的思考中所表现出来的这些动摇不定实际上关系到我们在前一节中曾提到过的一个规律是否有效，这个规律也就是指由胡塞尔本人在《逻辑研究》中所揭示出来的那个意识行为的本质规律：所有客观化的行为都可以划分为具有存在设定的和不具有存在设定的意识行为，这两种行为是相互对应的；就是说，只要有一个设定的行为，那么必然就有一个不设定的行为与它相对应。U. 梅勒（U. Melle）曾经合理地提供过一种解释的可能性[③]，这就是回溯到胡塞尔的《逻辑研究》上去，将感知分为狭义的和广义的感知。狭义的感知是真正的感知，是最素朴的感知，也就是同时作为原本意识和存在意识的感知，而广义上的感知则仅仅是指那种被胡塞尔在《逻辑研究》中称之为"感知表象"（Wahrnehmungsvorstellung）的东西；感知表象只能被看作是原本意识，而不应被看作是存在意识。它奠基于真正的感知之中，就像所有不设定的行为都奠基在设定的行

① 胡塞尔：《想象、图像意识、回忆》，第 405 页。

② 参阅胡塞尔：《纯粹现象学和现象学哲学的观念》第一卷，[71]。

③ 参阅 U. 梅勒：《现象学观点中的感知问题及其演变》，海牙，1983 年，第 33－34 页。

为之中一样。这种解释的可能性还可以在胡塞尔本人那里找到依据。胡塞尔在“事物与空间”的讲座中曾对感知概念做过下列说明：“感知这个概念常常受到限制，以至于它排斥了真正的认之为真(当然也就排斥了真正的‘感－知’)，即排斥了存在信仰的特征，排斥了可信的存在者的特征。”①

显然，胡塞尔在感知特征描述方面所持的基本观点为这种解释提供了一个极好的依据。但这种解释并没有解决这里出现的问题，这个问题首先表现在两种相互交织的区分中：一方面是将所有客体化的行为都区分为相应的设定行为和不设定行为；另一方面是将所有客体化行为都区分为当下的立义形式和当下化的立义形式。因此，尽管我们获得了上述解释的可能性，胡塞尔在这个问题上所表现出的动摇不定仍然是显而易见的。这两种相互交织的区分给胡塞尔带来了困难，我们在胡塞尔对想象的分析中还会看到这个事实。

在术语方面还需要补充一点，即这里所涉及的是作为素朴的和奠基性的意识行为的感知，而不是作为被反思的意识行为、作为现象学反思对象的感知。问题并不在于，一个已进行的感知可以被我们的反思加以中立化，可以在反思中成为不设定的行为。问题在于，更确切地说，胡塞尔怎样来描述作为意识行为的感知一般。据此，将广义上的感知，即不设定的感知解释为感知表象，这种解释在某种程度上是合理的，它意味着，对于胡塞尔来说，不仅存在着通过反思而“被中立化了的”感知，而且还存在着本来就是“中立化的”感知。前一种

① 胡塞尔：《事物与空间》，第16页。这里还要补充一个术语方面的说明：“感知”一词的德文原文是“Wahrnehmen”，它的原来意义应当是“认之为真”，也就是说，这个词本身已经带有存在设定或真理设定的特征。为了使“感知”概念能够免除这种色彩，胡塞尔常常使用拉丁文的“Perzeption”来代替德文的“Wahrnehmung”。(对这个问题可以参阅胡塞尔：《逻辑研究》第二卷，第二册，A 554/B 82。)

感知可以被描述为“对被中立化的感知的表象”，而后一种感知则可以被描述为“中立化的、感知着的表象”。胡塞尔的“想象表象”概念是与后一种感知相同一的。这样，“想象表象”这个概念的多义性便得到了消除。这种所谓的“中立化的感知”实际上是一种为了现象学研究而生造出来的感知行为，这就是说，这是一种在自然生活中不存在的意识行为。但我在这里由于篇幅的关系而无法再展开对这个问题的详细分析。

B. 感知和想象的区别

在《逻辑研究》中，胡塞尔将感知（Wahrnehmung）与想象（Phantasie）之间的区别看作是不同的立义形式之间的区别。感知所具有的是感知的（perzeptiv）立义形式，想象则具有想象（imaginativ）的立义形式。它们两者构成了直观立义的本质。而直观立义又与符号立义相对立。对于感知与想象这两种直观的立义形式之间的区别，我们首先可以从以下几个方面对胡塞尔的最一般性研究结果作出概括：

1）就充盈方面来看，尽管感知和想象都以直观的内涵为基础，但感知的标志是它所具有的感知性体现内容，而想象的标志则在于它所具有的想象性体现内容。胡塞尔也将前者称之为“体现性的”（praesentierend）或“自身展示的”内容，将后者称之为“类比性的”或“反映性的”内容。从最严格的意义上来说，想象已经不能算是体现，而是一种“再现”（repraesentierend）了；唯有感知才是一种真正的“体现”（praesentierend）。决定了感知与想象之间这一区别的实际上是这两者各自所具有的内容，即充盈。“对外感知的展示性内容，我们可以用通常意义上的感觉材料，即狭义的感觉材料这个概念来加以定义，对外想象的展示性内容，我们则可以用感性的想象内容

(Phantasma)这个概念来加以定义。”[①]——我们在下面会对这个问题做进一步的研究。

2)就充盈与质料之间的关系来看,在所有直观行为中,这两个因素之间都有一个必然的联结。这种联结的必然性“是由感知和想象各自的特殊内涵所决定的”[②]。这就是说,我们不能将某个特定的内容随意地统摄为某物,随意地赋予它以某个意义。“我们并不是完全自由地将某个内容立义为某物(在某种立义意义中对这个内容进行立义)”[③]。在纯粹感知中,内容与质料必须是相同的,而在纯粹想象中,内容与质料必须是相似的。换言之,在纯粹感知中,有一条必然的相同性纽带将充盈与质料联结在一起,而在纯粹想象中,则又有一条必然的相似性纽带将充盈与质料联结在一起。“区别仅仅在于,想象把内容立义为对象的相似物,立义为对象的图像,而感知则把内容立义为对象的自身显现。”[④]

3)就奠基问题来看,我们有必要再次强调一下感知与想象之间的奠基关系。感知作为“体现”对于作为“再现”的想象来说是奠基性的,后者奠基于前者之中。胡塞尔在《逻辑研究》中虽然没有直接谈到想象在感知中的奠基,但却相当明确地暗示了这一点。在这个意义上,他说:“每一个感知都意味着对对象本身的或直接的把握”[⑤];而想象所把握的“不是对象本身,也不是对象的一个部分,它只给出对象的图像,并且,只要这图像还是图像,就绝不会是实事本身。”[⑥]在《纯粹现象学和现象学哲学的观念》第一卷中,胡塞尔则更明确地

---

① 胡塞尔:《逻辑研究》第二卷,第二册,A 551/B 79。
② 胡塞尔:《逻辑研究》第二卷,第二册,A 564/B 92。
③ 胡塞尔:《逻辑研究》第二卷,第二册,A 564/B 92。
④ 胡塞尔:《逻辑研究》第二卷,第二册,A 555/B 83。
⑤ 胡塞尔:《逻辑研究》第二卷,第二册,A 617/B 145。
⑥ 胡塞尔:《逻辑研究》第二卷,第二册,A 588/B 116。

指出，当下化行为（想象行为）的现象学本质在于，它们最终都要回归到感知之上。[①]

在对感知和想象做出以上区分之后，我们来看胡塞尔对想象这种意识行为的描述分析。

C. 对“想象”的概念定义和特征描述

“想象”这个概念本身就已经给我们造成了一些困难，这些困难主要产生于想象这个概念所具有的多义性中。日常意义上的想象一词差不多意味着“幻象”（Illusion）。例如当人们说“这只不过是想象而已”时，这句话意味着：这只是幻象，这不是现实。也许这就是胡塞尔在《逻辑研究》中有时用“幻象”一词来代替想象的原因。[②] 这种做法当然会导致误解。因为，只要一个幻象还没有被认作是错觉，它就仍然是感知，它就仍然隐含着存在信仰，即相信显现物是真实存在着的。一旦它被证明是幻象，这种存在信仰就变化成为另一种存在信仰，即对显现物的存在的否定：被误认为是被感知之物的东西实际上不存在。所以，幻象本身含有对存在的评判，这使它与其他不设定的行为区分开来；但它所含有的这种否定性的存在评判又使它区别于感知，因为感知始终伴随着对其对象的存在的肯定评判。显然，胡塞尔并不是想把想象这个概念定义为一种具有否定性存在评判的意识行为。恰恰相反，胡塞尔在《逻辑研究》中毋宁是在把想象，主要是单纯想象，等同于一种不设定的行为，即认为它不具有任何对现实存在与否的执态。这正是胡塞尔对想象的所作的最基本规定之一，以后他又一再地强调这个定义。

---

① 胡塞尔：《纯粹现象学和现象学哲学的观念》第一卷，[209]。

② 例如参阅胡塞尔：《逻辑研究》第二卷，第一册，A 435/B 465。

胡塞尔在1910年确定了在想象中所包含的两层含义或“两个概念”,其中的一个含义或概念被他称之为“非现时性”。[1] 非现时性概念与“中立性”、“不执态”、“不设定”以及“质性变化”等概念在胡塞尔那里实际上是同义的。与非现时性概念相对立的是“现时性”[2]、“立场性”、“执态”以及“设定”等概念,尽管它们彼此并不完全相等同。根据胡塞尔的定义,想象行为是与所有设定的行为相对立的。想象所具有的这个含义在《逻辑研究》中就已经出现过。胡塞尔在那里把作为不设定的想象理解为一种与设定行为相对立的“单纯表象”或“单纯理解”。胡塞尔在这个意义上说:“每一个具有存在信仰的行为与一个作为对立物的‘单纯表象’相符合,这个‘单纯表象’以一种与设定行为完全相同的方式,也就是说,在同一个质料的基础上,使同一个对象成为表象,并且,它与设定行为的区别仅仅在于,它不是像设定行为那样,将被表象的对象置于存在的意指之中,而是对它的存在置而不问。”[3]这意味着,所有意识行为都可以根据它们对存在的态度而分成两组。第一组是设定存在的行为,第二组则是想象行为。

但很明显,想象不仅与设定的行为相对立,而且也与原本意识,即感知相对立。在这里我们所涉及的是想象的第二个基本含义:想象是一种“当下化”或“再现”。这个含义在1910年被胡塞尔称之为想象的第二概念。[4] 想象所具有的这个含义当然很早就已被胡塞尔所确定。胡塞尔在1904/05年冬季学期所做的关于时间意识的讲座

① 胡塞尔:《想象、图像意识、回忆》,第299页,注4。

② 我们在下面将会讨论“现时性”和“非现时性”这对概念。

③ 胡塞尔:《逻辑研究》第二卷,第一册,A 451/B 487。

④ 胡塞尔:《想象、图像意识、回忆》,第299页,注4。

中曾说过："想象是一种可以被描述为当下化（再造）的意识"[①]——我们在这里暂且不去考虑胡塞尔在此后对想象和当下化这两个概念所做的术语上的合理区分——。[②] "因此，与感知相对立的是想象，或者说，与当下性、体现相对立的是当下化、再现。"[③]想象在这里是指与感知一同构成直观的那种意识行为。它与感知相对立，因为它本身是对一种感知的"想象性变更"。正如每一个设定的行为都与一个作为"单纯表象"的想象相对应一样，每一个当下性的行为都与一个作为"当下化"的想象相对应。"每一个体验都与一个与它相应的想象（当下化）相符合。"[④]这样，所有意识行为又都可以分成两组：当下性的行为和当下化的行为。

由此看来，想象这种行为的领域一方面——根据它的第一个含义——包括所有不具有存在设定的行为；另一方面——根据它的第二个含义——，它又包括当下化的设定行为，例如回忆和期待。据此，除感知之外，所有其他的客体化行为都应当包含在最广义的想象行为的领域中。换言之，在客体化意识中的每一个可能变更，无论是"质性变更"（qualitative Modifikation），还是"想象变更（imagina-

---

① 胡塞尔：《内时间意识现象学》，《胡塞尔全集》第十卷，海牙，1966年，第45页。"当下化"和"再造"常常被胡塞尔作为同义词使用（除这里的引文之外还可参阅：胡塞尔，《纯粹现象学和现象学哲学的观念》第一卷，[225]，《想象、图像意识、回忆》，第321、575页等等）。图根特哈特对胡塞尔的这两个概念曾做过一个说明："胡塞尔在这里运用'再造'会引起误解，只有当想象所依据的感知是一个已过去的感知时，再造概念才是合适的。在胡塞尔那里之所以有这个术语出现，是因为他特别在与时间意识的联系中研究了当下化。同样奇怪的是胡塞尔的另一个术语，即：他把所有设定性的当下化，即使是与过去无关的当下化，都统统标志为回忆（《纯粹现象学和现象学哲学的观念》，268）。"（E.图根特哈特：《胡塞尔和海德格尔的真理概念》，第67页，注77。这里还须指出，胡塞尔的当下化概念有两重含义：一方面是作为一个对象背面的当下化，另一方面是构成想象之本质的当下化。

② 参阅胡塞尔：《想象、图像意识、回忆》，第452页。

③ 胡塞尔：《想象、图像意识、回忆》，第87页。

④ 胡塞尔：《想象、图像意识、回忆》，第589页。

tive Modifikation)”，都属于想象的范畴。

然而，无论是在1910年以前还是在1910年之后，胡塞尔都没有完全局限在想象概念所具有的这两个含义上。这两个含义实际上只代表了他在对想象的定义中的主要倾向。与他对感知的思考一样，在对想象的思考中，胡塞尔同样显示出一定的动摇。我在这里不再列出他的思想发展的编年表，而只想指出引起胡塞尔这种动摇的原因：一方面，胡塞尔希望能够对想象所具有的各个含义做出进一步的规定，但在对想象概念的运用中却不坚持已经对它做出的定义，这是一个技术方面的原因；另一方面的原因则是内容上的：胡塞尔在很长一段时间里没有能够解决回忆的问题，或者说，没有能够解决“设定性想象”这个问题。

直到1921年至1924年之间，胡塞尔在对想象概念以及对回忆概念的规定中才获得了一个相当清楚的立场。他在一份手稿中写到：“想象或臆想这个词具有两种倾向的含义：一种含义趋向于再造(以及当下化一般)，这样，任何一个回忆都是想象；另一种含义趋向于行为进行的方式，按照这种含义，感知性的臆想也是存在着的，而另一方面，回忆则不是臆想，不是想象。”[①]为了消除想象这个术语所具有的多义性，胡塞尔在这几年中采取的措施之一便是将“中立性变化”或“不设定”这个含义与想象概念分离开来：“‘中立性变化’这个措辞适合于课题的变化，但不适合于想象。”[②]尽管此时胡塞尔的动

① 胡塞尔：《想象、图像意识、回忆》，第575页。

② 胡塞尔：《想象、图像意识、回忆》，第591页。所谓“课题变化”，在胡塞尔那里是指研究者的目光从直向到反思转变。可以说，在广义上的物理学科学和广义上的心理学科学之间存在着这样一种“课题的变化”。对于心理学来说，课题的变化不仅意味着研究内容的改变，而且意味着研究兴趣的改变，物理学研究的自然对象的存在不再是心理学关注的对象，因而课题的变化同时也是一种形式的对存在的“不设定”。

摇似乎尚未完全消除，它尤其表现在“感知性的想象或臆想”[①]，但事态已经变得较为明朗：正如E.马尔巴赫(E. Marbach)所指出的那样[②]，想象在胡塞尔那里归根结底首先意味着当下化(或再造、再现、想象变更等等)。[③] 而当下化又进一步划分为设定的当下化(回忆、期待、真实性想象)和不设定的当下化(单纯想象)，以及，再造的当下化和有图像中介的当下化(图像意识)。对想象的这两个划分是相互交错的。

在下面的论述中，我们将尽可能排斥想象所具有的“不设定”的含义，仅仅在“当下化”的意义上运用想象概念。

D. 胡塞尔为划分感觉材料和想象材料所做的努力

感性直观由感知和想象构成，因为感知和想象都具有直观内涵。但是它们相互又有所区别，因为感知所具有的内涵是感觉材料，即体现性的、自身展示性的内容，而想象所具有的是再现性的内容，即类比性的或反映性的内容。胡塞尔在《逻辑研究》中已经做出了对感觉材料和想象材料的基本划分，但没有对这两种材料各自的特性做出细微的描述。此外，对于胡塞尔来说，这两种材料之间的关系在这一

---

① 在这句话后面还有两句话，但胡塞尔在写完之后随即又将它们删掉了。这两句话是这样的：“想象必须扩大为感知性的和再造性的想象；每一个体验都具有它的似－变更(Als-ob-Modifikation)。并且每一个课题都与一个似－课题相对应。”在这句话的旁边胡塞尔又加注说：“是的，有感知性的想象这种东西吗?!”(参阅胡塞尔：《想象、图像意识、回忆》，第591页。)

② 参阅马尔巴赫：“出版者引论”，载于胡塞尔：《想象、图像意识、回忆》，第XXX页，以及R.贝耐特等：《埃德蒙德·胡塞尔——他的思想介绍》，汉堡，1989年，第134页。

③ 想象是否是一种不设定，胡塞尔在这个问题上的犹豫和动摇肯定与我们在上面提到过的问题有关，即：是否存在着不设定的感知，也就是说，是否存在着所谓的感知表象。

点上是明确的,即:想象材料是一种再造性的感觉材料[①],是一种想象-感觉材料[②]。在这个意义上,实际上也是在休谟的意义上,胡塞尔后来也曾把感觉材料和想象材料分别称之为印象和观念。[③]

胡塞尔所得出的这些结论使他逐渐偏离他的老师布伦塔诺的立场。布伦塔诺在他的讲座[④]中声称,感知和想象具有本质的共同性,甚至具有同一性,他认为,不可能通过某个因素来将感知和想象划分成两种本质不同的意识行为种类。他承认在感觉材料和想象材料之间存在着一定的差异,这些差异阻止我们随意地将感知转变为想象,或将想象转变为感知。但在布伦塔诺看来,这些差异毋宁说是一些间接的差异,例如在强度、易逝性、随意可变性等等方面的差异。[⑤]因为随着强度的增加或减弱,感觉材料与想象材料可以轻而易举地相互过渡。因此,布伦塔诺认为:"从许多可靠的论述中可以看出,在想象表象之内有一个层次顺序,而在最生动的想象表象与感觉材料之间已经没有任何区别了。同样,每一个人自身都可以体验到,在直观性的完善程度增强或减弱的同时,并且正是通过这种增强和减弱,想象表象与感觉表象也以相应的程度相互接近或疏远。例如清晰的

① 胡塞尔:《逻辑研究》第二卷,第一册,A 468/B 504。

② 胡塞尔:《逻辑研究》第二卷,第二册,A 498/B 26。

③ 胡塞尔:《想象、图像意识、回忆》,第 81 页。

④ 参阅布伦塔诺:《感性论基本原理》,伯尔尼,1959 年。关于这个讲座对于胡塞尔思想发展的重要意义,胡塞尔自己在一份讲座稿曾做过一个说明:"我要感谢我的天才的老师布伦塔诺,对这些问题〔即感知、想象、感觉材料、图像意识、回忆等等问题〕的研究最初受到他的启发。他在八十年代中期就已经在维也纳大学开过一次令我难忘的题为'心理学和感性论问题选论'的讨论课。在这个(每星期两小时的)讨论课上,布伦塔诺的努力几乎全部集中在这个任务上,即:在与感知表象的比较中对想象表象进行分析澄清。"这个说明转引自 R.波姆(R. Boehm),"出版者引论",载于胡塞尔:《内时间意识现象学》,第 XV-XVI页。

⑤ 胡塞尔:《想象、图像意识、回忆》,第 72-87 页。

回忆。”[1]所以，布伦塔诺主张，在感觉材料和想象材料之间，并且因此在感知和想象之间，不存在一条分界线。

在布伦塔诺的这种经验论立场中可以看到休谟的深刻影响。他们两人都将质的差异最终还原为量的差异。作为本质论者的胡塞尔当然不能同意这一立场。在《逻辑研究》发表后的几年里，确切地说，在 1904 年至 1905 年期间，胡塞尔花费了很大精力来探讨对感觉材料和想象材料的本质划分。

胡塞尔在这一时期对感觉材料和想象材料的划分企图首先表现在这样两个方面：一方面，胡塞尔试图通过特征描述来突出感觉材料与想象材料的区别。以下这些引文证明了胡塞尔所做的努力：“想象材料是一种非独立之物，它必定带有对非原初之物的统觉特征；感觉材料是一种独立之物，它必定带有对原初之物、对当下之物的统觉特征。”[2]“感觉材料可以说是不允许人们将它视为是关于某物的一个单纯图像。它本身就是实在的标记，所有实在都必须用它来衡量，它就是第一性的、现时的当下。……而想象材料，即想象的感性内容，则表现出自身是非当下的，它不允许人们将它看作是当下的，它从一开始就带有非实在的特征，它的首要作用就在于被看作是另一种不同于实在的东西。”[3]

很明显，上面这些论述没有得到深入的分析，它们与其说是直观描述，不如说是一种武断的主张，这类违背了现象学方法的论述在胡塞尔那里实际上是非常罕见的。它们恰恰证明，胡塞尔的两种直观材料可分论在现象学上是无据可依的。即使是他几年之后在《纯粹现象学和现象学哲学的观念》第一卷中所做的说明也不能使人信服：

---

① 胡塞尔：《想象、图像意识、回忆》，第 79 页。

② 胡塞尔：《想象、图像意识、回忆》，第 168 页。

③ 胡塞尔：《想象、图像意识、回忆》，第 80 页。

“人们必须学会看到这样一个意识区别，即：想象材料并不是一个单纯的、苍白的感觉材料，按其本质来说，想象材料是关于相应的感觉材料的想象；此外，无论有关的感觉材料的强度、内容充盈等等怎样被淡化，感觉材料也不能变成想象材料。”[①]我认为，胡塞尔的“立义－立义内容”范式，即统觉－直观材料（感觉材料＋想象材料）这个范式本身就是经验主义的残余，因此他在对这个问题的现象学研究中陷入窘境是不足为奇的。

但我在这里不能再展开对这个问题的分析。

我们可以把胡塞尔对感觉材料与想象材料之间的区别所做的描述分析总结一下，确定出这两者有以下几个不同的特性：

1）感觉材料的原初性，想象材料的非原初性；

2）感觉材料的实在性，想象材料的非实在性；

3）感觉材料的印象性，想象材料的再造性；

4）感觉材料的现时性或当下存在，想象材料的非现时性或当下化存在，以及如此等等。

仅仅依据以上这些确定，我们还不能说，胡塞尔对布伦塔诺的有关论述做出了根本性的突破。因为问题并不在于，在感觉材料和想象材料，以及在感知和想象之间是否有区别——布伦塔诺也不否认有区别[②]——，而是在于，在这两者之间是否有一条明确的分界线，是否存在着本质性的差异。

为了证明这一点，胡塞尔另一方面试图联系相应的立义形式来解释感觉材料和想象材料的区别：“如果是一个感觉材料被立义，那

---

① 胡塞尔：《纯粹现象学和现象学哲学的观念》第一卷，[227]。

② 例如，布伦塔诺认为：“想象表象是一种与感知表象相似的表象，但它又不是感知表象。它越是与感知表象相似，就越是配得上想象表象这个名称。”（《感性论基本原理》，第72页。）

么它必然是以感知立义的形式被立义，……如果是一个想象材料被立义，那么它必然是以想象立义的形式被立义。”①“感觉材料的本质在于，对它的直接立义必然是以绝对体现的方式进行……；想象材料的本质在于，对它的直接立义只能是以再现的方式，即以一种变更了的立义的方式进行。”②然而，即使对胡塞尔持批评态度的人能够将这些论断作为事实接受下来，这些论断也不足以澄清在感觉材料和想象材料之间的本质区别。因为，只要有人再问及建立在相应的立义内容基础上的感知立义与想象立义本身的区别，那么胡塞尔就会陷入这样一个循环论证的困境：感觉材料和想象材料的区别建立在感知立义和想象立义的区别的基础上；感知立义和想象立义的区别则又建立在感觉材料和想象材料的区别的基础上。

由此看来，为了区分感觉材料与想象材料，胡塞尔首先必须能够做到明确区分感知和想象行为。只是通过对时间意识的分析，他才做到了这一点。

---

① 胡塞尔：《想象、图像意识、回忆》，第 164 页。

② 胡塞尔：《想象、图像意识、回忆》，第 107 页。胡塞尔犹豫了很久才得出这个结论。这段引文产生于 1904/05 年。几年后他又再次详细地考虑了这个问题，他先写道：“现在我也可以‘在想象的基础上’具有存在信仰。也就是说，作为立义之基础的不是感觉材料，而是变更了的材料，一个想象材料的复合。立义本身可以是印象性的，另一方面同样也可以是非印象性的，这要看我所具有的是回忆还是想象。”然后他又补充说：“似乎这一切都是确切的。”（同上书，第 221 页）但他立即又产生怀疑：“是否能够以此为出发点：想象材料可以受到印象性的立义，并且它也可以受到想象的立义（一个立义 - 想象）？”这时他似乎已经得出了一个最终的答案：“毫无疑问，这是不行的。”（同上）然而奇怪的是，大约在 1902 年左右，胡塞尔又重新捡起了这个老问题：“我们是否可以说，感觉内容可以受到印象性的立义，但它们也可以受到再造性的立义。也就是说，感觉内容可以与真正想象性的立义意向交融在一起，这种意向是指存在信仰的意向或再造性意向，并且是指拟 - 存在信仰的意向。我早已认识到这是错误的。”（同上书，第 444 页）以后他又删除了这段文字。——显然，我在这里所再现的只是胡塞尔在这个问题上的主要倾向。而在涉及到现实 - 想象的问题时，胡塞尔还表现出更多的动摇和犹豫，这里不再一一展开。

E. 胡塞尔通过时间意识分析对感知和想象所做的划分

胡塞尔将意识标志为“河流”或“意识流”。他认为这河流的“源头”是一个“原印象”(Urimpression)[①],这“原印象”是与感知相等同的[②]。原印象不断地过渡到“保留”(Retention),“保留”也被胡塞尔称之为“第一性的回忆”。[③] “在我们沿着河流或随着河流行走时,我们获得一连串不断插入的保留。”[④]这就是说,在原印象之后,一个保留紧接着原印象,下一个保留又紧接着这个保留,如此不断地连接下去。保留对原印象的这种连接在胡塞尔看来不是一个保留对另一个保留的取代,而是原印象本身的一种变更。换言之,一个原印象转变为一个映影(Abschattung),这个映影随后又转变成映影的映影,如此继续下去。这显现是一个原印象的“强度”不断地和“急剧地削弱”[⑤]的过程:“随着变更的进行,削弱也在连续地进行,最后削弱到无法觉察的程度。”[⑥]人们当然可以将这个“源头”重新唤回到意识中来,也就是可以将这种原印象当下化。但它这时已不再是“现在-意识”或原印象,也不是“第一性回忆”,而是“第二性回忆”,即通常意义上的回忆了。[⑦]

现在要回答的问题是,印象与重新回忆之间的分界线在哪里。印象不可能是一跃而转变成为回忆的,因为在这两者之间还存在着保留。“保留”这个概念只能通过一种否定性的限制来加以规定:在

---

① 参阅胡塞尔:《内时间意识现象学》,第 29 页。
② 参阅胡塞尔:《内时间意识现象学》,第 31 页。
③ 参阅胡塞尔:《内时间意识现象学》,第 35 页。
④ 胡塞尔:《内时间意识现象学》,第 31 页。
⑤ 胡塞尔:《内时间意识现象学》,第 35 页。
⑥ 胡塞尔:《内时间意识现象学》,第 35 页。
⑦ 参阅胡塞尔:《内时间意识现象学》,第 35 页。

意识中，它不是印象，因为它不再是现在，不再是当下；它也不是回忆，因为它仍然还包含在印象所具有的原本性的“晕”(Hof)中。但这种说法不应当引起人们的误解，它并不意味着保留是从印象到回忆的过渡。[①] 胡塞尔认为，这里“谈不上从感知到想象的不断过渡”。[②] 因此，回忆并不是一种对变更的变更。

由此可见，只要能够确定“第一回忆”(保留)和“第二回忆”(想象)之间的本质区别，那么印象(感知)和当下化(想象)之间的区别也就可以得以明了。胡塞尔认为，在保留和回忆之间有以下区别：

保留是一种“‘遗留’意识，回忆则是一种再造意识”。[③] 我们以声音为例：在保留中的声响是已经过去的、刚才听到的声响。在回忆中的声响则是重复的，即被再造出来的声响。已过去的声音和被再造的声音显然不是同一回事。前者刚刚过去而不再是当下，后者则在当下化的意义上是当下的。一首名曲的余音缭绕和对这首名曲的回忆当然大相径庭。因而，胡塞尔将保留称之为印象的映影，它区别于作为再造的回忆。[④] 我们还可以更仔细地思考这个问题：保留与前展(Protention)——胡塞尔也将它称之为“第一性的期待”[⑤]——共同构成一个围绕在印象周围的时间域(“晕”)。与之相反，回忆本身就是一个被当下化的印象，在这个印象周围也以当下化的方式存在着一个由保留和前展所构成的“晕”。由此我们可以得出结论：回忆所“构造”的(或者更确切地说：所再构的)是一个“持续的对象”[⑥]，

---

① 因此，我认为，“第一性”和“第二性回忆”这两个术语会引起误解，所以是不合适的。

② 胡塞尔：《内时间意识现象学》，第 47 页。

③ 胡塞尔：《内时间意识现象学》，第 46 页。

④ 胡塞尔：《内时间意识现象学》，第 47 页。

⑤ 参阅胡塞尔：《内时间意识现象学》，第 39 页。

⑥ 胡塞尔：《内时间意识现象学》，第 36 页。

而保留则不构造这种对象，既不以原本的方式，也不以再造的方式。因为在印象中的意向仅仅朝向那个在印象中构造起来的对象，而不朝向它的由保留和前展所构成的“晕”。换言之，在“晕”中没有对象，因为在“晕”中没有东西与我们相对立。我们只能在我们意向朝向之处发现对象。

这样，胡塞尔便在相当明确的程度上证明了一个他想证明的命题，即：在感知和想象之间不存在一个过渡区、一个既此亦彼的中间地带；它们是两个本质不同的区域。这个研究结果对胡塞尔是有利的，这使有可能他可以在不放弃其经验主义残余立场的情况下，继续进行他证明下列命题的尝试[①]：感觉材料是感知立义的内容，想象材料是想象立义的内容。

5.“本质直观方法”及其形成与发展

在前两节中所展示的，是胡塞尔现象学意识分析的结果，它涉及到意识活动中的本质要素以及这些要素之间的本质联系，涉及到意识的本质结构。这些分析结果不仅在当时影响了一大批思想家，从而为现象学运动的形成奠定了基石，而且在以后的不断发展中作用于心理学领域，直接地推动了“哥式塔心理学”的产生和发展。

在这一节中，我们将研究的目光转向这种意识分析的方法本身。胡塞尔早期意识分析方法的最显著标志在于它的“本质直观”的特征。本质直观的方法可以说是唯一一种贯穿在胡塞尔整个哲学生涯中的方法。从前现象学的《算术哲学》，到描述现象学的《逻辑研究》，

---

① 但我们可以看到，这个尝试已经没有什么意义了，因为它本来是作为达到某个目的的手段而存在，而现在这个目的已经通过其他途径被达到了。

最后到先验现象学的《欧洲科学的危机与先验现象学》，本质直观的方法始终是胡塞尔哲学研究分析的坚实依据。无论是在胡塞尔一生对此方法的操作运用中，还是在胡塞尔运用这种方法所得出的结果中，我们都很难发现这种方法本身曾产生过何种变化，但我们可以明显地看到胡塞尔对这种方法所做的理解和论述的变化。

在《逻辑研究》时期，即 1900 年前后，胡塞尔已经对近代哲学的传统做了突破。这里所说的近代哲学传统是指在认识论中的这样一种看法，即认为直观只能将个体之物作为自己的对象，而观念之物或一般之物要通过抽象才能被我们所获得。胡塞尔与之相反地提出"观念化的抽象"这一概念。这样，在胡塞尔那里，直观便分成两种基本类型：个体直观和观念直观。在个体直观中，个体对象被构造出来，它们为我们发现观念对象提供了基础。但这并不是说：观念的对象以某种方式"隐藏在"个体对象之中。胡塞尔常举红纸为例：纸张的大小、颜色等等是个体的，从它们之中无法获得一般之物，因为一般之物并不"藏在"它们之中。但是，我们能够以对个体对象的直观为出发点，转变自己的目光，使它朝向观念对象。"我们对红的因素进行观察，但同时进行着一种特殊的意识行为，这种意识行为的意向是指向观念、指向'一般之物'的。"[①]这就是说，这个目光是指向感性感知或感性直观的被给予之物的，但它并不指向纸的红色，也不指向这种红的程度，而是指向红本身。在进行这种目光转向的时候，红本身原本地、直接地被给予我们。"于是我们便直接把握了红本身的特殊统一；这种把握是建立在一个对某个红的事物的个别直观的基础上的。"[②]

① 胡塞尔：《逻辑研究》第二卷，第一册，A 221/B 223。

② 胡塞尔：《逻辑研究》第二卷，第一册，A 221/B 223。

一方面，我们不是在被给予之物、即感性材料中“发现”这个一般之物，因而不同于实在论；另一方面，我们也不是在这种特殊的意识活动中“创造”这个一般之物，而是“发现”它，发现这个被一般人容易理解为虚无的非时空的观念，因而又不同于唯名论。所以，胡塞尔所说的抽象，“不是指在对一个感性客体的某个非独立因素进行突出提取这种意义上的抽象，而是一种观念化的抽象，在这种抽象中，不是一个非独立的因素，而是它的‘观念’，它的一般之物被意识到，它成为现时的被给予。”①

在1906年所做的题为“现象学的观念”的五次讲座②中，胡塞尔同样也描述了本质直观的进程。——这里我们不去考虑本质直观与先验还原顺序上的差异。③ ——他概括地写道：“我具有关于红的一个或几个个别直观，我抓住纯粹的内在，我关注现象学的还原。我截断红在被超越地统摄时所意味着的一切，如意味着我桌上的一张吸墨纸的红等等，现在我纯粹直观地完成一般的红或特殊的红的思想的意义，即从这个红或那个红中直观出的同一的一般之物；现在个别性本身不再被意指，被意指的不再是这个红或那个红，而是一般的红。”④这里只需注意这一点：胡塞尔在这里仍然坚持他在《逻辑研究》中所提出的主张，即认为原则上可以通过唯一的一次直观而把握住本质。

在《纯粹现象学和现象学哲学的观念》第一卷（1913年）中，胡塞尔似乎也没有改变他的这一主张。他认为本质直观的特征在于：“它

---

① 胡塞尔：《逻辑研究》第二卷，第二册，A 634/B 162。

② 该讲座稿即以后作为《胡塞尔全集》第二卷出版的《现象学的观念》。

③ 关于本质直观和先验还原的顺序问题可以参阅：倪梁康，“胡塞尔：通向先验本质现象学之路”，载于《文化：中国与世界》，第二辑，1987年，北京，第236－337页。

④ 胡塞尔：《现象学的观念》，第56、57页（中译本，第49、50页）。

以个体直观的一个主要部分，即以一个个体的显现，一个个体的可见存在为其基础”。[①] 除此之外，胡塞尔认为在个体直观和本质直观之间便只存在着相似性，甚至存在着“彻底的相同性”，因为“本质直观也是直观，正如观念对象也是对象一样。”[②]通过目光的转向，人们可以从一种直观过渡到另一种直观。[③] 因此，胡塞尔直到《纯粹现象学和现象学哲学的观念》第一卷为止仍然坚持这样一个见解，本质直观必须以一个或几个经验、一个或几个个体直观为基础。因此，胡塞尔例如在《逻辑研究》中常常谈到“一般性意识在个体直观上的建立，[④]在《纯粹现象学和现象学哲学的观念》第一卷中也常常谈到“作为本质把握之基础的个别直观”。[⑤]

实际上，本质直观的问题在《逻辑研究》和《纯粹现象学和现象学哲学的观念》第一卷中都不能算是一个特别重要的课题。真正对本质直观做出详细论述的是胡塞尔在 1927 年夏所做的“现象学的心理学”的讲座[⑥]。胡塞尔在这个讲座中把本质直观称之为“把握先天的天然方法”。[⑦] 由此，本质直观的理论经历了一个重要的变化：“变更”(Variation)被看作是“通过想象来摆脱事实之物的关键步骤”[⑧]。胡塞尔在这里所运用的“变更”、“变项”(Variant)、“常项”(Invariables)等等概念本身就表明，胡塞尔已经放弃了原先的观点，即认为可以通过目光的转向而从一个个体的直观过渡到一个本质直观上

---

① 胡塞尔：《纯粹现象学和现象学哲学的观念》第一卷，[11]。

② 胡塞尔：《纯粹现象学和现象学哲学的观念》第一卷，[10、11]。

③ 胡塞尔：《纯粹现象学和现象学哲学的观念》第一卷，[10]：“经验的和个体的直观可以转变为本质直观(观念直观)”。

④ 胡塞尔：《逻辑研究》第二卷，第二册，第 52 节。

⑤ 胡塞尔：《纯粹现象学和现象学哲学的观念》第一卷，[125]。

⑥ 该讲座稿即以后作为《胡塞尔全集》第九卷出版的《现象学的心理学》。

⑦ 参阅胡塞尔：《现象学的心理学》，《胡塞尔全集》第九卷，海牙，1968 年，第 9 节。

⑧ 胡塞尔：《现象学的心理学》，第 72 页。

去;取代这个观点的是胡塞尔的一个新主张:为了进行本质直观,仅仅依据一个个体直观是不够的,因为既然要进行变更,我们就必须要有几个个体直观,否则“变更”就无从谈起。这种新的本质直观理论又被称之为“本质直观的变更法”,它的具体进行过程是这样的:

在素朴的经验,例如对一张红纸的感知,为我们提供了一个出发点,一个“前像”(Vorbild)之后,想象便在以后的操作中起着主导作用。我们可以根据这个经验进行自由的想象,也就是说,可以创造出任意多的“后像”(Nachbild),即任意多的“变项”。譬如我们设想各种各样的事物,在此同时关注这些事物中的那个红的因素,它在“前像”中已经引起我们的兴趣。这个红的因素是在“后像”中的共同之物,或者说,是在变项中的常项,它就意味着一般的红,即红的“埃多斯”。[①] 我们当然也可以按照《逻辑研究》的术语将这整个过程称之为“观念直观抽象”的过程,即把它看作是从各种变项中抽象出常项的过程,或者说,从现实的红的事物中抽象出红的可能性的过程,但是,不可否认的是,新的抽象方式束缚在几个个别直观的进行这个条件上。

对于胡塞尔来说,关于本质直观的这些新旧理论当然不仅仅只是把握一般意识对象的方法,确切地说,把握意识对象本质的方法,而且它主要是一种把握意识行为本质的方法,胡塞尔也把它称之为“内在的本质把握”的方法。[②] 用胡塞尔的话来说:“如果我们在完全的明晰性、完全的被给予性中直观到‘颜色’是什么,那么被给予之物便是一个‘本质’,并且,如果我们在对一个一个的感知进行观察时,在被给予性中纯粹地直观到‘感知’自身是什么,那么我们也就直观

---

① 对“自由变更法”本质结构的较为详细的分析可以参阅倪梁康:“胡塞尔:通向先验本质现象学之路”,第252-259页。

② 胡塞尔:《纯粹现象学和现象学哲学的观念》第一卷,[148]。

地把握住了感知的本质。直观,直观意识伸展得有多远,相应的'观念直观'或'本质直观'便伸展得有多远。"[①]正是在这个意义上,胡塞尔在《纯粹现象学和现象学哲学的观念》第一卷中将"现象学"定义为"对内在意识形态的纯粹描述本质论"。[②]

但胡塞尔在《现象学的心理学》中所论述的"自由变更方法"的确与本质直观的方法是同一的吗?我们首先在阿隆·古尔维奇(A. Gurwitsch)那里可以找到一个启示:他认为在胡塞尔的早期著作中,自由想象的变更法已经出现,但胡塞尔只是"用它来对付一些特殊问题,而并没有提出这种方法的一般原则。"[③]在以后的《经验与判断》和《现象学的心理学》中,胡塞尔才对这种方法"做了详尽的说明"。[④]在这里我们提出这样一个问题:是否可以说,自由变更法在胡塞尔那里始终就是一个被用来解决特殊问题的方法,而不能被看作是整个本质直观的方法?

如前所述,胡塞尔本人将自由变更的方法理解为一种使本质之物能够摆脱事实之物的方法。但这种说法相当含糊。至少我们可以看到,事实与本质之间的对立具有双重意义:事实可以是指感性的(个体的)事实,本质则可以是指个体的本质,也可以是指类本质或本质一般性。如果我看见一个红的物体,我可以立即通过目光的转向而把握住作为本质之物的红。我在这里无须进行几个个体直观,因而"变更"在这里并不是一个必要的前提。至于这个作为本质的红是一个个体的本质,还是一个本质一般性,这要根据具体的情况来决定。

---

① 胡塞尔:《文章与报告(1911-1921)》,第32页。

② 胡塞尔:《纯粹现象学和现象学哲学的观念》第一卷,[114]。

③ 古尔维奇:《意识领域》,柏林,1974年,第156页。

④ 古尔维奇:《意识领域》,第156页。

舍勒正是在这一点上对胡塞尔做了修正:他指出,“一个本质本身”“既不是一个一般之物,也不是一个个体之物”[1],只有当“我们与本质出现于其中的对象发生关系”时,这个本质的一般含义和个体含义之间的区别才成为问题。[2] 如果我对一个对象只具有唯一的一次感性直观,并由此出发而且进行本质直观,那么我所获得的便是这单个对象的本质。因此,在舍勒看来,一个本质“可以构成一个个体对象的本质,同时却不必因此而不再是本质。”[3]

从舍勒的这些修正中可以看出,只有当人们通过几个个体直观的进行而想把握住作为本质一般性,作为类本质的本质时,运用自由变更的方法才会具有一定的意义。这意味着,我们不使用本质变更的方法也可以对一个单个的对象进行本质直观。[4] 因此,我们可以说,自由变更的方法并不构成本质直观方法的全部,或者说,并不构成本质直观方法的本质。

同样的情况也适用于反思的或内在的本质直观。例如我仅仅经历过一次幻觉。我在反思这个以往的幻觉是进行本质直观,由此而获得幻觉的本质,或者说,获得幻觉的本质要素和这些要素之间的本质联系。我在这里不可能提供,也不需要提供几个幻觉的变项。对此,舍勒合理地指出:“有些本质仅仅表现在一个个体对象那里,而在其他所有对象那里都不具备,即使是这些本质的先天联系也是可以想象的。”[5]

---

① 舍勒:《伦理学中的形式主义与质料的价值伦理学》,《舍勒全集》第二卷,伯尔尼,1966年,第68页。

② 舍勒:《伦理学中的形式主义与质料的价值伦理学》,第68页。

③ 舍勒:《伦理学中的形式主义与质料的价值伦理学》,第68页。

④ 也许正是出于这个原因,古尔维奇将本质直观称之为“一个不是十分幸运的表述”。(古尔维奇:《意识领域》,第156页。)

⑤ 舍勒:《伦理学中的形式主义与质料的价值伦理学》,第73页。

这只是舍勒对胡塞尔本质直观理论所做的一个技术性的修正，尽管这一修正与他对胡塞尔本质理论的原则性批评不无联系。我们在下一节中将会讨论这个原则性的批评。在这里我们先关注胡塞尔的本质直观：

胡塞尔本质直观的特征在于，除了在各自对象的不言自明的差异以外，它与传统的感性直观相比还有以下两个不同之处：

1)在《逻辑研究》中，胡塞尔虽然谈到一般性的感知，或者说，“超感性的感知”[①]，但在《现象学的心理学》中我们已经看到，自由的变更首先应当是在想象中进行的。这里产生出一个问题：我们所描述的先天直观究竟属于感知，还是属于想象？在个体直观中，感知和想象的区别是很明显的，前者是对一个对象的原本性把握，后者是对一个对象的影象性把握；感知和想象作为第一性和第二性层次一同构成个体直观的总体。如果我们将本质直观与个体直观做一比较，我们会很容易产生出这样一个想法，在把握先天对象的过程中，原本与影象的差异不起作用；而从意识活动的角度来看，这也就意味着，感知和想象的差异在本质直观中不起作用。

在《纯粹现象学和现象学哲学的观念》第一卷中，胡塞尔已经考虑到这个问题，他认为，在个体直观和一般直观之间存在着一种奠基的和类比的关系：“一般性意识作为一种直观的，但又是类比的直观建立在个体直观的基础上”[②]。这时，对于一般性意识来说，这个作为基础的个体直观是一个感知，还是一个想象；这个作为类比物的个体直观对象是一个被看到(感知到)的对象，还是一个被回忆或被想象的对象，这都是无关紧要的。

---

① 胡塞尔：《逻辑研究》第二卷，第二册，A 616－619/B 144－147。

② 胡塞尔：《逻辑研究》第二卷，第二册，A 636/B 164，也可参阅 A 634/162。

由此看来，我们可以说，胡塞尔所用的"一般感知"或"一般想象"这些术语与其说是表达了本质直观或一般意识这个意识行为的特征，不如说是表达了作为类比物，或者作为出发点的个体直观的行为的特征。我们在这里还可以得出第二个结论：本质直观属于一个与个体直观不同的范畴。因为，当我们说，我们看到红，那么我们所指的不是在感性感知意义上的看，而是一种精神的或观念的看；而且，当我们在本质直观中将某物称之为"原本地被给予"时，这个某物虽然可以是直接被给予的，但却并不是在那种个体感知事物所具有的"生动性"(Leibhaftigkeit)意义上直接被给予。从这点上看，我们可以理解，为什么胡塞尔也把本质直观称之为原本给予着的意识行为。[①] 不言而喻，始终与原本性有关的明见性这个概念在本质直观中也获得了一种与个体直观的明见性不同的意义。胡塞尔对明见性的定义为："对真理的体验"，或者说，"最完善的统一综合行为"。在这个角度上，胡塞尔也把严格意义上的明见性称之为"对真理的相即性感知"。[②] 从这个定义中，我们至少可以读出：一方面，明见性以原本的被给予方式为依据；另一方面，明见性的客观相关物就是"真理的存在，或者也可以说是真理"[③]。而现在，观念的存在又具有什么样的明见性，从而使它自己区别于个体直观的明见性呢？胡塞尔认为，如果个体直观的明见性是"断然的明见性"(assertorische Evidenz)[④]，那么本质直观的明见性就可以被标志为"确然的明见性"(apodiktische Evidenz)[⑤]。

① 参阅胡塞尔：《纯粹现象学和现象学哲学的观念》第一卷，[39]等等。胡塞尔在这里尽管仍然使用"生动性"这个概念，但他自己在这个概念上加了引号。

② 胡塞尔：《逻辑研究》第二卷，第二册，A 594/B 122。

③ 胡塞尔：《逻辑研究》第二卷，第二册，A 594/B 122。

④ 我又将它译作"事实可靠的明见性"。

⑤ 我又将它译作"本质可靠的明见性"。

2)使胡塞尔本质直观区别于传统的感性直观的第二个特点在于:在对本质的把握中,存在设定与存在的不设定也不起作用。胡塞尔自己在《纯粹现象学和现象学哲学的观念》第一卷中明确地强调过这一点。他认为,纯粹本质可以在对存在进行设定的直观中,也可以在对存在不作设定的直观中得到演示。

"据此,我们可以从相应的经验直观出发,但同样也可以从非经验的、不设定此在的、毋宁说是'纯臆想性的'直观出发,原本地把握住本质本身。"①在《现象学的心理学》中我们也可以找到相同的思想:"我们考虑将一个经验作为出发点。显然,一个纯想象,或者说,一个对象－直观地浮现在这种纯想象中的东西也可以起到相同的作用。"②如果进行本质直观的人对在作为基础的个别直观中的对象的存在(Existenz)不感兴趣,而只对通过本质直观而把握到的本质的存在(Essenz)感兴趣,那么本质直观同时也就意味着对个体对象的存在设定的扬弃。胡塞尔将这种状况称之为"本质还原"。

胡塞尔将确切意义上的本质还原标志为一种"从心理学的现象向纯粹'本质',或者说,在判断思维中从事实性的('经验的')一般性向'本质'一般性"的还原。③ 根据胡塞尔的这一定义,本质还原的概念应当是一个比本质直观概念更为广泛的概念。更确切地说,本质还原不仅仅涉及到与"本质直观"有关的一般对象,而且还涉及到与"本质判断"有关的一般性事态。④

本质还原概念的提出至少伴随着两个问题:首先,被还原的是什

---

① 胡塞尔:《纯粹现象学和现象学哲学的观念》第一卷,[12]。

② 胡塞尔:《现象学的心理学》,第73页。

③ 胡塞尔:《纯粹现象学和现象学哲学的观念》第一卷,[4]。

④ 所谓事态,是指对象的状况或对象之间的联系,因而,事态,无论是个别的还是一般的,都奠基于相应的对象之上;同样,判断,无论是个别的还是一般的,都奠基于相应的直观之上。

么，就是说，在还原时被排斥的是什么？其次，还原到什么上去，也就是说，在还原之后留存下来的是什么？第二个问题在某种程度上已经得到了回答：本质还原后留存下来的是本质或本质一般性。而对第一个问题的回答实际上也只要对前面的论述做一个补充概括便可：本质直观可以不去关心感知和想象的区别，不去关心存在设定和不设定的区别。为了把握一个一般对象，本质直观既可以以一个设定存在的感知为出发点，也可以以一个不设定存在的想象为出发点。但事实上这里所关系到的不是一种可能性，而是一种必然性，即：即使我们在进行本质直观是可以从一个设定存在的感知出发，我们也必须不去顾及那些作为出发点的个体对象的存在，而仅仅朝向一般本质的存在。断然的明见性，即个体对象的存在在本质直观中完全不起作用，失去其全部有效性。正是在这个意义上，胡塞尔把本质还原也称之为“对个体存在的本质排斥”。[①]

但是，如果更仔细地对这种排斥进行考察，那么我们会发现，它并不是将个体的存在一劳永逸地判为无效。本质还原作为所有本质科学所共用的方法尽管表明，这些科学作为本质存在的科学不对实在存在做出确定，但另一方面还有这样一种可能性，即：在对本质认识进行运用的情况下，经验的现实将再次被涉及到，被重新视为有效。对此，胡塞尔在《纯粹现象学和现象学哲学的观念》第一卷中强调说：“在关于个体一般的本质判断与对个体之物的存在设定之间的联系是非常重要的。本质一般性被转用于一个具有此在设定的个体之物上，或者，被转用于一个不确定的、一般性的、个体领域中（这些个体也被经验为是此在着的）。任何一种例如将几何学真理‘运用’

① 胡塞尔：《纯粹现象学和现象学哲学的观念》第一卷，[119]。

在(被作为现实而设定的)自然的情况中的做法都服从于这一规律。”[①]出于这一理由,我们可以将本质还原称之为一种对个体的和经验的存在所进行的“暂时性”排斥。在这一点上,本质还原区别于先验还原,因为先验还原的目的是恒久的,它是要创立一种现象学家的“新的习性”[②]。

6. 胡塞尔从本质现象学向先验现象学的必然过渡

随着对胡塞尔思想论述的展开,我们在这一节中必然要接触到一个在胡塞尔哲学中至关重要的问题,即胡塞尔从《逻辑研究》时期的“本质现象学”向《纯粹现象学和现象学哲学的观念》时期的“先验现象学”的过渡。这个过渡被现象学史家们称之为胡塞尔一生思想发展中的第二次转折。

无论后人对胡塞尔的这个过渡评价如何,它在当时对于胡塞尔本人来说是势在必行的,或者说,具有一定程度上的逻辑必然性。这里涉及到一系列的问题,我们可以从现象学研究领域和研究方法这两个角度出发来分析这种过渡的必然性:

A. 心理主义批判彻底化的必要性与现象学领域总体化的必然性

在《逻辑研究》发表后不久,人们便对此书第一卷和第二卷的内容产生过疑问。海德格尔在初读《逻辑研究》时也曾表述过这方面的

---

① 胡塞尔:《纯粹现象学和现象学哲学的观念》第一卷,[15]。

② 胡塞尔:《纯粹现象学和现象学哲学的观念》第一卷,第二册,第 642 页。

怀疑："这部著作的第一卷发表于1900年，它证明关于思维和认识的学说不能建立在心理学的基础上，以此来反驳逻辑学中的心理主义。但在次年发表的、篇幅扩充了三倍的第二卷中，却含有对意识行为的描述，这些行为对于认识构成来说是根本性的。因而这里所说的还是心理学。……由此看来，随着他对意识现象所进行的现象学描述，胡塞尔又回到了恰恰是他原先所反驳的心理主义立场上去。"①

当然，胡塞尔在《逻辑研究》第一版发表时的思想还不十分成熟，这从第一版和第二版的差异中可以看出，因而他的阐述在某种程度上导致了上述这类想法的形成。在《逻辑研究》的"第二版前言"中，有两点需特别注意：1）胡塞尔认为，"导引"的第一版"无法完全把握'自在真理'的本质"，"'自在真理'的概念过于单一地偏向于'理性真理'"；2）胡塞尔指出，《逻辑研究》第一版的第二卷"未能充分顾及到'意识活动'与'意识对象'之间的区别和相应关系"，"只是片面地强调了意识活动的含义概念，而实际上在某些重要的地方应当对意识对象的含义概念做优先的考察。"②

尽管如此，胡塞尔思想发展的整个脉络是不难把握的：在《逻辑研究》第一卷所做的心理主义批判中，胡塞尔一方面指出心理主义的最终结果是怀疑论，另一方面则说明心理主义的根本问题在于混淆了心理学的对象——判断行为和逻辑学的对象——判断内容，因而，对于心理主义来说，判断内容的客观性"消融"在判断行为的主观性之中，换言之，"真理消融在意识体验之中"，这样，尽管心理主义仍在谈论客观的真理，"建立在其超经验的观念性中的真理的真正客观性还是被放弃了。"③这里需注意胡塞尔对真理概念的规定：真理是建

---

① 海德格尔："我的现象学之路"，载于《面对思维实事》，图宾根，1969年，第81页。

② 参阅胡塞尔：《逻辑研究》第一卷，B VIII－B IX。

③ 参阅胡塞尔：《逻辑研究》第一卷，A 128/B 128。

立在超经验的观念性中的东西。因此,胡塞尔在这里所反对的是心理主义用体验的经验实在的主观性来取代在观念可能性意义上的真理客观性的做法。但他并没有因此而否认意识体验、判断行为的“真理”可以具有客观性。恰恰相反,胡塞尔一再强调的意识行为与对象的“相即性”,这也就是在传统哲学意义上的“事物与知性的一致”。甚至他还批评心理主义者说:“这些人相信能区分纯主观的纯客观的真理,因为他们否认有关自身意识体验的感知判断具有客观性特征:就好像意识内容的为我的存在并不同时也是自在的存在一样;就好像心理学意义上的主观性与逻辑学意义上的客观性是相互对立的一样!”[①]以为意识内容的为我的存在并不同时也是自在的存在,这种做法取消了意识对象所依据的客观的观念可能性,取消了自在的、客观真理,这是心理主义的过失之一;主张心理学意义上的主观性与逻辑学意义上的客观性相互对立,这种做法又抹煞了意识行为所依据的客观的观念可能性,取消了意识行为的自在、客观真理,这是心理主义的过失之二。只要我们看到,判断行为的真理客观性和判断内容的真理客观性完全可以达到一致,因为它们都是独立于经验实体的观念可能性,那么心理主义的谬误便不会再有市场。胡塞尔在《逻辑研究》第十一章中所陈述的便是这个思想:“一方面是实事之间的联系,这些实事意向地关系到思维体验(现实的和可能的思维体验);另一方面是真理之间的联系,在这种联系中,实事的统一本身获得其客观有效性。前者与后者是一同先天地被给予的,是相互不可分开的。”[②]可以说,作为认识行为的实事构成纯粹心理学这门本质的(或先天的、观念的)科学的对象,作为认识对面的真理构成最广泛意义

---

① 参阅胡塞尔:《逻辑研究》第一卷,A 116/B 116,注①。

② 参阅胡塞尔:《逻辑研究》第一卷,A 228－229/B 227－228。

上的纯粹物理学这门本质的(或先天的、观念的)科学的对象。而对所有这些观念可能性的形式进行研究的学说就可以被称之为“纯粹逻辑学”,它“最普遍地包含着一般科学可能性的观念条件”①。在《逻辑研究》第一版第二卷中,胡塞尔甚至偏重于研究判断行为的真理客观性,偏重于纯粹心理学的研究,这也就是他后来所说的对意识活动的含义概念的“片面强调”所在。但这里所说的“纯粹心理学”已经不是指有关人的实在心理本质的学说,而是一门关于纯粹意识活动的观念可能性的学说,一门“现象学的心理学”了。

胡塞尔对《逻辑研究》第一版的反思是在十三年之后,这期间他的思想已由“本质现象学”发展到“先验现象学”。显然是在先验现象学的立场上,他才认为,在《逻辑研究》第一版中,“自在真理”的概念过于单一地偏向于“理性真理”,“意识活动的含义概念”相对于“意识对象的含义概念”得到了过多的强调。因为在《逻辑研究》第一卷发表后的六七年中,关于“构造”的想法就已趋成熟,“对象在意识中的构造”问题已经进入胡塞尔思想的中心。在这种情况下,他对《逻辑研究》第一版的上述感觉便不足为奇了。胡塞尔这时所考虑的不仅仅是意识活动的观念性或客观性,而且更多地是作为意识活动之结果的意向对象的观念性或客观性。这样,借助于先验还原的方法,一个包容整个意识活动(意识的实项内容)和意识对象(意识的意向内容)于一身的先验观念主义体系便建立了起来。知性与事物的一致性在先验现象学中表现为在意识之中意识活动与它所构造的意向对象的相即性。主观性和客观性的对立则表现为心理体验的经验实在性与纯粹意识的观念可能性之间的对立。从这个角度上来看,胡塞尔这时倒比《逻辑研究》第一版第二卷更像是回到了心理主义的立

① 参阅胡塞尔:《逻辑研究》第一卷,A 254 - 255/B 254 - 255。

场，以至于他这时所主张的看起来恰恰便是他原先在《逻辑研究》第一版第一卷中所反对的，即："存在在意识中消融"，"客观性在现象中显现出来"①；以至于科隆大学胡塞尔文库主任伊丽莎白·施特雷克教授甚至问道："先验现象学本身是否终究还是一门心理学，即一门对心理之物的构造所做的先验研究，并且最后是对先验意识的自身构造的先验研究？"②当然，在经过上述对胡塞尔思维发展的反思之后，我们可以看出，他的思路不是一种回复，而是一种向更高层次的迈进，或者至少可以说是一种向更高层次迈进的企图：由《逻辑研究》第一版第一卷（1900 年）对判断行为和判断内容两者的观念可能性或客观性的强调，到《逻辑研究》第一版第二卷（1901 年）对意识活动的观念可能性的关注和偏重，最后达到在与《纯粹现象学和现象学哲学的观念》（1913 年）处于同一层次的《逻辑研究》第二版（1913 年）中对一种构造着意识对象的意识活动所具有的先验观念性的主张。这时的"纯粹"概念不只是指相对于经验事实而言的观念性，而且还意味着相对于实在世界而言的先验性。胡塞尔这时才达到了他所希望达到的彻底性：一种绝对的观念主义，一种彻底的反心理主义和反人类主义（反种类怀疑主义）。

"存在在意识中的消融"意味着意向性与构造问题的结合，"自在之物"或"物理事物"和"现象的不明原因"③被排斥在现象学的讨论范围之外；但这并不意味着现象学研究领域的缩小，恰恰相反，它意味着这个研究领域的扩大。在《逻辑研究》中，胡塞尔的意识分析还

① 转引自 W. 比梅尔："出版者前言"，载于胡塞尔：《现象学的观念》，第Ⅷ页和第Ⅹ页（中译本，第 2 页和第 4 页）。

② I. 施特雷克："现象学与心理学——它们在胡塞尔哲学中的关系问题"，载于德国《哲学研究杂志》，第 37 卷，1983 年，第 19 页。

③ 参阅胡塞尔：《纯粹现象学和现象学哲学的观念》第一卷，第 52 节。

局限在意识活动的范围内。因此可以说，在《逻辑研究》中，“意向性”虽然已被提出，但它此时并不具有哲学的意义，它并没有解决任何哲学问题。毋宁说，意向性仅仅意味着一个在本质直观中观察到的结果：所有意识都是关于某物的意识；朝向对象是意识的最普遍的本质。换句话说，意向性代表着意识的最普遍结构，就像非意向性是物质自然的普遍本质一样。只有当胡塞尔自1907年开始将意向性概念与构造概念结合在一起时，它们才表明一个哲学命题的提出。所以，我们在上面虽然曾引用过胡塞尔对现象学的一个定义，即：现象学“可以被称之为关于意识一般、关于纯粹意识本身的科学”，但这个定义实际上并不是胡塞尔在《逻辑研究》时期对现象学的定义，而是胡塞尔在1907年完成向先验现象学的转变之后对现象学做出的新规定。在这里所说的“意识一般”或“纯粹意识本身”不仅仅是指意识中的意识活动，而且还包括作为意识活动之结果的意识对象部分。原先的（在《逻辑研究》中的）具有主动性的心理本质和具有被动性的物理本质的二元现在（在《纯粹现象学和现象学哲学的观念》中）被一个先验的一元所取代：先验的构造（意识活动）与被构造的结果（意识对象）。我们也可以用一个德文词来概括它：transzendentale Konstruktionsleistung，它既可以被译作“先验的构造功能”，也可以被译作“先验的构造成就”，因为 Leistung 一词在德文中便包含“功能”和“成就”这两种含义，它恰当地反映了意识的意向性（构造）能力及其结果。意向性已经不再仅仅意味着“朝向性”，而且还意味着“创造性”。这样，哲学的大全要求同时也得到了满足。

因此，胡塞尔在《逻辑研究》和《纯粹现象学和现象学哲学的观念》之间完成的转变，不仅仅意味着对一个新的方法的提出，即“先验还原方法”的提出，而且还意味着向一个新的领域的扩展，即向“意识对象”领域的扩展。换言之，胡塞尔的这一转变不仅涉及到现象学的研究方法，而且涉及到现象学的研究对象和研究领域。

B.“现象学反思”哲学化的必然性与“现象学还原”先验化的必然性

现在我们从方法的角度来考察胡塞尔思想第二转折的必然性，这个考察相对于前一个考察要复杂得多。

从我们在前一节所做的对“本质直观”方法的分析中可以看出，在这个方法的内涵中显然已经包含着“反思”的意义，这是使现象学本质直观区别于其他科学（如纯粹数学）本质直观的东西。当我们所要面对的“实事”是指意识活动，而非在自然科学意义上的自然客体或社会科学意义上的社会客体时，反思在这里便是一个必不可少的前提。所谓反思，是指我们的意识目光不是向我们在日常生活中所做的那样，直向地面对空间事物，包括动植物、自然、人、社会、世界以及如此等等，而是反过来朝向我们意识本身的活动。我们在这里可以用胡塞尔常举的一个例子来说明这个问题：在日常生活中，以及在自然科学的研究中，我们可以说：“天是蓝的”；而在反思中，我们则应当说：“我看见，天是蓝的。”在这里，“看”是意识活动的一种类型，即视觉性的感知。它在这个陈述中是我们所要关注的对象，它是确定无疑的；而我看到的事实（蓝天）则是可以怀疑的，并且在这个陈述中是无关紧要的。——这个特征适用于所有反思。

胡塞尔在《纯粹现象学和现象学哲学的观念》第一卷中特别强调现象学方法的反思性质。他把纯粹现象学的创立称之为是一种“观点（Einstellung）的改变”①。这种观点的改变意味着：当我们开始进行真正的反思时，我们就不再立足于素朴的自然观点之上，而是进入

① 胡塞尔：《纯粹现象学和现象学哲学的观念》第一卷，[93]等等。

到哲学的(现象学的)观点之中了。直向的思维方式和反思的思维方式因而在胡塞尔看来是划分两种不同的观点,即自然观点与哲学观点的根本标准。前者与我们日常面对的世界和对这个世界的存在信仰有关;后者则与我们在哲学态度中向自身的回返有关。

但是,这里应当首先指出,胡塞尔在《逻辑研究》中所运用的反思与他在《纯粹现象学和现象学哲学的观念》中强调的反思并不是完全相同的一回事。

胡塞尔之所以在《纯粹现象学和现象学哲学的观念》开始特别强调现象学的反思性,这与他在这期间完成的向先验现象学的突破密切相关。如果胡塞尔在《逻辑研究》中仅仅探讨意识活动的本质结构,并且把对意识对象的问题留给最广义上的物理科学去研究,那么现象学就只能是一门与广义物理学相对立的广义心理学。至多现象学可以自诩:相对于物理学来说,它应当是一门奠基性的科学,但传统的二元论问题却仍然无法得到解决。胡塞尔在《逻辑研究》之后所面临的处境因而是和笛卡尔相同的:笛卡尔虽然证明了思维是比存在更为清晰的东西,关于心的科学因而也比关于物的科学更具有奠基性,但他也没有办法避免二元论的结局。

解决二元论的一条可能出路在于,扩大反思的范围,将广义物理学的领域也包含到广义心理学的领域中来。这时,广义的心理便不再仅仅是作为心理－物理二元中的一元,而应被理解为胡塞尔意义上的"意识一般"或"纯粹意识本身",它将作为心理的意识活动与作为意识活动之结果的意识对象都包容在自身之中。于是,关于"意识一般"或"纯粹意识本身"的科学便成为一门大全的哲学,原先相互对立的"自然反思的心理学"和"自然直向的物理学"现在作为一个前哲学的维度被纳入到更高的哲学反思维度中来。这正是胡塞尔在《纯粹现象学和现象学哲学的观念》第一卷中的做法。

因此，在《逻辑研究》中并未得到特别强调的现象学反思性在《纯粹现象学和现象学哲学的观念》中却明确地突出出来，它被胡塞尔称之为是“对意识一般的认识方法”，它包含着“所有内在本质把握的方式和内在经验的方式”并且在哲学研究中具有“绝对的权利”。[①]

但我们在这里显然已经涉及到了两种反思。现象学哲学的反思和现象学心理学的反思。对现象学哲学反思的本质分析将是下一节所要解决的任务。在这一节中，我们要将注意力集中在现象学哲学反思与其他反思的区分上。如果清楚地理解了这种区别，我们也就清楚地把握了胡塞尔“先验还原方法”的真实意义，从而也就把握了胡塞尔从本质现象学向先验现象学过渡的真实意义。

我们首先考察一下现象学心理学与其他心理学的异同。它们的首要共同点显然在于所有心理学都具有的反思性，例如，在反省心理学中，心理学家对自身心理状态的反思是前提，在心理分析学或心理-病理学中，病人对自身心理状态的反思是前提，以及如此等等。而使现象学心理学的反思区别于其他心理学反思的是这样两个方面：首先，现象学心理学的反思是本质直观的反思，它在反思中所要把握的是心理的本质结构；其次，现象学心理学的反思是一种在对心理现象的相关物不做存在设定的状况下进行的反思，简言之，它是一种不设定的反思。我们在下面会对此进行详细的分析。

现在的问题是，在现象学心理学的反思与现象学哲学的反思之间的异同又是什么呢？它们的共同之处很明显，其一，它们都是在本质直观中进行的反思，无论本质现象学还是先验现象学，换言之，无论现象学的心理学还是现象学的哲学，它们都是本质科学，因而都运用本质直观的方法；其二，它们都是在不设定中进行的反思，它们都

---

① 胡塞尔：《纯粹现象学和现象学哲学的观念》第一卷，[147-150]。

把目光放在心理或意识上面，不去关注物理或自然的存在。因此，胡塞尔常常用“现象学的反思”这个名称来概括这两种反思的共性。但如果对不设定这个概念做进一步的分析，我们就会发现，现象学心理学的反思与现象学哲学的反思是有很大差异的：现象学心理学反思对存在不做设定的状况又被胡塞尔称之为“中立性的变化”。他认为，现象学心理学的操作是在“中立性变化”的情况下进行的；而现象学哲学反思对存在不做设定的状况则被胡塞尔称之为“先验现象学的还原”，现象学哲学的操作是在这种“先验还原”的条件下进行的。[①] 这样，我们便涉及到了在现象学心理学反思与现象学哲学反思之间的最重要的区别。

所谓“不设定”（Nichtsetzung），最笼统地说，是指对存在的悬搁。在胡塞尔那里，我们至少可以找到四种不设定的类型：[②]

1.在单纯想象中的不设定。这种不设定也被胡塞尔称为“拟－设定”（quasi-Setzung）。例如，我想象我在月球上散步。当我沉浸在这种想象中时，我仿佛相信周围的一切都是真实的。但只要我在某种程度上从这想象中脱身出来，我就不会再坚持原先的相信。因此，从严格意义上说，这种“仿佛－相信”既不是一种对存在的设定，也不是一种对存在的不设定，因而在胡塞尔看来只能是“拟－设定”。但在术语上，胡塞尔仍然将它归入不设定的范畴。

2.对存在的不感兴趣。这是中立性变化的一种，即自然的中立

① 参阅胡塞尔：《想象、图像意识、回忆》以及《纯粹现象学和现象学哲学的观念》第一卷，第二篇，第四章。

② 这四种不设定的类型按顺序可分别参阅胡塞尔：《想象、图象意识、回忆》，第359页，第574页，第589页，《纯粹现象学和现象学哲学的观念》第二卷，第二册，第642页至645页，《纯粹现象学和现象学哲学的观念》第一卷，第二篇，第四章。这里没有将本质直观中的“本质还原”列入不设定的范畴，因为我认为，本质还原中对事实存在的排除不是一种不设定，而只是一种不关注而已。对此的具体分析可以参阅本书第4节的结尾部分。

性变化。我们之所以称它为自然的，这是因为这种不设定与前一种不设定一样，是我们在日常生活中经常经历的，即使没有心理学或现象学，这种不设定在我们的自然生活中也会发生；而所谓中立性变化，则是与胡塞尔在《逻辑研究》中所说的“质性变化”意义相同，它意味着一种对存在问题的不关心、不执态，保持中立。举例来说，我在听一个人讲故事，我努力想听懂他讲的是什么故事，但我并不对他讲的故事的真实与否感兴趣。我们可以看到，儿童们在听童话时往往是抱着相信的态度，成年人在这时则大都不做存在设定。

3.不想或不能对存在感兴趣。这是中立性变化的另一种，也是上面曾提到过的与现象学心理学有关的那一种。它不属于自然的中立性变化，因为它已具有方法论的意义。所谓方法，在这里是指一门科学为了达到某个目的而必须采取的手段。所以这种不设定是有意识地进行的，它是一种不想设定或不能设定。此外，这种不设定与前两种不设定的区别还在于：它是在反思中进行的。反思中的不设定具有自己的特征：当我在反思我的意识行为时，我并不是不设定这个行为的不存在，而是不设定这个行为中所包含的对象的存在。例如，在反思我对蓝天的感知的同时，我不去询问蓝天是否真实存在，但感知行为却是明白无疑地存在着的。这里还要补充一个术语方面的考证结果：胡塞尔本人在1924年以后便不再使用“中立性变化”这个概念，而用“心理学的还原”这个新术语取而代之。

4.先验现象学的还原①，也可简称为“先验还原”。它与第三类

---

①　这是一个为许多现象学研究者所熟悉的“不设定”类型。我在这一节中不想再对这一方法做出进一步的描述或评价。关于胡塞尔所设想的通向先验现象学的三条可能途径及其本质结构的较为详细的分析可以参阅凯恩：“埃德蒙德·胡塞尔哲学中通向先验现象学还原的三条道路”，载于比利时《哲学杂志》，第24期，1962年，第303－349页；还可参阅倪梁康：“胡塞尔：通向先验本质现象学之路”，载于《文化：中国与世界》，第二期，第262－276页。

的不设定相比至少在这两点上是一致的：一方面，它们都是非自然的，即方法上不设定；另一方面，它们都是在反思中进行的不设定。因此，在这里所归纳的四种不设定中，只有后两种与方法有关。更确切地说，第三种不设定与现象学心理学的方法有关；第四种不设定与现象学哲学的方法有关。

这样，在"现象学心理学"的反思与"现象学哲学"的反思之间的差异被归结到了在于"现象学心理学的还原"与"先验现象学的还原"之间存在的区别之上。

在胡塞尔那里，中立性变化与先验还原密切相关显然是一个确定无疑的事实。但他一开始并没有想要对这两者之间的关系做出规定。在《纯粹现象学和现象学哲学的观念》第一卷中，他认为"中立性变化"（即"现象学心理学的还原"）与"先验还原"是"非常相近的"[①]。但他以后显然又放弃了这个观念，因为在他自己保存的那一册《纯粹现象学和现象学哲学的观念》第一卷上，胡塞尔在这句话的旁边又用笔加上了一个"不"字。[②] 对这个"不"字，我们在字面上可以做两种解释：它或者意味着命题A：中立性变化与先验还原不仅仅是"非常相近的"，而且根本就是相同的，甚至是同一的。或者，这个"不"意味着命题B：中立性变化与先验还原并不是"非常相近的"，而是完全不同的，并且彼此是互不相干的。这两种解释的可能性都可以在胡塞尔的论述中找到各自的充分论据。因为，如前所述，在这两种不设定的类型之间，不仅存在着一系列的共同性，也存在着一系列的差异性。

我在这里不准备展开对命题A的论证，而只想将笔墨集中在命

① 胡塞尔：《纯粹现象学和现象学哲学的观念》第一卷，[223]。

② 胡塞尔：《纯粹现象学和现象学哲学的观念》第一卷，第二册，海牙，1976年，第510页。

题B上，因为我认为它较之于命题A更符合胡塞尔的意向。对于我来说，问题并不在于，在中立性变化与先验还原这两者之间是否有差异，而是仅仅在于，它们之间的区别究竟有多大。

我们首先注意胡塞尔在1929年为了修改《纯粹现象学和现象学哲学的观念》第一卷而写下的对这部书的批判性反思。胡塞尔在这里最清楚地表达了他区分这两种方法操作的意向。[①] 胡塞尔谈到"两方面的纯粹化"或"两方面的纯粹性"[②]，这是指"现象学－心理学的还原"和"先验－现象学的还原"[③]："如果现在我们询问纯粹化的还原，它是使内在经验成为纯粹经验的必然措施，那么我们就会涉及到某种对存在设定、对存在之物之意指的'排斥'和'判为无效'，它应当并且必须在双重的方向上得到实施"。[④] 尽管这两种还原都是一种普遍的悬搁（Epoche），它们都意味着排斥世界和关于世界的信仰，还原到纯粹意识体验上去，但很明显，胡塞尔在这里所说的"两方面纯粹化"意味着对世界和世界信仰的排斥有两种，"两方面的纯粹性"则意味着最后还原于其上的纯粹意识体验也有两种。

实际上，胡塞尔在此之前已经有过对关于这个划分的论述。在1923/24年所做的《第一哲学》的讲座中，他就认为，心理学还原与先验还原之间的区别首先在于，先验还原是"一种绝对的并且彻底纯粹的无兴趣性"，而心理学的还原只是一种"相对的无兴趣性"。[⑤] 在胡塞尔1929年对《纯粹现象学和现象学哲学的观念》第一卷所做的修改中，这个思想得到了一定的展开："必须始终注意，作为现象学的心

---

① 我们在下面很快会看到，胡塞尔在二十年代便具有这个意向。

② 胡塞尔：《纯粹现象学和现象学哲学的观念》第一卷，第二册，第646页。

③ 胡塞尔：《纯粹现象学和现象学哲学的观念》第一卷，第二册，第643页。

④ 胡塞尔：《纯粹现象学和现象学哲学的观念》第一卷，第二册，第645页。

⑤ 参阅胡塞尔：《第一哲学》第二卷，《胡塞尔全集》第八卷，海牙，1959年，第142－143页。

理学家……只是为了达到纯粹地把握我的心理这个目的，我才从方法上排斥那些与我的心理一同有效的、超越出这个心理的，但又在这心理中被意识到的现实实在，而世界仍然作为存在着的世界在暗中保持着它的有效性。原因在于，对于作为心理学家的我来说，我的纯粹意识生活的领域始终作为实在世界的一个抽象－方法析出的层次而保持其有效性；这个实在世界不仅包含着我的纯粹心灵，而且还包含着其他人以及他们的纯粹心灵。”[①]现象学－心理学的还原因而不是对世界的彻底排斥，它最终还是建立在普遍的世界信仰的基础上。也就是说，在进行了这个还原之后，世界信仰仍然在暗中起作用，因为现象学的心理学家最后还是将他的研究对象理解为是“他的”或“人的”心理。也可能正是出于这个理由，胡塞尔才时常将中立性变化与否定、怀疑等等一些信仰式(Glaubensmodalitaeten)放在同一个层次上。[②] 我们因此可以确定在先验还原和心理学还原之间的第一个原则区别，即：先验现象学家可以将“先验纯粹的主体性”作为自己的研究对象，而现象学的心理学家只能以“心理纯粹的主体性”为研究课题。[③]

与先验还原和心理学还原之间的第二个原则区别有关的是胡塞尔的另一段话，这段话绝不是仅仅对上面论述的重复：“我们再来看一下现象学－心理学还原的特征，它被理解为是一种习惯性的观点。这是因为，实在的世界和在习惯的已有的日常生活中一样仍然是存在着的、仍然是基础，正如它对于所有实证科学来说是存在着的、是基础一样，对于心理学来说，特别是对于一门纯粹心理学来说也是如此。不断流动着的世界经验，包括物理的和心理物理的经验，始终还

① 胡塞尔：《纯粹现象学和现象学哲学的观念》第一卷，第二册，第 648 页。

② 参阅胡塞尔：《事物与空间》，第 151 页。

③ 参阅胡塞尔：《纯粹现象学和现象学哲学的观念》第一卷，第二册，第 642 页。

在发挥着它们的效用。尽管这种‘外在的’经验被判为无效，甚至在普遍的纯粹心理学中普遍地被判为无效，尽管任何一个关于世界的素朴判断和科学判断因此而都受到悬搁——看上去完全就像在先验还原中所发生的那样——，但这种方法在这里的意义却仅仅在于抽象地朝向心理之物，它只是一种方法上的手段，人们可以用它来把心理之物作为普遍的、具有特殊本质的联系提取出来，使这些心理之物成为一种纯粹性，一种自身封闭的纯粹‘心理现象’。与此相反，先验悬搁的特征则在于，现象学家自始至终在一种普遍的意志中将普遍的世界经验以及所有其他在世界存在中的有效性，无论是现时的还是习惯的有效性，都判为无效。随之，一种普遍的习性便得以形成，它使得人们不可能再去保持任何一种与世界有关的存在有效性，这样，作为现存有效的判断基础的世界万物对于先验现象学家来说是完全不存在的。”①胡塞尔的这段论述表明，在先验还原和心理学还原之间的第二个原则区别与方法有关：先验还原虽然也和心理学还原一样，被胡塞尔称之为“通道方法”②，但它和心理学还原又是不同的，它不仅开辟了一条通向一个特定领域的道路，而且它还意味着一种新的习性的形成以及对这个习性的坚持，这个习性与心理学，包括现象学的心理学以及现象学－心理学的还原所具有的自然观点习性是在彻底的意义上不相同的。

被胡塞尔称之为新习性或新观点的先验现象学习性首先是通过它的构造特征而区别于自然习性。换言之，对于具有先验习性的现

---

① 胡塞尔：《纯粹现象学和现象学哲学的观念》第一卷，第二册，第649页。

② 瓦尔登菲尔茨对“通道方法”曾做过这样的解释：“人们常常说，现象学是一种方法。这种说法只有在以下的意义上才是确切的：方法在这里不是指一种可以运用于在先已有实事的中性工具，而是一条通向实事的通道。”（瓦尔登菲尔茨：《现象学引论》，第30页）这里的“实事”既可以是“纯粹的主体性”，也可以是“先验纯粹的主体性”。在这个意义上，现象学－心理学的还原和先验现象学的还原都是一种“通道方法”。

象学家来说,“作为现存有效的判断基础的世界万物”的“完全不存在”并不意味着“世界万物”的完全消失;毋宁说,这种“完全不存在”是指对世界万物之存在的重新发现,即发现它们只是在意识中被构造出来的东西。这一点,胡塞尔在他提出其先验哲学的构想时便已强调过。我们可以这样进行比较,现象学的心理学家将对象(客体)的客体性置而不论,并且同时将目光集中在主体性上;而与此不同的是,先验现象学家则试图将客体性解释成为一种在先验的主体性中构造出来的产物。

因此,我在这里可以得出如下的结论:中立性变化(心理学还原)与先验还原显然是有区别的,这个区别在我看来最重要的是在于:后者是对前者的彻底化。具体地说,在对自然的世界意识的置疑问题上,中立性变化没有能达到先验还原所达到的那种彻底性。由此而造成的结果有两方面:一方面,尽管中立性变化也是一种中立化的目光转向,但它并不像先验还原那样意味着“对自然的问题方向的彻底改变”[①];另一方面,通过中立性变化而获得的主体性也仅仅是纯粹的主体性,而不是那种只有通过先验还原才能获得的先验纯粹主体性。

我们可以看到,在这一节中所做阐述的主要目的在于证明这样一个论点:无论从对象领域方面来看,还是从操作方法方面来看,都可以表明,胡塞尔从《逻辑研究》时期的现象学心理学向《纯粹现象学和现象学哲学的观念》时期的先验现象学的过渡是达到他哲学的彻底性的一条必由之路。除非胡塞尔放弃对哲学“最终论证”的努力,放弃对哲学作为严格科学之理想的追求,否则,他思想中的这第二个

① 这也是我对L.艾勒(L.Eley)的批评,因为他将中立性变化的特征描述为“对自然的问题方向的彻底改变”(参阅L.艾勒:《先验现象学与社会系统论》,弗莱堡,1972年,第66页)。他的这一描述显然适合于先验现象学的还原,但不适合于现象学-心理学的还原(中立性变化)。

转折的发生就和第一个转折发生一样，是必然的。

但是，这个转折是否意味着胡塞尔的哲学努力和追求从此达到了目的，剩余下的工作就是在已有的坚实基础上构造体系大厦呢？我在下一节中将试图对这个问题做出回答。

7.现象学反思的反思

在对胡塞尔的现象学方法做出上述阐述之后，我在这一节中要想证明这样一个命题：尽管胡塞尔对现象学反思方法做了如此彻底的加工，用这种方法所把握到的东西也并不像胡塞尔所期望的那样是作为最终根据的“原初的意识被给予性”。因为现象学的反思，无论是现象学心理学的反思，还是先验现象学的反思，本身都含有这样一个问题：在反思与被反思之物之间有一条不可逾越的鸿沟，我们可以将它称之为一种在反思观点和直向观点之间存在着的“对话的间域”，正是它才使得对“原初性”的把握成为幻想。

下面我们可以通过对现象学反思的分析来观察这条不可逾越的鸿沟究竟是怎样的。在这里，现象学反思既是指现象学心理学的反思，也是指先验现象学的反思。

根据我们在前一节中对现象学的反思操作的分析，这种操作的基本特征可以归结为以下几点：

A.现象学的反思是一种不设定的反思，或者说，一种质性变化的反思

我们把现象学反思首先定义为不设定的反思。进一步说，这种现象学的反思一方面表现为一种课题的改变：现象学家的目光不再朝向意识对象，而是朝向意识行为本身。例如，我的兴趣不在于确定

我所听到的东西是否在和如何在，而在于我的听和我怎样听。实际上，所有以意识行为为课题的研究都必须在反思中进行。另一方面，现象学的还原（中立性变化，即现象学心理学的还原）与先验还原（亦即先验现象学的还原）又区别于一般的反思性研究，这种区别在于：现象学反思自身表现为一种不设定的、中立性的反思。不应忘记，中立性的做法仅仅是对在意识行为中构成的意识对象的存在而言；换言之，是意识行为中的意识对象的存在被设为无效。但在反思中本身又成为对象的意识行为的存在并未被取消。这就是说，在我对意识行为进行反思的时候，我相信这个被反思的意识行为是存在的。我想提醒大家注意胡塞尔所说的两种信仰：内在的信仰和超越的信仰①；它们分别是指对内在的存在和超越的存在的信仰。我在这里所说的“反思中的不设定”，并不意味着摆脱了所有的立场②或所有的信仰，而只意味着排除了超越的信仰。可以把现象学的反思与自然的反思作一比较。在现象学的反思中和在自然的反思中一样，我们都以意识行为为对象并因此而具有双重信仰：一方面是对被反思的意识行为的存在设定。这种信仰被胡塞尔称为内在的确然性，它具有“绝对的权利”③。显然内在的确然性也可以变式④。例如，我在对一个回忆进行反思时可能会怀疑：这是我的回忆呢，还仅仅是我的想象？我的回忆是正确的吗？我在反思也会做出否定：例如，我刚才所具有的不是感知，而是幻觉，如此等等。但是，作为整体、作为

---

① 参阅胡塞尔：《纯粹现象学和现象学哲学的观念》第一卷，第 38 节，第 77 节，《现象学的观念》，第 5 页，第 35 页（中译本，第 9 页，第 34 页），等等。

② “立场（Position）”在胡塞尔那里以及在许多现象学家（如萨特）那里都是与“设定（Setzung）”相同，与“不设定”相对的一个概念。

③ 参阅胡塞尔：《纯粹现象学和现象学哲学的观念》第一卷，[150]。

④ “变式”（modalisieren），即：信仰式的变换。胡塞尔认为每种信仰都有不同的方式，如怀疑、猜测、估计、否定等。参阅胡塞尔：《经验与判断》，汉堡，1985 年版，第 21 节。

基式[①]的内在确定性是永远不会消失的。就是说，意识行为的一般存在是不会受到怀疑、受到否定的。

另一方面，被反思的意识行为本身是在一定的“信仰式(Glaubensmodus)”中进行的。例如我看到一个老人或听到一种响声。然后我回顾(反思)我的看和听。在一般情况下，对被看见的东西(老人)和被听见的东西(响声)的信仰在自然反思的过程中仍保留在意识行为里面。简单地说，在进行自然反思时，我既相信我的看和听存在着，或者说，我相信它们发生过；我也相信，被看见和被听见的东西存在着，或者说，我相信它们存在过。

与自然反思相反，在现象学的反思中只有一个信仰在起效用；而另一个信仰，即对超越的对象的信仰被排除了，或者说，被中立化了。超越的信仰仍然还在，但不再具有活力。有关还原的论述已经很多，因而我在此不需再做进一步的解释。值得注意的仅仅在于：在反思的过程中，内在的信仰始终在发生着效用。它原则上无法被中立化；这里姑且不去考虑这一点：如果人们在现象学的反思中进行本质直观的话，那么对被反思的个体意识行为的〔事实〕可靠[②]的存在信仰是可以被取消的。但是对意识行为之本质的〔本质〕可靠[③]的信仰从原则上说是不会失去效力的。这是现象学观点中唯一的一个信仰行为。它是内在的和本质可靠的。在康德的意义上它已经不再是信

① “基式”(Grundmodus)，即：基本的信仰式。这种基式始终保留在我们的意识活动中，它可以通俗地被称之为：我相信，总有某物存在着。

② “事实肯定”或“事实可靠”来源于德文中“assertorisch(断然的)”一词，胡塞尔用它来表示个体存在的确然性。参阅胡塞尔：《纯粹现象学和现象学哲学的观念》第一卷，第137节；《被动综合分析》，第48页等等。

③ “本质肯定”或“本质可靠”的概念是相对于“事实肯定”或“事实可靠”而言，源于德文“apodiktisch(确然的)”，胡塞尔用它来表述本质存在的确然性。参阅胡塞尔：《纯粹现象学和现象学哲学的观念》第一卷，第137节；《被动综合分析》，第48页等等。

仰，而是知识了[①]。

B. 现象学的反思是一种再造[②]的反思，或者说，一种影像性变化的反思[③]

有一个重要的问题尚待解答：反思行为本身属于哪种意识行

---

① 这里有必要对康德的“信仰”观做一简单的陈述：康德常常使用“视之为真”（Fuerwahrhalten）这个概念。但这个概念在他那里比在胡塞尔那里所具有的意义更广，后者是将“视之为真”与“信仰”等同使用的。在康德看来，“视之为真”意味着一种判断，某物根据这种判断被想象为真；这种判断因而是主观的。它的对立面是真实（Wahrheit）或真理，真实具有认识的客观特征。“视之为真”在康德那里既包含“意见”，也包含“信仰”。与胡塞尔不同，康德从不把这两个概念看作是同义词：“意见”是一种“既在主观上、也在客观上不充分的视之为真”，而“信仰”则是一种“仅在主观上充分，同时在客观上不充分的视之为真”。（《康德全集》，第三卷，柏林，1911 年，第 532 页。）除了“意见”与“信仰”之外，“视之为真”中还包含着第三个因素，即“知识”。“知识”意味着“既在主观上、又在客观上充分的视之为真”（同上）。康德在这里所说的“主观”是指“对自己而言”，“客观”是指“对任何人而言”（同上）。整个“视之为真”被康德定义为“我们理智中的一种特性，它虽然建立在客观理由的基础上，但也诉诸于判断者情感中的主观原因”（同上书，第 531 页）。在“视之为真”中处于“意见”和“知识”之间的“信仰”构成康德哲学中的一个特殊题目。在“信仰”的范围之内，所有的信仰又在两个方向上各划分为四组：

1. 教义信仰、伦理信仰、历史信仰和实用信仰；
2. 理性信仰、经验信仰、理论信仰和实践信仰：

理性信仰

理论信仰	教义信仰	伦理信仰	实践信仰
	历史信仰	实用信仰	

经验信仰

在这里，有关我们的论题所须注意的是：康德认为，哲学属于先天科学，这种科学不能含有“意见”。在哲学中必须“或是知道，或是不知”（同上书，第 495 页）。所有的哲学知识都是先天的，因而必须是知识。“‘意见’因此永远只属于经验科学”（同上）。因此，康德与胡塞尔一样，都力图建立一门作为科学或知识学的哲学。

② “再造”（Reproduktion）在胡塞尔那里是与“原造”（Produktion）相对的概念。“原造”意味着当下的把握，即感知；“再造”则是指对原造的再现或当下化。所有非原本的把握都是或多或少的再造，如回忆、想象、符号意识等等。

③ “影象性变化（imaginative Modifikation）”是胡塞尔早期（即《逻辑研究》时期）所使用的一个概念，它相当于他后期使用的“当下化”或“再造”的概念。

为[1]？它是一种感知性行为(当下性行为),还是一种影象性行为(当下化的行为)?

胡塞尔本人常常把反思标志为“内在感知”[2],但他并不否认反思也可以在想象或当下化中进行。“因而我可以在想象中、在再造中(再造地)进行所有这些我在印象中(in der Impression)进行的行为。我可以在再造中对感知、对感知中的信仰等等进行反思,我可以在它之中进行单纯的想象、从事单纯的观察,例如观察一幅画,如此等等。所有这一切都是在再造中进行的”[3]。胡塞尔的这个描述实际上也适用于我在这里所进行的考察,这个考察本身就是在现象学反思中进行的。例如,刚才所谈的看到一个老人或听到一种响声,这都不是真实的感知,而只是我的想象而已,这个想象把我以往的看和听的感知当下化了。所以毫无疑问的是,现象学的反思可以在想象中,或者说,可以在再造中进行。

有问题的地方仅仅在于:现象学的反思是否也可以在感知中进行?我们所理解的感知是一种对对象的直接的、当下的和原本的把握。如果我们说,对感知本身的反思也是一种感知,那么就会出现这样一个问题:被反思的感知与反思着的感知是否是同一个意识行为,

---

① 正如我们在第3节中已经提到过的那样,胡塞尔在《逻辑研究》中将所有意识行为分成三类:“感知的(perzeptiv)”、“影象的(imaginativ)”和“符号的(signitiv)”,(参阅胡塞尔:《逻辑研究》,第二卷,第二册,A 566/B 94)在《纯粹现象学和现象学哲学的观念》第一卷中,胡塞尔又用一对新的概念来概括所有的意识行为:“当下的(gegenwaertigend)”和“当下化的(vergegenwaertigend)”;图象意识和符号意识都被他列入“当下化的行为”之中(参阅胡塞尔:《纯粹现象学和现象学哲学的观念》第一卷,第99节)。

② 参阅胡塞尔:《纯粹现象学和现象学哲学的观念》第一卷,第77页至第79页,尤其参阅第95页,在这里胡塞尔明确地说:“体验的存在方式就在于,它们原则上可以通过反思而被感知到。”此外,对这个问题还可以参阅胡塞尔:《想象、图象意识、回忆》,第191页、第307页等等。

③ 胡塞尔:《想象、图象意识、回忆》,第350页。

它开始把目光朝向前方(对象),尔后又转回到自身?对这个问题的回答必须是否定的,因为在这种目光的转变的同时,即使不去考虑意识行为的质性变化,这行为的质料至少也有了改变。因此,被反思的感知与反思性的感知不是一个而是两个不同的意识行为。于是,现在要提的问题便是:这两个意识行为是同时进行的呢,还是先后进行的。第一种情况意味着,我们同时进行两个现时的关注行为:一个是在单纯的感知中的关注行为(例如关注地看一个人),另一个是在反思性的感知中的关注行为(关注我对一个人的关注的看)。但这种情况已被证明是不可能的。早在谢林那里,我们便可以读到:"自我不能在直观的同时又去直观直观着的自身。"①梅洛-庞蒂也说:"所有迹象都表明,神经系统无法一次做两件事"②。确实,当一个人在关注他自己的发怒时,他的怒火实际上已经消散了。由此看来,我只能将后一种情况视为唯一的可能,即:被反思的感知和反思性的感知只能是先后进行的。于是,我可以得出这样的结论:现象学的反思只能是再造性的,就是说,首先要完成一个意识行为,然后我们才能将目光朝向它,即通过再造而使这个行为当下化,成为反思的对象。使这个已完成的意识行为再次显现在反思中的过程因而必须被定义为"再造性的"。

所以,现象学的反思——与任何一种反思一样——不是反思性的直观,更不是像胡塞尔所说的"内在感知",而只能是反思性的再造,只能是一种"后思"(Nach-Denken)③。

---

① 谢林:《谢林选集》,法兰克福/美茵茨,1985年,第一卷,第471页。

② 梅洛-庞蒂:《行为的结构》,德文版,柏林,1976年,第23页。

③ 实际上,当英国经验主义者们谈到"reflection"后于"sensation"的问题时,他们已经或多或少地涉及了这里所提出的问题,但他们并没有深入地考察这个问题所导致的结论。

人们只能在再造中进行反思，这实际上是一个痛苦的认识。因为这意味着，我们所反思的任何一个体验都不再是原本的体验了，它们都已是变化过了的体验，因为它们是通过再造而出现在反思之中的。换言之，现象学的研究不是以原本的体验为对象，而是以变化过了的体验为对象。[①] 这个结论可以说是与海德格尔的主张殊途同归。它们都表明胡塞尔用来把握原本性的方法与他所向往的原本性理想相隔有距。

显然，胡塞尔本人在1913年已经受到了这方面的批评，并且看到了这种由反思而形成的变化。在这一年发表的《逻辑研究》第二版中，他加入了这样一段话："对心理行为的任何内在描述的可能性，以及更进一步说，现象学的本质论的可能性原则上受到一种困难的威胁，人们已多次论述过这种困难，它表现在：当人们从素朴的行为进行向反思的观点，或者说，向反思的行为进行过渡时必然会改变素朴的行为。我们应当如何正确评价这种变化的方式和范围，甚至，我们究竟能否知道——无论它是作为事实还是作为本质必然性——这种变化？"[②]胡塞尔本人没有回答这一问题。同样，在同年发表的《纯粹现象学和现象学哲学的观念》第一卷中，他以对"愤怒"这个意识行为的反思为例指明，在反思中出现的愤怒已不是原本的愤怒了，它毋宁

① 我们在I.凯恩和B.瓦尔登菲尔茨那里已经可以发现他们对这个问题的关注：凯恩将反思标志为一种考察，"这种考察并不只是偶然地在它反溯于其上的那个行为之后进行的，同时也不能在这个行为之中进行，就是说，这考察不是偶然地成为反思，它从本质上是一种反思：它只能在向一个行为的回溯中才能考察到它所考察的东西"。（I.凯恩：《哲学的观念与方法》，柏林，1975年版，第22页。瓦尔登菲尔茨也说："作为反思的自身感知从本质上来说须以一个未被反思的意识为前提，这个意识本身而后受到反思。自身感知本身不是一种原初的，而是一种变化过了的意识方式"，（B.瓦尔登菲尔茨：《对话的间域》，海牙，1971年版，第66页。）他将未变化的意识方式——自然的意识方式——与反思的、变化过了的意识方式之间的关系称之为"反思与生活之间的基本对立"。（同上）。

② 参阅胡塞尔：《纯粹现象学和现象学哲学的观念》第一卷，[130]。

说是一种已消散了的愤怒;它通过反思在内容上已有了迅速的变化[1]。此外,胡塞尔还强调了这种变化的一般性,他认为:“每一种‘反思’都具有意识变化的特征”[2]。关于这个变化,胡塞尔随后又说:“这里所说的变化是指:任何一个反思本质上都产生于观点的改变,这种观点的改变使得一个已有的体验,或者说,使一个体验材料(未被反思的体验材料)发生某种变化,这种变化恰恰是以被反思意识(或者说,被意识之物)的方式进行的”[3]。但胡塞尔仍然未对这种变化做出进一步的规定。实际上,我在这一节开始时提到的反思与被反思之物之间的鸿沟正是与这种“改变”或“变化”密切相关的:一个事物在自然状态中和在被反思的状态中是不一样的。

我认为,上述这种“变化”在现象学反思的情况中首先具有两种含义:一方面它意味着质性的变化,即:带有信仰的行为在被反思时信仰不再有效。这种变化是现象学反思所要求的,但并不是对所有的反思来说必然的,它可以出现,也可以不出现——这是我在第一点中所讨论的问题。另一方面,这种变化意味着再造性的变化,这种变化在任何一个反思中都是不可避免的——这是第二点所得出的结论。我在下面第三点中要指出由反思引起的第三种变化,即有意性变化。

C. 现象学的反思作为回忆性反思或作为有意性变化

现象学反思作为再造性反思的定义尚不精确。我曾说过,现象学的反思是一种对被再造的意识行为,或者说,对被当下化的意识行为的不设定反思。在进一步的考察中,人们还可以将这些在反思中

---

① 胡塞尔:《逻辑研究》第二卷,第一册,B10。

② 胡塞尔:《纯粹现象学和现象学哲学的观念》第一卷,[148]。

③ 胡塞尔:《纯粹现象学和现象学哲学的观念》第一卷,[149]。

被再造的意识行为分成两组：自然进行的意识行为和人为原造的意识行为。就是说，如果我们要想对某个意识行为进行反思，例如对一个感知行为，那么我们只有两种选择：或是我们必须回忆以往所进行过的一个感知行为，对它进行反思；或是我们当场进行一个感知行为，或者说，当场生造（原造）一个感知行为，然后对它进行反思。这两组意识行为的共同点仅仅在于，它们都必须在反思中以被当下化、被再造的形式显现。

由于这两组意识行为一组是自然进行的，一组是人为原造的，因而我们可以看到它们之间有进一步的重要差异产生：

a. 自然进行的意识行为来自于我们以往的经验，而艺术原造（人为原造）的意识行为则取决于我们当下的意愿。从这方面看，第一种情况所涉及的是在反思中设定的再造，即：有关的意识行为现实地发生过，现在又在反思中被再造（回忆）出来；相反，第二种情况所涉及的则是一种艺术原造，它可以是设定的，也可以是不设定的，就是说，我可以相信它们真实地发生过，也可以不相信。

b. 第一组意识行为的数量有限，而第二组意识行为的数量则可以无限。确切地说，我们不能反思任意多的自然意识行为，但我们可以原造任意多的艺术的意识行为进行反思。

c. 在我看来，这两组意识行为之间最重要的区别在于：第一组意识行为所涉及的是一种素朴的、自然的和无意的意识行为，而第二组意识行为则是有意识地、为了现象学考察的缘故而进行的。因而，在两组意识行为之间存在着一种变化，我将这种变化称之为“有意性变化”（Bewusstheitsmodifikation）。

尽管存在着这些差异，这两组意识行为还是共同构成了现象学研究的必要前提，这种研究企图通过不设定的反思和观念直观来把握所有意识行为的一般本质。更确切地说，如果我们想把握一个意识行为的本质，我们就不能放弃第二组臆构性的、艺术原造性的反思。除非我们仅仅局限在个别的意识行为上而不去考虑它们的本质。因为，根据胡塞尔的自由变更法理论（本质还原法），一个意识行为的本质只有通过对同一类行为的无限多的变更才能得以把握。

这里产生出一个严重的问题：后补性地进行的意识行为——即我们为现象学研究而进行的那些艺术原造的意识行为——与那些被再造的、在以往以自然方式进行的意识行为并不相同。与后者相比，前者经历了那种“有意性变化”；它们不再是自然的意识行为，而是艺术进行的意识行为了。

这个简单的事实将导致我们第二个痛苦的认识，即：所有这些有意地（艺术地）进行的意识行为，在它们成为现象学反思性研究的对象之前，都必须经历双重的变化：它们必须被有意地原造出来（有意性变化），然后又被再造于反思之中（再造性变化）。

这种有意性变化在某些意识行为那里几乎是无法被觉察到的：我可以以回忆的方式反思我以往曾有的某个感知并研究这个感知行为，或者，我现在就有意地去感知某物，然后我将精神的目光投回到刚刚进行的感知行为本身上去。我可以有保留地说，这两种感知——以前自然进行的和现在有意进行的——看上去几乎是一样的。它们是否真的完全一致，则要在深入研究后才能确定。

而在另一些意识行为那里，这种有意性变化则发挥着相当大的影响。胡塞尔自己在举“愤怒”为例时便承认，愤怒不像感知那样“可以随时通过随意的实验而产生出来”①。而如果我们将以往完全无意识地做出的一个单纯想象与我们现在有意地进行的一个单纯想象加以比较，我们便可以发现这里有一个明显的区别：在有意进行的单

① 胡塞尔：《纯粹现象学和现象学哲学的观念》第一卷，[130]。

纯想象中，我们在努力效仿自然进行的单纯想象，我们努力地去进行那种“拟－相信”[①]。（例如，我有意地想象我在月球上漫步，拟－相信这一切都是真的，竭力想沉浸到这个想象中去。）不可否认，自然进行的单纯想象是自然的，虽然它有可能因为进行时间的遥远而有所淡漠；[②]而艺术进行的单纯想象则虽然清新，却在身后留下艺术努力的痕迹；单纯想象不再单纯，因为有意性或多或少地吸引了想象者的关注力，使他无法单纯地沉入到想象中去。

有意性变化所造成的影响更明显地表现在幻觉的情况中。在这里我们原则上只能诉诸于以往的经验。如果我们从未经历过幻觉，我们当然可以试图原造出任意多的幻觉来，但这些有意原造的幻觉将会被染上如此多的有意性变化的色彩，以至于我们无法再将它们看作是幻觉，而毋宁须将它们看作是臆构了。

同样的情况也适用于错感知（Trugwahrnehmung）。对错感知的研究只能依据于我们以往的经验，因为原则上不可能原造出任意多的错感知。

假如现象学家的反思的目的仅仅在于个别直观，那么上面的情况对他不会造成很大的损失。但现象学家是以对各种意识行为的本质直观为己任的。对于反思性的本质直观来说，刚才所确立的事实意味着两种可能性：本质直观或者不去考虑有意性变化，但这如我们以上所见并不总是可能的；或者，本质直观必须放弃对自由想象——自由变更的偏好[③]。正是在这个意义上我谈及问题的严重性。我们

① “拟－相信”或“拟－信仰（quasi-Glauben）”，指包含在“单纯想象（Bloß-Phantasie）”中的那种信仰，等同于我们在第5节中曾提到过的“拟－设定”。

② 或者，如胡塞尔所说：“有所消散（verraucht）”。参阅胡塞尔：《纯粹现象学和现象学哲学的观念》第一卷，[130]。

③ 与此有关的是“自由变更”方法所含有的问题，对此可以参阅我在本书第5节中的论述。

在对单纯感知、单纯想象、错感知、幻觉等意识行为进行研究时所遇到的困难实际上几乎毫无例外地都植根于此。

从以上分析中,我想得出这样一个结论:当人们,例如海德格尔或伽达默尔,指责胡塞尔的对意向性的反思不是原本性把握时,这种指责本身具有现象学的根据,也就是说,它可以在现象学上得到论证。

第二章 《笛卡尔式的沉思》与《欧洲科学的危机与先验现象学》中的“现象学”观念

8. 对胡塞尔后期历史哲学趋向的各种评述

熟悉胡塞尔思想、个性、风格的人都不会奇怪,为什么在胡塞尔那里,纯粹理论现象学占有首要的位置。用保罗·利科(Paul Ricoeur)的话来说,“人们完全可以将他称作是一个非政治性的人,他受的教育、他的爱好、他的职业以及他对科学严格性的偏好都决定了他的非政治性。”[①]利科所说的“非政治的”一词基本上等同于“非历史的”、“非社会的”、“非艺术的”、“非宗教的”……,一言以蔽之,“非人类现实的”。与这些概念相对的概念则是“先验的”或“纯粹的”。就像纯粹数学家一样,如果条件允许,纯粹现象学家也可以做到在某种程度上“不食人间烟火”。可以理解,胡塞尔在1906/07年期间完成的向先验现象学的突破带有某种必然性:它是胡塞尔追求最终根据、最终论证的必然结果。

胡塞尔的这一追求显然与他的学生们,即以海德格尔为首的一批弗莱堡青年现象学学者的期望不相符合。但他们仍暗存希望:最

---

① P.利科:“胡塞尔与历史的意义”,载于《胡塞尔》,海尔曼·诺阿克(Hermann Noack),达姆斯塔特主编,1973年,第231页。

根本的希望当然在于胡塞尔能改变他对先验层次的理解;即使这一希望无法实现,那么他们仍希望这位现象学反思分析的大师至少能够着重关注一下其他一些与现实较为贴近的领域,用现象学的方法澄清一些长期以来困扰着人们的问题,从而对人类生活的此在做出像对纯粹意识一样令人信服的解释。

最多表露出这一希望的是海德格尔,他在 1919/20 的马堡讲座《现象学的基本问题》中就将目光朝向人类社会的现实问题,朝向"自身世界"、"周围世界"和"共同世界",并对胡塞尔的"生活世界"加以运用。海德格尔"强调,胡塞尔并没有在受到批评的《纯粹现象学和现象学哲学的观念》第一卷上固步自封:胡塞尔的现象学处在开放的发展之中"。[①] 在《存在与时间》中,我们就可以读到海德格尔的说明:"E.胡塞尔对'人格'的研究至今为止尚未发表。对这个问题的基本态度已经在'哲学作为严格的科学'一文中得到表明,这项研究在《纯粹现象学和现象学哲学的观念》第二部分中得到更深入的推动。这部著作的第一部分把'纯粹意识'的问题看作是研究所有实在的构造的基础。第二部分提供了详细的构造分析,并分三篇探讨:1.物质自然的构造。2.动物自然的构造。3.精神世界的构造(与自然主义观点相对立的人格主义观点)。……在完成这项首次工作之后,胡塞尔对这一问题的探讨更加深入,并且在他的弗莱堡讲座中陈述了这些研究的根本部分。"[②]其他的学生也不例外,"英加尔登就曾相信并声称,胡塞尔在'关于时间问题的伯尔瑙手稿'中探讨个体性问题"。[③] 更有一些抱负着拯救人类之使命的热血青年希望通过胡

---

① 参阅珀格勒:"现象学的哲学概念的危机(1929)",载于《争论中的现象学》,Ch.雅默(Ch.Jamme)、O.珀格勒主编,法兰克福/美茵,1989 年,第 258、259 页。

② 海德格尔:《存在与时间》,图宾根,1979 年,第 47 页。

③ 珀格勒:"现象学的哲学概念的危机(1929)",载于《争论中的现象学》,第 259 页。

塞尔的现象学来实施他们的理想，伽达默尔回忆当时的情景说："在第一次世界大战以后的几年里，弗莱堡大学在哲学系的学生中声名显赫。'现象学'一词听起来既十分神秘，又充满希望。1920年，我曾作为马堡的大学生参加了一次讨论，这个讨论是在一批想改造世界的人中进行的，每个时代的大学生中都有这样的人。当时的国家仓夷满目、破败不堪，而西方没落的口号俯拾皆是。有许多拯救欧洲的建议被提出来，许多人名被提到，如斯特凡·格奥尔格(Stefan Georg)，如马克斯·韦伯(Max Weber)，也有卡尔·马克思、奥托·封·吉尔克(Otto von Giercke)、基尔凯戈尔(S. Kierkegaard)，而在最后，有人坚定地说，只有现象学才有能力拯救欧洲。我第一次听到这个词，至少是第一次听到这个词被这样强有力地说出。因此，在完成博士考试之后，我们这些人自然就踏上了去弗莱堡的道路。"①

然而这只是这些年轻的现象学家们和大学生们的一厢情愿。在三十年代之前，胡塞尔并没有表现出有改变自己的看法和做法的倾向。胡塞尔现象学与现实的联系与其说是一个包含在胡塞尔现象学自身之中的意向，还不如说是一个存在于其他人的想象之中的希望。正如珀格勒所指出的，"他(胡塞尔)无法容忍他的学生过多地把历史现象、甚至把神学关系移到前台；他认为，现象学应当是普遍的，它涉及数学和自然科学，同样也涉及历史和神学，但作为先验的现象学，它必须保持它的彻底的奠基作用。"②实际上胡塞尔始终没有发表海德格尔所预告的《纯粹现象学和现象学哲学的观念》第二卷；他在"关于时间问题的伯尔瑙手稿"中所谈的也只是时间客体的个体性，而不像英加尔登所期望的那样是人类生存意义上的个体性。同样，在二

① H.G.伽达默尔："回忆胡塞尔"，载于《胡塞尔与现象学运动》，第13页。

② 珀格勒："现象学的哲学概念的危机(1929)"，载于《争论中的现象学》，第259页。

十年代的胡塞尔那里，我们也没有发现像青年学生们所具有的那种历史使命感。

但令人意想不到的是，在胡塞尔与海德格尔的关系破裂的许多年之后，胡塞尔于 1936 年在“欧洲科学的危机与先验现象学”的讲座中公开地对“人类历史”和“人类危机”的问题做出论述和研究，并由此而展开了一门可以说是现象学的“历史哲学”的可能性。如果现象学阵营在当时尚未分裂，海德格尔学派一定会举双手赞同胡塞尔的这一“转向”。然而在以后的现象学家们看来，尽管胡塞尔对人类历史问题的关注在哲学史上具有重大意义，但胡塞尔哲学本身的不一贯性却由此而表露出来。法国现象学家利科就曾对胡塞尔的转向表露过他的惊异：“这位天生不熟悉政治活动的思想家出乎意料地阐述了关于人类普遍危机的意识，他不再仅仅只谈论先验的自我，而是谈论欧洲人，谈论他们的命运，他们可能的堕落以及他们必然的再生，并且，他把他自己的哲学也放到这个历史之中，他这样做是因为他坚信，这门哲学对欧洲人负有责任，唯有这门哲学才能向欧洲人指明复兴的道路。这位现象学家并不满足于思考历史和在历史中思考，而且他还发现了一个令人惊异的任务：像苏格拉底和笛卡尔那样，建立一个新的时代。”[①]利科虽然没有批评胡塞尔的不一贯性，但却认为胡塞尔的这一做法是出于现实环境的压力：“当时咄咄逼人的德国政治局势构成了胡塞尔的这一整个思维努力的背景。”“无论如何，危机意识在纳粹时代是胡塞尔历史责任感的实际起因。”[②]另一位法国现象学家梅洛－庞蒂则认为胡塞尔的这种做法是自相矛盾的，这种矛盾表现在：“现象学是本质研究，它教导说，所有问题都可以通过本质

① 利科：“胡塞尔与历史的意义”，载于《胡塞尔》，第 231 页。

② 利科：“胡塞尔与历史的意义”，载于《胡塞尔》，第 232、233 页。

规定而得到解决，即：例如通过对感知本质的规定，对意识本质的规定——但现象学同样是一门哲学，它将所有本质都回置到生存中去，并且要求在'事实性'中理解人和世界。现象学是先验哲学，它为了理解自然观点的命题而将这些命题判为无效——但它又是这样一门哲学，这门哲学教导说，在所有反思之前，世界在一种非外化的当下中'就已经在此'存在着了，这门哲学的目的无非在于对这种自然的世界联系进行研究，以便最终能够提供一种哲学的规章制度。现象学的目的在于成为一门'严格的科学'——但它却可以说是一种对'生活'的空间、时间、世界的思考。现象学是一种按照所有经验本身对这些经验进行直接描述的企图，它不去顾及发生心理学和因果性解释的问题——但胡塞尔在他最后的著述中却谈到'发生现象学'，谈到'构造现象学'。"[①]原先人们曾把这种矛盾看作是被误认为是统一的现象学阵营之中的一个矛盾，即胡塞尔哲学倾向与海德格尔哲学倾向之间的矛盾，但自胡塞尔本人在三十年代的转向以来，这个矛盾似乎成了胡塞尔哲学本身所包含的矛盾了。所以梅洛－庞蒂问道："如果区分胡塞尔和海德格尔的现象学，就能够解决这些矛盾吗？但《存在与时间》本身的产生便是因为胡塞尔所做的一个提示，它无非是一种对'自然的世界概念'或'生活世界'的一种释义，正如胡塞尔本人在他生命的后期也把这种释义作为现象学的第一课题一样，因此，这种矛盾重又出现在胡塞尔本人的哲学中。"[②]

必须指出，无论这两位法国哲学家在现象学方面具有多么深厚的造诣，无论他们对现象学在法国的传播和发展具有多么巨大的贡献，他们对胡塞尔后期转向的理解都很难说是确切的。这并不是一

① 梅洛－庞蒂：《感知现象学》，德文版，柏林，1966年，第3页。

② 梅洛－庞蒂：《感知现象学》，第3页。

个批评,而只是对一个客观事实的确定:利科和梅洛-庞蒂的评论分别写于1949年和1945年,由于当时胡塞尔的许多手稿尚未得以发表,例如构成"欧洲科学的危机与先验现象学"第三部分的手稿,关于"交互主体性的现象学"的手稿等等,因此,在对胡塞尔后期研究课题变化的问题上,他们都只注意到这个变化的外部现象,而没有看到这个变化在胡塞尔思想发展中所具有的内在必然性。应当受到批评的是哈贝马斯,他在八十年代仍然认为:"正是由现代科学的结果所导致的危机才将胡塞尔从他的客观主义的世界遗忘性和自我遗忘性中拽了出来。"①

将胡塞尔的哲学研究课题变化归咎于或归功于时代危机状况的外来压迫,这种做法若想得到合理的论证,首先必须提供这样一个证明:胡塞尔危机意识的形成不会早于时代危机状况的产生,因为前者按此做法应当是后者的结果。利科就认为,"可以猜测,胡塞尔是从1930年开始将他自己的哲学与历史,更确切地说,与欧洲精神的历史联结在一起。"②然而从今天可以读到的胡塞尔手稿来看,早在二十世纪的二十年代,胡塞尔便已经提出了"科学危机"和"哲学危机"的概念和问题。哲学人类学家威廉·E.米尔曼(Wilhelm E. Muehlmann)甚至认为胡塞尔对这个问题的关注要更早些:他"用他那敏锐的目光清楚地认识到:与危机密切相关的是对人类认识能力的绝望以及在世界观中向非理性主义的突变趋向,并且,他并不只是在关于'欧洲科学的危机'(1936年)的论著中才认识到这一点,而是至迟在1910年时便已认识到了这一点"。③ 如果米尔曼的这一说法确切,那么胡塞尔对人类历史和人类现实问题的关注就显然是走在了

① 哈贝马斯:《后形而上学思维》,第92页。

② 利科:"胡塞尔与历史意识",载于:《胡塞尔》,第231页。

③ 威廉·E.米尔曼:《人类学史》,威斯巴登,1986年,第153页。

时代危机之前——不仅走在三十年代通过纳粹主义而预示的第二次世界大战和理性危机之前，而且走在由第一次世界大战所带来的欧洲历史危机之前。[①]

我们今天应当能够确定这样一个事实：胡塞尔危机意识的产生与其说是由于外在危机状况的压迫，不如说是出于一种理论家在面对理论危机时所产生的在现实问题上的超前意识。如果我们在这里要谈因果关系的话，那么不是外在危机导致胡塞尔提出危机问题，而是胡塞尔在现实危机产生之前就已经看到了外在危机将会是一个必然的结果。指出这个事实的首先不是一位谙熟胡塞尔思想的现象学家，而是一位哲学人类学家——米尔曼。米尔曼将胡塞尔的“持久的意义”归纳为六点：

1.他有力地反驳了心理主义、人类主义、历史主义和怀疑论的相对主义；

2.他揭示了作为客观主义的古典－自然科学方法的问题史；

3.他发掘出作为主－客体之间的运动概念之连续的“意向性”范畴；

4.他创造出一种可以把握现象的“现象学还原”方法；

5.他回返到了已被人们遗忘了的、作为科学之意义基础的生活世界；

6.他克服了主－客体的分裂。[②]

胡塞尔的这六项功绩在米尔曼看来并不是相互孤立的。他认为，胡塞尔自《逻辑研究》以来对怀疑主义、相对主义的批判就是他危机哲学和生活世界哲学的前形态。尽管胡塞尔在《逻辑研究》中令人

---

① 胡塞尔的幼子沃尔夫冈于 1916 年死于这次战争。如果说胡塞尔曾经经历过外在危机的压迫，那么这应当是第一次。

② 米尔曼：《人类学史》，第 152 页。

信服地揭示了心理主义的最终结局是怀疑论的相对主义，并因此而结束了心理主义在哲学史上的统治地位，但胡塞尔此后仍然一再地在各种流行的学说中发现相对主义的各种表现形式，不断地感受到怀疑论相对主义持续增长的力量。胡塞尔预见到这种不断增长的势力最终将导致一种文化的价值相对主义。胡塞尔对这种文化相对主义的批判在三十年代之前仅仅是一种对它的理论论据的批判，而在三十年代，胡塞尔的这一批判已经是面对作为这种文化相对主义之结果的残酷现实而发，他希望能够通过复兴认识与理性来最终战胜相对主义及其恶果。[①]

由此可见，即使胡塞尔在后期对现实的关注也是他在理论理性方面思考的延续。承认胡塞尔迫于外在的压力或危机而做出课题上的转向，实际上也就承认了胡塞尔在思维方式上的不一贯性，这是对胡塞尔思维历程的一个错误理解和解释。米尔曼的揭示已经在纵的方向上，即从胡塞尔思想发展的历史连贯性上指出了这一点。除此之外，后来的一些现象学哲学家又在横的方向上，即通过对胡塞尔方法体系的考证而对此做出更明确的论证。例如凯恩在 1979 年便已确定："胡塞尔在方法上把生活世界的问题看作是通向先验还原的一个通道。"[②]瓦尔登费尔茨在 1985 年得出与此相同的结论："生活世界在胡塞尔那里不是一个直接描述的对象，而是一个具有方法目的的回问对象，通过这种回问，人们可以重新把握住生活世界的在先被给予性。"[③]施特拉塞尔在他遗世之作《矛盾中的世界》(1992 年)中则

① 米尔曼：《人类学史》，第 153、154 页。

② 凯恩："生活世界作为客观科学的基本问题和作为普遍的真理和存在问题"，载于《埃德蒙德·胡塞尔哲学中的生活世界与科学》，E. 施特雷克(Elisabeth Stroeker)主编，法兰克福/美茵，1979 年，第 78 页。

③ 瓦尔登菲尔茨：《在生活世界的网中》，法兰克福/美茵，1985 年，第 16 页。

再次强调："生活世界的问题是通向先验悬搁的一个通道。"因此，"胡塞尔对生活世界的兴趣绝不等于对他先验观念主义的背离。""对于胡塞尔来说它首先是一种方法上的转变。他不再采取《纯粹现象学和现象学哲学的观念》第一卷的做法，即根据一种自由的意志决定来选择悬搁的思维方式，而是首先回答在世界视域之内涌现出来的问题"[①]。这里所说的"在世界视域之内的问题"就是"危机"的问题和"生活世界"的问题。（我们在这里暂且可以把"生活世界"定义为"自然态度中的世界"。）胡塞尔后期所循的这条思路基本上是对他早期在《现象学的心理学》中所展示的通向先验还原的意向心理学道路的延续和扩展。

据此，我们可以大致地把握住胡塞尔后期为何关注历史、人类问题这一做法的实质原因：它更多地是出于理论和方法的需要，而不是出于实践和现实的兴趣。胡塞尔自己在《欧洲科学的危机与先验现象学》已经证实了这一点，这部著作的第三部分的标题是："从生活世界出发通向先验现象学之路"。此外，在阐明对先验现象学就是在先验还原之中对"生活世界"的关注和课题化之后，他强调说："当然，在我们现在的〔先验现象学的〕课题领域中，我们也不具有任何一种将某个人类实践付诸实施的兴趣，因为这些人类的实践始终还建立在已经存在着的世界的基础上，它仍然对它所从事的事物的真实存在或不存在发生兴趣。"[②]因此，我们可以借用黑尔德的话来概括胡塞尔对生活世界的理解："生活世界"对于胡塞尔来说"是一个科学批判

---

① 施特拉塞尔：《矛盾中的世界——关于一门作为伦理基础哲学的现象学的想法》，多德雷赫特，1992 年，第 69 页。

② 胡塞尔：《欧洲科学的危机与先验现象学》，《胡塞尔全集》第六卷，海牙，1962 年，第 159 页。

的概念而不是社会哲学的概念”。①

与“生活世界”问题有关的是“先验交互主体性”的问题。可以确定，除了“生活世界”的问题之外，胡塞尔在后期，即自二十年代以来，探讨得最多的另一个问题是“交互主体性”的可能性以及它们的先验功能。② 所谓“交互主体性”的先验功能问题，简单地说，就是先验自我在构造出先验的事物和由这些事物所组成的自然视域之后，如何再构造出他人以及由他人所组成的社会视域的问题。与对“生活世界”问题的探讨不同，对这个问题的探讨可以说是胡塞尔思想内在发展的一个必然结果。胡塞尔后期一方面对他早期所开辟的几条通向先验现象学的道路不甚满意，认为它们对非哲学的读者来说过于深奥和困难，因而试图用与人的自然本性较为切近的“生活世界”来构造一条新的通道；另一方面，他也不想在他本人已达到的先验自我论的现象学中停滞不前，因为先验自我论“只是最底层的先验现象学，而不是完整的先验现象学，一门完整的先验现象学显然还包含着由先验唯我论通向先验交互主体性的进一步途径”。③ 这就是胡塞尔后期在关注“生活世界”的同时也探讨“先验交互主体性”问题的关键原因。应当说，胡塞尔后期将这两个问题一起当作中心问题来研究，这种做法并不具有必然性。换言之，即使胡塞尔后期没有对“生活世界”发生兴趣，“先验交互主体性”仍然是他必须解答的问题。

当然，与胡塞尔的其他重要哲学概念，如意向性、明见性、本质等等概念相同，“交互主体性”的概念在胡塞尔那里也具有“世间的”和

---

① 黑尔德：“导言”，载于《生活世界的现象学——胡塞尔文选Ⅱ》，斯图加特，1986年，第34页。

② 这一研究结果可以参阅雅默：“用超理性主义来反对非理性主义”，载于：《争论中的现象学》，第66页。

③ 胡塞尔：《笛卡尔式的沉思》，《胡塞尔全集》第一卷，海牙，1973年，第12页。

"先验的"两层含义。胡塞尔在1925年至1928年期间为《不列颠大百科全书》所撰写的"现象学"条目中曾把"交互主体性"分为"纯粹－心灵的交互主体性"和"先验的交互主体性"。胡塞尔认为，它们两者相互对应，处于这样一种奠基关系之中："只要纯粹－心灵的交互主体性服从先验的悬搁，它就会导向与它平行的先验的交互主体性"，相对于"纯粹－心灵的交互主体性"而言，"先验的交互主体性是具体、独立的绝对存在基础，所有超越之物都从这个基础中获取其存在意义"。[①] 根据胡塞尔的这种划分，"纯粹－心灵的交互主体性"便与人类的"生活世界"有关，它属于"心理学的现象学"（本质心理学）的研究范围，它与"先验的交互主体性"问题的关系是"心理学"对象与"先验哲学"对象之间的关系。

而"先验交互主体性"与"先验自我"之间的关系则涉及"第二哲学"与"第一哲学"之间的关系："完整的现象学可以分成两部分：一方面是作为'第一哲学'的本质现象学（或普遍本体论），另一方面是'第二哲学'，即关于事实总体的科学，或者说，一门综合地包含着所有这些事实的先验交互主体性的科学。"[②]根据这种划分，我们可以把胡塞尔"第一哲学"的概念理解为"先验自我论"或"先验本质论"，把"第二哲学"的概念理解为"先验交互主体论"或"先验事实论"。这两者之间的奠基关系在于："第一哲学构成第二哲学的方法总体，它在其方法论证中只与其自身有关。"[③]这就是说，第一哲学自身可以成立，而第二哲学的成立还需依据于第一哲学。

由此可见，"生活世界"对于先验现象学来说是一个（先验哲学）学科之外的问题，而"先验交互主体性"则是一个（先验哲学）学科之

---

① 胡塞尔主编：《现象学的心理学》，第294、295页。

② 胡塞尔：《现象学的心理学》，第298、299页。

③ 胡塞尔：《现象学的心理学》，第299页。

内的问题。

今天有很多人将胡塞尔这两个问题混为一谈，[①]然而这种混淆必须以否定或放弃胡塞尔的先验还原为前提；也就是说，如果我们撇开胡塞尔的先验哲学意向不论，删去胡塞尔在"交互主体性"概念前面所加的"先验"这个定语，只去研究他的"心理学的现象学"，那么，"纯粹－心灵的交互主体性"与"生活世界"可以说是密切不可分的："纯粹－心灵的交互主体性"是"生活世界"中人与人之间理解、互通、交往的前提。尽管胡塞尔本人也认为，这种对"生活世界"以及"纯粹－心灵交互主体性"的研究与先验现象学研究相比具有"理论上的等值性"[②]，但他最终所要达到的目标始终是先验现象学。在他那里，"先验的交互主体性"是在研究"先验自我"之后他所要探讨的首要课题，是对他的先验哲学思想的必然展开；而"生活世界"问题的提出原初只是一个"副产品"，只具有教育方法，即引导读者进入先验领域的意义。

据此，我们可以提出对哈贝马斯的第二个批评。他认为，"胡塞尔认识到，以往被哲学传统视为虚无的日常意见和行为的实践是奠基性的层次，并且，他将自然的生活世界引入到先验的发生中来，直到这时，创造着意义的先验还原－自我（Ur-Ich）的单数才成为一个问题。"[③]这显然是颠倒了胡塞尔哲学中"生活世界"和"交互主体性"问题 1)在逻辑发展上，2)在时间顺序上的先后关系。前者我们在前面已经做了陈述；而对后者的证明更为简单：胡塞尔对交互主体性问题的研究开始于 1905 年，远早于他对生活世界问题的提出和

---

① 我们在后面所要讨论的哈贝马斯和舒茨那里可以发现这种倾向。

② 胡塞尔：《现象学的心理学》，第 294 页。

③ 哈贝马斯、卢曼：《社会理论还是社会技术论》，法兰克福/美茵，1979 年，第 176、177 页。

探讨。

我们在这里之所以首先强调“生活世界”与“先验交互主体性”在胡塞尔总体哲学设想中的所占有的不同位置，这是因为“生活世界”和“先验交互主体性”在胡塞尔的理论思考中代表着两个不同的方向，我们完全可以说，在它们之间隔着一个先验还原。严格地看，“生活世界”在胡塞尔先验现象学中是经验的实在，因而是应当受到排除的东西，它与先验还原所要还原的东西有关；“交互主体性”在先验现象学中则是先验的本质，因而是应当受到严密论证的东西，它与先验还原所要保留的东西有关。更严格地说，胡塞尔本人会接受后人对他某些思想的“先验交互主体性现象学”的规定，却不会接受“生活世界交互主体性现象学”这个称号。因为“生活世界”是在进行先验还原之前的一个过渡阶段，而“先验交互主体性”则是在进入先验层次后先验现象学的进一步展开。根据这种情况，我们在这里实际上应当将“生活世界”和“交互主体性”的问题分开讨论。但是，由于这两个问题所具有的“现象学效应”几乎不可分割，所以我们不得不放弃分开论述的打算。很遗憾，我们可以明显地看到，在胡塞尔哲学的意图与他哲学的效应之间有很大的距离：“生活世界”问题即使在胡塞尔后期也只是一个用来达到目的的手段或途径，然而它所引起的思考要超出胡塞尔哲学中的任何其他基本概念，“不仅现象学家，而且现代哲学中语言哲学和马克思学派的代表人物都受到胡塞尔这一思维动机的影响，并结合这一动机而发展出他们自己的观念。”①

最后我们还要补充的是资料方面的说明：我们对“生活世界”和“危机”问题研究的主要依据将主要来自作为《胡塞尔全集》第六卷的

① 施特拉塞尔：《矛盾中的世界——关于一门作为伦理基础哲学的现象学的想法》，第69页。

《欧洲科学的危机与先验现象学》，它既包括胡塞尔身前发表的这篇文字的第一、二部分，也包含当时未发表的、篇幅长出第一、二部分近一倍的第三部分和附录。对这部著作，正如芬克所言，“可以在各种角度上进行考察和阅读”，“胡塞尔的历史构想在这部著作中最明显和最急迫地得到表述”。[①] 关于“交互主体性”问题的第一手资料则主要来自《笛卡尔式的沉思》，尤其是第五项沉思。为了回答对他哲学唯我论的指责，胡塞尔在这里第一次系统地提出“典型的人类环境的构造问题，即每个人、每个人类集体的文化环境的构造问题”[②]。此外，由凯恩主编的三卷本《交互主体性的现象学》(《胡塞尔全集》第十三、十四、十五卷)也为我们全面地、历史地提供了胡塞尔在这方面思想发展的充分说明。

9.胡塞尔的“生活世界”概念

胡塞尔对“生活世界”的分析是与我们前面所说的“危机”问题密切相关的，它们代表着胡塞尔的“历史哲学”的思维方向。[③] 当我们在这里像利科、芬克以及许多其他哲学家一样，用“历史哲学”这个概念来概括胡塞尔在这两个问题上的哲学意图时，“历史哲学”这个概念已经在一定程度上包含着黑格尔哲学所赋予它的意义。黑格尔对他的“历史哲学”的基本定义是：“对历史进行的哲学探讨”，或者，“对

---

① 芬克：“世界与历史”，载于《胡塞尔与近代思维》，L.H.梵布雷达、J.塔米尼奥(J. Taminiaux)主编，海牙，1956年，第149页。

② 胡塞尔：《笛卡尔式的沉思》，第160页。

③ 哈贝马斯也看到了这个事实：“胡塞尔已经将他对生活世界的分析与危机问题联结在一起。”(哈贝马斯：《后形而上学思维》，第92页。)但如前所述，哈贝马斯不能由此而得出这样一个结论，即：由现代科学的结果所导致的危机才使胡塞尔开始注意“生活世界”的问题。

历史进行的思维考察”。[1] 如我们在前一节已经指出过的那样，黑格尔之所以强调对历史进行“哲学的探讨”或“思维的考察”，是因为他所理解的“历史哲学”不是一种像通常意义上的历史学所做的那种对历史事实的单纯复述，而是意味着思维对历史所进行的加工。黑格尔的这种历史哲学观不仅表现在他的历史哲学中，而且也表现在他的哲学史思想中。在黑格尔那里，人类的历史以及作为人类思维史的哲学史都只不过是“绝对理念”自身展开的过程史。

胡塞尔在这方面与黑格尔具有相当程度上的一致性：他对哲学史和人类史的理解都建立在他的先验现象学观念的基础上：所有在先验现象学之前的哲学史都仅仅是“第一哲学”的“前史”，而作为自然世界概念的“生活世界”同样也只是构成“先验哲学领域”的“前沿”。先验现象学观念的提出，在哲学史上意味着第一哲学的产生，在人类的观念上意味着一次态度上的变革——从自然态度向哲学态度的转变。

“生活世界”这个概念在二十年代之前就被胡塞尔零星地使用过。到了二十年代，这个概念在胡塞尔那里获得了中心的意义，它成为一个根本问题的名称。[2] 我们在前一节中曾给“生活世界”做过一个大致的定义：在自然态度中的世界。但是，如果我们在这里想对胡塞尔的“生活世界”概念给出一个较为确切的定义，那么这种企图很有可能会是徒劳的。胡塞尔自己也从未对“生活世界”做出过明确的规定。南斯拉夫的现象学家A.帕采宁(Ante Pazanin)曾经抱怨说，“不仅是我，而且……就连胡塞尔本人也不具备对生活世界能做出恰

---

① 黑格尔：《世界历史的哲学》，第一卷，莱比锡，1944年，第1页。

② 这一研究结果可以参阅伊索·凯恩：“生活世界作为客观科学的基本问题和作为普遍的真理和存在问题”，载于《埃德蒙德·胡塞尔哲学中的生活世界与科学》，第68页。

当规定的概念。”[①]当然，我们可以根据胡塞尔各种有关这个概念的阐述而逐渐地领悟胡塞尔在这个概念上的用意。在此之前，我们在术语方面还需做一补充：在胡塞尔的哲学概念中，与“生活世界”（Lebenswelt）同义的还有“周围世界”（Umwelt）和“生活周围世界”（Lebensumwelt），它们所表达的都是与我们直观视域有关的东西。“生活世界”的构造过程，也就是我们在前面已经阐述过的“世界视域”在空间和时间上的形成过程。

“生活世界”的最基本含义当然是指我们各人或各个社会团体生活于其中的现实而又具体的环境。如果我们希望对此含义做出进一步的分析，那么在胡塞尔对“生活世界”的理解中，有四个方面首先要引起我们的注意：

第一，“生活世界”是一个非课题性的世界。这里的“非课题性”与“自然态度”有关，它是指我们在自然的观点中直向地面对现实世界，将现实世界的存在看作是一个毋庸置疑的、不言自明的前提，不将它看作问题，不把它当作课题来探讨。用胡塞尔的话来说，“生活世界是一个始终在先被给予的、始终在先存在着的有效世界，但这种有效不是出于某个意图、某个课题，不是根据某个普遍的目的。每个目的都以生活世界为前提，就连那种企图在科学真实性中认识生活世界的普遍目的也以生活世界为前提”。[②]

胡塞尔在这段话中已经涉及到“生活世界”的第二个特征：它是一个奠基性的世界。在这点上，“生活世界的自然态度”与“客观科学的态度”和“哲学的反思态度”得到区分，后面的两种态度都在某种程度上将现实世界作为课题来探讨。但所有对“生活世界”的探讨都必

① A.帕采宁：“后期胡塞尔的真理与生活世界”，载于《胡塞尔与近代思维》，第107页。

② 胡塞尔：《欧洲科学的危机与先验现象学》，第461页。

须以“生活世界”本身的存在为前提。因此，“生活世界”的态度要先于其他的态度并构成其他态度的基础，或者说，其他的态度都奠基于“生活世界”的态度之中。“只要我们不再陷身于我们的科学思维，只要我们能够觉察到我们科学家是人，并且是生活世界的一个组成部分，那么整个科学都与我们一起进入到这个——主观、相对的——生活世界之中。”①

这里我们又接触到“生活世界”的第三个特征：它是一个主观、相对的世界。它是“始终在不断相对运动中为我的存在之物的总体”②。我们可以把这个特征称之为“生活世界”的视域特征。“生活世界”随个体自我主观视域的运动而发生变化。这似乎是一个必然的事实：每个人的“生活世界”是各不相同的，因而“生活世界”的真理是相对于每个个体而言的真理。

这个特征与“生活世界”的最基本特征密切相关，这也就是它们的第四特征：“生活世界”是一个直观的世界。胡塞尔曾把“生活世界”称之为“原则上可直观到的事物的总体”，③“直观”在这里意味着日常的、伸手可及的、非抽象的。正因为它是一个直观地被经验之物的世界，因而随经验主体的不同而具有相对性：它可以是相对于一个个体的人而言的世界，也可以是相对于一个集体的人而言的世界。

据此，我们可以将“生活世界”定义为一个“非课题性的、奠基性的、直观的、主观的世界”。后面对“生活世界”的分析可以说基本上是对这个定义的展开。这种展开主要在两个方向上进行：1)“生活世界”与“科学世界”的关系；2)“生活世界”与“哲学世界”的关系。

很明显，“生活世界”一方面与哲学的态度相区别，另一方面与科

---

① 胡塞尔：《欧洲科学的危机与先验现象学》，第 133 页。

② 胡塞尔：《欧洲科学的危机与先验现象学》，第 462 页。

③ 胡塞尔：《欧洲科学的危机与先验现象学》，第 130 页。

学的态度相区别。这种划分可以使人联想起舍勒的三种事实说：自然的事实、科学的事实和纯粹的事实，而与三种事实相对应的是三种态度：自然的态度、科学的态度和现象学的态度。尽管我们在内容上不能将胡塞尔的三种态度说或三个世界说等同于舍勒的三种态度说或三种事实说，然而它们之间在形式上的相互影响却是显而易见的。

我们从"生活世界"的第一个特征入手：它是一个非课题性的世界：作为自然的人，我们始终生活在这个世界之中，但我们并不把这个世界作为一个普遍的课题来探讨。我们可以说是沉湎于"生活世界"之中。但有一天我们苏醒过来，我们开始将这个世界视为一个问题或一个课题。胡塞尔认为，苏醒的方式有两种，或者说，将这个世界课题化的基本方式有两种：一种是以科学态度为出发点，一种是以哲学态度为出发点。[①] 我们可以把前一种方式称之为科学意识的苏醒，把后一种方式称之为哲学意识的苏醒。

从历史上看，科学意识的苏醒要早于哲学意识的苏醒。胡塞尔认为，这"不是由于偶然的原因，而是出于合乎本质的原因"[②]。这种合乎本质的原因在于，科学意识虽然离开了直观、经验的基础，超越出主观－相对的经验世界之上，并且试图克服"生活世界"的主观－相对性，以把握客观性、建立客观科学世界为自己的任务和使命；但科学意识仍然直向地朝向已有的客体，直向地生活到世界视域之中去。因此，这种苏醒是"在一种正常的、不中断的持续性中，在一种综合地贯穿于所有行为的统一性中"[③]完成的。所谓"不中断的持续"

---

① 胡塞尔：《欧洲科学的危机与先验现象学》，第 38 节："两种可能将生活世界课题化的基本方式：素朴－自然的直向态度以及一种彻底反思性态度的观念，即对生活世界和生活世界客体的主观被给予方式的'如何'(das Wie)进行反思的态度"(第 146－151 页)。

② 胡塞尔：《欧洲科学的危机与先验现象学》，第 146 页。

③ 胡塞尔：《欧洲科学的危机与先验现象学》，第 146 页。

和“综合的统一”首先是指：在自然生活中的有效性在科学世界中依然有效，在科学世界中产生的新有效性仍然以自然生活中的旧有效性为前提；“生活世界”所具有的这种有效性来源于“生活世界”的“形式上最普遍的结构”：“一方面是事物和世界，另一方面是事物意识和世界意识”①，这两者的存在构成了“生活世界”的最根本有效性。而所有客观科学世界的有效性都以这种基本有效性为前提。

其次，这种“不中断的持续”和“综合的统一”还意味着：“科学世界”中产生的新有效性必须不断地回溯到“生活世界”的旧有效性上去。舒茨曾举“地心说”和“日心说”为例来说明舍勒哲学中“自然事实”和“科学事实”的区别。这个例子对于划分胡塞尔的“生活世界”和“科学世界”也可以起到说明作用：“地心说”是完全依据我们的直观而得出的结论；“日心说”则已经建立在科学的观察、计算、预测、证明的基础上，但它所提供的最后结论仍然需要通过直观来验证。离开直观的“生活世界”，任何科学论断都是无法证实和证伪的，而且也是无意义的。望远镜和显微镜等等是科学对视觉的延伸，声波、超声波检测仪等等是科学对听觉的延伸，计算器、计算机等等是科学对直观判断能力的延伸……，无论科学进行的过程有多么复杂，它们的结果最终都必须在“生活世界”中以平凡的方式显现给直观。因而，科学意识的苏醒只能说是一种态度上的改变，或者说，是一种对旧态度的深化和极端化，而不是一种观念上的突破或态度上的革命。“生活世界”与“客观－科学世界”的区别因而表现在：“生活世界是原初明见性的王国”，而自然科学中的“客观世界”仅仅被胡塞尔称之为“原则上无法直观到的、‘逻辑的’亚建筑”②。因此，尽管“生活世界”带

① 参阅胡塞尔：《欧洲科学的危机与先验现象学》，第37节。

② 胡塞尔：《欧洲科学的危机与先验现象学》，第130页。

有相对性、主观性的特征，然而，“这种主观、相对之物的作用并不在于提供一条无关紧要的通道，而是为所有客观证明提供对理论－逻辑存在有效性的最终论证，也就是说，它是作为明见性的源泉、证明的源泉在起作用。……现实生活世界的存在之物作为有效的存在者是一个前提。”[①]简言之，“生活世界”的主观性是“客观－科学世界”的客观性的最终依据。

“生活世界”与“科学世界”的最根本区别因而可以归结为两点：其一，“科学世界”超出了“生活世界”的直观、主观、相对的视域，将自己显现为一种超主观、超相对的客观性；其二，“科学世界”的基础又建立在“生活世界”的直观视域之上。凯恩和黑尔德都曾在这个意义上合理地对胡塞尔的“生活世界”概念做出说明：“尽管客观科学的逻辑亚建筑超越了直观的主观生活世界，但它却只能在回溯到生活世界的明见性时，才具有它的真理性。”[②]“尽管近代科学家所从事的是一个在其无限性中超越了自然认识实践的所有直观视域的世界，他与这个无限性有关的认识却仍然始终回缚在一个显现于非科学世界的直观视域中的世界上。这个世界便是生活世界。”[③]这是对“生活世界”与“客观世界”相互关系的一个十分恰当的概括。

科学意识的苏醒意味着一种从“生活世界”的主观相对性中脱身出来的企图，这种企图不可能成功，因为科学意识没有意识到本身的立足点就在“生活世界”之中。如果科学意识果真意识到了这一点，那么它就可以被看作是另一种从“生活世界”的沉湎中苏醒的方式了，这便是哲学意识的苏醒。实际上，我们上面对“生活世界”与“客

---

① 胡塞尔：《欧洲科学的危机与先验现象学》，第 129 页。

② 凯恩：“生活世界作为客观科学的基本问题和作为普遍的真理和存在问题”，载于《埃德蒙德·胡塞尔哲学中的生活世界与科学》，第 75 页。

③ 黑尔德：“导言”，载于《生活世界的现象学——胡塞尔文选Ⅱ》，第 50 页。

观世界”之间关系的分析就是在清醒的哲学意识中做出的，它是一种反思性的分析，而“生活世界”和“客观世界”的特征就在于，它们是非反思的或者说，它们是直向的。

哲学意识的苏醒比科学意识的苏醒要困难得多，因为它带来“一种突破了素朴生活之常规性的转折”，“一种自然生活态度的总体变化”。[①] 这里的“哲学”概念已经获得了一种崭新的意义，它不是指在哲学史上出现过的各种哲学观点或学说，这些观点和学说在胡塞尔看来都没有与科学意识区别开来，因为它们或多或少带有“普遍的实证科学”的特征。相对于自然态度而言，新意义上的哲学态度则是在另一个层次上，或者用康德的话来说，在另一个维度上的思考。在这里，现实世界的存在不再被视为前提，不再被视为有效；相反，它被看作是问题，被作为课题而受到探讨。胡塞尔认为，这种哲学意识的苏醒就意味着“先验还原”或“先验悬搁”的提出。它意味着一种“普遍的悬搁”：先验现象学家的任务“并不在于研究：事物、世界的实在性究竟是怎样的（它们的现实的事实存在以及现实的本质存在所具有的特征、状况、联系等等），也不在于研究：当我们从总体上考察世界时，这个世界究竟是怎样的，哪些东西作为先天的结构合规律性或根据事实的‘自然规律’一般地包含在这个世界之中——我们不把这类问题当作我们的课题。也就是说，我们排除所有的认识，我们排除所有关于真实存在的确定，排除所有那些对于行为生活的实践来说是必需的直言判断真理（情况真理）的确定；我们也排除所有的科学，无论真科学还是伪科学，排除这些科学对所谓‘自在的’、‘客观真实的’世界的认识”。[②] 只有在这种态度的彻底变化发生之后，“我们才能

① 胡塞尔：《欧洲科学的危机与先验现象学》，第 147、151 页。
② 胡塞尔：《欧洲科学的危机与先验现象学》，第 159 页。

研究,作为自然生活之基础有效性的世界以及自然生活的所有意图和财富是什么,并且与此相关,自然生活和它的主体性最终是什么,也就是纯粹作为主体性,作为有效性而发挥着作用的主体性最终是什么。”①

从历史上看,不可否认,将“生活世界”课题化,对“生活世界”进行反思,这种要求原初带有实践的目的和意义:因为把握了“生活世界”的本质,也就意味着把握了近代科学的最终基础。对“生活世界”的认识因而是回答自然科学如何可能这个问题的关键。康德的《未来形而上学导引》曾明确地表述过批判哲学在这个方向上的意图。胡塞尔的《欧洲科学的危机与先验现象学》在胡塞尔哲学中的地位完全可以与康德的《未来形而上学导引》相比拟。它们都具有实践或实用的目的。这种实践目的必须通过这样两个层次来达到:1)由于“客观－科学世界”的基础建立在“生活世界”之中,因此,对前者的认识必须依赖于对后者的把握。2)对“生活世界”的确切认识又必须通过在“哲学态度”中进行的反思才能获得。

但在这里必须重申我在这一部分的“引论”中所强调的一个事实:即使在《欧洲科学的危机与先验现象学》,胡塞尔也仍然把理论上的意向放在首位。推动“生活世界”这个课题的动机尽管“原初是产生于澄清实证科学成就的要求之中”,但胡塞尔认为,“我们已经从这个动机中摆脱了出来”,“生活世界”的课题已经“成为一项独立的任务”。② 换言之,胡塞尔对“生活世界”这个课题的探讨不是为了,或者说,不首先是为了解释实证科学的可能性,而是为了在先验的态度中去发现纯粹意识及其相关物的本质结构,对“生活世界”的探讨可

① 胡塞尔:《欧洲科学的危机与先验现象学》,第159页。

② 胡塞尔:《欧洲科学的危机与先验现象学》,第151页。

以将我们引向先验的领域。与人有关的“生活世界”只是作为先验分析的出发点才成为先验哲学的课题，一旦进入到先验哲学的领域之中，作为具体生物的人及其“生活世界”立即便遭到排斥——理论的意向和实践的意向在胡塞尔这里始终是泾渭分明的。

时至今日，在胡塞尔对“生活世界”所做的这些规定中，“生活世界”与“客观-科学世界”的关系问题是主要引起人们注意的方面。相反，“生活世界”所具有的另一方面功能，即作为通向“先验现象学”的通道，作为“先验现象学”的反思对象，却往往成为人们批判的话题。我们也可以这样说，对“生活世界”的探讨在今天主要是出于各种实践的目的，包括解释实证科学之可能性的目的。理论的意向却已经不再引起人们的兴趣。这种状况也表现在哈贝马斯的“社会生活世界”哲学中，表现在他对待胡塞尔“生活世界”思想的态度上。

10. 胡塞尔的“交互主体性现象学”

“交互主体性（Intersubjektivitaet）”这个术语在今天的西方哲学中首先意味着一个社会哲学的概念。例如，在哈贝马斯的哲学中，它构成人们对家庭、集体、民族、社会、国家等等研究的出发点或前提。在他那里，主、客体之间的关系不再是一个首先需要解决的问题。作为中心课题的是主体与主体之间的联系与交往。因此，哈贝马斯往往在同样的意义上使用“交互人格（Interpersonalitaet）”、“交互行为（Interaktion）”等等概念。

但“交互主体性”的概念首先是作为哲学本体论和认识论的范畴而被提出的。我们可以把所有认识论的问题归结为两个方面：一是认识主体与认识客体的关系问题；二是认识主体与其他认识主体的关系问题。如果主体与客体的关系构成自然本体论的基本课题，那么主体与其他主体的关系问题便构成社会本体论的基本课题。这里所说的主体与其他主体的关系问题也就是指“交互主体性”的问题或“主体间”的关系问题。从另一个角度来看，“交互主体性”同时又意味着一种处在主体性与客体性之间的有效性或存在。如果主体性意味着一种对单个主体而言的自为有效性或自为存在，客体性意味着一种对客体而言的自在有效性或自在存在，那么“交互主体性”则意味着一种对一个以上的主体而言的共同有效性和共同存在。

因此，在“交互主体性”这个问题上，至少有从两个方面进行考察的可能性：从一方面来说，“交互主体性”意味着相对于自我而言的他我、他人，就是说，它又涉及到“我”与“你”或“我”与“他”的关系问题：对于一个主体来说，客体是一个“他物”，一个在我之外、与我相对的客体；而别的主体则是“他人”，一个在我之外、与我相对的另一个主体；这里的问题不在于传统的认识论问题：我作为一个主体是否以及为什么能够认识客体？而是一个新认识论问题：我作为主体是否以及为什么能够认识另一个主体？另一个主体的存在如何对我成为有效的事实。这是第一个层次上的“交互主体性”问题。从另一方面来说，“交互主体性”又涉及到“我”与“我们”的关系。这里的问题在于：为什么有些东西对我有效却不对我们大家（你和他等等）都有效，从而可以被认作是“主观的”？相反，为什么另一些东西对我有效并且同样也对我们所有人（你和他等等）都有效，从而可以被认作是“客观的”？在这里，正如他物的存在已经被设定一样，他人的存在也已经被肯定，已经不再成为问题。“交互主体性”所涉及的是两个以上的主体之间的共同性和它们沟通的可能性。这是第二层次上的“交互主体性”问题。

从这些简单的介绍中便可以看出“交互主体性”问题在本体论和认识论中可能具有的重要地位。而在胡塞尔的先验现象学中，“交互主体性”问题也与此相应地包含以上这两方面的含义，对它的研究也与此相应地具有两个目的。

我们在前面已经指出，“交互主体性”问题的提出，首先并不意味着要去论证对所有主体而言的客观性的同一，而是意味着先验现象学从“单个的主体”向“复数的主体”，从“唯我论的自我学”向“交互主体性现象学”扩展的意图；它构成先验现象学在自身的最终论证(Letztbegruendung)过程中的一个必要阶段。交互主体性理论的提出，可以使先验现象学摆脱“唯我论”或“自我论”的假象。——这是胡塞尔的“先验交互主体性现象学”的目的之一。

其次，胡塞尔的“交互主体性”概念是指一种在各个主体之间存在着的共同性(或共通性)，这种交互主体的共同性使得一个“客观的”世界先验地成为可能。在这个意义上，胡塞尔的“交互主体性”与康德的“客体性”的第二个含义是相同的——对所有主体而言的有效性①，而“客体性”概念在胡塞尔那里的意义则可以被定义为“交互主体的可涉性”。胡塞尔对“身体(Leib)”经验以及建立在这种经验中的“共现(Appraesentation)”或“同感(Einfuehlung)”进行了大量的现象学分析，并在这种分析中阐述了先验的交互主体性。“先验的交互主体性”表明：在每一个本我中都隐含着他人；并且正是由于这种隐含，客观世界的意义才被构造出来。对交互主体性的把握也就是

---

① 康德的“客体性”概念首先被运用于“物自体”，“客观”是物自体的特征；其次，“客体性”是指对所有(人类)主体以及对可能的经验对象而言的有效性。康德在《未来形而上学导论》中曾用一句话来说明“客观性”这个概念的两个含义：“客观的有效性与(对每一个人而言的)必然的普遍有效性，这是两个可以互换的概念，并且，虽然我们不知悉自在的客体，但是，如果我们将一个判断看作是普遍有效的，从而也看作是必然的，那么我们也就把它理解为是客观有效性了。”(《康德全集》第三卷，第164页。)

对异我之物(非我)的经验,这是在精神世界的奠基序列中的第一个层次;在这个层次之上的是作为交互主体构造结果的“生活世界”层次;而在生活世界层次之上的又是通常意义上的客观世界的层次,追求客观有效性(在康德客观概念的第一个含义上的客观有效性)的自然科学便是处在这个层次上。第三个层次奠基于第二层次之上,第二层次又奠基于第一层次之上。因此,对交互主体性的研究在胡塞尔看来是一种把握“原本性”的企图,即把握客观世界的“原本构造”的企图,这种把握应当能够为诸如“生活世界”、“客观科学世界”、“社会世界”、“文化世界”等等这样一些与人类的现实存在有关的世界提供本质说明。——这是胡塞尔的“先验交互主体性现象学”的目的之二。

必须再次强调,这两个目的的性质是不能等同的,前者是理论现象学的范畴,后者是实践(实用)现象学的范畴;前者的任务是描述性的,后者的任务是说明性的。前者使先验现象学不仅从客体的构造分析过渡到其他主体的构造分析,而且使先验现象学从单个主体扩展到复数的主体;后者则为人类的“生活世界”、“社会世界”、“客观世界”的形成提供了说明。因此,今天在社会哲学中活跃起来的“交互主体性”和“生活世界”概念只与胡塞尔“交互主体性”分析的第二个目的,即实践的、说明人类历史、社会现象的目的有直接的关系。在这个意义上,我们可以确定,“交互主体性”概念对于胡塞尔来说是一个先验哲学和理性批判的概念,而不是社会哲学的概念。

显而易见,在对“交互主体性现象学”的研究上,胡塞尔付出过巨大的心血,而且,他在这个问题上所面临的巨大困难也是不言而喻的。同时,“交互主体性”问题的错综复杂也造成后人在这个问题上的理解障碍,用胡塞尔的话来说:“在这个研究内涵的奇特性和杂乱性中，现象学任务展示出它们的多面性和困难性。”[①]美国哲学家 M. 怀特在《分析的时代》一书中就曾坦率地承认，对于被胡塞尔称之为“交互主体性”的东西，“本书作者不十分了解，不能详加说明”，同时他又指出，这种情况“不只是本书作者，同时也是较老一辈、较为博学和对加括号较为训练有素的哲学家所共有的过失”，尽管怀特承认，或者至少可以说，尽管他相信，“我们对这些暧昧事物的结构运用‘无前提’的方法进行考察，可望达到最深奥的哲学真理。”[②]

然而，无论对这个问题的探讨和解决具有多么大的困难，它都是先验现象学所必须完成的一项工作，我们在某种程度上可以说，它是一项事关现象学成败的工作。用黑尔德的话来说：“交互主体性”这个问题，“对于胡塞尔来说具有特别突出的意义，因为只有回答了这个问题才能阻止现象学的失败”；因为“只要我尚未在对构造的分析中证明，一个对所有人来说共同的、在狭义上的‘客观’世界是如何可能的，那么，这门不仅是由我独自一人‘唯我论’地来从事的，而且还应当与许多人一起共同来从事的先验现象学就始终还悬在空中”。[③] G. 伦普(G. Roempp)在 1992 年的新作《胡塞尔的交互主体性现象学》一书中又一次强调：“在先验现象学的论证方案中包含着主体复数化问题的内在发生，因此，现象学显然面临一个十分艰巨的任务。但只有在这个问题得到回答之后，现象学才能将其唯我论的开端发展成为对我们的知识的可能性和形态的理解，一种有能力满足哲学要求的理解。”[④]这里所说的哲学要求是指哲学成为哲学的一个前提

---

① 胡塞尔：《笛卡尔式的沉思》，第 123 页。

② 怀特：《分析的时代》，中译本，北京，商务印书馆，1981 年，第 100 页。

③ 黑尔德：“导言”，载于《生活世界的现象学——胡塞尔文选Ⅱ》，第 32 页。

④ 伦普：《胡塞尔的交互主体性现象学》，多德雷赫特，1992 年，第 10 页。

条件，即哲学必须是一门大全要求的、具有总体化能力的学说。① 现象学只有在回答了“交互主体性”的问题之后，才有权利声称自己是一门哲学，是一门“现象学的哲学”。

胡塞尔对“交互主体性”及其先验功能问题的分析和解答首先从“原初性还原(primordiale Reduktion)”或“原初性抽象”这个概念开始。这种还原与胡塞尔通常所说的“先验现象学的还原”既有相同之处，也有相异之处。M.图伊尼森(M. Theunissen)认为，“原初性还原在某种程度上是对笛卡尔－现象学还原的重复，因为笛卡尔－现象学还原是对原初性还原的隐蔽的预告。”②我们在进一步的分析中将会看到原初性还原与胡塞尔的其他还原方式的区别所在。

在《笛卡尔式的沉思》中，胡塞尔概括地阐述了“原初性还原”的基本特征：“为了正确地进行操作，在方法上的第一个要求是：我们首先在先验的普遍领域中进行一项特殊的悬搁。我们现在将所有可疑的东西从我们的课题范围中排除出去，这就是说，我们不去考虑所有那些与陌生主体有直接或间接关系的意向性的构造成就，而是将范围限制在这样一些现时的和可能的意向性的总体联系上，在这些意向性中，自我是在它的本己性之中构造出自身，构造出与它不可分割的，即属于它的本己性的综合统一。”③简单地说，胡塞尔对这个还原

① R.施贝曼(R. Spaemann)曾这样表述哲学的这种大全要求：“每一门哲学都会提出实践上的和理论上的大全要求。不提出这种要求，也就意味着不从事哲学。”(施贝曼：“哲学家们的争吵”，载于《哲学有何用?》，H.吕贝(H. Luebbe)主编，柏林，1978年，第96页。)哈贝马斯也在一定程度上赞同这一主张。(例如可以参阅哈贝马斯：《道德意识与交往行为》，法兰克福，1983年，第24页。)

② M.图伊尼森：《他人》，柏林，1965年，第56、57页。图伊尼森在这里所说的“笛卡尔－现象学还原”是对“在笛卡尔道路上进行的先验现象学还原”这个表述的简称，它意味着胡塞尔所提出的先验现象学还原三种主要方式中的一种。对这个问题的详细论述可以参阅本书第3节。

③ 胡塞尔：《笛卡尔式的沉思》，第124、125页。

的理解是排除所有那些在先验构造中对我来说陌生的东西，还原到我的先验的本己领域上去；被排除的是对我而言的“陌生之物（das Mir-Fremde）”，被保留下来的是对我而言的“本己之物（das Mir-Eigene）”。先验的唯我论因而是胡塞尔为先验交互主体性分析所设定的一个阿基米得之点。黑尔德将这个被设定的阿基米得之点称之为“先验的鲁宾逊”，它意味着“意识史上的一个无其他主体的阶段”。[①] 他认为，“胡塞尔必须在方法上以这样一个鲁宾逊的体验视域为出发点，这个鲁宾逊从未听说过其他的主体和其他主体对世界的看法。”[②]其他的主体和其他主体对世界的看法对于本己的自我来说是陌生的，也是可疑的。因为，只要回想一下笛卡尔普遍怀疑的结果：我思（cogito），我们便可以理解，这里的我思是指“自我”在普遍怀疑或先验还原之后所能把握的最确定无疑的东西。“思（cogito）”是以第一人称的形式进行的，尽管“我（ego）”在这个拉丁文的动词“思（cogito）”中并没有直接地表现出来。而他人以及他人的思维在还原的过程中则作为不确然的东西而遭到排斥，它们在先验交互主体性的分析中不能成为前提，不能受到任何方式的运用。

---

① 黑尔德：“交互主体性的问题与现象学的先验哲学的观念”，载于《现象学研究的角度》，U. 克莱斯格斯（U. Claesges）、K. 黑尔德主编，海牙，1972 年，第 49 页：“处在意识开端上的是一个先验的鲁宾逊”。

但这里必须注意的是，黑尔德的这个说法近来遭到批评。伦普在《胡塞尔的交互主体性现象学（1992 年）一书中写道：“我们认为，黑尔德在这里将一种发生构造的观点强加在胡塞尔的意向中，这是不合理的。关于陌生主体性的可经验性的现象学所要做的工作在于把握住这种现象的结构，它们使人们能够理解对陌生的自为存在的经验。但这里完全没有必要来谈论这种结构在意识中的发生形成。此外，这种做法会在很大程度上降低胡塞尔哲学的先验要求”。（伦普：《胡塞尔的交互主体性现象学》，第 37 页。）简单地说，对他人的经验或陌生经验本身结构的发生形成是一回事，为了阐述这个结构的目的而采取的还原和展开方法是另一回事；前者与结构本身形成的时间顺序有关，后者则只是对此结构之阐述的逻辑顺序。我们必须避免将这两者混为一谈。

② 黑尔德：“导言”，载于《生活世界的现象学——胡塞尔文选 Ⅱ》，第 32 页。

对这个阿基米得之点的把握意味着一个开端，在这里，“本己之物”和“陌生之物”、“内在之物”和“超越之物”、“原本之物”和“非原本之物”得到划分。剩下的问题是，我如何从本己的、内在的体验领域出发，通过意向性而超越出这个领域，构造出他人或其他的主体，并进一步构造出对于我这个主体和其他主体来说共同的社会世界、精神世界、文化世界以及如此等等。

在胡塞尔对时间意识、感知和想象所做的现象学分析中，他已经成功地描述了意识的意向性本质，描述了一个客体如何在意识活动中被构造出来：构造的过程也就是一个自我超越出本己的（原本的）领域而达到陌生（意向）领域的过程。“意识总是关于某物的意识”这个命题因而可以被改写为“意识总是在构造着它的对象（客体）”。[①]现在，在对交互主体性问题的分析中，意识所具有的一种特殊构造功能成为中心的课题，这个特殊的构造功能是指：一个单个主体的意识如何能够从自身出发并且超越出自身而构造出另一个主体。这里须注意：被构造的对象不再单纯是一个客体，一个他物；而且它同时还是一个主体，一个他人。胡塞尔本人这样来阐释“他人”作为意识对象的特殊性：“我经验到他人，他们现实地存在着，具有可变的、一致的经验多样性；并且，他们一方面是作为世界客体被我经验到，而不仅仅是作为自然事物。他们作为在他们各自具有的自然身体中的心理管理者被经验到。他们与身体奇特地交织在一起，作为心理－物理的客体存在于这个世界之中。另一方面，他们同时又作为对于这个世界而言的主体被我经验到，这些主体在经验着这个世界，经验着我所经验着的同一个世界，并且同时也在经验着我，就像我在经验着

① 关于意向性和先验构造的问题可以参阅本书第6节的详细论述。

他们一样。"[①]显然,对"他人"的经验或构造较之对单纯"他物"的经验或构造要复杂得多。

但是,胡塞尔坚信,尽管"他人"这个意识构造物具有特殊性和复杂性,对它的分析仍然可以依据于对"他物"的构造分析方法,他像在以往一样,仍然"坚定不移地首先回溯到原本意识与非原本意识的区别上,其次回到感知的基础体验上"。[②]

我们可以回顾一下在前面已经论述过一个内容:胡塞尔对意识整体结构层次的把握可以大致分为三步:1)其他所有意识行为(如判断、评价、爱和恨等等)都以客体化的意识行为(如看、听、回忆等等)为基础,因为在客体通过客体化的行为被构造出来之前,任何一种无客体的意识行为都是不可想象的(例如无被爱对象的爱等等)。2)在客体化行为本身之中,感知又是所有其他客体化行为的基础,任何客体的构造最终都可以被归溯到感知上,即使是一个虚构的客体也必须依据起源于感知的感性材料。3)在感知本身之中,我们又可以划分出原本意识和非原本意识:例如,当桌子这个客体在我意识中展现出来时,我看到的桌子的这个面是原本地被给予我的,它是当下被给予之物;而我没有看到的桌子的背面则是非原本地被给予我的,它是共同被给予之物。以上这些划分也是胡塞尔在对交互主体性的分析中所把握的原则。

与"他物"或客体在意识中的构造一样,"他人"或其他主体在意识中的构造也必须回溯到感知之上。整个过程可以分成以下几步:"他人"首先是作为一个躯体(Koerper)被我感知到、经验到,这个躯体也由当下被给予之物(我看到的人的躯体的这个面)和非当下之物

---

① 胡塞尔:《笛卡尔式的沉思》,第 123 页。

② 黑尔德:"导言",载于《生活世界的现象学——胡塞尔文选 II》,第 34 页。

(我未看到的人的躯体的其他各个面)所组成。“他人的躯体”对我显现出来,这意味着我已经完成了一次统摄。这个统摄与对一个自然事物的统摄(例如对一个动物、一个木乃伊的统摄),没有什么不同。它也是一个超越内在的过程,即一个将内在的感觉材料综合为一个超越的意识对象的过程。这时,我在我的原初性领域中仅仅知道这是一个躯体,一个具有物质性的东西;但还不知这是“他人”的躯体,即具有一个其他自我的躯体,一个具有精神性的东西。胡塞尔把后一种意义上的“躯体”称之为“身体(Leib)”:“每一个自我都有一个身体”,①身体“不仅仅只是一个事物,而且是对精神的表达,它同时又是精神的器官”。②

我之所以能够把一个自然事物理解为一个“躯体”,即承认他人的肉体存在,并且进而把一个“躯体”理解为一个“身体”,即承认其他自我的存在,意识中的“联想”能力在这里起着双重的关键作用。“某物引起对某物的回忆”是联想的基本形式,它使意识有可能进行双重的超越:

首先,显现给我的这个陌生的躯体通过它的“举止”、它的“行为”而使我联想起我自己的躯体。我的躯体实际上是先于其他的躯体被意识活动构造出来的东西,否则联想便无从谈起。而我的躯体具有一个特殊性:它同时也是我的身体;它是我的自我的居所,是我的精神性的器官。这样,在众多的被感知到的躯体中,首先只有我的躯体同时也是身体;“这是唯一的一个不仅仅只是躯体的身体”。③ 换言

① 胡塞尔:《交互主体性的现象学》,第二部分,《胡塞尔全集》第十四卷,海牙,1973年,第243页。

② 胡塞尔:《纯粹现象学和现象学哲学的观念》,第二卷,《胡塞尔全集》第四卷,第96页。

③ 胡塞尔:《笛卡尔式的沉思》,第128页。

之，在进行第二次联想之前，只有我的躯体具有自我，其他的躯体都可以说是没有自我和灵魂的行尸走肉。

其次，既然在我的躯体中包含着自我，那么在其他的躯体中必定也包含着其他的自我。这样，“他人躯体”便被赋予“他人身体”的意义。这个从“躯体”到“身体”的过程是意识在构造“他人”的过程中所进行的第二次统摄，第二次意义给予(立义)。胡塞尔将这个统摄称之为“结对(Paarung)”。它的具体进行过程是这样的：

我由其他的躯体而联想到我自己的躯体，因为我的躯体同时也是我的“身体”。我的“身体”是某种处在“这里”的东西。可以说，在我的身体中，我始终存在于“这里”。无论我到哪里，这个身体的“这里”都一直随我流浪，它是我始终无法放弃的绝对空间关系点，它“具有其中心的‘这里’的被给予方式”[①]。相对于我的身体—躯体的“这里”而言，任何一个其他的躯体对我来说都是“那里”，“具有‘那里’的方式”[②]。

我的躯体在“这里”，另一个躯体在“那里”，并且，这两个躯体是相似的。这个相似性意识可以引发我的想象力：那里的那个躯体的显现方式“使我回忆起我的躯体的外表；如果我在那里的话，它会是什么样的”。[③] 在胡塞尔所说这种想象情况中实际上包含着两种想象的可能性，或者我们也可以用胡塞尔自己的话来说：在我之中引起了两种“权能性”(Vermoeglichkeit)的动机：1)实在的想象。我首先可以在期待中想象，我以后也可以运动到另一个躯体现在所处的位置上去，并且我在那里可以表现出它所表现的那些举止；尽管我具有实现这一想象的能力，但是，我当下是连同我的身体躯体一起处于

① 胡塞尔：《笛卡尔式的沉思》，第146页。
② 胡塞尔：《笛卡尔式的沉思》，第146、147页。
③ 胡塞尔：《笛卡尔式的沉思》，第147页。

"这里",而不是"那里"。2)虚构的想象。我现在就可以在想象中将自己置于那另一个躯体的举止之中,并且设想,我是在"那里"。这样,我当下就已经以一种虚构的、"仿佛(als ob)"的形式处于"那里"。

这两种想象的可能:实在的和虚构的想象可以相互补充,共同发挥作用。通过这两种想象力,我有可能在那里的那个躯体的举止后面认识我自己的躯体的本质。这就是说,我不仅可以赋予那个躯体以"躯体"的意义,而且可以赋予那个躯体以"身体"的意义。也就是说,随着我的自我的想象力变化,一个新的统觉得以成立:首先在两个躯体举止的"结对联想"[①]的基础上,其次在我的身体意识的基础上,我将这个其他躯体的举止理解为一个陌生的自我的显现,理解为一个他人的身体的行为。这样,对我而言,他人的存在便原本地构造起了自身。胡塞尔将这个构造性的统摄的过程称之为"相似性统觉"、"类比的统觉"或"联想统觉"等等,这些概念所表达的是同一个含义。[②] 如前所述,胡塞尔在早期曾用"赋予灵魂"(beseelen)以及"激活"(beleben)的概念来形容"立义"和"意义给予"的过程:一堆死的感觉材料通过统摄而被构造成一个意识对象,这个意识对象由此而作为我的对立面站立起来。现在我们可以看到,"赋予灵魂"或"激活"这两个概念实际上更适合于对作为"他人",而不是作为"他物"的意识对象的立义:一个躯体通过立义而被赋予灵魂,被激活,成为一个对立于我的、具有同样灵魂本质或自我本质的他人。

当然,必须注意,这个他人的自我与我的自我之间的同一性只是一种想象的或虚构的同一性,因此我的实在自我与我的实在自我永远不会相同一。正如在想象与感知之间有根本区别一样,在虚构的

---

① 胡塞尔:《笛卡尔式的沉思》,第 147 页。

② 胡塞尔:《笛卡尔式的沉思》,第 138 页,第 140、141 页等等。

自我与实在的自我之间也有天壤之别。黑尔德对这个区别有过一个出色的概括:“我从根本上说永远不具有将共同当下的被给予方式变成一个由我自己进行的被给予方式的可能性(权能性):那里的那个躯体对于那另一个自我来说是作为它的身体而被给予的,这个情况尽管对我来说是共同当下的,但我却永远无法成为那另一个自我,就是说,这另一个躯体永远无法作为我的身体被给予给我,即:它对我来说永远无法成为我的绝对的‘这里’;它对于我来说始终在‘那里’。所以,胡塞尔交互主体性理论的各个主体最终只是作为‘他人’而相互发生联系,因为他们在世界中的此在被束缚在他们身体的绝对‘这里’之上,并且也因为这些身体同时作为躯体永远无法同时占据‘那里’。这里便是陌生经验的原真的源泉所在。”[①]因此,尽管我构造并设定了他人的存在,尽管我可以设想和同感这个存在的本质,但“他人”对我来说永远是在或大或小程度上的“陌生人”,是不同于“我”的“他”,是不同于“本己自我”的“陌生自我”。

只需稍稍回顾一下“他人”被构造的整个过程,或者说,其他陌生主体被经验的整个过程,我们便可以把握出这样四个“统摄阶段”,我们也可以用胡塞尔较为偏爱的术语“立义层次(Auffassungsschichten)”来称呼它[②]。

1. 自我对自身躯体的统摄;

2. 自我对自身身体的统摄;

3. 自我对他人躯体的统摄——第一联想,低层次的联想;

4. 自我对他人身体的统摄——第二联想,高层次的联想。

对“他人身体”的统摄和认同也就意味着对在我的自我之外其他

---

① 黑尔德:“导言”,载于《生活世界的现象学——胡塞尔文选Ⅱ》,第36-37页。

② 例如可以参阅伦普:《胡塞尔交互主体性的现象学》,第50页。

自我的构成与存在的统摄和认同。至此，对我来说，一个与我的“周围世界”（自然）有关的“共同世界”（社会）便得以形成。

最后，在这里还要补充以下两点：

1）胡塞尔在现象学描述中对各个立义阶段的划分是出于分析的目的，具有方法的目的。实际上，这些单个的“阶段”只是在构造功能的联系中才具有作用，并且，构造功能只有在其统一性中才能使陌生的主体性的可经验性得以理解。因此这种划分并不意味着在现实的统摄过程中，自我先去感知一个人的躯体，然后赋予这个躯体以身体的特征，然后通过同感将“给予灵魂”解释成一个先验主体性的身体。我们没有必要将交互主体性统摄的发生过程等同于对这个过程的逻辑分析和陈述。

2）与构造他人或其他主体的整个过程相逆的是还原的逻辑进行过程。先验的还原首先排斥对他物的有效性和存在的设定，包括对他人身体（共同经验、陌生经验）和他人躯体（共同的、外部的客观世界）的存在设定；其次，先验还原也要排斥对自己的躯体存在的设定，因为它是客观世界的一部分。在这些还原之后剩余下的“现象学残余”是自我的本己经验，它是现象学的最终依据。

对于胡塞尔在“交互主体性”方面研究所得出的结果，当代哲人所持的一个基本的评价是认为这个研究没有达到胡塞尔预期的目的。例如，哈贝马斯认为：“胡塞尔本人（在《笛卡尔式的沉思》中）曾试图从自我的单子论成就中推演出主体之间的交互主体关系，这些主体在它们视线的相互交叠中得以相互认识并且构造出一个共同的世界视域，但这个尝试失败了。”[①]卢曼则干脆批评说：“交互主体性”根本就不是一个概念，而是“一个尴尬的用语，它表明，人们无法再坚

① 哈贝马斯、卢曼：《社会理论还是社会技术论》，第176、177页。

持主体，无法再规定主体”；它是一个悖谬的概念，其作用仅仅在于，“在一个以意识的主体性为开端的理论中引入某些从这个理论出发无法被思考到的东西”。[①]

即使在现象学哲学家本身的阵营内部，持这种观点的人也占极大多数。例如，黑尔德就赞同海德格尔的看法，认为胡塞尔对“交互主体性”的先验功能问题的论证虽然“极为细微”，但却是“极有问题的”和“可疑的”，“因为现象学的研究更多地表明，人们原本可以说是忘却自身地在一个共同的自身中生活，他们从这种共同性中脱身出来之后才作为他人或者甚至作为他物而相互相遇。”[②]雅默在其主编的《争论中的现象学》(1989年)也撰文论述道：“自《交互主体性的现象学》三卷本(《胡塞尔全集》第十三、十四、十五卷)问世以来，更多的公众可以看到，胡塞尔是在何种重要的程度上、以何种持续了几十年之久的恒心和毅力在探讨着‘其他的本我(alter ego)’的问题。但大量的材料也表明了这个问题的复杂性：因为不仅胡塞尔的学生，而且胡塞尔本人也觉得，对‘他人’这个现象所给他带来的问题，他的解决是不能令人满意的。无论他怎样努力用‘先验的单子共同体’的设想来消除人们对他一再所做的先验唯我论的指责，他最后仍然没有根据他的笛卡尔前提达到这样一个目的，即：将本我与其他本我事实地、共同地并列在一起。”[③]雅默的这个批评实际上是说，胡塞尔在先验交互主体性问题上所作的努力即使不是徒劳的，也是失败的。并且，雅默认为：“正是这个‘先验自我论’的缺陷才导致了在胡塞尔以

---

① 卢曼：“交互主体性还是交往行为：社会学理论构成的不同出发点”，载于《哲学文库》，第54期，1986年，第42页。

② 黑尔德：“导言”，载于《生活世界的现象学——胡塞尔文选Ⅱ》，第35页和第33页。

③ 雅默：“用超理性主义来反对非理性主义”，载于《争论中的现象学》，第8页。

后的现象学家那里产生出改造他的理论的关键性动机，并且也导致他自己不断地做出各种‘更原初地’思考他人问题的尝试。进一步得到发展的现象学加强了这种趋势，因为它将理性解释成为在具体生活中的意义构成。”①

雅默在这里所说的胡塞尔以后的现象学哲学发展趋势以及它所产生的巨大效应，正是我们在下面所要论述的课题之一。但胡塞尔在交互主体性问题的分析上是否真的陷入了不可自拔的困境？胡塞尔以及现象学哲学发展趋势是否应当被看作是胡塞尔的这一困境的必然结果？如果我们有能力回答这个问题，那至少也是在对这个发展趋势做出考察之后，而不是在这之前。

无论如何，这里必须指出：胡塞尔在交互主体性分析上所做的努力以失败而告终，对这个较为普遍的结论还有不同的看法。例如，主编胡塞尔《交互主体性现象学》三卷本（1973 年）的瑞士现象学家凯恩就认为，初读《笛卡尔式的沉思》一书时，他曾认为胡塞尔在这部著作中没有能够达到他所预期的目的，但在主编过这三卷本手稿之后再读《笛卡尔式的沉思》，他便可以很有把握地说，胡塞尔已经解决了交互主体性的问题；与此相同，主编《笛卡尔式的沉思》一书的施特拉塞尔也指出：凯恩主编的胡塞尔《交互主体性现象学》三卷本为人们提供了全面和重新理解胡塞尔的可能，这些著作表明：“所有那些关于我们这位伟大哲学家的流行看法都是不切实的。胡塞尔既不是逻辑主义者，也不是实存主义者。他既不仅仅是孤独的意识生活的细腻分析家，也不仅仅是一个认识构成物的仔细描述家。……所有这些看法都建立在一些零碎的印象的基础上，这些印象与胡塞尔事业的某些部分以及他思想发展的某些阶段有关。但这些印象都没有能

---

① 雅默：“用超理性主义来反对非理性主义”，载于《争论中的现象学》，第 8 页。

把握住这位伟大哲学家所真正关切的东西。谁要想确证一下胡塞尔思维努力的整个范围，他就必须花力气仔细阅读这三卷著作，它们展示了胡塞尔‘交互主体性现象学’的发展。”[①]近期发表的、由 G. 伦普所著的《胡塞尔的交互主体性现象学》(1992 年)正是在这个方向上所做的努力。他为自己提出的任务是：“根据胡塞尔关于交互主体性问题的遗稿整理出一门哲学的理论，它可以超出历史的兴趣而获得系统的意义”。[②] 在对胡塞尔的交互主体性方面的努力进行了深入的研究之后，伦普得出这样的结论：“在陌生主体性的可经验性现象学中得到分析的构造联系不仅展示了哲学的可能性条件，而且也使哲学的要求得到合法化，这个要求便是：在绝对主体性的自身阐释中获得对一般主体性的明察，因为任何一个对陌生主体性的经验，只要它可以成为有意义的课题，就都始终依赖于绝对自我的自身陌生化功能。由于他人只能‘从我出发’而成为课题，因此，任何一种将其他主体作为课题来研究的做法都带有一种普遍性的标志，这种普遍性是连同陌生主体性的可经验性一起被构造出来的。在这种构造联系的基础上，胡塞尔有权主张：哲学所提出的那种超越于所有文化之上的要求是合法的，哲学‘对于整个理性人类以及任何一个普遍的理性人类’都具有意义。”[③]

尽管伦普的这一研究结果与目前主导的和流行的对胡塞尔后期哲学的解释正相反对，但他对胡塞尔交互主体性问题的分析是深入而扎实的，甚至可以说是前无古人的，因此，我们有理由相信，他的工作为我们更准确地理解胡塞尔的后期思想及其意义提供了新的可能。

---

① 施特拉塞尔：“埃德蒙德·胡塞尔的社会本体论基本思想”，载于《哲学研究杂志》，第 29 期，1975 年，第 33 页。

② 伦普：《胡塞尔的交互主体性现象学》，第 IX 页。

③ 伦普：《胡塞尔的交互主体性现象学》，第 215－216 页。

下篇
现象学在当代德国哲学中的效应

在对胡塞尔现象学本身做了上述分析和评价之后，我们在这一篇中所要达到的目的在于展示这门现象学自产生以来对德国哲学的影响。在第8节中我们已经提到哲学人类学家米尔曼对胡塞尔的“持久的意义”的归纳，①这实际上也就是对胡塞尔现象学在现代西方哲学中所具有的各方面效应的概括。正是因为具有这些持久的效应，我们今天只要谈起现象学，自然就会联想到胡塞尔“哲学作为严格科学”的理想、面对实事本身的哲学态度、现象学还原（本质直观、先验还原、原初还原）的哲学方法，联想到胡塞尔对意向性分析研究领域的指明和在这些研究中所获得的成果，他对生活世界相对于客观世界而言所具有的奠基性的指明，以及如此等等。这些效应在当代德国哲学中几乎处处可以感受到，无论现象学是以方法的形式体现在各种流派之中，还是作为一个被继承和发挥的课题，或是作为一个被批判的对象在各个学说受到广泛的讨论。

我们这里的论述不可能包括所有处在胡塞尔现象学影响之下的德国哲学发展趋向，而只能涉及到当代德国哲学中最具有代表性的四个人物：M.海德格尔、H.-G.伽达默尔、M.舍勒和J.哈贝马斯。

---

① 这里所说的“持久的意义”是指胡塞尔在其一生的哲学奋斗中：
1.有力地反驳了心理主义、人类主义、历史主义和怀疑论的相对主义；
2.揭示了作为客观主义的古典-自然科学方法的问题史；
3.发掘出作为主-客体之间的运动概念之连续的“意向性”范畴；
4.创造出一种可以把握现象的“现象学还原”方法；
5.回返到了已被人们遗忘了的、作为科学之意义基础的生活世界；
6.克服了主-客体的分裂。参阅米尔曼：《人类学史》，第152页。

第一章
胡塞尔的现象学与海德格尔的基础本体论

胡塞尔与海德格尔的关系，历来是当代哲学家们所关注的焦点。这种关系与柏拉图与亚里士多德之间的关系有相似之处：与柏拉图和亚里士多德在古代哲学中所起的作用一样，胡塞尔与海德格尔在当代西方哲学中具有举足轻重的影响力。但同时必须承认，海德格尔对待胡塞尔的态度与亚里士多德对待柏拉图的态度有很大的差异。因为，在海德格尔那里，他本人的政治－历史观在他对胡塞尔的态度以及在他的学术研究中起着相当大的作用。[①]

我们在这里对胡塞尔与海德格尔之间关系所做的探讨不打算涉及政治－历史方面的因素，也可以说，我们不打算探讨胡塞尔与海德格尔的私人关系，[②]尽管这也是非常重要的一个研究课题。我们的

---

① 关于海德格尔的政治－历史观与他的整个哲学思想的关系问题可以参阅由G.施内贝格(G. Schneeberger)主编的《海德格尔追读——关于他的生活与思想的资料》(伯尔尼，1962年)，雅斯贝尔斯所著的《哲学自传》(慕尼黑，1977年)中关于海德格尔的一节(第92－111页)以及维克多·法里亚斯的著作《海德格尔与国家社会主义》(德文版，法兰克福/美茵，1989年)等等。此外也可参阅哈贝马斯在《海德格尔与国家社会主义》中对海德格尔政治－历史观的评价："粗鲁的反美主义、对亚洲的厌恶、对希腊－德国本质所受的过多的拉丁影响的反抗、陌生恐惧症和多情的家乡抒情诗——所有这些阴暗的因素都给人以同一个印象，无论它们是赤裸裸地亮相，还是伪装成荷尔德林粉墨登场。"(哈贝马斯："海德格尔——著作和世界观"，载于维克多·法里亚斯：《海德格尔与国家社会主义》，第37页。)

② 海德格尔对待胡塞尔的态度，世人已有许多记载与论述。而有关胡塞尔对海德格尔的态度的资料，则较为少见。对这个问题，胡塞尔和海德格尔的共同弟子、弗莱堡大学

研究将主要集中在他们两人的哲学思想的理论渊源关系上，集中在他们两人哲学思想的共性、差异以及发展、继承的必然性和偶然性这些问题上。

海德格尔本人并不否认胡塞尔哲学对他的深刻影响，他甚至一再地强调这种影响。在海德格尔发表《存在与时间》的初期，很多人都认为，海德格尔仍然是在胡塞尔所划定的问题范围内活动。胡塞尔的另一位学生、著名哲学家奥斯卡·贝克尔在 1927 年（即《存在与时间》发表的这一年）纪念胡塞尔七十诞辰的文集中曾指出过在胡塞尔先验现象学和海德格尔基础本体论、解释学的现象学之间的密切相容性："谁要是把胡塞尔的现象学与所谓'心理主义的'和'人类主义的'事实解释学作为相互陌生，甚至相互敌对的学说对立起来，谁就在最大的程度上误解了胡塞尔现象学的意向，至少是误解了自 1913 年《纯粹现象学和现象学哲学的观念》发表以来的胡塞尔现象学的意向。"[①] 他认为，现象学的解释学的意向与先验现象学的意向根本没有矛盾的地方，前者只是对后者基本意图的"具体化"，是对后者未加规定的一些视域的进一步确定。[②] 此外，可以被看作是胡塞尔

哲学系教授马克斯·米勒(Max Mueller)曾回忆说："胡塞尔从未谈论过海德格尔的政治态度，但有几次在谈到海德格尔的哲学思想时他说过：'在曾属于我这个圈子的人中，海德格尔也许是最伟大的一个。'他很长时间都在考虑是否让普凡德尔来弗莱堡接替他的教椅，但海德格尔在深刻性和原本性方面无疑要超过普凡德尔。'因此我必须给海德格尔以优先。'""当我问胡塞尔，他现在向'生活世界'问题——这个问题在其历史－事实的'时或性'中已超出了先验现象学方法的界限——是否可以说是受到海德格尔的'反作用'影响，胡塞尔回答说：'他给我留下深刻印象，但从未影响过我。'我从未听胡塞尔说过对海德格尔人格的一句微词。"（马克斯·米勒："回忆胡塞尔"，载于《胡塞尔与现象学运动》，第 38 页。）

① 奥斯卡·贝克尔："美的事物的衰败性和艺术家的冒险性。在美学现象领域中的本体论研究"，载于《胡塞尔纪念文集》，图宾根，1929 年，第 39 页。

② 奥斯卡·贝克尔："美的事物的衰败性和艺术家的冒险性。在美学现象领域中的本体论研究"，载于《胡塞尔纪念文集》，图宾根，1929 年，第 39 页。

和海德格尔学生的伽达默尔虽然认为海德格尔与胡塞尔是两个根本不同的哲学发问方向，但他也承认："要想标出海德格尔是从哪一点出发与胡塞尔的先验唯心主义相对置，这实际上是一件很不容易的事情。我们甚至必须承认，海德格尔的《存在与时间》一书的设想并没有完全摆脱先验反思问题的领域。基础本体论的观念、它以有关'存在'的此在为根据而作的论证以及它对此在的分析，它们起初给人的印象是：它们事实上仅仅标志着在先验现象学之内的一个新的问题维度而已。"①

诚然，随着时间的推移，人们已经越来越清楚地意识到在胡塞尔与海德格尔之间存在着的深刻"代沟"。但这并不表明，胡塞尔哲学与海德格尔哲学之间的内在联系性或内在的贯通性由此而遭到了否定。很多人，包括胡塞尔的助手、著名哲学家(在 1991 年去世)路德维希·兰德格雷贝，毕生都相信：不仅狄尔泰(W. Dilthey)和胡塞尔，而且胡塞尔和海德格尔，以至于整个欧洲大陆的哲学联同其大背景的起点最终都可以综合为一。②

上面的这些论述当然不是为了提出这样一个命题，即：海德格尔的哲学仅仅是对胡塞尔哲学的继承、延续和进一步展开。如果我们能够这样说，那么我们同样也就可以说，亚里士多德的思想只是对柏拉图的继承和发展而已，这两种说法的荒谬性都是不言而喻的。我们所做的这些论述的目的仅仅在于指出对胡塞尔与海德格尔之间关系问题研究的困难性。如伽达默尔所说，这个问题的困难性在于：我们如何能够分析出，在追随胡塞尔的进程中，海德格尔究竟是在哪一"点"上开始偏离开胡塞尔的思考方向。我之所以要强调这是一个

① 伽达默尔：《解释学》第二卷，第 260 页。

② 参阅 O. 珀格勒："现象学哲学概念的危机(1929)"，载于《争论中的现象学》，第 258 页。

“点”，是因为胡塞尔与海德格尔的分歧最终可以回溯到作为一门学说的单子的概念上。对胡塞尔与海德格尔差异的把握，必须落实到作为概念的“点”上。这不仅是我们在对胡塞尔与海德格尔之间关系的阐述中所要依据的原则，也是我们在后面对其他论题所进行的探讨的原则。我们这里也许可以借用一句胡塞尔常说的话：“别总是大纸票，我的先生们，而是要小零钱，小零钱！”①

11. 胡塞尔与海德格尔的哲学观

可以确定，以胡塞尔为中心的第一期现象学运动的瓦解是由胡塞尔和海德格尔之间关系的破裂所导致的。② 破裂的明朗化发生在1929年。但两人关系的疏远则可以向前追溯得更早些。从许多迹象来看，胡塞尔与海德格尔的关系在二十年代之前还称得上亲密无间，至少在胡塞尔这方面的感觉是如此。据雅斯贝尔斯回忆，1920年春，他曾与妻子一同在弗莱堡逗留数日。恰逢胡塞尔六十一岁生日(4月2日)，他和海德格尔一起去参加胡塞尔的生日庆祝会。当时，胡塞尔的妻子还称海德格尔为“现象学的孩子”。但雅斯贝尔斯已敏锐地观察到：当他谈到他的一个一流的女学生到弗莱堡想师从于胡塞尔，却被胡塞尔拒之门外这件事时，海德格尔积极地加入到雅斯贝尔斯这一边来。用雅斯贝尔斯的话来说：在海德格尔这方面已表现出一种“在反对抽象秩序之权威的过程中两个青年人之间的团结性”③。

这种反对所谓“抽象秩序”的态度在雅斯贝尔斯那里从一开始便

---

① 转引自伽达默尔：“现象学运动”，载于《新近哲学》第一卷，第107页。

② 对这一问题的详细论述可以参阅德国波鸿大学哲学系教授奥托·珀格勒博士所著的“现象学哲学概念的危机(1929)”一文，载于《争论中的现象学》，第259-276页。

③ 参阅卡尔·雅斯贝尔斯：《哲学自传》，慕尼黑，1977年，第92-93页。

表现得无遮无掩。雅斯贝尔斯在1932年所写的三卷本《哲学》一书中曾明确地表示说：对胡塞尔《哲学作为严格的科学》(1910年)这篇文章，他是“带着反感”阅读的。这篇文章反而“使他明白了”，哲学不是严格的科学。他认为，他“理解了，这里很明显已达到了这样一个地步，在这里，由于要求哲学是一门严格的科学，所以，哲学一词的崇高意义被取消了。就胡塞尔是一位哲学教授而言，我觉得他是最天真地和最彻底地背叛了哲学。”[①]作为客体、作为宾语的哲学(Philosophie)在雅斯贝尔斯那里只是“古代形而上学家的一个伟大而富于创造性的幻想”，人们所能真实地从事的仅仅是作为活动、作为谓语的哲学(Philosophieren)而已。[②]

与雅斯贝尔斯不同，海德格尔对胡塞尔哲学观的拒绝则给人以“犹抱琵琶半遮面”的感觉。只是根据近几年发表的《海德格尔全集》和其他资料，我们才可以比较有把握地得出海德格尔离经叛道的确切时间。

海德格尔在1919年4月24日写给胡塞尔的女儿伊丽莎白·胡塞尔的信中便表明：他反对的是“那种傲慢不拘的、从根本上说是启蒙式的说教，它把当下的生活和所有过去的生活都固定、死板、单一地砸在同一块平板上，于是在这里一切都变得可预测、可控制、可划定、可约束、可解释。”[③]这里已显露出海德格尔对传统意义上的“理论”、对胡塞尔“哲学作为严格科学”的理想的抵制。同年，在讲座中，尤其是在为雅斯贝尔斯的著作《世界观的心理学》所写的书评中，海德格尔还把“事物经验”或“理论”称之为“Entlebnis”[④]。我们在这里

---

① 雅斯贝尔斯：《哲学》第一卷，柏林，1973年，第XVII页。

② 此处可以参阅汉斯·萨尼尔(Hans Saner)：《雅斯贝尔斯》，汉堡，1970年，第140页。

③ 载于德国《抉择》，第223－224期(1988)，第6页。

④ 海德格尔：《现象学与先验的价值哲学(1919)》，法兰克福/美茵，1987年，第86页，第100－101页；《路标》，法兰克福/美茵，1978年，第19页。

需要注意：胡塞尔哲学的一个中心概念“体验（Erlebnis）”一词中含有“leb（生活）”这个词根，而海德格尔生造的“Entlebnis”一词是与“体验”相对的，它也含有“leb”的词根；从这个意义上看，“Erlebnis”的前缀“er”是指“经历”，“体验”一词因而在这里可以是指“经历生活”；而“ent”则表示“去除”的意思，所以“Entlebnis”这个词我们不妨译作“脱离生活”或“去除生活”。这里隐含着海德格尔对胡塞尔的一个批评：当胡塞尔把体验作为本质直观的对象，试图排除此在、排除事实性的东西，把握作为先验可能性的体验本质和本质联系（本质结构）时，活生生的生活也就被排斥掉、被去除掉了。歌德的名言“理论都是灰色的，生活的树才常青”[①]在这里似乎又一次得到印证。海德格尔后期的一个弟子、弗莱堡大学哲学教授威廉·封·海尔曼（W. von Herrmann）为了说明海德格尔和胡塞尔的差异，曾在课堂上回忆海德格尔当年所做的一个比喻：现象学的分析可以坐在写字桌前进行：例如面对一个茶杯，我观察它的映射、它的显现、它的被给予，我反思我对它的感知，等等；这并无不可。然而这显然是理论哲学家的做法。理论哲学家的意向往往脱离了生活。我们在日常生活中通常不会对一个杯子的映射等感兴趣。我之所以在进教室时关注到这张椅子，是因为它挡住了我的去路。哲学应当探讨的不多不少就是这种与日常生活中的兴趣有关的东西。胡塞尔的另一位学生 H. 赖纳（H. Rainer）也说过同样的话：“在胡塞尔看来，我们所有真正的认识都来源于（原本地自身给予着的、广义上的）直观。而海德格尔则解释说，我们并不是通过一种‘盯视’而经验到，例如什么是一张桌子或一张椅子，而是在将它作为一个‘在手之物’而与它打交道时（例如

---

① 歌德：《浮士德》，第一部，第四场。

坐在它旁边或坐在它上面)才经验到它。"[①]

而胡塞尔这方面则似乎对自己与海德格尔的隔阂反应迟钝。虽然根据海德格尔的回忆,在二十年代初,当海德格尔尚未去马堡,而是还在弗莱堡作为讲师讲授胡塞尔的《逻辑研究》时,胡塞尔就已经抱着一种"宽容的、但从根本上说拒绝的态度在观察着"海德格尔的工作[②];但只是在《存在与时间》(1927年)发表了一年之后,也就是胡塞尔在七十寿辰时得到海德格尔《存在与时间》的赠本之后,胡塞尔才开始他的——用罗曼·英加尔登的话来说——"海德格尔研究",并且开始觉察到海德格尔的"背叛"。甚至连学生们也常常在议论"胡塞尔正教与它最新变调曲之间的对立"。[③] 与胡塞尔当时比较接近的H.赖纳曾回忆说:"胡塞尔在1926年便已从海德格尔那里得到了《存在与时间》的校样。他当时对我说这是一部重要的著作,并没有持批评的态度。直到1928年他才抱怨说,海德格尔在这部书中虽然有两处对他表示赞同,并引用了他的话,但在其他的地方却常常不指名道姓地向他发起论战。从这时起,我开始注意到在胡塞尔和《存在与时间》之间的内在分歧。"[④]而与此有关的第一次见诸于文字的表述是在胡塞尔于1929年12月2日写给罗曼·英加尔登的信中:"你问我,深入的'海德格尔研究'结果如何?我已得出结论,我无法将这部著作纳入到我的现象学的范围中来,而且很遗憾,我不仅必须在方法上完全地拒绝这部著作,而且在本质上以及在实事上也必须

---

① 《真理与证实》(第四届国际现象学研讨会文献),H.L.梵·布雷达(H.L.Van Breda)主编,海牙,1974年,第93页。

② 海德格尔:"我的现象学之路",载于《面对思维的实事》,图宾根,1976年,第82页。

③ 伊曼努尔·莱维纳斯:"胡塞尔—海德格尔",载于《胡塞尔与现象学运动》,弗莱堡,1988年,第27页。

④ 《真理与证实》(第四届国际现象学研讨会文献),第93页。

拒绝它。为此，我更加要重视《笛卡尔式的沉思》这本书的德文版，将它作为我的一部系统的‘主要著作’来完成。”[①]胡塞尔对海德格尔《存在与时间》的最主要批判在于，胡塞尔认为这部著作由于无视先验现象学的还原而陷于心理学和人类学不能自拔。[②]与此密切相关，在1930年所写的“《纯粹现象学和现象学哲学的观念》后记”一文中，胡塞尔与海德格尔针锋相对地将哲学的观念定义为一种“冷静的、在最彻底的科学精神中进行的工作”。[③]此外，我们在胡塞尔的另一篇未发表的手稿中还可以找到胡塞尔在这一时期(1920－1930年)对哲学概念的一个最简明扼要的定义：哲学就是一种“朝向绝对认识的意向”。[④]

我们有理由认为，胡塞尔与海德格尔的分歧最初起源于他们的哲学观。

只要胡塞尔把哲学理解为科学，进一步说，只要胡塞尔把哲学理解成为基础科学、理解成为亚里士多德意义上的“第一哲学”，只要他致力于把先验现象学建立成一门本质科学(本体论)或观念科学，那么，奠基的思想便是自然而然的。“奠基”在这里意味着用“一个系统完善了的理论统一”为经验的、事实的科学提供最终的依据，这个理论统一在胡塞尔看来是一些在观念上封闭的、本身以一个基本规律(根据规律“Grundgesetz”)为最终根据(规律根据“Gesetzgrund”)的各种规律的系统统一。这个理论体系在《逻辑研究》时期是一门以意识活动和意识对象的本质结构的纯粹逻辑学的领域[⑤]，自《纯粹现象

① 胡塞尔：《致罗曼·英加尔登的信件集》，海牙，1968年，第59页。

② 此处可以参阅伊索·凯恩：“出版者引论”，载于胡塞尔：《交互主体性的现象学》第一卷，海牙，1973年，第XXV页。

③ 胡塞尔：《纯粹现象学和现象学哲学的观念》第三卷，第138页。

④ 胡塞尔手稿，B Ⅱ19，第15页。

⑤ 参阅胡塞尔：《逻辑研究》第一卷，A 232/B 232。

学和现象学哲学的观念》之后便是一门既先验又本质的现象学的领域。在这个意义上的哲学通过它对本质结构的分析和把握而为其他所有科学提供了最终的基础。因此，从这点上看，我们可以把握胡塞尔对哲学的两个基本规定：1)确切地说，狭义上的哲学，即第一哲学或先验现象学应当是一门与人类生活的此在无关的、探讨先验意识的本质结构的学说；否则它便不是现象学，而是心理学或人类学了，这正是海德格尔的存在现象学或此在现象学所处的境地。2)但这门先验现象学对于所有科学来说又是必不可少的，因为它提供了最根本的、奠基性的本质分析和本质结构分析，这是所有此在科学（或者说世俗科学）和事实科学的最终依据。先验现象学与其他科学的关系被波鸿大学的哲学教授伯恩哈特·瓦尔登费尔茨博士归纳如下："(a)客观的事实科学，如历史学，已经在一般性的结构中运动。(b)观念化的科学，如数学和数学物理学，起源于直观性结构。(c)人文科学，如心理学，尽管本身是对主体性和交互主体性结构的研究，但只要它们进行的是这种研究而不是进行归纳—实验性的操作，它们就得从现象学的分析中借用这些结构"。[①] 因此，先验现象学应当是对第一原理的把握，是处在人类认识的金字塔顶端的科学，是一门亚里士多德和笛卡尔意义上的"第一哲学"。胡塞尔确信，先验现象学所提供的认识不是相对于人类而言的现实知识，而是关于纯粹可能性的绝对知识。

然而这不也是哲学的初衷，或者说，哲学的初衷之一吗？"哲学"在古希腊的苏格拉底学派哲学中的最早定义虽然是"热爱智慧"而不是"拥有知识（科学）"，并且，如果我们把"智慧"理解为"思维的方式"，把"知识"理解为"思维的结果"，那么，雅斯贝尔斯对哲学的理解

① 瓦尔登费尔茨：《在生活世界的网中》，法兰克福/美茵，1985年，第18页。

（即：Philosophieren）要更切近这个词的原意。他也是从“哲学”一词的希腊词源中寻找他对这个概念的定义根据：“这个词的意义一直保留至今：哲学的本质不在于掌握真理，而在于寻找真理。”“哲学就意味着：在途中（auf-dem-Weg-sein）。它的问题要比它的回答更根本些，而每一个回答都会成为新的问题。”[①]他认为独断论者常常背叛了哲学。但是，我们不要忘记，赫拉克利特在苏格拉底之前已经把“爱智慧的人（哲学家）”定义为“研究事物本性的人”，并认为“智慧就在于熟悉那驾驭着一切的明察”。[②] 将哲学建立成一门科学，一门为所有科学提供基础的知识学或科学学，这不正是从柏拉图到笛卡尔、康德的先哲们所追求的理想或梦幻吗？柏拉图认为哲学是对存在之物或永恒之物的认识；亚里士多德将哲学视为对事物的原因和原则的研究；笛卡尔把哲学看作是对明白清楚、确定无疑的真理的把握；康德断定哲学不是意见或信仰，而是知识……如此等等。他们都是在某种意义上想通过哲学而达到对一个绝对真理体系的认识。因此，当雅斯贝尔斯在指责胡塞尔“取消了哲学一词的崇高意义”，从而“背叛了哲学”时，他忽略了一个事实，在哲学史传统中占主导地位的恰恰是胡塞尔所追求的那个理想。“背叛”一词，无论人们是褒义地、还是贬义地理解它，因而都更适合于海德格尔的和雅斯贝尔斯自己的哲学特征。同样，无论我们以哪一种价值尺度来评价传统，胡塞尔的哲学追求更明显地反映出传统的延续。胡塞尔还是一个传统意义上的哲学家，尤其是他在 1906 – 1907 年完成了向先验现象学的突破，并在 1913 年的《纯粹现象学和现象学哲学的观念》中第一次公开表露了这个突破之后，他将现象学，如海德格尔在 1963 年所合理地

---

① 雅斯贝尔斯：《哲学引论》，柏林，1962 年，第 14 页。

② 参阅《前苏格拉底思想家》（希文/德文），雅普·曼斯菲尔德选编/翻译，斯图加特，1987 年，第 249、257 页。

指出的那样，“有意识地、坚定地转入到了近代哲学的传统之中”[①]。

相反，海德格尔则更多地在现代人这里找到知音。可以说，在胡塞尔与海德格尔的哲学观之争中，现代人更多地是站在海德格尔一边。胡塞尔和海德格尔的学生、当今著名哲学家勒维特在回忆第一次世界大战后的哲学气氛时说：“人们很快便对他〔胡塞尔〕关于向纯粹意识进行‘还原’的学说失去了兴趣，而年青的哲学家〔海德格尔〕所提出的那些激动人心的问题却越来越吸引住我们。”[②]从这以后，海德格尔的影响逐渐超越出胡塞尔，成为二十世纪的主导学派，并在一定的程度上或多或少地规定着德国各个哲学流派的思维方向。西

---

① 海德格尔：《面对思维的实事》，第 81－82 页。

② 勒维特对胡塞尔与海德格尔的评价当然不局限在这一句话上。为了避免产生误解，我在这里有必要将他的回忆完整地提供给读者。整篇文字载于卡尔·勒维特所著的《从黑格尔到尼采》一书（苏黎世/纽约，1941 年，第 5 页）在“谨将此书献给埃德蒙德·胡塞尔，以示怀念”的献词后，勒维特又加了一个说明：

“在这部书的写作期间，我收到了胡塞尔在弗莱堡逝世的消息。弗莱堡是一座可爱的城市，它有着赭红色的明斯特教堂，地处黑森林的茵绿山脉之中，又紧靠着莱茵河。我的大学生涯就是在这座城市里开始的，当时我刚从战场上归来，便与一批还在寻找着自己生活道路的坦诚青年们一起，开始在胡塞尔和海德格尔身边进行学习。在二十年之后的今天，如果我问自己，我从胡塞尔那里学到了什么，那么回答几乎不会使他本人感到满意。人们很快便对他关于向纯粹意识进行‘还原’的学说失去了兴趣，而年青的哲学家所提出的那些激动人心的问题却越来越吸引住我们。但尽管如此，人们还是要感谢这位年迈的哲学家。是他用他那出色的方法分析、陈述中的冷静清晰、人的科学修养的严格性教会了我们在一个内在与外在的组成部分都土崩瓦解的时代中牢牢地站住脚跟，他迫使我们不去说大话，迫使我们在对现象的直观中检验每一个概念，迫使我们在对他的问题做出回答时不是付出大纸票，而是付出有效的‘小零钱’。他是一位像尼采在《查拉图斯特拉》中所描述的‘精神的良心’。我永远无法忘记，在人们因害怕法国部队的占领而纷纷躲避，学校教室空空如也的那些日子里，这位研究最细微事物的伟大学者仍然继续阐述着他的思想，那么冷静和自信，就好像科学研究的严肃性不能为世界上任何事物所干扰。最后一次见到胡塞尔是在政变后不久，他在他的住所中深居简出，我在那里所感受到的仍然是那种为智慧服务的精神所具有的自由，它不受那些无所不及的时间摧毁力的束缚，这个印象一直被我保留到今天。——弗莱堡大学对胡塞尔的逝世置之不理，而胡塞尔教椅的后继人〔海德格尔〕对他的‘敬意与友谊’〔《存在与时间》中海德格尔致胡塞尔的献词〕的证明就是：他一言不发，或者，他一言也不敢发。”

勒维特在第二版中〔苏黎世/纽约，1950 年〕删去了这篇对献词的说明文字。

方马克思主义的代表人物恩斯特·布洛赫曾宣告："体系的时代已经结束。"[①]同时，他不无赞赏地评价海德格尔说："海德格尔有时甚至可以做到不需要体系。"相反，他批评胡塞尔的现象学是一种"脱离此在"的知识的典范，"此在被加上了括号"，它像数学一样，"人为地远离开所有反映着它的实在关系"。[②] 他认为，胡塞尔把表象行为、思维行为的意向结构看作是本原性的东西，然而，"所有意向行为都建立在追求、欲望、意图的基础上。'兴趣（"Interesse"，也可译作"利益"）'是所有意向行为的最终基础，它才真正是与人最切近的东西。"[③]马丁·布伯对胡塞尔的批评显然也是在同一个方向上："胡塞尔，这位现象学方法的创造者……自己从未对人类学的问题本身做过探讨。"[④]虽然胡塞尔试图用对纯粹意识结构的本质分析来为人类意识能力提供本质根据，然而，"人所特有的本质只有在活生生的关系中才能得到直接的认识。"[⑤]布伯认为，在这个方向上的两个努力表现在海德格尔和舍勒用现象学方法中所做的尝试中。[⑥] 伽达默尔在他撰写的"现象学运动"一文中也客观地评价说："尽管现象学运动在宁静而封闭的大学教室中奠定了一种接近实事的新关系，引起了对'前科学的'生活世界的新兴趣，但'哲学作为严格科学'的口号却并不能满足公众的世界观要求。"[⑦]雅斯贝尔斯则从他的哲学史反思中获得反对"第一哲学"理想的论据："哲学思维并不像科学那样具有

---

① 《思维就意味着超越》，卡萝拉·布洛赫/阿德尔贝特·莱夫主编，法兰克福/美茵，1982年，第21页。

② 恩斯特·布洛赫：《希望的原则》，第一卷，法兰克福/美茵，1959年，第265页。

③ 恩斯特·布洛赫：《希望的原则》，第一卷，第79页。

④ 马丁·布伯：《人的问题》，海德堡，1982年，第85页。

⑤ 马丁·布伯：《人的问题》，第168页。

⑥ 马丁·布伯：《人的问题》，第85页。

⑦ 伽达默尔：《新近哲学》，第一卷，第110页。

进步过程的性质。我们当然比希波克拉底这位希腊医生要向前迈进了一步。但我们几乎不能说,我们比柏拉图更进了一步。只是就他所运用的科学认识材料而言,我们比他更进一步。而在哲学活动本身之中,我们也许还没能再次达到他所达到的那个地步呢。”[①]雅斯贝尔斯所指出的这一事实也就是人们常常谈论的所谓“哲学的丑闻(Skandal der Philosophie)”。的确,哲学在其几千年的努力中没有提供任何一种可以为所有哲学家都能接受的认识,但承认这一丑闻并不意味着哲学在这种批评面前缴械投降。恰恰相反,在雅斯贝尔斯的这一姿态中实际上隐含着两方面的批评:他一方面在讽刺哲学的门外汉们在提出“哲学的丑闻”这一口号时根本没有理解哲学的天性正是在于不断地提出新的发问和提供新的观察点,而不在于提供答案和观察结果;另一方面他指责所有广义上的实证主义思想家们在力图克服这一丑闻时混淆了科学与哲学的本性,从而实际上把自己降到了与哲学门外汉所处的同一个层次上。可以说,现代人比以往更为坦然地对待“哲学的丑闻”这一事实,并且比以往更为漠然地对待那种克服“哲学的丑闻”的徒劳努力。因此,当胡塞尔在1906-1907年期间终于度过了内在的危机,克服了体系的不完善和不彻底性,带着他的先验还原方法而满怀信心地走向他的先验现象学时,早期现象学运动的追随者们,包括哥廷根学派和慕尼黑学派的代表人物,却纷纷失望地远离他而去。

如果说在理论思维的独立发展中也存在像法国人所说的“时代感觉”或像德国人所说的“时代精神”这样一种东西的话,那么,综上所述,我们可以肯定,现代的“时代感觉”或“时代精神”是某种与体系哲学无缘的东西。

---

① 雅斯贝尔斯:《哲学引论》,第9、10页。

由此可见，胡塞尔和海德格尔之间的分歧起源于，并且首先起源于传统哲学与现代哲学的兴趣差异，起源于近代哲学和现代哲学的“代沟”[①]，尽管这个分歧与他们两个各自的气质与个性也不无联系[②]。

---

① 我们早已熟悉“理性主义”和“非理性主义”这两个对传统哲学和现代哲学的一般定义，它们指明了自谢林、叔本华、尼采以来的哲学趋向对整个传统哲学的反动。但用这两个术语来概括胡塞尔和海德格尔哲学的差异似乎有失偏颇。至少胡塞尔这方面已经看到传统理性主义的危机，同时又不满意非理性主义的解决方式；他的现象学毋宁说是一种克服理性主义和非理性主义的“超理性主义”尝试。黑尔德先生敏锐地看到了胡塞尔现象学的这一特点：“在胡塞尔对生活世界的思索中包含着对现代科学精神的彻底批判。然而奇特的是，这个批判并不是从根本原则上否定科学。恰恰相反：在胡塞尔看来，问题在于对作为科学和作为科学一般基础的哲学的更新。所以，他对生活世界的思索可以有助于防止那种如今日趋常见的对科学与文明的厌倦不至于转变为某种为年轻人所容易接受的、浪漫主义的、向完全前科学和前技术世界的回返。”（K. 黑尔德：“导言”，载于《生活世界的现象学——胡塞尔文选Ⅱ》，第5、6页）对这个问题的详细论述还可以参阅克里斯多夫・雅默：“用超理性主义反对非理性主义——胡塞尔对神秘的生活世界的洞见”，载于《争论中的现象学》，第65－80页。

② 我们可以说，胡塞尔的人格和气质体现了理性，一种不断地试图超脱现实生活而朝向无限的理性精神，在他那里显示出一种明确的单一性。如果说，在海德格尔的人格和气质中可以发现某些与胡塞尔相对立的东西，那么这并不是指，在海德格尔那里占统治地位的是某种与理性相悖的东西，而毋宁是说，在海德格尔个性中所表露的是某种与单一性相背的特征。

W. 比梅尔认为，海德格尔的个性中不仅包含着理性精神，而且还包含着生活激情。他用“思维的生存”来描述海德格尔思想和人格中的理性与激情的统一，主张思维和生活、理性和激情都不应当只有一个终极目标：“我们已经习惯于理性与激情、精神与生活之间的古老对立，以至于我们比较难于想象一种激情的思维，在这种思维中，思维与活的存在成为一体。海德格尔本人在一次关于亚里士多德的讲座中曾省去了通常的生平介绍而用一句简明扼要的话表述出思维与活的存在成为一体的状况：‘亚里士多德出生、工作并死去’。尽管我们在事后可以认识到，出生、工作、死去，这是整个哲学得以可能的条件。但值得怀疑的是，如果没有海德格尔的思维生存，我们能否、尤其是在我们这个世纪能否了解到这一点。”（比梅尔：《海德格尔》，汉堡，1973年，第14－15页）

如果我们能够撇开海德格尔和胡塞尔一生中各自的经历和表现不论，那么这种说法无疑是令人信服的。海德格尔似乎用他的思想与生活指出了一个平凡的真理：理性应当是生活的理性；生活应当是理性的生活。然而，在对待纳粹的态度上，首先是在对待他老师胡塞尔的态度上，海德格尔与其说是表现出一种理性与生活、思维与生存的统一，不如说是证明了这两者在他那里的分裂。当然，我在这里无意否认那个平凡的真理，我只是怀疑海德格尔本人是否证明过、或者能证明这个真理。

但如果我们在这里的打算不只是在于泛泛地谈论胡塞尔和海德格尔在哲学观上的总体分歧，而且还在于具体地阐述这种分歧对以后哲学发展的影响，那么我们就必须区分构成这个分歧的三个要素：

1）对哲学作为绝对科学这个理想的追求与摒弃——哲学是否可以把握和表述绝对的真理，或者用胡塞尔的话来说，哲学是否能够把握那个第一性的先验层次；

2）对活的此在的排斥与关注——哲学是否应当把人的问题作为哲学的第一性问题来讨论；

3）对体系、奠基思想的信念与怀疑——“抽象的秩序”能否为具体的生活提供最终的根据。

我认为，胡塞尔与海德格尔的所有差异和分歧最终都可以还原到这三个要素上。具体地说，海德格尔对胡塞尔先验本质现象学的改造主要表现在两个方向上：一是把先验意识的现象学改造成为“存在现象学”或“此在现象学”；二是把本质直观的现象学改造成为“现象学的解释学”。在这两个方向上的企图都与上面的分歧有关。

12. 胡塞尔的“直观”、“立义”与海德格尔的“理解”、“释义”

细心的读者会注意到，在前面引用的胡塞尔致英加尔登的信中，胡塞尔首先强调：在方法上“完全”不能接受海德格尔的《存在与时间》。但海德格尔本人在这部著作的第二章中，即在方法论一章的第7节中，却明确地表明《存在与时间》“这项研究所依据的现象学方法”[①]。即使在这两位哲学家的关系破裂之后，即使海德格尔在后期

① 参阅马丁·海德格尔：《存在与时间》，图宾根，1979年，第27－40页。

著作中不提或很少提到现象学方法，海德格尔自己也从未否认过胡塞尔现象学与自己的哲学在方法上的渊源关系。由此看来，我们根据这些事实所能得出的第一个印象应当是：胡塞尔所说的方法是指“现象学(先验)还原的方法”；而海德格尔所说的现象学方法则是指那种由胡塞尔开发，并被他首先运用在细致入微的意识分析上的“本质还原方法”。

至于这种印象是否正确，对这个问题我们只有在进行了较为深入的研究之后才能回答。与这个问题相等值的是另外两个问题：胡塞尔的现象学究竟如何在方法上影响了海德格尔的哲学发问？海德格尔所奏的究竟是什么样的“现象学变调曲”？

雅斯贝尔斯在1912/13年有关心理病理学的论著中以及在1919年的《世界观的心理学》中就已经一再地在“理解心理学”的意义上解释“现象学的心理学”。[①] 海德格尔最初对“理解”概念的提出是否与雅斯贝尔斯的“理解”概念有关，以及在何种程度上与后者有关，我们目前还无法得知，至少从海德格尔自己的论述中无法得知。无论如何，在1919年，当海德格尔在信、书评和讲座中开始表露出他对胡塞尔哲学的抵制时，他已经同时在对现象学的方法作出自己的“理解”和“解释”：“唯有现象学的批判标准才是理解的明见和明见的理解，是在本质中自在和自为的生活。现象学的批判不是反－驳，不是反－证，而是去理解被批判的命题，理解这些命题的意义起源在哪里。批判就是听出真正的动机。”[②]海德格尔在这里所说的“现象学

① 参阅雅斯贝尔斯：“假感知——心理病理学中的现象学研究方向”(1912)，《普通心理病理学》(柏林，1913)等等。雅斯贝尔斯对现象学方法的理解是：“我们必须摒弃一切传统理论，摒弃一切心理学构造或关于脑颅活动的唯物主义神话；我们必须纯粹致力于我们在其现实的此在中所能理解、把握、区别和描述的东西。”(雅斯贝尔斯：《心理病理学文集》，柏林，1963年，第316页。)

② 海德格尔：《现象学与先验的价值哲学(1919)》，第126页。

批判”，就其宗旨来看，还没有偏离康德和胡塞尔的“理性批判”的初衷，可以说，它仍然是指对认识如何可能问题的探讨。但在对这种批判方式的说明中，海德格尔却已经加入了他自己的东西：批判是对被批判之物的理解（Verstehen）。“理解”概念的被提出，同时也标志着海德格尔“现象学的解释学”思想的形成。①

如果海德格尔在这里把“理解”本身理解为“最完善的无前设性和对自身的绝对反思性明察”②，那么他就并没有离开胡塞尔的立场。然而，海德格尔之所以选择“理解”一词，这其中已经隐含着对胡塞尔的反驳。当胡塞尔在传统的笛卡尔真理意义上③提出真理就是明见性，明见性就是明察时，他显然指的不是“理解的明见”或“明见的理解”，而是“直观的明见”或“明见的直观”，一种能够直接把握实事本身的明见性。也就是说，这种明见性的最主要特征应当是直观，即一种“直接地把握到”。而在“直接地把握到”这个概念中显然包含着“无前设性”、“无成见性”、“面对实事本身”（亦即无间隔性）的意义。但我们可以看到并且还将会看到，无论是在1919年提出“现象学的批判是理解”的命题中，还是在1927年问世的《存在与时间》中，海德格尔的“理解”概念都不具有上述含义。相反，在《存在与时间》，

---

① 海德格尔在这次讲座中第一次提出“现象学的解释学”这个观念。（参阅海德格尔：《现象学与先验的价值哲学（1919）》，第131页。）

② 这是胡塞尔对现象学操作的基本规定。全文是：“由于事关原则，因此这里更重要的问题在于：现象学就其本质而言必须提出这样的要求，它要求成为一门‘第一’哲学，并且它必须为所有须待进行的理性批判提供手段；因此它要求最完善的无前提性和对自身的绝对反思性明察。它的最独特的本质在于，最完善地澄清它自己的本质，从而也最完善地澄清它的方法原则。”（胡塞尔：《纯粹现象学和现象学哲学的观念》第一卷，[121]。）

③ 笛卡尔的真理观建立在“明白、清楚的感知”或“明察、明见”的基础上。“所有那些被我明白、清楚地感知到的东西都是真实的。”“所有那些被我清楚地明察到的东西，都不可能给我提出任何相反的理由使我再去怀疑它”。（笛卡尔：《第一哲学沉思录》，第五沉思，第69－71页。）

主要是在第 32 节对“理解(Verstehen)”与“释义(Auslegen)”这两个概念的说明与发挥中,海德格尔得出了与胡塞尔完全相反的结论,从而也使“现象学的解释学”这一观念得以充实。他从“现象学的解释学”角度对这两个概念的论证主要是通过对“无成见性”或“无前设性”这个理想的分析来展开的。

我们可以分以下几步来考察海德格尔的论证:

1.第一个层次是“理解”。“理解”是一个生成的过程。在这一节的一开始,海德格尔便陈述了一个命题:“此在作为理解筹划着它的朝向可能性的存在。这种理解着可能性的存在本身是一种‘能够存在’,因为这些可能性作为开启的可能性反冲到此在之中。理解的筹划具有形成自身的本己可能性。我们将理解的这种形成称之为释义。理解在释义的过程中有所理解地获取被理解者。理解在释义中不是成为某种它物,而是成为它自身。”[①]我们可以从两个角度来考察海德格尔的这段寓意丰富的话:从存在现象学上说,一方面,此在筹划着自己的存在;另一方面,存在的可能性又反作用于此在。而从现象学的解释学上则又可以说,一方面,理解是获取被理解者的过程;另一方面,理解的过程也是自身形成的过程。因此,既然此在就是理解,那么此在理解存在的过程也就是自身的筹划与被筹划、形成与被形成的过程。理解(此在)与被理解者(存在)的关系是一种相互依存,或者说,是一种相互依赖而生成的关系。[②]

2.第二个层次是“释义”。“释义”是对已被理解之物的释义。“释义”作为“理解的形成”在海德格尔那里是一种第二层次的活动。海德格尔对“释义”与“理解”的关系规定是:“释义建立在理解之中,

① 海德格尔:《存在与时间》,第 148 页。

② 实际上,一旦理解被标志为形成、生成的过程,那么我们离黑格尔和狄尔泰意义上的“历史的理解”也就相距不远了。

而不是理解通过释义而产生。”[1]释义因而是对已被理解的‘世界’的释义。海德格尔在这里的原文是：“环视(Umsicht)在发现着，这就是说，已被理解的‘世界’在被释义。”[2]这个陈述主要是针对自然观点而言：我们自以为在发现着世界，实际上，我们所发现的世界就是我们已理解的那个世界；但这个陈述同时也针对胡塞尔的现象学观点有效：我们自以为在原本地构造着世界，实际上，我们构造的世界是我们已理解了的世界。这句话的含义会随这里阐述的展开而进一步明了。据此，“释义不是获得对被理解者的知识，而是把在理解中被筹划的可能性加工出来。”[3]当我们在进行“释义”时，我们所释义的只是明确被理解了的东西。如果用胡塞尔的语言来表述，那么“理解”是奠基性的，“释义”是被奠基于理解之中的。

3.所有的“释义”都具有“作为(Als)”的结构，但这种结构又有别于陈述所具有的“作为”结构。“明确地被理解的东西具有‘某物作为某物(etwas als etwas)’的结构”，[4]“这个‘作为’构成了一个被理解之物的明确性结构；它构造出释义。”据此，我们可以说，在海德格尔那里，“释义”是一种已经明确化了的“理解”，或者说，是一种“理解着的释义”。[5] 当然，“释义”所具有的“作为”与“陈述”所具有的“作为”结构又不同，前者是后者的基础，换言之，前者比后者更为“原初”：“陈述不能否认它自身从本体论上起源于理解的解释。我们将环视

---

① 海德格尔：《存在与时间》，第 148 页。

② 海德格尔：《存在与时间》，第 148 页。

③ 海德格尔：《存在与时间》，第 148 页。

④ 海德格尔：《存在与时间》，第 149 页。

⑤ 参阅海德格尔：《存在与时间》，第 151 页，第 158 页。在区分了“理解”和“释义”的奠基关系之后，海德格尔自己也将常常这两个概念并列使用，例如，“理解—释义着的”，“有所理解，有所释义”(同上书，第 149 页)，以及如此等等，可以说，它们共同构成现象学解释学所要把握的第一基础性课题，正如直观作为感知和想象的统一在胡塞尔那里构成。

地理解着的释义所具有的原初'作为'称之为生存论—解释学的'作为',将它区别于陈述所具有的那种的表述性的'作为'。""并不是在课题的陈述中才浮现出这个'作为',而是这个'作为'在课题的陈述中才被说出来;正因为'作为'是可说出的东西,并且在先地处于此,所以它才有可能被说出来。"①

4.所有的"理解"都具有"在先(Vor)"的结构,它可以具体地被划分为"在先的拥有"、"在先的看到"、"在先的把握"。"将某物作为某物的释义本质上通过在先的拥有、在先的看到、在先的把握而被奠基。释义永远不是一种对一个现存之物的无前提的把握。如果我们将准确的文本注释看作是一种特别具体的释义,一种常常喜欢以'在此'的东西为依据的释义,那么,这种'在此'的东西首先就是释义者的不言自明的、无可争议的先见(Vormeinung,也可译作'在先的意见'),在每一个释义的出发点上都必然地包含着这种先见,它随着释义的进行已'被设定",也就是说,它在在先的拥有、在先的看到、在先的把握中已在先地被给予了。"②这段话的第一句是指:在先的拥有、在先的看到、在先的把握是任何一个释义的基础。从这点上看,任何释义都不可能是"无前设的(voraussetzungslos)"、无成见的(vorurteilslos,也可译作"无在先判断的")。这也正是海德格尔在第二句中得出的结论。由于释义建立在理解之中,所以任何"理解"都具有"在先"的特征,换言之,任何"理解"都先于"释义"。

我们可以概括地说,将某物作为某物陈述出来,这种陈述的基础是将某物释义为某物,而释义又奠基于在先的理解之中。在海德格

① 海德格尔:《存在与时间》,第158页、第149页。

② 海德格尔:《存在与时间》,第149页。

尔所确定的这两个奠基情况中,第一个奠基也可以在胡塞尔那里找到;[①]第二个奠基则是海德格尔的"创见"。

在阐述了这些本质要素和它们之间的本质关系之后,海德格尔自然要提出并回答这样一些问题:如何领会这个"在先"?如果我们说这是形式"先天",是否也就领会了这种"在先"?为什么理解会具有这样一种(在先的)结构?如此等等。对这些问题的回答在某种程度上是我们下一节所要讨论的课题,因为它们已经或多或少地进入到"存在现象学"的领域之中。在这些问题中,只有两个是属于我们在这一节中所必须回答的问题:"理解所具有的'在先'结构与释义所具有的'作为'结构处于什么样的关系之中?这种情况是否排除了一种原初分析的可能性?"[②]

我们不妨回过头来看一下胡塞尔的纯粹意识分析,也许这会使我们更好地理解海德格尔的用心所在。

在胡塞尔原本性意识分析中,我们可以发现有一个与海德格尔的"释义"相近的概念:"立义(Auffassen)"。[③] 胡塞尔在早期著作中通常使用的一个模式是"立义-立义内容"。所谓立义内容,是指我们原初具有的感觉材料,它是我们意识体验的实在内容;而立义则是指我们意识活动的功能,胡塞尔将它称之为意识体验的意向内容。意识活动之所以能够构造出意识对象,是因为意识活动具有赋予一堆杂多的感觉材料(立义内容)以一个意义,从而把它们统摄成为一

---

① 参阅胡塞尔:《逻辑研究》第二卷,第一项研究"表述与含义"和第五项研究"独立含义与不独立含义之间的区别和纯粹语法的观念"。这两项研究对海德格尔早期含义、语言学说的影响明晰可见。可以说,海德格尔的教授资格论文"邓·司各脱的范畴与含义学说"便是系统地以胡塞尔的这两项研究为依据的。

② 海德格尔:《存在与时间》,第150-151页。

③ 例如可以参阅胡塞尔:《逻辑研究》第二卷,第二册,B 381;《纯粹现象学和现象学哲学的观念》第一卷,[75、172、203];《想象、图像意识、回忆》,第222页,等等。

个意识对象的功能。因此，意识的最基本意向结构就在于：将某物立义为某物（Auffassen von etwas als etwas）。前一个某物是指尚未被立义的感觉材料，如各种对颜色、长度、硬度等等的感觉；后一个某物是指被立义后的对象，如这个东西、这张桌子等等。可以说，“立义”是统觉（Apperzeption）这个拉丁文外来词的德语同义词。[①] 我在这里以及在我的其他现象学译文中之所以将它译作“立义”，是因为在这个词包含着两层含义，它的前缀“auf-”是“向上”的意思，“fassen”具有“把握”、“理解”的意思；它们的复合所给人的感觉是：杂乱的感觉材料通过意义的给予而被统一，从而一个统一的对象得以成立并对我显现出来。胡塞尔在这个意义上也把这种立义的过程称之为“赋予灵魂（beseelen）”或“激活（beleben）”的过程。[②] 胡塞尔对意识的这种原本性分析表明，意识原初是如何在自身中构造出意识对象，然后又把这个对象看作是外在于意识的、自在的客体。在客观对象被构造之后，随着感知、想象、回忆等体验活动的不断进行，自我的视域得到扩大，以致有一个总的客观世界以及有一些以这个客观世界为研究课题的客观科学最终得以产生，或者说，最终在意识中被构造出来。

而在海德格尔所选用的“释义（Auslegen）”一词中也包含两个部分：前缀“aus-”具有“从……出来”的意思，“legen”则意味着“放置”。这个词的最基本含义是“陈列”、“展示”，转义后也可指“解释”、“注解”。在海德格尔那里，将某物解释为某物（Auslegen von etwas als

---

① 参阅胡塞尔：《被动综合分析》，第 17 页：“我们在这个意义上把立义称之为超越的统觉，它标志着意识的功效，这个功效赋予感性素材的纯内在内涵，即所谓感觉素材或原素素材（hyletische Daten）的纯内在内涵以展示客观的‘超越之物’的功能。”。

② 参阅胡塞尔：《纯粹现象学和现象学哲学的观念》第一卷，[75、172、203]。

etwas）也具有赋予意义的功能[①]，因而这里译作“释义”。“释义”这个词与“立义”一词给人感觉完全不同：“立义”是通过意义的给予而使一个以前不曾有的东西立起来、显现给我，因而这是原初、原本的活动。而“释义”则是把一个原先已有的东西释放出来、展现给我，因而这不可能是原本、原初的活动。

据此，我们可以说，“立义”这个概念所要表明的是通过反思所把握到的一种意识功能的绝对的“原初性”和“无前设性”；而“释义”这个概念所标志的恰恰是与此相对立的东西：绝对的“在后性”或“有前设性”。于是，在胡塞尔那里作为第一性先验层次的先验意识构造到海德格尔这里便成为第二性的东西，取而代之的是相对于“释义”而言奠基性的理解。“现象学中的‘原初性’不是一个‘外在于历史或超越于历史的观念’，毋宁说它带有现成的结果，即带有那种具有彻底破坏性的‘在先工作’。”[②]这样，胡塞尔所主张的那种直观的“最完善的无前设性”和“绝对的无先见性”便遭到来自海德格尔的最明确的反驳：“所有的‘视’原初都建立在理解之中，由于指明了这一点，纯粹直观的优先地位便被取消了”，“‘直观’与‘思维’这两者都已经是远离理解这个源头的衍生物了。即使是现象学的直观也建立在生存论的理解之中。”[③]以后的解释学代表人物更为甚之，他们不仅像海德格尔那样否认胡塞尔所把握到的那个先验层次是“无前设的”和“无先见的”，而且确信“无前设性”和“无先见性”根本就是一个不切实际的幻想。但这已经不是本节所能探讨的内容了。

德国波鸿大学哲学系教授奥托·珀格勒认为：“胡塞尔、舍勒、海

① 参阅海德格尔：《存在与时间》，第151页。

② 奥托·珀格勒：“海德格尔对现象学概念的新规定”，载于《现象学研究》第九卷，《现象学概念的最新发展》，弗莱堡，1980年，第132页。

③ 海德格尔：《存在与时间》，第147页。

德格尔和贝克——当然还有其他人——恰恰在对这个先验层次的特征描述上无法达到一致，这一点在当时必定愈来愈清楚地表现出来，并且正是它才导致了现象学的哲学在1929年的分崩离析。"①

仅就海德格尔对现象学的改造而言，那么这里的问题很明显。第一，海德格尔否认胡塞尔所把握的那个理论意向性是先验的原初性层次或绝对的无前设性层次，因为在这个层次之前就有一个"在先"的结构在起作用。第二，海德格尔认为，具有"在先"结构的"理解"或"此在"是更原初的层次，因而这才是哲学所要探讨的最根本课题。

与第一个问题密切相关的是海德格尔的目的之一，即：把现象学改造成为一门理解的科学，一门现象学的解释学（eine phaenomenologische Hermeneutik）。而对第二个问题作出回答的是海德格尔的目的之二，即：把现象学改造成为一门存在现象学或此在现象学。

13. 胡塞尔与海德格尔各自的现象学概念

作为整个现象学运动之口号并被胡塞尔现象学引以为自豪的"无前设性"和"无成见性"似乎已遭到了否定，而且这种否定是来自现象学阵营本身，来自一位谙悉现象学方法的大师。如果这是事实，那么胡塞尔的"面对实事本身"的理想便不复存在，由胡塞尔和海德格尔的分裂所导致的便不只是第一期的现象学运动的瓦解，而是整个现象学运动的解体了。但简单的哲学史知识已经告诉我们，事实

① 奥托·珀格勒："现象学哲学概念的危机（1929）"，载于《争论中的现象学》，第259页。

并非如此。于是问题在于，在否认了胡塞尔的“无前设性”和“无成见性”之后，海德格尔对现象学的继承表现在哪里？事实上正是这种继承才使现象学运动成为二十世纪影响最广泛的哲学运动。

著名的女哲学家和政治学家、胡塞尔和雅斯贝尔斯的学生汉娜·阿伦特在“马丁·海德格尔八十寿辰贺词”一文中曾扼要地回答了这个问题。“胡塞尔和他‘面对实事本身’的号召……首先是为舍勒，稍后又为海德格尔提供了某种依据。这里的共同之处在于——用海德格尔的话来说——他们能够‘在一个被传授的对象和一个被思考的实事之间’做出区分（海德格尔：《来自思维的经验》，1947年），并且，对他们来说，被传授的对象是无关紧要的。”①

在某种程度上可以说，海德格尔自己在《存在与时间》中已对这段话做过解释。

在《存在与时间》的第7节“此项研究的现象学方法”②中，海德格尔沿用了一系列胡塞尔现象学中的中心概念。在这一节中，他还对胡塞尔表示感激：“下列研究只是在胡塞尔所奠基的基础上才成为可能，正是他的《逻辑研究》才使现象学得以突破。”③

海德格尔与胡塞尔使用的都是现象学的方法，这是一个公认的事实。而这种表达上的共同性在何种程度上意味着内涵上的同一性，这就是我们所要探讨的问题。在我们讨论海德格尔对胡塞尔的继承时几乎是必然要涉及他对胡塞尔的修正。所以，封·海尔曼正确地指出，海德格尔在这一节中的论述有双重含义：一方面海德格尔

---

① 汉娜·阿伦特：“马丁·海德格尔八十寿辰贺词”，载于《墨丘利》第十期，(1969)，第893－902页。转引自W.比梅尔：《海德格尔》，第11－12页。

② 这一节由三个部分组成：A.现象概念；B.逻各斯概念；C.现象学的前概念。参阅海德格尔：《存在与时间》，第27－38页。

③ 海德格尔：《存在与时间》，第38页。

在胡塞尔的意义上说话，另一方面则用胡塞尔的话来反驳胡塞尔并论证自己的合理性。[①] 只有具体地分析出这种双重性，这一节所面临的问题才能得到解答。

海德格尔在这一节的开端上便强调："现象学这个术语首先意味着一个方法概念"[②]，它不是指哲学的探讨对象，而是指哲学研究的探讨方式、哲学研究的如何进行。现象学因而不是一门与本体论、认识论或伦理学相并列的学科，因为它不具有与这些学科研究领域相并列的研究领域。这些学科中的任何一个都可以把自己称之为"现象学的"，只要它们将自身在方法上理解为"现象学的"。实际上，海德格尔的这一定义不仅反映出当时的现象学运动的主要状况，而且也预言了未来现象学运动的基本倾向。例如，现象学运动的重要成员舍勒在他的哲学活动中便很少运用名词"现象学"，而是往往运用形容词"现象学的"来标志自己的学说。现象学对他来说首先是一种进行方式，它应当揭示所有行为相关物的全部直观内涵。[③] 海德格尔的论证是在同一个方向上：真正的现象学部分并不是胡塞尔所探讨的意识行为的意向结构，而是探讨这一结构的方法。哲学思维借助于现象学方法而发现了这一意向性事态。在这个意义上，如果说海德格尔的此在学说发现了人的存在结构，那么这种发现虽然也是通过现象学方法而完成的，但此在学说却不是真正现象学部分，不是真正意义上的现象学。

---

① 对这个问题更为详细的论述可以参阅 F－W.封·海尔曼：《胡塞尔与海德格尔的现象学概念》，法兰克福/美茵，1981 年。这篇文字基本上是笔者对这个二重性问题所做陈述的原始依据。

② 海德格尔：《存在与时间》，第 27 页。

③ 参阅埃贝哈德·阿维－拉勒蒙："舍勒的现象概念和现象学经验的观念"，载于《现象学研究》第九卷，《现象概念的最新发展》，第 93－94 页。

由于现象学首先是一个方法概念，因此，如果海德格尔说，《存在与时间》的研究是以现象学方式进行的，那么这就意味着：这种研究“既不为自己规定一个‘立场’，也不为自己规定一个‘方向’，因为现象学既不是前者，也不是后者，并且只要它自身是自明的，它就永远不可能成为这两者。”[①]现象学不是立场，不是方向，这是指现象学不包含任何前设和成见，它强调的是自明性。海德格尔的这个说法一方面依据亚里士多德的主张，即自明性是充足的理由，以往的知识、经验不是充足的理由；但另一方面他更多地是在重申胡塞尔的思想：在《逻辑研究》第二卷的引论中，胡塞尔将现象学方法的无立场性和无方向性表述为“无前提性原则”[②]。在《纯粹现象学和现象学哲学的观念》第一卷中，胡塞尔批评以往一些哲学家是“立场哲学家”，并且这样描述他自己的现象学所特有的基本态度：我们的“出发点先于所有的立场，即：以直观的，并且先于所有理论思维的自身被给予之物为出发点，以所有人都可以直接看到的并且可以直接把握到的东西为出发点”[③]。所以，海德格尔这些论述的第一层意思是与胡塞尔所理解的现象学特征相吻合的。包括他对现象学的定义，即现象学首先是一种方法，我们也可以在胡塞尔那里找到相同的论述：“现象学：它标志着一门科学，一种诸科学学科的联系，但现象学同时并且首先标志着一种方法和态度：特殊的哲学思维态度和特殊的哲学方法。”[④]

总而言之，海德格尔对现象学的第一层理解是与胡塞尔的现象

---

① 海德格尔：《存在与时间》，第 27 页。

② 胡塞尔：《逻辑研究》第二卷，第一册，第七节“认识论研究的无前设性原则”，A 18/B 19。

③ 胡塞尔：《纯粹现象学和现象学哲学的观念》第一卷，[38]。

④ 胡塞尔：《现象学的观念》，第 23 页。

学观不矛盾的。现象学是一个方法概念，是指对对象的探讨方式，不是一个在内容上确定了的立场和方向。

然而，我们还可以从海德格尔对无立场性、无方向性的强调中读出他的第二层含义。在这层含义上，他与胡塞尔的分歧隐蔽地显露出来。他用这个含义暗示读者：《存在与时间》的研究并不是胡塞尔现象学意义上的现象学著作。这层含义与第一层含义在逻辑上并不相互矛盾，而且看上去反而是对第一层含义的深化：如果现象学作为方法在内容上独立于所有哲学立场和方向，那么它必定也独立于胡塞尔所赋予现象学的那些特征，独立于胡塞尔所规定的现象学哲学所探讨对象的问题区域。如果一个理论、一种方法是无前提的，那么它也应当不以自身为前提。胡塞尔在他的现象学操作中当然是以无立场、无方向为出发点的，他只关注直接的被给予之物或自身被给予之物。然而，运用现象学方法所直观到的对象和对象区域在进一步的研究中显现出来，这就是意识生活和意识体验，这是作为哲学的现象学所具有的自明的和唯一的对象。因此，现象学此后也成为一个在方法上和内容上确定了的立场，成为一门在课题上有了确定方向的哲学，首先是成为关于纯粹意识体验的现象学，尔后成为关于先验意识生活、先验主体性的现象学。如果海德格尔在《存在与时间》里主张由胡塞尔首先创立的现象学方法（这是第一层含义），那么他必定也要使读者了解，他并不因此而表述由胡塞尔已采纳的现象学立场，也不表述其他已有的现象学方向，例如，马克斯·舍勒的现象学方向（这是第二层含义）。正如胡塞尔以现象学的名义要求摆脱所有传统的立场和方向一样，海德格尔也以同样的名义要求独立于已有的现象学。所以，海德格尔在第七节的结尾说："现象学的本质并不在于，现实地作为哲学'方向'。比现实性更高的是可能性。对现象学的理解仅仅在将它作为可能性来把握。”[①]也就是说，作为方法的现象学的实质是一种可能性，作为哲学的现象学只是这可能性所展示的诸现实中的一种现实而已。

现象学方法是一种无立场、无方向、无前设的方法，或者说，是一种排除了立场、方向、前设的方法，这是对现象学方法的消极定义。对现象学方法的积极定义则在于：它要求回到实事本身。在《逻辑研究》中，胡塞尔便提出：“我们要回到‘实事本身’上去。我们要在充分发挥了的直观中获得明见性：这个在现时抽象中被给予之物与语词含义在规律表述中所指之物是真实而现实的同一体”。[②] 在《纯粹现象学和现象学哲学的观念》第一卷中，胡塞尔又说：“理性地或科学地对实事作出判断，这是指，朝向实事本身，或者说，从泛论和意见回到实事本身上去，在实事的被给予性中探讨它们并且摆脱所有非实事的成见。”[③]

在《逻辑研究》的那段引文中，除了“回到实事本身”的警句之外，还出现了“明见性”这个术语。这两者是一致的。反思的直观朝向实事本身，达到直观的被给予性，这就是说，在反思的直观中使实事明见地被给予。实事本身是直观明见的。把握直观明见的实事，这就是现象学方法的原则。在《纯粹现象学和现象学哲学的观念》第一卷中，胡塞尔把这个原则称之为“所有原则的原则”[④]，在《笛卡尔式的

---

① 海德格尔：《存在与时间》，第 38 页。即使在这里，海德格尔表面上也仍然没有越出胡塞尔现象学的范围。因为我们在胡塞尔那里也可以读到：纯粹现象学作为本质科学“不与现实有关，而是与观念的可能性和与涉及这种可能性的纯粹规律有关”。——胡塞尔：《文章与报告(1911－1921)》，《胡塞尔全集》第二十五卷，多德雷赫特，1987 年，第 79 页。)海德格尔仍然是在双重的意义上说话：在胡塞尔的意义上和在反胡塞尔的意义上说话。

② 胡塞尔：《逻辑研究》第二卷，第一册，A 19/B 19。

③ 胡塞尔：《纯粹现象学和现象学哲学的观念》第一卷，[35]。

④ 胡塞尔：《纯粹现象学和现象学哲学的观念》第一卷，第 24 节。

沉思》中，他又把“明见性的原则”称之为“第一方法原则”①。我们可以把现象学方法的原则概括为：我排除所有不明见的东西，只把握明见的、自身被给予的东西。可以说，这个原则也就是广义上的现象学还原的原则。因为还原一词所指的就是一方面对某种东西的排斥（对不明见的前设、成见、立场和方向的排斥）；另一方面向某种东西的集中（向明见的、自身被给予的实事本身的集中）。

在这方面，海德格尔强调他与胡塞尔的一致性。也就是说，当现象学概念只涉及形式时，海德格尔与胡塞尔并无冲突。因此，如果我们回溯到在第二节开始时我们所提出的问题上去，即：如果我们问：海德格尔是否像胡塞尔所说的那样缺乏“现象学还原”的概念，那么，根据这一节至此为止的分析，我们对这个问题的回答应当是否定的。因为我们看到，海德格尔至少在形式上已把握了现象学的原则。当然，当现象学概念涉及到内容、涉及到具体的研究对象时，海德格尔的背离便显示了出来。这种背离主要表现在对“实事”或“明见性”的理解上：我们应当回到什么样的“实事”、什么样的“明见性”上去？这里我们又一次面临这个问题：是胡塞尔的“直观的明见和明见的直观”，还是海德格尔“理解的明见和明见的理解”。②

海德格尔认为，一旦现象学概念接触到实事，接触到研究对象，它便去除了形式（entformalisiert），而成为有内容的现象学概念。这种去除形式的活动可以在两个方向上进行：

a)朝向存在者的方向：存在者在海德格尔那里是指广义上的事

---

① 胡塞尔：《笛卡尔式的沉思》，《胡塞尔全集》第一卷，海牙，1973年，第56页。

② 这虽然是一个重复的问题，但我们解答这个问题的意图却具有不同的侧重：第一次提出这问题时，我们的目的在于说明海德格尔对胡塞尔现象学的改造之一，即：现象学的解释学；这一次提出这问题则主要与海德格尔的第二个改造意图有关：把意识现象学改造成为此在现象学。

物:“在存在者的总体中包含着各种不同的区域,它们可以被揭示出来,并且被划分成特定的实事范围。这些实事范围本身,例如历史、自然、空间、生命、此在、语言如此等等,可以在相应的科学研究中成为课题性研究的对象。”[①]现象学如果以这些存在者为对象,那么它便去除了形式而成为通俗的现象学概念,这也就是实证科学的现象学概念——关于病理现象、心理现象、物理现象、生命现象等等的学说。所以海德格尔说:“任何对就其自身而展示自身的存在者的指明”都可以被称之为“现象学”。[②] 这个意义上的现象学是关于作为存在者的现象的学说。

b)朝向存在者的存在的方向:现象学如果不以存在者为研究对象,而是以存在者的存在为研究对象,它便去除了形式而成为“现象学的现象学概念”[③],亦即哲学的现象学概念了。这个意义上的现象学所探讨的是作为存在者的存在和作为这个存在的意义的现象。

我们在这里要做一术语上的简化:如果我们撇开海德格尔的“去除了形式的现象学”和“未去除形式的现象学”这对概念,而用“内容现象学”和“形式现象学”来替代它们,那么我们可以说,在形式现象学方面,海德格尔与胡塞尔是一致的;在内容现象学方面,海德格尔划分了“实证科学的内容现象学”和“哲学的内容现象学”,划分的尺度是对现象概念的不同理解:作为存在者的现象和作为存在的现象。

存在与存在者的差异和相互关系是海德格尔哲学的中心问题。我们在这一节里不准备展开对这个问题的分析,因为这一节的目的

---

① 海德格尔:《存在与时间》,第 9 页。

② 海德格尔:《存在与时间》,第 35 页。海德格尔在这里表现出的一个术语运用上的混乱或不幸:他仍将作为存在者的现象概念称之为“形式的现象概念”(还可参阅第 31 页)。但我们可以将它忽略不计,因为这个混乱并不会对我们这里的论述造成根本的干扰。

③ 海德格尔:《存在与时间》,第 35 页。

在于精确地考察：在对现象学的理解和实施上，海德格尔与胡塞尔的一致性究竟能够延伸到哪一步为止，这也就意味着，海德格尔与胡塞尔的分歧究竟从哪一步开始产生。

要想达到这一目的，我们在这里只需特别注意这样两点：一是海德格尔对“现象”的定义；二是海德格尔对“学”的定义。

希腊文的“现象(Phaenomen)”在海德格尔那里有两个含义：1. 自身展示(sich zeigen)——就其自身展示自身；2. 虚现(scheinen)——不就其自身展示自身。第一个含义是原生的，第二个含义是派生的。

德文的“现象(Erscheinen)”(我们这里译作“显现”)在海德格尔那里也有三个含义：1. 自身不展示，但自身报到(sich melden)；2. 报到之物自身(das Meldene selbst)；3. 在显现中隐蔽着的某物的“报到性发射(meldende Ausstrahlung)”①。

海德格尔认为，“现象”的两个含义“在开始时与人们称之为‘显现’的东西完全无关。”②但在进一步的考察中，“现象”和“显现”的关系在他看来是这样的：“尽管‘显现’不是并且永远不会是在现象意义上的自身展示，显现却只有根据某物的自身展示才是可能的”，“显现……本身是奠基于现象之中的”。③

前面说过，海德格尔意义上的哲学现象学是以存在者的存在为探讨对象。这里的问题在于：存在者和存在，谁是现象，谁是显现？“现象学究竟在什么样的意义上能够是‘关于’现象的‘科学’”？④

① 海德格尔：《存在与时间》，第30页。我们在这里略去了海德格尔所确定的“显现”的第四个含义：“显现”与“现象”同义。

② 海德格尔：《存在与时间》，第30页。

③ 海德格尔：《存在与时间》，第30页。

④ 海德格尔：《存在与时间》，第31页。

在对存在者的规定中，海德格尔用了“就其自身展示自身”一词，存在者因而是自身展示意义上的现象；它的特征是“开启的”、“无蔽的”。我们可以将它与第一个含义上的“现象”同义使用。对它的探讨是实证科学的内容现象学的课题。而存在，按海德格尔的说法，它“总是某个存在者的存在”，但它是“不可定义的”。[①] 海德格尔有时也不否认它是某种可以自身展示自身的东西：“现象学的现象概念所指的是作为自身展示之物（das Sich-zeigende）的存在者的存在，这个存在的意义、它的各种变异和衍生。”[②]但他更基本的观点在于：存在不是自身展示之物，而是一种隐蔽的，但在自身展示之物中通过某种方式可以被呈献出来的东西。它须以自身展示之物为基础，但本身却不是自身展示之物。因此，可以理解，存在总是存在者的存在，是在存在者之中的存在，但存在本身不是存在者。即使海德格尔本人在第 7 节中没有明确地划定“现象”、“显现”、“存在者”、“存在”这四个说法的相互关系，我们仍可以得出一个虽然笼统、然而可靠的结论：第一个意义上的“现象”，或者说，“自身展示之物”是存在者；第三个意义上的“显现”，或者说，那个隐蔽在“显现”中的东西是存在。随之，实证科学的现象学与哲学的现象学各自的对象便也得以区分：前者是自身展示自身的存在者，后者是隐蔽着的存在。

剩下的问题就是：现象学在什么样的意义上是关于“显现”（第三个意义上的显现，即：存在）的科学。“科学”或“学说”起源于希腊文的“逻各斯”。海德格尔对“逻各斯”的基本解释是“让看（让人看到）”[③]。因此，从德语词义上对现象学的解释是：“现象学是存在者

---

① 海德格尔：《存在与时间》，第 9 页，第 4 页。

② 海德格尔：《存在与时间》，第 35 页。

③ 海德格尔：《存在与时间》，第 32 页。

的存在的科学”[1]；而从希腊文词义上对现象学的解释就是：“让人从自身展示之物本身出发，如它从其本身所展示的那样来看它”[2]。这两种解释并不矛盾，但海德格尔似乎认为，后一种解释更直接地揭示了现象学与“面对实事本身”的口号之间的必然联系：现象学可以说就是“让人看到实事本身”。[3] 而哲学现象学与实证科学现象学不同的地方在于：它的目的不是要让人看到自身展示之物，而是要让人看到在自身展示之物中的“隐蔽之物”、“非开启之物”。所以，严格意义上的“让看”是与“去蔽”同义的。[4]

这实际上已经暗示了哲学相对于实证科学所具有的特殊困难性。确切地说，实证科学的内容现象学并不像海德格尔所说的那样，有权获得现象“学”的称号，因为它们所讨论的是“自身展示之物”、“开启之物”、“无蔽之物”，所以，“去蔽”，即严格意义上的“学”或“让看”也就无从谈起。

“去蔽”问题在胡塞尔哲学中也以不同的方式表现出来。[5] 可以说，“去蔽”在胡塞尔这里也意味着“面对实事本身”，但它更多地是在“转向”意义上的“去蔽”。“现象”和“显现”的差异在胡塞尔的现象学中不存在，它们毋宁说是同义词：“根据显现（Erscheinen）和显现物

---

① 海德格尔：《存在与时间》，第 37 页。

② 海德格尔：《存在与时间》，第 34 页。

③ 参阅海德格尔：《存在与时间》，第 34 页。

④ 参阅海德格尔：《存在与时间》，第 32－33 页。

⑤ “去蔽”在胡塞尔那里就是对原本性、原初性的把握，这与海德格尔的想法没有原则上的矛盾。巴塞尔大学女哲学教授、雅斯贝尔斯的学生燕娜·赫尔施博士曾经在评论马克思和弗洛伊德时指出：“这两位思想家认为，他们所做的研究的科学特征在于，这种研究指明了幕前的、可见的、可明确说出的东西就是掩蔽、欺骗或自欺，并以此方式而展示出被遮蔽的、真实有效的实在。”“对于这两位思想家来说，与那些在清楚的意识中被故意呈现出来的东西相比，被遮蔽的东西始终是更为真实的。”（燕娜·赫尔施：《哲学的惊异》，慕尼黑，1981 年，第 246 页）这段描述同样适合于对胡塞尔与海德格尔哲学的评价。

(Erscheinendes)之间的本质的相互关系,现象(Phaenomen)一词有双重意义。现象实际上叫做显现物,但却首先被用来表示显现本身”。这样,现象学也就具有双重含义:“认识现象学是有双重意义的认识现象的科学,是关于作为现象、显示、意识行为的认识的科学,在这些认识中,这些或那些被动地或主动地显现出来、被意识到;而另一方面是关于作为如此显示出来的对象本身的科学。”[①]现象学的对象据此可以这样来规定:从意识活动的角度来说,现象学的研究对象是意识活动和通过意识活动构造出来的意识对象;从意识对象的角度来说,现象学的研究对象是现象(被给予性)及其在意识中的显现(被给予方式)。与此相一致,胡塞尔在一份未发表的手稿中对现象学做了这样的规定,现象学的“最高概念 = 思维(cogitatio),它的最终差分 = 例如某个具体的感知现象”。[②]

在这个意义上的现象学和现象明显区别于自然的实证科学及其对象。自然的实证科学所探讨的是在直向的、自然的思维中展示自身的东西;哲学现象学探讨的则是某些只能在反思的目光中才能得以显露的东西。胡塞尔所提出的一个中心观念就是:哲学思维之所以区别于科学的、自然的思维,是因为它是一种反思的态度,对于自然态度来说隐蔽着的东西,在哲学的态度中得到去蔽。自然科学把握的是清楚性,哲学所把握的是明见性。清楚性往往不含困难,因为它素朴、幼稚;明见性应当是自明的,是对意识本质的明晰直观,但却由于反思作为新维度超出了自然的维度而带来理解和操作上的困难。因此,胡塞尔指出:“所有困难的根源都在于现象学分析所要求的那种反自然的直观方向和思维方向。我们不是去进行那些杂多

① 胡塞尔:《现象学的观念》,第 14 页。

② 胡塞尔手稿,B Ⅱ19,第 89 页。

的、相互交叠的意识行为，从而素朴地将那些在其意义中被意指的对象设定并规定为存在着的，或者以这些对象作为假设的开端，由此推出一定的结论，如此等等；而是要进行'反思'，即：使这些意识行为本身和其内在意义内涵成为对象。在对象被直观、被思考、被理论地思维并在某种存在变式中被设定为现实的同时，我们不应把我们的理论兴趣放在这些对象上，不应按照它们在那些行为意向中所显现或生效的那样将它们设定为现实，恰恰相反，那些至今为止非对象性的行为才应当成为我们所要把握、所要理论设定的客体；我们应当在新的直观行为和思维行为中去考察它们，分析、描述它们的本质，使它们成为一种经验思维或观念直观思维的对象。"①在某种意义上可以说，自然之物是无蔽的（可以在直向的目光中受到考察），对它的直观无须去蔽；被反思之物是有蔽的（只能在反思的目光中受到考察），对它的直观必须去蔽。这是胡塞尔的主张，所以他一再强调哲学的态度是反思的态度。

综上所述，如果我们想把握胡塞尔和海德格尔各自现象学概念的相同之处，那么至少有一点是明确的，即：两人都主张哲学的态度不同于自然（或自然科学）的态度，我们还可以再进一步地将这一点分成两个方面：1. 他们都强调哲学态度相对于自然态度的深刻性和原本性，2. 他们都强调哲学态度相对于自然态度的困难性。

因此，在"面对实事本身"这个哲学态度方面，海德格尔并没有背离胡塞尔。只是当问题涉及到"面对什么样的实事"和"怎样面对实事"时，也就是说，当问题涉及到"什么是现象"和"怎样学"时，矛盾才显示出来。海德格尔在第 7 节中没有把"现象"标志为"意识活动和在意识活动中构造出来的意识对象"，而是把它标志为"在存在者之

① 胡塞尔：《逻辑研究》第二卷，第一册，A 10/B 9。

中的存在”；同样，他没有把“学”看作是“反思的直观描述”，而把它看作是一项“释义的行当（das Geschaeft der Auslegung）”①，并且由此而引出他的“此在现象学”和“现象学解释学”的故事。

读完《存在与时间》的第7节，大多数细心的读者会领悟到海德格尔的第一层用意：海德格尔对胡塞尔现象学的赞同，只是在“形式现象学”的第一层次上的赞同；而一旦进入到“内容现象学”的阶段，差异便显示出来：胡塞尔的“内容现象学”以纯粹意识活动以及在这种活动中被构造出来的意识对象为研究课题；海德格尔的“内容现象学”则以在存在者之中被遮蔽着的存在；这似乎是两门形式上相同、层次上并列、仅仅在研究方向和研究内容上具有偶然差异的现象学哲学。如果我们具有这种印象，那么海德格尔用对“现象学”概念双重意义的提示所要达到的目的便已达到了：他使我们了解到他的现象学是一种与胡塞尔不同的现象学。

但这并不能说是海德格尔在关于他与胡塞尔关系的陈述中所要达到的终极目的。这个终极目的毋宁说是让读者在更深一层的意义中了解到他的这一主张，即：他的“内容现象学”较之于胡塞尔的“内容现象学”更有权利采纳作为“形式现象学”的现象学方法。当然，对这一主张的提示已经超出《存在与时间》第7节的论述范围。我们可以注意他在第31节中的一段话：“唯有存在与存在结构才能够成为在现象学的意义上的现象，只有在获得了关于存在与存在结构的鲜明概念之后，我们才能够对〔本质直观〕这种看的方式做出决定。”②这就是说，海德格尔并不是像我们在读完《存在与时间》第7节以后所通常以为的那样，把他的“内容现象学”看作是一种在掌握了“形式

① 海德格尔：《存在与时间》，第37页。

② 海德格尔：《存在与时间》，第147页。

现象学”之后对一个与胡塞尔的研究领域不尽相同，但相并列的新哲学领域的开辟。他的更深一层含义实际上在于：是他的“内容现象学”所特有的内容决定了它与“形式现象学”的必然一致性；简言之，是内容决定了形式。而既然“唯有存在与存在结构才能够成为在现象学的意义上的现象”，那么胡塞尔的“纯粹意识活动以及在这种活动中被构造出来的意识对象”便不能成为在现象学意义上的现象，它们作为“内容现象学”的研究对象便不具有与“形式现象学”相一致的必然性。

因此，我们可以说，在海德格尔对现象学概念的双重解释后面，还隐藏着他分化和改造现象学的双重用心。

如果我们回到本节开始时所引用的海德格尔命题上去，即：现象学运动成员的共同之处就在于能够区分“被传授的对象”和“被思考的实事”，并且还在于能够排斥前者而仅仅关注后者，那么我们在了解了海德格尔的上述现象学观念之后便可以得出一个结论：现象学运动的特色一方面在于否定性，另一方面在于肯定性。所谓否定性是指与“内容现象学”有关的“被传授的对象”；而肯定性则是指与“形式现象学”有关的对“被思考的实事”的关注态度。这种在关注的态度的形式统一性并不意味着“被思考的实事”的内容一致性，海德格尔和其他现象学运动成员的例子甚至迫使我们得出恰恰相反的结论。由此看来，所谓现象学精神，就是一种敢于面对实事进行创新的精神。换言之，一个敢于坚持自己的主张，敢于对现象学权威进行否定的人，反而代表了真正的现象学精神。当然，这里的前提应当是并且必须是：1）自己所“思考的实事”与现象学权威所“传授的对象”是不一致的；2）自己所“思考的实事”比现象学权威所“传授的对象”更接近真理。海德格尔在《存在与时间》第 7 节对现象学的解释中便或多或少地隐含了这两个前提。

14. 胡塞尔与海德格尔的“本体论”与“形而上学”设想

我们在前两节中至此为止所论述的问题都与胡塞尔和海德格尔的方法论和认识论分歧有关。在这一节中，我们则要探讨海德格尔从本体论上对胡塞尔现象学的改造企图。这个改造的意向显然与海德格尔与胡塞尔在以下问题上的不同理解相联系：哲学所应研究的对象是什么？怎样理解哲学的本体论？

我们首先来看一下胡塞尔的“本体论”概念和与其相对立的“形而上学”概念：

1)胡塞尔的“本体论”概念：在胡塞尔所使用的术语中，“本体论”这个概念在广义上基本上是与本质科学、观念科学、先天科学同义的，即：本体论是关于纯粹可能性的科学，例如纯粹数学、纯粹几何学、纯粹物理学等等；[①]而狭义上的“本体论”则往往被胡塞尔用来标志作为本质科学的先验现象学。

当然，这个概念随胡塞尔的思想发展而有过一定的历史变化。在1900/01年出版的《逻辑研究》中，胡塞尔曾借用J.v.克里斯(J.v. Kries)的术语把观念科学或理论科学称之为“名称论的”科学，同时把“与同一个个体对象或同一个经验种属”有关的具体科学，如地理学、天文学等等，称之为“本体论”的科学，[②]因而，我们可以说，胡塞尔在这一时期基本上将自己的“纯粹逻辑学”或“描述现象学”看作是

---

① 关于“本质”、“观念”、“先天”、“可能性”以及“埃多斯”、“范畴”等等概念在胡塞尔哲学中的相同和相近含义，可以参阅倪梁康：“胡塞尔：通向先验本质现象学之路”，载于《文化：中国与世界》第二期，北京，三联书店，1987年，第244－245页。

② 胡塞尔：《逻辑研究》第一卷，A 234－235/B 234。

与本体论相对立的学说。他事后曾表示说:“我当时〔在《逻辑研究》中〕没敢采用本体论这个由于历史的原因而令人厌恶的表述,我把这项研究〔“部分与整体”〕称之为‘对象本身的先天论’的一部分,它也就是被 A.v.迈农(A.v.Meinong)简称为‘对象论’的东西。与此相反,我现在则认为,时代已经变化,可以重新起用本体论这个旧的表述。”①

这个变化了的时代是指 1913 年。在这年发表的《纯粹现象学和现象学哲学的观念》第一卷中,胡塞尔赋予本体论以积极的含义,并且用它来陈述自己的现象学性质。本体论在这里被划分为“形式的本体论”和“质料的(区域的)本体论”。“所有建立在区域的本质中的综合真理构成区域本体论的内容”,“形式的本体论则与区域的(质料的、综合的)本体论处于一个系列”,它是一门“与质料本体论相对立”,与思维意指的形式逻辑学相同一的科学。② 如果我们宁可用一些比较熟悉的现象学概念来替代这些令人感到生疏的术语,那么我们可以说,所谓“形式本体论”和“质料本体论”无非就是关于“意识活动(Noesis)”和“意识对象(Noema)”的本质论。胡塞尔自己在此书结尾处也这样说:“我们在进一步细致的阐述中将会理解,所有那些对形式本体论和与它相联接的范畴论——关于各个存在区域和存在范畴之划分,以及与之相应的各个实事本体论的构造的学说——是现象学研究的主要标题。与它们相符合的是意识活动—意识对象的本质联系,它们必须得到系统的描述,它们必须在可能性和必然性方面得到规定。”③

用“形式本体论”和“质料本体论”来表述现象学研究,这无论是

① 胡塞尔:《纯粹现象学和现象学哲学的观念》第一卷,[23、24]。

② 胡塞尔:《纯粹现象学和现象学哲学的观念》第一卷,[31、112]。

③ 胡塞尔:《纯粹现象学和现象学哲学的观念》第一卷,[280]。

从本体论一词的词源上看，还是从胡塞尔本人对现象学研究的规定来看，都是不矛盾的。因为，本体论的希腊文原意是“关于存在的学说”。而在现象学还原排除了对“物自体”的存在的兴趣之后，胡塞尔所理解的“存在”就是“先验意识”，[①]更确切地说，“存在”在胡塞尔那里是指在先验意识中的意识活动和通过这种意识活动被构造出来的意识对象。如果说被构造的对象是本体论课题中的质料部分，那么构造的活动，即意识的意指、统摄，便构成本体论的形式部分。当然，“形式本体论”和“质料本体论”所探讨的不是意识活动和意识对象的事实存在，而是它们的先验本质存在。“体验的领域越是严格地受其先验本质构造的规律制约，在这个领域中的意识活动和意识对象方面可能的本质形态就越是确定受到规定……这里所说的这种双方面的可能性（本质的存在）就是绝对必然的可能性，就是在一个本质体系的绝对确定的构架中的一个绝对确定的成分。”[②]因此，意识活动和意识对象这两方面的“本质存在”便构成了现象学这门哲学本体论的研究内容。“在以同样的方式顾及到意识活动和意识对象这两个意识层次的情况下，对构造问题做出全面的解决，这项工作是与一门完整的理性现象学相等值的，这门现象学包括所有形式的和质料的形态，既包括非正常的（消极理性的）形态，同时也包括正常的（积极理性的）形态。”[③]据此，我们可以说，当问题涉及到狭义的本体论，即

① 参阅胡塞尔：《纯粹现象学和现象学哲学的观念》第一卷，［141］：“通过现象学的还原，先验意识的领域对我们产生出来，它在某种意义上是‘绝对’存在的领域。这是所有存在的原范畴（或者用我们的话来说：是原区域），所有其他的存在区域都植根于这个原范畴，在本质上都与它相关，因而在本质上都依赖于它。”胡塞尔也一再区分“作为意识的存在”，即“内在之物的存在”和作为“实在的存在”，即“超越之物的存在”（同上书，［76、80］），但前者才是哲学本体论的对象，后者是实证科学意义上的本体论对象。因而受现象学还原的排斥。

② 胡塞尔：《纯粹现象学和现象学哲学的观念》第一卷，［280］。

③ 胡塞尔：《纯粹现象学和现象学哲学的观念》第一卷，［323］。

哲学的本体论时，胡塞尔对它的理解不多不少就是关于先验意识的本质论。在 1925 年期间，胡塞尔直接将先验现象学称作“本体论”[①]它也就是胡塞尔常说的第一哲学。

如果我们希望将这里的结论与前面的论述联系起来而又不至于陷入混乱，那么我们最好是这样来概括胡塞尔的现象学概念：现象学作为一种方法、一种“形式”与它最初产生时所提出的要求有关：它要成为一种彻底新型的、致力于无成见性的哲学方法。而当现象学在胡塞尔那里不仅成为方法，而且还成为哲学时，即：——按亚里士多德的古老定义——成为对所有存在之物的存在的询问、——按海德格尔的新近解释——成为“去除了形式”的内容现象学时，它就在胡塞尔那里接受了构造分析的形态，将“先验意识”作为自己的研究对象。于是，“存在”获得了“先验意识”的特征，与现象学在内容上有关的便是“意识活动”和“意识对象”。对作为现象学研究内容的“存在”或“先验意识”做形式和质料上的进一步划分，便产生出了现象学的内部分工：“形式本体论”和“质料本体论”。

实际上，胡塞尔在《逻辑研究》和《纯粹现象学和现象学哲学的观念》第一卷中，主要探讨的是“形式本体论”，它以“纯粹逻辑学”、“形式—语义的意识活动学(Noetik)”、“一般意识活动学”、“意识功能学”等等标题下出现；“质料本体论”或“区域本体论”则是《纯粹现象学和现象学哲学的观念》第二卷的首要课题，它由“物质自然的构造”(关于物质自然的区域本体论)、“动物自然的构造”(关于动物自然的区域本体论)和“精神世界的构造”(关于精神世界的区域本体论)所组成，尽管胡塞尔生前并没有认为，这些研究已经成熟到可以发表的程度。

---

① 胡塞尔：《现象学的心理学》，第 296 页。

2)胡塞尔的“形而上学”概念:早在《逻辑研究》中,胡塞尔就已将“关于‘外部世界’的存在和自然的问题”标志为“形而上学的问题”而加以排斥。[①] 当时胡塞尔主要是从本质科学与事实科学的区别出发,主张作为本质科学的纯粹现象学不以经验的事实科学为出发点,不探讨经验的事实科学所提出的问题,但却为经验的事实科学提供本质根据。“作为对观念本质和对认识思维之有效意义的一般阐述,认识论虽然包含着这种一般问题,即:有关那些原则上已超越出对其认识之体验的事物性、实体性对象的知识或理性猜测是否可能以及在何种程度上可能,这些知识的真正意义必须依据哪些准则;但认识论并不包含这种经验方面的问题:我们作为人是否确实能够根据事实地被给予我们的材料来获得这种知识,认识论更不包含将这种知识付诸实现的任务。”[②]这种观点的依据是胡塞尔早期从事的数学科学相对其他自然科学所具有的典范性,是胡塞尔将哲学“数学化”,从而建立起一门“普遍数学”的理想。

在1906/1907年完成了向先验现象学的突破之后,胡塞尔便把“形而上学”问题与现象学的“悬搁”、“还原”和对“成见”的排除联系在一起,胡塞尔这时所要达到的目的就在于:“将所有论证都回溯到直接的现有性上,由此而构造出一门‘无理论的’、‘无形而上学的’的科学”[③],亦即纯粹本体论或先验本质的现象学。胡塞尔在这里已经对亚里士多德传统意义上的“形而上学”做了巧妙的反转:亚里士多德的“形而上学”是真正意义上的哲学,而“物理学”是一门以自然为对象的自然论。经过胡塞尔的解释,本真的“形而上学”恰恰是关于实在自然的“物理学”、一门有关“物自体”的学说,即关于超越的自然

① 胡塞尔:《逻辑研究》第二卷,第一册,A 20/B 20。

② 胡塞尔:《逻辑研究》第二卷,第一册,A 20/B 20。

③ 胡塞尔:《纯粹现象学和现象学哲学的观念》第一卷,[66]。

的科学;而本真的哲学则是关于纯粹内在意识本质的“本体论”。

无论是从《逻辑研究》对形而上学的定义来看,还是从《纯粹现象学和现象学哲学的观念》对形而上学的定义来看,“形而上学”在胡塞尔那里都是一个与观念本体论相对立的概念。如果哲学要讨论的是观念本体论(存在论)问题,那么它要排斥的恰恰应当是形而上学(超存在论)的问题。①

所以,珀格勒认为,当海德格尔在1929年七月在弗莱堡大学作为胡塞尔唯一认可的教椅继承人而做了题为“什么是形而上学”的就职讲座时,“胡塞尔必定是为此大吃了一惊:这里如何会把形而上学作为问题来探讨?”②

而在海德格尔这方面,情况很明显:形而上学与本体论(存在论)在某种程度上是同义的。③

1)海德格尔的“存在论”概念。我们通常了解海德格尔对“本体论”这个概念的解释:“本体”是指“存在”。因而我们不无合理地将海

① 伽达默尔把这个意义上的形而上学也称之为“实体本体论”,并合理地指出:“胡塞尔认为自己是整个形而上学的对立面”。(《真理与方法》,第261页)当然,胡塞尔本人偶尔也在康德的意义上将“形而上学”等同于“关于先验事实的科学”(参阅胡塞尔:《纯粹现象学和现象学哲学的观念》第一卷,[5]。),但他更多地是在上述消极的意义上运用“形而上学”这个概念。因此,我在“胡塞尔:通向本质现象学之路”一文中(参阅《文化:中国与世界》第二期,北京,1987年,第284－286页。)把“第二哲学”与“形而上学”并列使用,虽有根据,但却会造成读者理解上的混乱,所以是不妥当的。

② 参阅O.珀格勒:“现象学的哲学概念危机(1929)”,第259页。

③ 当1939年萨西亚·帕斯威克(S. Passweg)发表他的著作《现象学和本体论——胡塞尔、舍勒、海德格尔》一书时,他在“前言”中曾对这部著作的术语做了一个说明:“就像那些以亚里士多德著作为依据的现代作家们常常所做的那样,此书也将本体论与形而上学视为同一。”(S.帕斯威克:《现象学和本体论——胡塞尔、舍勒、海德格尔》,莱比锡,1939年,第3页)这种做法显然不妥。因为根据我们以上的分析,对“本体论”和“形而上学”这两个概念不加区分,这也许不妨碍人们对海德格尔和舍勒的讨论,但却肯定不适用于对胡塞尔学说的阐述。

德格尔的“本体论”译作“存在论”①，它是关于存在的学说。在1929年发表的“论根据的本质”一文中，海德格尔对这个概念做了以下的注释：“如果人们今天将‘存在论’和‘存在论的’作为某些流派的标语和称号来运用，那么他们对这两个词的使用是非常外在的，并且，他们误认了这里所含的问题。他们错误地以为，存在论作为对存在者存在的发问就意味着相对于‘观念论’的‘观点’而言的‘实在论’的（素朴的或批判的）‘观点’。存在论的问题与‘实在论’毫无关系，因为，能够在其先验的发问之中、并且随着这个发问而为存在论所做的明确奠基方面迈出了自柏拉图和亚里士多德以来的关键性的第一步的人，恰恰就是康德。仅仅通过向‘外在世界的实在性’的进入，人们还不会处在存在论的方向上。而‘存在论’——在通俗哲学的意义上——毋宁说是指——这正是那种无可救药的混乱之所在——那种必须被称之为存在者的东西，也就是指一种态度，即认为：存在者就是它本身，就是它是什么和怎样是。但存在的问题在这里还没有被提出，更不用说在这里获得一门存在论可能性的基础了。”②海德格尔的这段话表明，存在论不是对存在者、外在的实在世界的发问，至少它不仅仅是对存在者和外在的实在世界的发问，而是对存在者的存在的发问。

2）海德格尔的“形而上学”概念。在《存在与时间》中，海德格尔一开始便声称：“我们这个时代虽然把重新肯定《形而上学》视为一个进步，但关于存在的问题今天还是被人们遗忘了。”③稍后，海德格尔再次强调：“在本书开始时就已指出，关于存在的意义的问题不仅没

① 参阅海德格尔：《存在与时间》，中译本，北京，三联书店，1987年，第4页，注①。

② 海德格尔：“论根据的本质”，载于《埃德蒙德·胡塞尔纪念文集》，图宾根，1974年，第78页，注①。

③ 海德格尔：《存在与时间》，第2页。

有得到解决，没有得到充分的提出，而且还被忘却了，无论人们对《形而上学》抱有多少兴趣。”[①]我在这里之所以给“形而上学”加以书名号，是因为从各方面看，海德格尔在这里以及在此书的其他各处所说的“形而上学”更多地是指亚里士多德的那部同名著作，而不是指由此而产生的、常常也被人称之为“哲学”的“形而上学”这门学科。[②]但无论海德格尔在哪一种意义上运用“形而上学”，他所要陈述的都是：存在问题是第一性的问题，对这个问题的探讨既可以说是本体论（存在论），也可以说是形而上学。当“存在论”不是面对有形的存在者，而是朝向无形的存在时，它同时也就是关于形而上之物的学说。因为，一方面，海德格尔的“存在”不是一个抽象的、悬在空中的臆想，而是隐蔽在存在者之中的东西；“在人们对存在者的所有把握中，就已包含着对存在的理解。”[③]海德格尔在这里的意向比较明确：存在者虽然不是本体论的研究对象，但也不是本体论所要绝对排斥的东西。从我们以上对胡塞尔的介绍来看，这可以说是海德格尔对胡塞尔的反抗之一，因为胡塞尔一再要求排斥对实在世界（存在者）的前设。而另一方面，“‘存在’不应被理解成存在者”，因为“‘存在’不是一种像存在者那样的东西”，[④]它毋宁是一种“超越”出存在者之上的东西。[⑤] 下面我们将会看到，这可以说是对胡塞尔的反抗之二。与此相应，如果关于存在者的科学是亚里士多德意义上的“物理学”，即

① 海德格尔：《存在与时间》，第 21 页。

② 也可参阅海德格尔：《存在与时间》，第 39 页。

③ 海德格尔：《存在与时间》，第 3 页。

④ 海德格尔：《存在与时间》，第 4 页。

⑤ 海德格尔：《存在与时间》第 38 页：“存在和存在结构超越出任何一个存在者和任何一个对存在者的可能存在规定之上。存在就是绝对的超越。”“作为超越的存在的一切展开都是先验的认识。现象学的真理（存在的展开状态）乃是先验的真理（veritas transzendentalis）。”

关于实在的、有形的自然实证科学，那么关于存在的学说，即存在论，就应当是关于隐蔽在存在者之中，同时为存在者提供依据的存在的学说，因而在某种意义上是超越之物，即超越出存在者(有形之物)之上的无形的东西，①而关于这种存在的学说就是亚里士多德意义上的"形而上学"。

此后在海德格尔的其他著述中，形而上学的这个意义越来越清楚地表现出来：例如在"什么是形而上学"(1929 年)的弗莱堡就职讲座中，在"康德与形而上学问题"(1929 年)、"形而上学导论"(1935 年)的讲座中，以及在更后的《林中路》和"关于人道主义的通信"的文字中，海德格尔都是在这种积极的哲学意义上运用形而上学的概念。W. 比梅尔因此而合理地评论说，"海德格尔是在尝试着，在向原初的前-形而上学家的回溯中把握住作为整体的西方形而上学的命运。"②

从胡塞尔和海德格尔对"本体论(存在论)"和"形而上学"的不同规定中，我们可以进一步把握住他们两人的现象学哲学的异同，它们

---

① 海德格尔在"什么是形而上学"一文中也将"存在"标志为"虚无"："'纯粹的存在和纯粹的虚无是同一样东西。'黑格尔的这个命题是合理的。存在与虚无同属于一个整体，但这并非是因为——从黑格尔的思维概念来看——这两者在不可规定性和直接性方面相互一致，而是因为存在本身只是在此在的超越性中才显露出自身。"(海德格尔：《什么是形而上学》，法兰克福，1949 年，第 36 页。)

② W. 比梅尔："胡塞尔的不列颠大百科全书——条目和海德格尔的注释"，载于《胡塞尔》，达姆斯塔特，1973 年，第 315 页。——对形而上学在海德格尔哲学中的位置的最好说明可以参阅海德格尔本人在 1935/36 年的题为"形而上学的基本问题"的讲座中的一段出色论述：海德格尔在这里首先引用了柏拉图在他的对话中所叙述的一个关于泰勒士的故事：泰勒士抬头望着天上的云，却没有注意脚下而掉到了井里。这时一个女佣便笑话他，说他那么急着要去知道天上的事情，却看不到鼻子尖前面的东西。柏拉图在叙述完之后评论说："这个笑话也适用于所有从事哲学的人。"海德格尔由这个典故引出他对形而上学的一段评论："'形而上学'这个名字在这里只是暗示着：它探讨的问题是处于哲学的核心和中心的问题。""因而我们要尽可能地排除所有那些在历史的过程中附加在'形而上学'这个名字上的东西。对我们来说，它标志着那样一种活动，在这种活动的过程中，人们尤其要面临落入井中的危险。"(海德格尔：《事物问题》，图宾根，1962 年，第 2、3 页)

涉及到三个基本概念:“超越(transzendent)”、“先验(transzendental)”、“存在(Sein, Essenz)”。

胡塞尔所说的“超越”,是指意识超越出“内在的被给予性”,即超越出它的内在,从而构造出外在的“自在之物”,[①]这是我们自然观点所具有的能力,否则客观对象、客观世界便无从谈起;与此相反,海德格尔所理解的“超越”则意味着对“有形的存在者”的超越,从而把握住无形的存在,这是真正的哲学观点所应具备的能力,否则存在论、哲学便是不可能的。就这点来看,胡塞尔是用“超越”来解释和回答“自然科学(亚里士多德意义上的“物理学)是如何可能的”问题;而海德格尔则是用“超越”来回答“哲学(亚里士多德意义上的“形而上学”)是如何可能的问题。换言之,“超越”在胡塞尔那里是一个受到先验现象学考察的自然能力,在海德格尔那里却是一个被基础存在论所指明的哲学能力。在这里,相同的是:被超越的东西(自在者或存在者)都不构成哲学探讨的对象;不同的是:在胡塞尔那里,超越意味着实在客观性与先验主体性的关系;在海德格尔那里,超越则表明存在与存在者之间的关系。

但我们必须注意:海德格尔在谈到“超越”时往往也涉及到“先验”概念,例如在《存在与时间》里,海德格尔这样说:“作为超越的存在的一切展开都是先验的认识。现象学的真理(存在的展开状态)乃是先验的真理(veritas transzendentalis)。”[②]这种说法在海德格尔那

---

① 参阅胡塞尔:《被动综合分析》,第 17 页:“我们在这个意义上把立义称之为超越的统觉,它标志着意识的功效,这个功效赋予感性素材的纯内在内涵,即所谓感觉素材或原素素材(hyletische Daten)的纯内在内涵以展示客观的‘超越之物’的功能。”

② 海德格尔:《存在与时间》,第 38 页。此外,在同书的第 3 页中还有一处同时提到“超越”和“先验”:“根据中世纪存在论的说法,‘存在’是一种‘超越’。亚里士多德也已认识到,相对于实事的最高属概念的杂多而言,这种先验的‘一般之物’的统一是一种类比的统一。”但这里的“先验”一词可能是个笔误,似应为“超越”。

里虽然罕见，但却不乏启示。胡塞尔的先验概念有两重含义：[①]它首先(1)是指在现象学反思中显现出来并得到探讨的构造问题：外部世界的存在被排斥，现象学的目光反思地朝向意识本身，发现意识本质地具有构造的功能，它始终是关于某物的意识；但通过意识活动而被构造出的意识对象的存在与被排斥的外部世界的存在是完全不同的：前者是先验的，后者是超越的。在这个意义上，胡塞尔把“先验”和“超越”看作是一对相互对立的概念，[②]先验的问题在这里是“构造”的问题，[③]超越的问题则是“自在”的问题。这个意义与康德原先赋予先验概念的意义显然有所不同。在康德那里，先验在某种程度上是一个与“经验(empirisch)”相对立的概念；先验的问题是先天之物如何能够运用于经验之上的问题。这个意义(2)虽然在胡塞尔那里时常也有表露，例如他也把“先验的分析”称之为“本质分析”，把“先验自我”与“经验自我”相对置，将“先验现象学”等同于“纯粹现象学”[④]，

---

① 关于胡塞尔的“先验”概念的两种含义，笔者在拙文“胡塞尔：通向先验本质现象学之路”中(载于《文化：中国与世界》第二期，北京，三联书店，1987年，参阅第260－262页)曾做过初步的论述。这些论述至今看来虽仍无谬误，但却不够明晰。对这个问题更为出色的阐释可以参阅恩斯特·图根特哈特：《胡塞尔与海德格尔的真理概念》，柏林，1970年版，第198－199页。

② 胡塞尔：《笛卡尔式的沉思》，第65页。

③ 对这个问题还可以参阅胡塞尔：《纯粹现象学和现象学哲学的观念》第一卷：“‘先验的’还原对现实进行悬搁：但在这个悬搁后剩余下来的东西中还包括意识对象连同在这些对象中包含的意识对象的统一，还包括实在之物在意识本身之中被意识到并且特殊地被给予的方式。”[204]“现象学的观点是纯粹本质性的观点，是‘排斥’所有超越的观点，在这种观点中，建立在其纯粹意识的固有基地上的现象学必然要探讨所有这些在特殊的意义上的先验问题，因此，它配得上先验现象学这个称号。在它的固有基地上，它必须考察体验，但不是根据要素和复合的联结、根据分类，把它们看作是随意的、死的实事，看成一堆仅仅在此，什么也不意指，什么也不意谓的‘内容复合体’，而是要去解决体验作为意向的体验所展示出的、并且纯粹通过它们的埃多斯本质而展示出的那个原则上特殊的问题。”[177－178]。

④ 胡塞尔：《笛卡尔式的沉思》，第104页。

以及如此等等。但这不是胡塞尔先验概念的首要含义。很明显，海德格尔是了解以上这两个含义的。从“我的现象学之路”一文中可以看出，他首先是在第一个意义上理解胡塞尔的“先验”概念：“‘纯粹现象学’是一门基础科学，它为打上它的烙印的哲学提供根据。‘纯粹’，这意味着：‘先验的现象学’，但‘先验’被设定为认识着的、行为着的、设定着价值的主体的主体性。”[①]如果海德格尔在《存在与时间》中也是在这个含义①上理解“先验”概念，那么作为超越的“存在”也就是一种与主体性有关、与意识构造有关的东西。反之，如果海德格尔在那里是在含义②上表述“先验”这个概念，那么作为超越的“存在”就无非是指某些与“本质”、“先天”有关的东西而已；最后，如果海德格尔也像胡塞尔那样，在双重的意义上运用“先验”概念，那么他所说的“存在”便与胡塞尔的“存在”——“先验本质”无根本区别了。

因此，对“先验”概念的理解直接关系到对胡塞尔和海德格尔的“存在”或“本体”概念的理解。实际上，如果我们有权将海德格尔的本体论概念称作“存在论”，那么我们同样也就有权把胡塞尔的本体论概念称作“本质论”或“本质存在论”。胡塞尔一再强调，他的意识构造分析的目的在于把握意识的本质，这种本质是一种“观念的存在（Essenz）”，而不是“实在的存在（Existenz）”；是一种“如此存在（So-sein）”，而不是“在此存在（Dasein）”[②]。如果胡塞尔提出这些对立概念的时间不是在1906年和1913年，而是在《存在与时间》发表之后，那么我们一定会认为这是有意针对海德格尔“此在”与“生存”概念而发的了。当然，胡塞尔以后对海德格尔的批评也确实是在这个方向上。但这只涉及胡塞尔先验现象学和海德格尔此在现象学的差异。

---

① 海德格尔：“我的现象学之路”，载于《面对思维实事》，第81页。

② 参阅胡塞尔：《纯粹现象学和现象学哲学的观念》第一卷，[12、86]；《现象学的观念》，第70页；《纯粹现象学和现象学哲学的观念》第二卷，第586页。

这是我们下一节所要讨论的内容。在这里，我们关心的焦点是：在胡塞尔的先验现象学和海德格尔的基础存在论之间是否存在着对立。进一步说，1）海德格尔的“存在”是否是一种本质性的东西；2）海德格尔的“存在”是否是一种先验的主体性。

海德格尔在《存在与时间》中曾这样评述胡塞尔本质论对他的影响：“但先天(Apriori)的展开并不是‘先天论’的虚构。通过胡塞尔，我们不仅重新理解了所有真正哲学‘经验(Empirie)’的意义，而且还学会了使用为此目的所必需的工具。‘先天论’是任何一门自身理解自身的科学的哲学所具有的方法。因为‘先天论’与虚构无关，所以先天研究要求人们妥善地准备好现象的基地。”[①]这种表述在海德格尔那里并不罕见。由此看来，海德格尔无意否认他的哲学也是以观念直观为工具、以事物的本质为对象的学说；“存在”是一种本质性的东西。我们在1925年的马堡讲座“时间概念的历史导引”中也可以找到这方面的证明。海德格尔在这里把现象学的“先验”概念定义为“内在的存在”、“绝对的存在”、“绝对被给予的存在”以及“纯粹的存在”[②]。

如上所述，如果胡塞尔的本体论和海德格尔的本体论在对各自对象的理解上基本一致，即都把自己的对象理解为先验的和本质的，那么他们对形而上学概念的不同表述便只是一个术语上的差异。我们是否可以据此而得出结论：在胡塞尔的存在论与海德格尔的存在论之间并没有根本的冲突，它们都产生于那种把握先验本质的原初欲望，产生于康德所说的那种始终想超出经验的领域而朝向绝对之物的理性本能、那种人类所具有的“最高认识能力”。只是这种趋向

---

① 海德格尔：《存在与时间》，第50页。

② 参阅海德格尔：《时间概念历史导引》，法兰克福/美茵，1979年，第142－145页。

在海德格尔那里犹如昙花一现。他的《存在与时间》(1926年)并没有能对存在问题作出彻底的展开，而是始终停留在“此在与时间”的层次上；《形而上学导论》(1953年)也未能成为《存在与时间》的“后半部分”，尽管海德格尔这时仍然认为，“只要存在问题还在激动着我们的此在”，追问存在的道路“就始终还是一条必由之路”。[①]

海德格尔一生最大的努力实际上是在朝向存在者的方向上进行的，因为很明显，他的哲学始终以“此在”为其基本的和中心的课题。

15. 胡塞尔的“现象学哲学”与海德格尔的“此在现象学”

A. 胡塞尔与海德格尔在人类此在问题上的相互关系

如果说我们在前面所论述的是海德格尔在“现象学的解释学”和“基础存在论”方面对胡塞尔“纯粹现象学”的继承与发展，那么这里的问题则涉及到海德格尔的“此在现象学”[②]或“生存哲学”与胡塞尔“现象学哲学”的关系。

如前所述，海德格尔运用现象学方法揭示了理解的“在先”结构，把作为“理解”的此在看作是第一性、原本性的层次。而对于现象学方法的创始人胡塞尔来说，“人的此在”、“生活世界”、“他人”等等，这些问题是属于第二性的哲学问题。这里的对立是显而易见的。但这并不意味着，胡塞尔与海德格尔之间在这个问题上没有相互关系可言。因为我们所说的对立仅仅是指这两位哲学家在这个问题上的分

---

① 海德格尔：《存在与时间》，1953年第七版序言。

② “此在现象学”是海德格尔本人提出的概念；例如可以参阅海德格尔：《存在与时间》，第37页。

歧，即：我们应当给“此在”问题赋予第一性的还是第二性的意义？这个对立并不意味着胡塞尔对“人类此在”问题的不关注，不讨论，正如海德格尔也没有把胡塞尔所确定的第一性哲学问题，即“纯粹意识”问题弃而不论一样。

随着《欧洲科学的危机与先验现象学》在1936年的发表，胡塞尔终于又一次给哲学界带来一个惊奇，使人们在对现象学方法的普遍有效性的理解方面耳目一新：现象学不仅仅可以实施自己的理论哲学意向，即通过先验的还原而摆脱开现实的人类生活，回溯到纯粹意识生活上去，把握住先验的本质结构，而且它还可以自如地返回到现实生活中来，用本质的认识去解释和指导实在事实，从而满足自身的实践哲学意向。我们在前面曾提及马丁·布伯对胡塞尔的指责：“胡塞尔……自己从未对人类学的问题本身做过探讨”，[①]这个指责实际上用胡塞尔1935年“维也纳讲演稿”的标题“欧洲人危机中的哲学”便可加以驳回，而这个讲演正是《欧洲科学的危机与先验现象学》一书的雏形。胡塞尔在三十年代发表的一系列讲演和著述表明了他对人的问题的关切态度。因而对胡塞尔的指责至多只能是：“胡塞尔从未将人类学的问题作为第一性的哲学问题来探讨。”

实际上，我们已经看到，人的问题并不只是胡塞尔在三十年代，即他生命的最后几年中才偶然进入他视域中的问题。我们在第二章中所展示的一系列研究结果表明：“生活世界”的概念在1920年以前便开始在胡塞尔的手稿中零星地出现，[②]自二十年代以来，“生活世

① 马丁·布伯：《人的问题》，第85页。布伯在这里紧接着又不无矛盾地承认：“但在其最后一部未完成的著作，即关于欧洲科学危机的论著中，胡塞尔用三个个别的命题对人的问题作出了贡献……”。

② 这一结论可参阅I.凯恩：“论胡塞尔的‘生活世界’”，载于《埃德蒙特·胡塞尔哲学中的生活世界与科学》，第68页。

界”问题和“交互主体性的先验功能问题”已成为胡塞尔所探讨的中心课题；[①]而“欧洲人危机”的问题则至迟在1910年时便已受到胡塞尔的探讨。[②] 但我们在这里无意再讨论胡塞尔的“人类学”问题研究的发展史，这是本书第二章的论题范围。我们在这里所关心的课题毋宁是：胡塞尔和海德格尔在这个问题上是否有相互影响以及在何种程度上发生相互影响。

研究者们发现，胡塞尔在1919年所做的关于先验感性论的讲座“自然与精神”[③]，与海德格尔对周围世界的分析有明显的相似性。而海德格尔在1919/20年所作的“现象学基本问题”讲座[④]中也使用了“生活世界”这个概念。[⑤] 在这里还可以补充一点，即：胡塞尔早在1906/07年便已划分了“存在”与“存在者”：先验现象学（第一哲学）的研究对象是绝对意义上的“存在”，现象学哲学（第二哲学）的研究对象是绝对意义上的“存在者”；[⑥]胡塞尔的这个说法比海德格尔在《存在与时间》中对“存在”和“存在者”的划分要早整整二十年。

这一情况引起哲学家们的深思。对此，雅默的表述具有代表性：“于是这里产生了一个问题，我在这里只能标出这个问题，而不能为它提供答案：或者是海德格尔接受了胡塞尔的启迪，或者反过来，是胡塞尔接受了他周围的人的启迪，就是说，他接受了年轻的埃宾豪斯

① 这一结论可参阅雅默：“用超理性主义反对非理性主义”，载于《争论中的现象学》，第66页。

② 这一结论可参阅威廉・E.米尔曼：《人类学史》，第153页。

③ 此讲座稿尚未发表。（修订版注：已于2001年初作为《胡塞尔全集》第33卷出版）。

④ 此讲座稿已以《现象学的基本问题》为题作为《海德格尔全集》第二十四卷发表，法兰克福/美茵，1975年。

⑤ 这一结论可参阅雅默：“用超理性主义反对非理性主义”，载于《争论中的现象学》，第67、68页。

⑥ 参阅胡塞尔：《现象学的观念》，第23页。

(J. Ebbinghaus)，接受了舍勒的周围环境理论，同样也包括对海德格尔关于周围世界/共同世界/自身世界之思考的采纳。"[①]

对于这个问题，人们往往会做出一个先入为主的回答：海德格尔《存在与时间》发表于二十年代，胡塞尔的《欧洲科学的危机与先验现象学》则发表于三十年代，较之前者几乎晚了十年。从时间上看，显然只能是海德格尔的思维方向影响了胡塞尔后期对研究课题的选择。胡塞尔本人否认这一说法。这里可以重复一下马克斯·米勒的回忆："当我问胡塞尔，他现在向'生活世界'问题——这个问题在其历史－事实的'时或性'中已超出了先验现象学方法的界限——的转向是否可以说是受到海德格尔的'反作用'影响，胡塞尔回答说：'他是给我留下印象，但从未给我留下影响。'"[②]

在海德格尔这方面，虽然人们没有发现他对这个问题的直接表述，但在《存在与时间》中，海德格尔的一段话却越来越引起注意。在关于现象学方法一章的结尾处，海德格尔曾指出胡塞尔对《存在与时间》的影响："下列研究只是在胡塞尔所奠基的基础上才成为可能，正是他的《逻辑研究》才使现象学得以突破。"[③]但这段话所表述的显然仅仅是《逻辑研究》与《存在与时间》在方法上的相应性或相继性。而此后在脚注中，他又特别对胡塞尔表示谢意："如果下列的研究在对'实事本身'的展开方面向前迈进了几步，那么笔者首先要感谢 E. 胡塞尔。笔者在弗莱堡教学期间，胡塞尔曾给予笔者以深入的亲自指导并允许笔者最为自由地阅读他尚未发表的手稿，从而使笔者得以熟悉现象学研究的各个最具差异性的领域。"[④]海德格尔在这里提到

① 雅默："用超理性主义反对非理性主义"，载于《争论中的现象学》，第 68 页。

② 米勒："回忆胡塞尔"，载于《胡塞尔与现象学运动》，第 38 页。

③ 海德格尔：《存在与时间》，第 38 页。

④ 海德格尔：《存在与时间》，第 38 页。

的手稿,显然包括胡塞尔为撰写《纯粹现象学和现象学哲学的观念》第二卷所写下的手稿。胡塞尔本人在1913年便对此书做了出版预告,[①]而且海德格尔本人也在《存在与时间》中重复了这一预告,指明在《纯粹现象学和现象学哲学的观念》第二卷中将会包含胡塞尔对"人格"问题的研究,并且,他还引用了胡塞尔在一开始对狄尔泰的批评,[②]由此可见海德格尔对胡塞尔的这些手稿是相当熟悉的。即使不去考虑胡塞尔在二十年代所写下的其他有关"生活世界"、"交互主体性"、"家乡世界"、"陌生世界"等方面的手稿,[③]不去考虑海德格尔是否研究过这些手稿,我们已经可以得出一个大致的结论:海德格尔在"此在"问题上受胡塞尔的影响的可能性要大于与此相反的可能性。实际上,战后在比利时新建的卢汶大学胡塞尔文库第一个研究过胡塞尔遗稿的法国著名现象学哲学家梅洛-庞蒂在当时就曾做出类似的判断:"《存在与时间》本身的产生便是因为胡塞尔所做的一个提示,它无非是一种对'自然的世界概念'或'生活世界'的一种释义,正如胡塞尔本人在他生命的后期也把这种释义作为现象学的第一课题一样"。[④]

当然,对雅默所标明的并且为许多哲学家所关注的这个问题,我们并不必须做出非此即彼的回答。退而言之,不论是胡塞尔影响了海德格尔,还是反过来海德格尔和其他人影响了胡塞尔,胡塞尔与海德格尔在"此在"问题上的相互关系无疑是存在着的。对这一事实的

---

① 胡塞尔:《纯粹现象学和现象学哲学的观念》第一卷,[5]。

② 海德格尔:《存在与时间》,第47页。海德格尔所引用的胡塞尔对狄尔泰的批评可以在1979年根据胡塞尔手稿出版的《纯粹现象学和现象学哲学的观念》第二卷,第173页上找到。

③ 胡塞尔这方面的手稿可以参阅《交互主体性的现象学》第一、二、三卷。

④ 梅洛-庞蒂:《感知现象学》,德译本,第3页。

确定使我们能够更好地理解雅默所提出的一个较之于这个问题本身更为重要的论断:“无论如何,在十年之后,《存在与时间》和《欧洲科学的危机与先验现象学》这两本书必须在某种意义上被理解为是两部互补性的著作,缺少其中的任何一本,都会使对另一本的完整理解成为不可能。”[①]这也是我们在对海德格尔的“此在现象学”进行考察之前所持的基本信念之一。

B.海德格尔从三个角度对此在的存在的考察

对于这里所要探讨的问题,我们也可以借用海德格尔的语言来加以表述:“当人们谈到此-在的时候,“存在”(sein)这个词意味着什么?”[②]

对这个问题的回答包含着三个方面,即:当我们谈到此-在的时候,“在此”(da)、“超出”(ek)、“在先”(vor)这三个前缀词分别意味着什么?这个三方面的问题涉及到海德格尔“此在现象学”中的三个最重要概念:“忧虑”、“生存”、“理解”。

对海德格尔的“存在”概念,我们在前面已经有所论述。这里所要讨论的主要是“此在”作为“存在者”所特有的“存在”。

我们先看海德格尔对此在的存在的定义①:海德格尔在1925年《时间概念历史导引》的马堡讲座中已经将“此在的存在”或“此在的存在结构”定义为“忧虑”;[③]此后,在《存在与时间》一书中,我们也可以一再地读到类似的说法:“从存在论上理解,此在就是忧虑”,“此在

---

① 雅默:“用超理性主义反对非理性主义”,载于《争论中的现象学》,第68页。

② 海德格尔:《四次讨论课》,法兰克福/美茵,1977年,第177页。

③ 海德格尔:《时间概念历史导引》,《海德格尔全集》第二十卷,法兰克福/美茵,1977年,第406、417页等。

的生存论意义就是忧虑”，“因为此在本质上包含着在世之中存在，所以此在的向世之存在（Sein zur Welt）本质上是担忧”，以及如此等等；[①]可以说，作为此在的人的主体性首先表明自己是一种在世的存在，也可以说是一种在事物中的失落，在忧虑中的自身失落。这个主体性的本质结构就是“忧虑”。与它有关的概念是“在世之中的存在”、“被抛性”、“现身性”等等。

这里所提到的《时间概念历史导引》的马堡讲座已经具有《存在与时间》的雏形，我们甚至可以把它看作是《存在与时间》的第一稿。在这部书中，海德格尔对胡塞尔的继承和修改表现得比较直接。他在这里首先认为，“此在的存在结构是忧虑，这是一个现象学的陈述”，这个陈述区别于“前科学的自身释义”，后者也就是例如像人们常说的“生活就是忧虑和辛劳”这样一类成语。[②] 海德格尔认为这种“前科学的自身释义”“具有第一性的优先地位，它产生于对此在本身的原初素朴观察，并且因此而对所有的阐释都起着特别积极的作用。”[③]所以海德格尔随后又引用了一段古代罗马寓言作为这种“前科学的自身释义”的例子来说明“此在”与“忧虑”的关系，这个寓言的名字叫做“Cura”，也就是“忧虑”，以后海德格尔在《存在与时间》中也引用过这个寓言。

---

① 海德格尔：《存在与时间》，第 57 页，第 44 页；也可参阅第一篇，第六章，尤其是第 42 节：“作为此在的存在的忧虑”。海德格尔在这里一次提到“存在论”，一次提到“生存论”，这只是一个术语上的差异，而非考察角度或研究内容上的区别。因为，所谓“生存论”，在海德格尔那里仅仅是特指与“此在”有关的存在论。参阅同上书，第 44、45 页：“所有在对此在的分析中而产生的说明，都是我们所获得的一些在此在的生存结构方面的说明。由于这些说明是从生存性中得到规定的，所以我们将此在的存在性质称之为生存论的性质。”

② 海德格尔：《时间历史概念导引》，第 417 页。

③ 海德格尔：《时间历史概念导引》，第 418 页。

> “有一次，‘忧虑’女神在过一条河时看到了一片陶土。她沉思着拣起其中的一块，并且开始塑造它。正在她思考它所创造的东西时，朱庇特[古罗马的主神]走了过来。‘忧虑’女神便请朱庇特赋予这块被塑造的陶土以精神。朱庇特很高兴地同意了。但是，当‘忧虑’要用自己的名字来命名她的这个被造物时，朱庇特不允许她这样做，并且要求必须用他自己的名字来命名这个被造物。正当‘忧虑’和朱庇特在为命名而争吵不休时，泰鲁士[古罗马的土地神]抬起身来并且要求说，这个被造物应当用土地的名字，因为土地为他提供了自己身体的一部分。这些争论者让萨杜恩[古罗马的农神]来做仲裁。萨杜恩对他们做了这样一个显然公正的判决：‘你，朱庇特，因为你赋予了精神，所以你在他死去时应当接受他的精神，你，泰鲁士，因为你赐予了肉体，所以你在他死去时可以接受他的肉体。但是，因为是‘忧虑’最先塑造了这个生物，所以只要他还活着，‘忧虑’便拥有他。至于在名字上的争论，则应当把他称作 homo[人]，因为他是用‘humus’[泥土]造出来的。”①

海德格尔将这个寓言看作是一个素朴的此在释义。它除了说明“精神”和“肉体”是此在的基本组成之外，同时还表明，此在只要还“在世存在”，它便具有“忧虑”这样一种本质现象。海德格尔指出：最早注意到这个寓言的是赫尔德(J. G. Herder)，然后它又被为歌德所接受并在《浮士德》的第二部分中做了加工。而“忧虑”作为哲学概念则出现得更早，它在斯多噶学派的伦理哲学中已占有一席之地，被用

---

① 海德格尔：《时间历史概念导引》，第418、419页。

来描述原始人类。[①] 在“忧虑”所具有的传统含义[②]的基础上，海德格尔又对“忧虑”的内涵做了扩充，使它不仅包括，“忧烦”(Besorgen)，而且还包含“忧心”(Fuersorge)：“忧烦”是指“在……旁的存在”，即“在上手之物旁的存在”，“忧心”则意味着“与在世界内相遇的他人的共同此在一起的存在”。[③] 换言之，前者是与“他物”，与“周围世界”有关的存在，后者则是与“他人”，与“共同世界”有关的存在。这样，“在获得忧虑这个现象的同时，我们也就获得了存在的结构，从这个结构出发，至此为止所获得的此在特征现在便能够得到澄清，并且，这种澄清不仅仅是对它的结构本身的澄清，而且也是对产生于这种结构之中的可能存在方式的澄清。”[④]当然，这里所说的忧虑概念在海德格尔那里只是一种狭义的忧虑，我们下面还会对广义上的忧虑概念作进一步的分析。

海德格尔对“此在”的另一个定义②则与我们尚未分析过、但已间接地涉及到的“生存”概念有关，即：“此在的‘本质’在于它的生存”。[⑤] 由于“生存”(Ek-sistenz)在海德格尔那里意味着超越自身存

---

① 参阅海德格尔：《时间历史概念导引》，第 420 页。

② 根据海德格尔在《时间概念的历史导引》和《存在与时间》中的具体分析，在“忧虑”这个概念中传统地包含着双重含义：一方面是对某物或某事忧虑，即“忧烦”(Besorgen)，另一方面则意味着融化在世界中(Aufgehen in der Welt)，但同时也意味着献身于(Hingabe)世界。——我们可以注意到，尽管“Sorge”(忧虑)和“Besorgen”(忧烦)这两个术语无论是在通常的语义上，还是作为海德格尔的专用哲学术语，本质上都没有区别，但前者较为抽象，仅仅是指一种意识行为或心境；后者则是一个较为具体的概念，涉及到忧虑的对象。而“Aufgehen in der Welt”这个词组本身便含有“与某物融为一体”和“献身于某物”这两种含义。

③ 海德格尔：《存在与时间》，第 193 页。

④ 海德格尔：《时间历史概念导引》，第 420 页。

⑤ 海德格尔：《存在与时间》，第 42 页。

在的能力，[①]因此，我们可以理解，对于海德格尔来说，“此在”也就是“对最本己的能在而言的自由存在的可能性”；“此在”在这个意义上也与“理解”有关：“理解是此在本身本己能在的生存论上的存在”[②]。伽达默尔从解释学的角度曾特别强调过海德格尔的这一主张：海德格尔“揭示了所有理解的筹划特征并且把理解本身看作是超越的运动，即对存在者的超越。”[③]在这里，“此在”意味着主体性所具有的一种自由超越出存在者自身的本质能力，但这种“超出”不是一种脱离自己，成为他人的活动；而是一种脱离自身的常人状态，回到本己的存在上去的行为：“此在被召唤向何处？向其本己的自身”，“向其最本己的自身能在”，“向其最本己的可能性”。[④] 如果说“此在”的一个本质特征在于它在“忧虑”中的“自身失落”，那么它的另一个本质特征就是它在“超越”中的“自身找到”。正是这种能力才使“此在”区别于其他的“存在者”：“此在存在的超越性是一种与众不同的超越性，因为在这种超越性中包含着最极端的个体化的可能性和必然性。”[⑤]与此在的这个特征有关的概念是“能够存在”、“自由的存在”、“超越”、“良知”、“选择”、“决断”等等。

对此在的定义③已经在前面得到论述，即“此在就是理解”，它具

---

① 拉丁文中“ek”这个前缀含有超出的意思，“sistenz”则带有存在的意思。海德格尔从“生存”这个词的词源出发所赋予“生存”概念的意义已经不同于“生存”概念的传统含义。在经院哲学中，“生存”(existentia)与“本质”(essentia)是一对相对的概念，“生存”不是指此在的进行，而是指“本质”的现实化。胡塞尔便是在这种传统的意义上运用这一对概念，它意味着：本质的存在相对于事实的存在而言具有绝对的优先性；萨特也是在这个传统的意义上运用这对概念，尽管他所提出的“生存先于本质”的口号取消了本质存在的优先地位。

② 海德格尔：《存在与时间》，第 144 页。

③ 伽达默尔：《解释学》第一卷，第 264 页。

④ 参阅海德格尔：《存在与时间》，第 273 页。

⑤ 海德格尔：《存在与时间》，第 38 页，第 232 页。

有“在先”的结构，这一结构由三方面组成：“在先拥有”、“在先看到”、“在先把握”。海德格尔也把这些“前提”的整体称之为“解释学处境”。[①]

如果我们把这里所确定的此在的两方面本质结构与前面关于此在所具有的“在先”结构的论述联系在一起，那么我们可以说，对此在的考察可以从三方面进行：它的“已经是”，它的“此时是”和它的“还不是”。也就是说，对海德格尔的“此在”，我们既可以从“在先的存在”的角度上分析，把它看作是“理解”；也可以从“在世之中存在”的角度上进行理解，就是把它视之为“忧虑”；最后又可以从“能够存在”的角度上进行理解，就是把它视之为“超越”。

我们在某种程度上应当把这三种理解看作是相互矛盾的，也就是说，在这三方面考察中只能有一种理解是正确的：或者人的本质就是一种“在先的理解”规定性，或者就是一种“在世之中的忧烦和忧心”并且是在这种“忧虑”中自身存在的丧失，或者人的本质是一种“超脱出”这种忧虑并找回自身存在的能力。这是我们考察海德格尔此在问题的第一个可能角度。

但如果我们从另一个可能的角度来看，这三种理解又可以说是相互补充的：它们都共同表明了一种揭示人的主体性本质结构的企图：第一种理解意味着存在对于人的此在而言的规定性；第二种理解说明人的存在在结构上对人的世界的依赖性；第三种理解则表述了人的存在对于人的世界所具有的超越性。

换而言之，第一种和第二种理解表明，此在具有一种特殊的本质的存在状况，第三种理解则表明，此在具有一种特殊的本质的存在能力。海德格尔曾用一句话来概括“此在”的这个三重特性：“此在在生

---

① 参阅海德格尔：《存在与时间》，第一篇，第31节：“作为理解的此-在”。

存论上就是它在其能在中还不是的东西。”[①]也就是说，此在的“已经是”、“是”与“还不是”一同了构成它的矛盾统一。从时间性（Zeitlichkeit）的角度来说，此在作为“理解”是一种“在先”，此在作为“忧虑”是一种“当下”，此在作为“超越”则是一种将来。我们可以确定，“此在”这三方面的特征在海德格尔那里共同构成人的主体性的本质。

由此可见，对此在存在的时间分析，是海德格尔此在现象学的一个关键部分，是理解他的生存哲学的一把钥匙。海德格尔自己也说，“此在生存性的原初存在论基础是时间性。只有从时间性出发，作为忧虑的此在存在的有层次的结构整体才能从生存论上得到理解。”[②]

C. 胡塞尔意向性结构分析与海德格尔此在存在分析比较

“此在”的这种本质结构可以在胡塞尔所发现的“纯粹意识”的本质结构中找到对应。最先关注这一问题并且将它作为课题进行分析的是两位法国人：阿尔芳斯·德·瓦伦士（A. De Waelhens）在1956年便指出将“意向性”概念转变成“忧虑”概念的可能性；[③]阿尔多·马苏罗（A. Masullo）则在不久前（1989年）以“‘忧虑’：海德格尔对胡塞尔意向性结构的改变”[④]为题对这个问题做了令人信服的研究。实际上，海德格尔自己在许多讲座中已经一再地表明，忧虑和超越是与意识的意向性结构本质相关的概念。他当然是在有利于此在现象学的角度出发，或者说，从他自己的此在现象学出发来理解这种本质

① 海德格尔：《存在与时间》，第145页。

② 海德格尔：《存在与时间》，第266页。

③ 参阅A.德·瓦伦士：“现象学的意向性观念”，载于《胡塞尔与近代思维》，第122页或第136页。

④ 该文载于《争论中的现象学》，第234－254页。

相关性。他对“此在存在”和“意向性”相互关系的理解可以从两个方面得到规定：1）与此在存在的结构分析相比，意向性分析不是对人类意识结构的最基本层次的把握：“从其根本上透彻地思考意向性，这就意味着，将意向性建立在此－在的超越性基础之上”；[①]“意向性建立在超越性的基础上，并且只是在这个基础上才成为可能，——人们不能相反地从意向性出发来解释超越性”。[②] 2）与此在存在的分析相比，意向性分析是不完整的：“从作为此在的基本结构的忧虑现象出发可以看到，人们在现象学中用意向性所把握到的那些东西，以及人们在现象学中用意向性来把握这些东西的方式，都是残缺不全的，都还只是一个从外部被看到的现象。”[③]

显然我们可以从一开始就避免对海德格尔这些话的一个通常的误解。海德格尔在这里并不是要否认作为意识本质结构的意向性，相反，例如，在《时间概念历史导引》中，他一方面明确地坚持“现象学作为对意向性先天分析描述的自明性”。[④] 但另一方面，他强调“人们所说的意向性——单纯的朝向某物——必须被回置到那个‘先于自身的－在之旁的－在之中存在’(Sich-vorweg-sein-im-sein-bei)的统一的基本结构中去。这种存在才是本真的现象，它与那种非本真地，仅仅在一种孤立的方向上被当作意向性的东西是相符合的。我在这里只是扼要地指出这一点，以便说明对现象学问题的根本性批判是在哪一点上起步。”[⑤]因此，海德格尔对现象学的批判不在于拒绝意向性，不在于否认意向性分析对人类意识本质结构的有效性，而

① 海德格尔：《四次讨论课》，第122页。

② 海德格尔：《现象学的基本问题》，第230页。

③ 海德格尔：《时间概念历史导引》，第420页。

④ 参阅海德格尔：《时间概念历史导引》，第8节，b)“现象学作为对意向性先天分析描述的自明性”，第108－110页。

⑤ 海德格尔：《时间概念历史导引》，第420页。

仅仅在于，一方面否认意向性是第一性的“存在基本结构”，另一方面否认意向性分析穷尽了对人类意识的本质认识。

我们在第一篇的第一章中曾经展示过胡塞尔的意向性分析成就。我们可以将与那些这里所讨论的问题有关的分析结果简单概括如下：所有意识行为都可以分为客体化行为和非客体化行为这两种。客体化行为包括直观（即感知和想象）、符号意识、判断、本质直观等等；非客体化行为则包括各种情感意识，如意愿、期望、爱、恨、同情、愤怒等等。意向性是所有客体化行为的最根本结构。所有非客体化行为都奠基于客体化行为之中，因为它们的客体都是首先由客体化行为提供的。据此，所有意识行为或者具有意向性结构，或者必须借助于意向性结构。胡塞尔在康德的意义上也把对客体化行为和非客体化行为的分析称之为“理论理性批判”和“实践理性批判”。

熟悉胡塞尔现象学的人会很自然地从胡塞尔现象学的角度出发来理解海德格尔的“忧虑分析”。这种做法的第一个结果就是将忧虑作为一种意识行为纳入到胡塞尔的非客体化行为，或者说，纳入到胡塞尔的实践行为的范畴中去。这样，忧虑分析与意向性分析相比显然就是第二性的，即奠基于意向性分析之中的一种现象学操作。这是海德格尔所不愿看到的，因为他所理解的忧虑结构应当是一种比意向性结构更为根本的东西。在今天看来，海德格尔在这个问题上的意向可以说是非常清楚的：“‘忧虑’作为原初的结构整体在生存论上先天地处于此在的任何事实性的‘行为’或‘处境’‘之前’，也就是说，它始终已经处在这种‘行为’或‘处境’之中了。因而，‘忧虑’这个现象并不表明‘实践’行为较之于‘理论’行为的优先性。”海德格尔在这里的潜台词为：忧虑不是一个实践行为，更不是一个理论行为；而是一个超越于这两个本质范畴之上的人类此在的元结构；推而广之，他的基础本体论不是一门实践哲学，更不是一门像胡塞尔现象学那样的理论哲学，而是一门超越于这两者之上的大全哲学。所以，海德格尔接着说："'理论'与'实践'都是一个存在者的存在可能性，这个存在者的存在必须被规定为是忧虑。因此，如果有人企图将这个在其本质上不可分割的整体性之中的忧虑现象回归为像意愿和期望或欲求和癖好这样一类本能，或者用这些本能来拼凑忧虑现象，那么这种企图将会以失败而告终。"①而海德格尔用他的忧虑分析来改造和替代胡塞尔意向性分析的更深一层本意则在于暗示：意向性作为理论行为的本质结构只是隶属于忧虑现象的一个范畴而已。因此，胡塞尔的意识分析现象学所把握的不是真正的原本性和整体性。

实际上，当我们在这里谈到作为原本性和整体性的忧虑时，我们所涉及的已经不再是狭义上忧虑概念，即作为海德格尔对此在的三个定义之一的忧虑概念，而是一种广义上的、即作为存在整体结构的忧虑概念了。这个忧虑概念也就是在《时间概念历史导引》中被海德格尔称之为"先于自身的－在之旁的－在之中在先－存在"(Sich-vorweg-sein-im-sein-bei)的基本结构的东西。在《存在与时间》中，它又被海德格尔修改成为"作为在之旁存在的(在内心世界所遭遇的存在者之旁的)已经在之中(在世界之中)的先于自身存在"[Sich-vorweg-sein-schon-sein-in-(der-Welt-) als Sein-bei (innerweltlich begegnendem Seienden]。②

我们大可不必在这个复杂的"海德格尔－词组"上煞费苦心，而只须去关注隐蔽在这个词组之后的海德格尔对此在存在结构的本质定义。这个定义有三个层次，或者用海德格尔的话来说，存在的"结构性元素"有三个：先于自身的存在(Sich-vorweg-sein)，在之中的已

① 海德格尔：《存在与时间》，第193页。

② 参阅海德格尔：《存在与时间》，第192页。

经存在(im-schon-sein-in)和在之旁的存在(Sein-bei)：[①]“先于自身的存在”在海德格尔那里的定义是“朝向最本己的能在的存在”，它在本体论上是指：“此在在其存在中已经先于它本身”[②]；与它密切相关的是“在之中的已经存在”，“在之中”是指存在总是已经在世界之中的存在，此在总是“已经被抛入到一个世界之中”[③]；而“在之旁的存在”则意味着“忧烦”，意味着与其他存在者的相遇[④]。这三个元素共同地、不可分割地构成忧虑的整体性。因此，海德格尔强调，“忧虑结构的本体论元素整体肯定不能被回归为一个本体的‘原元素’”[⑤]；我们在这里可以将海德格尔的这句话加以完善：忧虑结构的本体论元素整体例如不能被回归为单一的意向性元素。如果我们从海德格尔的角度出发来为胡塞尔的意向性概念在海德格尔的忧虑结构中安排一个位置，那么，意向性大致可以放在与在(世界)之中的存在相并列的位置上。

显而易见，海德格尔对忧虑结构元素的三重定义是于他对存在的三重定义基本相符合的。在对存在的定义中，狭义上的忧虑是对存在的三个规定之一。而在这里对忧虑的分析，实际上已经是广义上的忧虑概念，它与存在概念是基本同义的。

问题论述到这里，我们已经可以了解到海德格尔用“忧虑”概念来替代胡塞尔“意向性”概念的具体操作和论证过程。我们可以概括地说，在海德格尔那里，1)忧虑作为此在的存在所具有的三重本质结构取代了意向性的本质单一性；2)忧虑作为自身在先的存在以其更

① 参阅海德格尔：《存在与时间》，第193页。(有时海德格尔也把前两个元素合并为一个元素。参阅同上书，第195、196页。)

② 参阅海德格尔：《存在与时间》，第191页。

③ 参阅海德格尔：《存在与时间》，第192页。

④ 参阅海德格尔：《存在与时间》，第192、193页。

⑤ 参阅海德格尔：《存在与时间》，第196页。

深刻的原本性取代了意向性的原本性。这样，对此在存在的忧虑结构的现象学分析在两个方面超越出对纯粹意识行为的意向性结构的现象学分析。[①]

① 对海德格尔的忧虑结构分析与胡塞尔的意向性结构分析的比较研究可以说是对海德格尔与胡塞尔之间理论联系的最根本研究，因为很显然，这两个概念在海德格尔和胡塞尔的哲学中各自占有中心的位置。类似的概念比较研究还有很多，例如，E.毕普塞维克(Edo Pivcevic)曾经指出过在海德格尔哲学中的“恐惧”(Angst)概念和胡塞尔的“悬搁”概念之间的相似性：“依照海德格尔的说法，‘恐惧’拆穿了我们在‘公共生活’中的自欺，使我们真正面对我们自己。‘恐惧’从头到尾去除掉一切外来的支持；它破坏了我们浑浑噩噩得过且过的习惯信念；它把我们推进自我意识，使我们看清自己所处的位置。它助使我们发现那些和我们自己与世界有关的基本事实，就这一点来讲，在某种程度以内，‘恐惧’具有笛卡尔的怀疑或胡塞尔的‘存而不论’一般的功能。”(E.毕普塞维克：《胡塞尔与现象学》，中译本，台北，1989年，廖仁义翻译，第200页；中译本将“恐惧”译作“焦虑”。)此外，海德格尔的“筹划”概念与胡塞尔的“视域”概念也有异曲同工之处，以及如此等等。我们在这里不再一一例出这些研究的方向。

第二章
胡塞尔的现象学与伽达默尔的解释学哲学

16. 哲学时代与哲学精神的变迁

现象学与解释学之间的密切联系是有目共睹的。自海德格尔在1910年左右提出“现象学的解释学”概念以来，这个术语一再地被奥斯卡·贝克尔、汉斯-格奥尔格·伽达默尔等人所运用和引用。[①]然而这种联结一般被理解为是解释学对现象学的克服：现象学提出理解的明见性、理解的无成见性的理想，而解释学则发现了所有理解的成见结构。这里似乎包含着一个矛盾：解释学对理解的成见结构的发现是借助于现象学的方法进行的。当海德格尔在提出“现象学的解释学”这一概念时，“现象学的”这个定语显然标志着解释学这门学科的方法论基础，它意味着一种要求，即对无成见性、无前设性和面对实事本身这样一种思维态度的要求：“不接受任何已有的东西，不把任何传统视为开端”。[②] 而在解释学的概念中则恰恰包含着这样一个结论：任何解释都必然具有在先的结构、在先的形式，无成见

① 参阅奥斯卡·贝克尔：“美的事物的衰败性和艺术家的冒险性。在美学现象领域中的本体论研究”，载于《胡塞尔纪念文集》，第39页；伽达默尔：《解释学》第二卷，第262页。

② 胡塞尔：《哲学作为严格的科学》，340。

性和无前设性只是一种美妙的幻想："一切理解本质上都包含着成见性"。[①] 很明显，如果不对现象学的方法作出与胡塞尔不同的新理解，那么在"现象学的解释学"（也包括"解释学的现象学"）这个组合词中，定语与主语是不和谐的，它给人的感觉就像"红的黑"或"圆的四方形"这样一类组合给人的印象一样。也许，这就是当今解释学代表人物伽达默尔从不把自己的解释学称为现象学的解释学的原因。我们今天听到的术语往往是"哲学的解释学"或"解释学的哲学"等等。

解释学的代表人物 H.-G. 伽达默尔出生于 1900 年，时值胡塞尔《逻辑研究》发表，而现象学运动尚未形成。1918 年从文科中学毕业后，伽达默尔便开始了他的哲学学习。他先在他家乡的布雷斯劳（现处波兰境内）大学随新康德主义者理查德・赫尼希斯瓦尔德（Richard Hoenigswald）开始哲学学习，一年后转到马堡大学，从师于新康德主义的"马堡学派"代表人物保罗・纳托尔普（Paul Natorp）和现象学哲学家保罗・尼古拉・哈特曼（Paul Nicola Hartmann）。据伽达默尔自己回忆，他第一次听到"现象学"这个名称还是在 1920 年。[②] 一直到 1922 年他完成博士论文《柏拉图对话中的快乐的本质》为止，在这段时间里，他与现象学接触很少。但一年之后，他慕名来到当时的德国哲学中心弗莱堡大学，作为纳托尔普的学生而受到胡塞尔的热情接待。他在弗莱堡期间听了胡塞尔和海德格尔的讲座和讨论课，对现象学有了较为深入的了解，并且"试图在胡塞尔和海德格尔那里学会现象学的描述方法"[③]。海德格尔在 1922 年担任马堡大学的副教授。1923 年，哈特曼转至科隆大学执教，空

① 伽达默尔：《解释学》第一卷，第 274 页。

② 参阅伽达默尔："回忆胡塞尔"，载于《胡塞尔与现象学运动》，第 13 页。

③ 伽达默尔：《解释学》第二卷，第 488 页。

下的正教授的教椅便由海德格尔接替。伽达默尔在此后的几年中（直至1928年海德格尔去弗莱堡接替胡塞尔的教椅为止）成为海德格尔在马堡的学生。这段经历对于伽达默尔具有决定性的影响，是他哲学生涯的真正开端。他1928年完成的教授资格论文《柏拉图的辩证伦理学——对“斐利布斯篇”的现象学阐释》已经以现象学方法自诩。此后他在马堡大学作为私人讲师长期从事教学并于1937年获得莱比锡大学哲学教授的位置。在纳粹统治德国期间，他虽然感到压抑，但在政治上非常矜持内向，用他自己的话来说，“总地说来，更聪明的做法是不要引人注目。”[①]这种做法使他在此期间免受纳粹的迫害和镇压。他甚至在这一时期还开设了有关胡塞尔哲学的课程。当时的胡塞尔作为犹太人已遭到贬诋，他的著作已遭到禁止，讲授胡塞尔的课程并非没有风险。伽达默尔的这种做法与他老师海德格尔截然相反。因而在纳粹德国战败后，他没有受到政治清查的影响，并且还担任（1946/47年）当时地处苏联占领区的莱比锡大学校长。1947年他转至美茵河畔的法兰克福大学任教。1949年，著名哲学家雅斯贝尔斯对德国现状感到失望，离开海德堡大学，去瑞士巴塞尔大学执教。伽达默尔作为雅斯贝尔斯的教椅继承人来到海德堡。1960年，他发表了《真理与方法》（《伽达默尔全集》第一、二卷）一书。此后，伽达默尔的哲学思想愈来愈受到人们的关注。而海德格尔的存在主义在盛行一时之后日趋冷落。海德堡大学逐渐取代弗莱堡大学而在本世纪六十年代末、七十年代初一度成为德国哲学的中心。目前德国各大学的许多较为著名的哲学家都曾在那一时期就学于海德堡大学。伽达默尔在这里任教，一直到1968年退休为止。退休之后，伽达默尔仍然精力充沛，不断地到国内外的各个大学讲课，影响

---

① 伽达默尔：《解释学》第二卷，第490页。

日益扩大。人们几乎可以把他退休后的这段时间称之为他的“第二青春”。但伽达默尔的最主要著作在1960年已经完成，以后的思想基本上没有很大变化。1967－1977年间发表的一些文章、报告等等被他收集在《短篇著作集》（《伽达默尔全集》第三、四卷）中出版，这些文字主要是对他的思想的前提和结论的进一步阐述和进一步的具体化。

一般认为，本世纪德国哲学所提供的划时代著作有三部：《逻辑研究》（1900/01年）、《存在与时间》（1927年）和《真理与方法》（1960年）。[①] 正如我们评价胡塞尔必然要谈论他的《逻辑研究》，评价海德格尔必然要谈论他的《存在与时间》一样，伽达默尔的作用和影响与他的《真理与方法》的划时代意义是分不开的，“评价伽达默尔的意义就意味着谈论他的划时代著作《真理与方法》”。[②] 在这三部著作中，《逻辑研究》与《存在与时间》之间的渊源关系已被人们谈论得很多。同样，《存在与时间》和《真理与方法》之间的内在联系也或多或少是明晰的。但人们往往忽视了对《逻辑研究》和《真理与方法》的总体考察。我们在这里首先要涉及到的是这方面的问题。

如果说《逻辑研究》和《真理与方法》都是哲学史上划时代的文献，那么我们面临的第一个具体问题便是，它们各自划分了两个什么样的时代。

胡塞尔《逻辑研究》的最初意义在于反心理主义。他在第一卷中令人信服地指出心理主义的最终结局是相对主义、人类主义或怀疑

---

① 当然，《真理与方法》是否能与前两部著作并列，对此还有争议，至少这不是一个对所有人都不言而喻的事实。例如，不莱梅大学哲学教授海尔曼·施密茨就认为：“事实是，还没有人能够走出胡塞尔、舍勒、海德格尔、萨特和梅洛－庞蒂的身后而崭露头角。”（施密茨：《新现象学》，第5页）

② 彼得·克里斯蒂安·朗（Peter Christian Lang）：“汉斯－格奥尔格·伽达默尔”，载于《哲学家辞典》，斯图加特，1989年，第267页。

主义。他致力于用一门带有客观有效性的纯粹逻辑学来结束当时流行的主观主义的统治地位,他抱负着使人们在一个怀疑主义的时代站稳脚跟的使命。也正是在这个意义上,伽达默尔认为,胡塞尔一生的最重要动机在于回答这样一个问题:我怎样才能成为一个诚实的哲学家?也就是说,我怎样才能在一种绝对的自我负责性中证实思维的每一个步骤的合法性?[①] 寻求理性的最终根据和最终确定性因而是胡塞尔哲学思想的最主要特征。《逻辑研究》的第二卷就是试图为这种寻求提供一个方法论的基础。所以我们可以笼统地说,《逻辑研究》的划时代意义首先是在于对相对主义、主观主义思潮的克服。而且,这项工作在他后期的哲学思想中也从未退居为第二性的。在1911年发表的《哲学作为严格的科学》一文中,胡塞尔一方面继续反对自然主义和心理主义,另一方面则开辟了批评狄尔泰的历史主义的新战线。所谓历史主义,是指一种特别突出历史意识的哲学观点,即认为,任何认识都伴随着关于一切事物、包括精神事物生成的意识。一般的批评认为,这种观点过分强调历史–生成的考察方式,并因此而牺牲了分析–系统的考察方式;它避开当下而回到过去,这样便有损于已有事实的真理价值并将这些事实相对化。[②] 这种历史主义在胡塞尔看来最终会导致怀疑主义和主观主义的观念,即主张哲学的任务仅仅在于写下自己的历史,因而是一些不诚实的哲学家们的放任自流:"显而易见,如果将历史主义坚定地贯彻到底,它就会导

① 参阅伽达默尔:"总结报告",载于《真理与证实》(第四届国际现象学研讨会文献),H.L.范·布雷达主编,海牙,1974年,第213页;还可以参阅伽达默尔:"回忆胡塞尔",载于《胡塞尔与现象学运动》,第16页。

② 卡尔·波普(Karl Popper)的历史主义概念不同于上面所说的历史主义概念。波普认为有些社会科学的主要目的在于作出历史的预言,而要达到这个目的必须首先发现历史过程的基本规律;他将这种社会科学称之为"历史主义"。

向极端怀疑的主观主义。”[①]在 1935 年所作的“欧洲人的危机与哲学”的维也纳讲演中，胡塞尔再次批评狄尔泰在方法上和实事上没有摆脱自然与精神、历史主义与客观主义的二元论，仍然停留在自然科学的客观主义上不能自拔。[②] 胡塞尔认为历史主义与心理主义原则上是殊途同归，因而实际上无须再重复《逻辑研究》已进行过的批判。我们在这里之所以突出胡塞尔对历史主义的指责，是因为这种指责在某种程度上可以被看作是在胡塞尔与伽达默尔的解释学之间过早发生的一场冲突。[③]

对历史主义的批判主要是针对狄尔泰（Willhelm Dilthey）的历史科学观所发。这是一场在唯心主义和相对主义之间的争论。我们可以在伽达默尔的著作《真理与方法》中，以及在格奥尔格·米施（Georg Misch）的著作《生命哲学与现象学》中和在 St. 施特拉塞尔（St. Strasser）的文章“‘理解’问题之新观”中找到关于这场争论以及关于狄尔泰与胡塞尔之间关系的重要论述。[④] 米施的著作是从生命哲学的角度，施特拉塞尔是从现象学的角度来探讨狄尔泰与胡塞尔的关系。伽达默尔则试图以中立者的身份面对这一关系。但我们在这里的主要兴趣实际上并不在于胡塞尔与狄尔泰的关系，尽管这也是一个极为重要的研究课题，而是在于伽达默尔对这个关系所持的基本态度：在这场唯心主义独断论与相对主义怀疑论的论争中，在这

---

① 胡塞尔：《哲学作为严格的科学》，324/6。

② 参阅胡塞尔：《欧洲科学的危机与先验现象学》，第 344 页。

③ 我在这里之所以在解释学之前加上伽达默尔一词，是因为由另一位当今解释学代表人物约尔根·哈贝马斯所主张的解释学在这一点上与胡塞尔并无重大分歧。我们在后面将会展开这一问题。

④ 参阅伽达默尔：《解释学》第一卷，第二部分中的第 2 段落“狄尔泰陷入历史主义的困境”和第 3 段落“现象学研究对认识论问题的克服”；G. 米施：《生命哲学与现象学。狄尔泰学派与海德格尔和胡塞尔的分歧》，莱比锡，1931 年；St. 施特拉塞尔：“‘理解’问题之新观”，载于《真理与证实》，第 132－189 页，尤其是第 134－141 页。

两个对伽达默尔都具有重要影响的思想家的交锋中，伽达默尔本人究竟站在哪一边。一旦这个问题得到澄清，那么我们对伽达默尔哲学思想的基本倾向也就可以获得大致的把握，我们对《真理与方法》的划时代意义也就可以得到一般的理解。

在《真理与方法》一书中，狄尔泰和胡塞尔是除了亚里士多德、柏拉图、黑格尔、海德格尔之外被伽达默尔引用得最多的两个思想家。在狄尔泰和胡塞尔之间有许多共同的地方：这种共同性按照施特拉塞尔的归纳至少可以表现在以下三个方面：1)他们都认为，意识生活是他们哲学的必然出发点；2)他们都坚持内在经验是直接的确然性；3)他们都主张，实证科学所探讨的所有实在都可以被回译成意识生活的语言。①

但同样显而易见的是，在狄尔泰与胡塞尔之间还存在着各种对立。这种对立首先表现在他们哲学各自的特性上。在胡塞尔那里，纯粹意识、理论理性是第一性的。他可以说是一个浮在空中的思想家。所谓浮在空中是指：他要把握的是作为观念的可能性，而不是作为事实的现实性。并且，"奠基"的思想导致胡塞尔认为，对其他如意愿、情感这种非奠基性的(即被奠基的)意识行为的研究必须以对奠基性的意识行为(客体化的意识行为)的认识为前提。在这方面，胡塞尔或多或少继承了西方哲学自笛卡尔以来，并且在康德那里尤为突出的认识传统。② 而狄尔泰的情况则恰恰相反，他更多地接受了海尔德(J. G. Herder)、施莱尔马赫(F. Schleiermacher)和浪漫主义

---

① 参阅《真理与证实》，第134页。当然，我认为，第三点在狄尔泰那里表现得并不十分彻底。

② 我们尤其可以回想一下康德所提出的人类精神生活诸问题的顺序：1)我能够知道什么？2)我应当做什么？3)我可以希望什么？4)人是什么，等等。(参阅康德：《逻辑学讲义》，A26)

的精神遗产（事实上还包括谢林（F. W. J. Schelling）、叔本华和尼采的精神遗产），把重点放在情感体验、生命体验这类感情意识上。狄尔泰有一句名言："在洛克、休谟和康德所构造想的那种认识主体的血管中流的不是真正的血，而是作为单纯思维活动的理性的稀薄汁水。而我对完整的人的历史的和心理学的研究则导致我将这个具有多种力量的人、这个愿望着、感受着、表象着的生物也看作是解释认识的……基础。"[①]在胡塞尔和狄尔泰之间的这一对立因而实际上是近代欧洲哲学两种传统的对立，并且，这种对立在胡塞尔和海德格尔、舍勒的关系中也有所表现。

在胡塞尔与狄尔泰之间存在着的另一个差异显然与方法有关。狄尔泰不具备内在的本质直观的概念，不理解意识生活中意向性的关键意义。胡塞尔认为，这一缺陷是导致狄尔泰（也是布伦塔诺）在精神科学中不能摆脱历史主义，在自然科学中不能摆脱客观主义的主要原因。在胡塞尔那里，所谓意向性无非是指意识在自身的活动中构造对象的本质能力。对意向性的发现在某种程度上排斥了长期以来占统治地位的笛卡尔的二元论影响，它为人们提供了从主体意识出发解释客体实在、客观世界的形成的可能性。

在胡塞尔与狄尔泰至此为止的对立中，伽达默尔明白地站在胡塞尔一边。在对狄尔泰的态度上，伽达默尔像胡塞尔一样批评狄尔泰的客观主义和历史主义。他认为胡塞尔关于"构造"和"意向性"的学说对狄尔泰思想起了重要的影响，使狄尔泰把精神世界从自然领域中的因果关系区别出来，但狄尔泰始终没有放弃精神科学应当具有与自然科学一样的客观性的观点（客观主义），始终没有放弃用解释学来为历史科学奠定基础的尝试（历史主义），因而始终也没有能

---

① 狄尔泰：《精神科学引论》，《狄尔泰全集》第一卷，斯图加特，1957年，第XVIII页。

够摆脱客观主义或历史主义的绝境。[①]

而在对胡塞尔的态度上，伽达默尔则直截了当地承认他对现象学方法的继承，至少在《真理与方法》第二版发表时，他明确地强调："我的这部书在方法上立足于现象学的基础，这是确实无疑的。"[②]这种方法上的继承过程具体地说是通过海德格尔的中介而完成的："是海德格尔才使人们普遍地意识到，在实体这个概念对于历史存在和历史认识而言的不合适性中，包含着多么彻底的思维要求。只是通过海德格尔，狄尔泰的哲学意向才得到发挥。海德格尔将他的研究建立在胡塞尔现象学的意向性研究的基础上，这种意向性研究是一次关键性的突破，因为它根本不是像狄尔泰所说的那样是极端的柏拉图主义。"[③]意向性研究之所以是一个突破，这是因为：一方面发现意向性的方法——现象学的本质直观为精神科学提供了方法论基础；另一方面，意向性的发现表明自然科学的真正基础是在精神科学之中。前者为人们提供了克服历史主义困境的可能，后者则使人们有可能从客观主义的结论中摆脱出来。

但伽达默尔同时又坚决地反对任何将解释学纳入到现象学的体系之中的作法，坚决地反对将解释学隶属于现象学。这在某种程度上与他对狄尔泰的继承不无关系。我们在前面曾引用过奥斯卡·贝克尔在纪念胡塞尔七十诞辰的文集中发表的文章，他在一个脚注中试图用以下的说明来说明在胡塞尔先验现象学和海德格尔事实解释学之间的渊源关系："谁要是把胡塞尔的现象学与所谓'心理主义的'和'人类主义的'事实解释学作为相互陌生，甚至相互敌对的学说对立起来，谁就在最大的程度上误解了胡塞尔现象学的意向，至少是误

① 以上参阅伽达默尔：《解释学》第一卷，第229、244、264页。

② 伽达默尔：《解释学》第二卷，第446页。

③ 伽达默尔：《解释学》第一卷，第247页。

解了自1913年《纯粹现象学和现象学哲学的观念》发表以来的胡塞尔现象学的意向。”[①]紧接着他又具体地解释说：“现象学的解释学的趋向在于(尽管不只是在于)对《纯粹现象学和现象学哲学的观念》所做的先验唯心主义奠基进行具体化，将那里的一些尚未被规定的区域进一步加以确定，首先是不仅确定了‘心理’主体的有限性，而且也确定了任何一个对基础本体论来说事关重要的主体性连同其广泛的结论(死亡、历史性、‘有罪’等等)的有限性。下面将会表明，正如这些结论延伸到例如数学哲学上一样，它们也延伸到美学上。如果将这种‘人类主义’与胡塞尔在《逻辑研究》已彻底克服了的老‘心理主义的人类主义’混为一谈，那就意味着完全误解了自1913年以来的现象学发展！”[②]在贝克尔看来，现象学从胡塞尔到海德格尔的发展在逻辑上是连贯的。胡塞尔的先验本质现象学在海德格尔这里被运用于到具体的领域中，一门先验事实的解释学从而得以产生；胡塞尔所完成的“纯粹现象学”(第一哲学)和海德格尔所完成的“现象学哲学”(第二哲学)终于合为一体，实现了《纯粹现象学和现象学哲学的观念》的哲学总体设想。因而，按照贝克尔的说法，解释学与胡塞尔的先验哲学意图是相符的，并不是一种向胡塞尔在《逻辑研究》中已批判过的人类主义、相对主义的回复。

对贝克尔的这一说法，伽达默尔似乎始终耿耿于怀。尽管他清楚地知道，贝克尔原先是胡塞尔的学生，尔后又成为海德格尔的学生，因而他的这个脚注实际上是一种在海德格尔的新突破与胡塞尔的原初哲学设想之间进行调和的最初尝试，而不是一项通过广泛深

① 奥斯卡·贝克尔：“美的事物的衰败性和艺术家的冒险性。在美学现象领域中的本体论研究”，载于《胡塞尔纪念文集》，第39页。

② 奥斯卡·贝克尔：“美的事物的衰败性和艺术家的冒险性。在美学现象领域中的本体论研究”，载于同上书，第39页。

入的哲学思考而得出的成熟的结论(这种结论在1927年是不可能作出的)。但伽达默尔却一再抓住贝克尔不放,[①]批评贝克尔把"解释学纳入到先验现象学之中和先验现象学之下"的做法"实属过分",没有看到海德格尔在《存在与时间》中提出的解释学是一种"在现象学范围之外的哲学奠基",从而展示了一个与现象学不同的解释学新维度。[②] 伽达默尔所作的这些重复一开始会给人以喋喋不休、小题大做的感觉,但稍微仔细考虑一下便可悟出,醉翁之意不在酒,伽达默尔的目的并不在于维护海德格尔相对于胡塞尔的独创性,而是为了强调解释学考察相对于现象学研究的新维度。

就解释学自海德格尔以来的发展而言,它已经超出胡塞尔所设定的哲思范围之外,为二十世纪的人们提供了一个新的哲学角度,指明了新的认识可能性;这一点,不仅对于以海德格尔和伽达默尔为首的解释学学派来说是不言而喻的,而且对于以胡塞尔为首的正统现象学学派来说也是一个无可否认的事实:这一派的代表人物芬克在1959年便说过:"人们喜欢将海德格尔的人的此在概念解释为是对胡塞尔的抽象意识概念的'具体化'。这种作法对这两位思想家来说都是不公正的。海德格尔对人的思索从根本上不同于胡塞尔。在他这里,第一性的问题不在于一个知识主体与周围事物的意向相关性,

---

① 仅就我对伽达默尔著作的有限认识而言,他已在四篇著述中对贝克尔的这一说法提出异议:1.在1960年的《真理与方法》中(参阅伽达默尔:《解释学》第一卷,第260页);2.在1963年的"现象学运动"的文章中(参阅伽达默尔:《新近哲学》第一卷,第128页);3.在1969年举行的第四届国际现象学研讨会上(参阅《真理与证实》,第211页;也可参阅伽达默尔:《新近哲学》第一卷,第161页。);4.在1991年关于"狄尔泰学派与解释学"的文章中(参阅《哲学评论》,1991年,第3期,第169页)。

② 参阅伽达默尔:《新近哲学》第一卷,第161页;"狄尔泰学派与解释学",载于《哲学评论》,1991年,第3期,第169页。

而在于人对于存在的在先开放性。"[①]从这方面来看，贝克尔的说法在今天已被证明是片面的。但我们不要忘记，贝克尔不仅否认"事实的解释学"是在胡塞尔先验现象学之外的哲学奠基，而且同时还否认这种在现象学之外的奠基导致了胡塞尔在《逻辑研究》中所批判的"人类主义"和"相对主义"。如果前一个否定已被视为是错误的，那么后一个否定的可靠性是否也值得怀疑呢？换言之，我们是否可以说，解释学的确超越出了胡塞尔现象学的问题范围，但这种超越实际上却同时意味着一种向胡塞尔已批判过的"人类主义"和"相对主义"的回复？

从方法上说，解释学所依据的是现象学的基本操作原则，因而在这方面对现象学并无超越可谈。伽达默尔对胡塞尔的批评并不在于方法问题。相反，他认为，胡塞尔的将哲学建设成为一门严格科学的追求最终导致了"一次真正的文艺复兴"。[②] 但伽达默尔并不认为胡塞尔用他的方法达到了他预期的目的，即认识的绝对确然性："事实性的人类此在根据其'埃多斯'、根据其本质只能在现象学的研究中得到揭示，但人类此在是一次性的、有限的和历史的，它实际上不愿被看作是一个埃多斯的事例，而想作为最实在的事物而得到承认，这就产生了一个困境，一个原则性的问题。胡塞尔和整个现象学研究在这个困境中经历到了自身的局限性、有限性和历史性。"[③]伽达默尔的这一批评是有代表性的，它实际上揭示了在胡塞尔的现象学与舍勒、海德格尔和伽达默尔现象学之间的一个根本性冲突：在胡塞尔那里，对实在存在(Existenz)的把握必须依据对本质存在(Essenz)

---

① 《胡塞尔与近代思想》(第二届国际现象学研讨会文献)，H.L.范·布雷达和J.塔米尼奥(J.Taminiaux)主编，海牙，1959年，第154页。

② 伽达默尔：《新近哲学》第一卷，第105页。

③ 伽达默尔：《新近哲学》第一卷，第109页。

的认识；而在后者看来，实在的存在要先于本质的存在。在这两个相反的趋向之间有一条鸿沟，它可以说是为胡塞尔的绝对的先验认识画上了一条界线，从而表明胡塞尔的先验唯心主义独断论没有能够如愿地建立起一座无所不包的科学理性大厦，而且也表明现象学方法并不能绝对地推导出胡塞尔所设想的整个认识论模式。当然，这里被否定的并不是作为分析手段的现象学方法的有效性，而是作为先验唯心主义体系之依据的现象学方法的绝对性。换言之，现象学的方法在伽达默尔看来仍然是十分有效的，但它还未有效到足以使自己成为一种绝对的方法，足以使先验的观念论（唯心论）达到自身能够论证自身的地步。因此，伽达默尔对现象学方法的绝对性的否认实际上也意味着对绝对主义认识论的摒弃。

现象学方法的有效性是相对的。但它在摆脱了绝对性的理想之后仍可以被运用在人类此在生活的领域中，虽然由此而得到的不再是对先验生活的绝对认识，而是对人的实在生命（生活）的相对认识。对现象学方法的再解释在一定的程度上消除了胡塞尔的哲学方法和狄尔泰的哲学课题之间的两个对立。由此，胡塞尔的现象学与狄尔泰解释学之间结合的可能性便得以展露。

我们可以初步得出这样的结论：《真理与方法》的划时代意义在把胡塞尔的现象学方法与狄尔泰的解释学课题结合在一起，把德国的浪漫主义传统和唯心主义传统结合在一起，同时超越出这两者之上，在二十世纪的后半叶推出一个新的集德语哲学之大成者。

但我们是否也应当从另一个角度来评价《真理与方法》：它尽管在其他方面有划时代的表现，但只要它否认绝对客观认识的可能性，只要它坚持人类认识的直接性是一个不切实际的幻想，那么它在总体上便并没有超越出胡塞尔在《逻辑研究》中所批判的“相对主义”、“怀疑主义”和“人类主义”的范畴？在这个意义上，如果说胡塞尔的

《逻辑研究》所开创的时代是一个以绝对主义独断论为标志，并且同时能够跨越观念论和经验论的时代，那么伽达默尔的《真理与方法》所开创的时代便可以说是一个以相对主义怀疑论为标志，并且同时能够跨越浪漫主义和唯心主义的时代。当然，与《逻辑研究》的划时代特征相比，《真理与方法》还不能说是在严格的意义上"开创时代"。换言之，如果说《逻辑研究》创造了绝对主义的时代精神，那么《真理与方法》则只是与相对主义的时代精神相呼应。在与《真理与方法》一书同年出版的巨著《当代哲学主流》第一卷中，已经过世的慕尼黑大学哲学教授沃尔夫冈·施泰格穆勒（Wolfgang Stegmueller）就已经看到了这个相对主义时代的到来："人们今天比以往更倾向于把那种追寻一个一切科学和哲学以之为基础的无可动摇的磐石的努力看作是幻影。"①

也许绝对主义和相对主义的划分本身就过于简单。而我们在这里的目的也不在对这个论点的展开。关于这个问题的争论，我想用著名哲学家勒泽克·科拉克夫斯基（Leszek Kolakowski）的一段话来作结束语："我的意图并不在于暗示人们，胡塞尔对新的先验合理性和对完善的确然性的源泉的追寻是没有价值的。我只是认为，他的尝试没有达到目的，正如所有想达到认识论的绝对之物的尝试也许都必然会失败一样。但我将他的事业看作是一项对我们的文化来说具有极为重大价值的事业，我这样做有两个理由：他比任何一个人都更多地迫使我们认清知识的窘迫境况：要么是彻底的经验主义连同其相对主义、怀疑主义的结论，它被许多人看作是一个令人沮丧的、不能被接受的、并且事实上会给我们的文化带来毁灭的立场；要么就是先验主义的独断论，它实际上无法论证自身，并且最终仍然还

① 沃尔夫冈·施泰格穆勒：《当代哲学主流》第一卷，斯图加特，1978年，第94页。

是一个随意性的决定。我不得不承认，尽管最终的确然性是一个在理性主义范围之内无法达到的目的，但如果没有那些不断努力试图达到这个目标的人们，我们的文化就将会是贫乏而可怜的；而且，如果我们的文化完全落入怀疑主义者们的手中，那么它将几乎无法继续生存下去。我相信，人类的文化永远不可能达到对它的各个杂多而不统一的组成部分的完善综合。然而，恰恰是它的各种成分的不统一性才有助于它的丰富多彩。而使我们的文化得以保持其生命力的，与其说是各种价值之间的和谐，不如说是各种价值之间的冲突。"①

我想，话说到此，有关相对主义和绝对主义、独断论和怀疑论、唯心主义与经验主义的各自在哲学史上的地位的问题，可说是言之已尽，任何附加和补充都会有画蛇添足的危险。当代的欧洲哲学不再讨论这些问题，也许正是出于类似的考虑。

但我们还要深化解释学的另一个划时代的特征，探讨解释学如何不仅将狄尔泰的课题与胡塞尔的方法结合为一体，从而将德国浪漫主义和唯心主义的传统融于一身；而且还在一定的程度上将这两者与德国思辨唯心主义，尤其是与黑格尔的思辨唯心主义结合为一体。

17. 胡塞尔与伽达默尔各自的"体验"、"生命"、"理解"概念

我们在前面曾用"Erlebnis"（体验、经历生活）和"Entlebnis"（脱

① 勒泽克·科拉克夫斯基：《寻找失落了的确然性》，斯图加特，1977年，第96－97页。

离生活)这一对概念来说明胡塞尔与海德格尔各自哲学观的差异。无独有偶,在这里,我们又要从“Erlebnis”(体验)和“Ergebnis”(结果)这一对概念出发来比较胡塞尔和伽达默尔的基本哲学观。

伽达默尔在《真理与方法》一书中用大量的篇幅阐述了“体验”的“语词史”和“概念史”,并且认为:“‘体验’这个语词构成中包含着一个浓缩的、强化的意义。”①伽达默尔的这个说法也许适用于对狄尔泰的“体验”概念的解释,但却并不符合胡塞尔对“体验”一词的运用。

“体验”概念在胡塞尔那里是与“意识内容”、“我思”(cogito),“意识活动”(noesis)、“意识行为”等等概念同义的。“在这个意义上,感知、想象意识和图像意识、概念思维的行为、猜测与怀疑、快乐与痛苦、希望与忧虑、愿望与要求,如此等等,只要它们在我们的意识中发生,便都是‘体验’或‘意识内容’。”②因而胡塞尔一再强调:体验一般构成现象学研究对象的“最高的属”,现象学的研究课题就是“在特别广泛的意义上的意识,或者更清楚地说,意识体验一般”,“现象学就是纯粹体验的描述性本质论”。③ 当然,胡塞尔的这些说法还有片面之处,因为自1913年发表《纯粹现象学和现象学哲学的观念》以来,胡塞尔已开始关注原先被忽略了的作为体验之结果的体验对象极,即意识对象,所以他在《纯粹现象学和现象学哲学的观念》第一卷中也说:“我们几乎可以这么说:在体验中被给予的是意向连同意向的客体,意向客体本身不可分割地属于意向性,因而也就实项地寓居于意向本身之中。”④我们在后面还会展开这方面的说明。但无论如何,我们由此可以把握到这个贯穿于胡塞尔哲学始终的主要特征:意

① 伽达默尔:《解释学》第一卷,第72页。

② 胡塞尔:《逻辑研究》第二卷,第一册,A326/B 347。

③ 参阅胡塞尔:《纯粹现象学和现象学哲学的观念》第一卷,[25]、[60]、[140]。

④ 胡塞尔:《纯粹现象学和现象学哲学的观念》第一卷,[186]。

识生活作为哲学的必然出发点。在这里,我们可以把这句话等值地改写为:体验是现象学研究的必然出发点。

胡塞尔的学生、著名波兰哲学家罗曼·英加尔登曾对胡塞尔的“意识”概念做过三个层次的划分:

“1.根据‘纯粹意识’的最广泛的概念,‘纯粹意识’包括:所有‘意向行为’+所有原初的‘感觉材料’+所有意向相关项,无论它们是在哪一个构造阶段上;

2.‘纯粹意识’的本质上较为狭窄的概念使我们只能把所有‘意向行为’以及所有原初的‘感觉材料’算作是‘意识’;最后,

3.根据‘意识’的最狭窄概念,属于意识的只有所有意向行为。”①

英加尔登的这一划分当然也适用于意识的同义词“体验”:他所说的意识概念3)相当于体验概念中的“意向体验”部分,即意向活动(noesis);意识概念2)则等同于体验概念中的“描述的、实项的内容”,胡塞尔有时也将它称之为“现象学的内容”;它包括感觉材料(hyle)和意向活动(noesis);②而意识的最宽泛概念,即概念1)则既包含作为动词的“体验”(即“非意向的体验”和“意向的体验”,它们构成体验的行为:“erleben”),也包含作为名词的“体验”(即被体验到的东西:“das Erlebte”;胡塞尔也将它称之为“体验的意识客体”③)。

---

① R.英加尔登:“论E.胡塞尔的先验唯心主义”,载于《胡塞尔与近代思维》,第203页。胡塞尔本人对“意识”概念也有三层划分(参阅《逻辑研究》第一卷,A325/B 346),但那个划分所涉及的是传统意义上的,而非他本人的“意识”概念。

② 胡塞尔:《纯粹现象学和现象学哲学的观念》第一卷,[65]:“我们将最广泛意义上的体验理解为处在体验流之中的任何东西;也就是说,不仅那些在完整的具体性中被把握的意向的体验、现时的和可能的思维属于体验;而且那些处在体验流和其具体部分中的实项因素也属于体验。”

③ 胡塞尔:《纯粹现象学和现象学哲学的观念》第一卷,[186]。

我们可以参考下表：

意识
(Bewußtsein)

描述的、实项的内容 (deskriptiver, reeller Inhalt)		意向内容 (intentionaler Inhalt)
(第一性的) 非意向的体验 感性材料 (hyle)	(第二性的) 意向体验 意识活动 (Noesis)	意向对象 被意指的对象 体验的意识对象 (Noema)

如上所述，在胡塞尔的体验概念中，最重要的本质特征应当是：构造性或意向性，它显示出体验行为(erleben)和被体验之物(das Erlebte)之间的本质关系：体验(意识活动)通过对体验内容(感觉材料)的统摄或意指构造出体验对象(意识对象)。体验表现出活力、创造力。尽管体验中非意向因素，也就是感觉材料，是死的，但体验中的意向因素，即意识活动，是活的，它赋予死的材料以"意义"，赋予死的材料以"灵魂"。所以，从作为整体的体验来看，胡塞尔认为："体验不应被看作是……死的东西，不应被看作是'内容的复合'。"①伽达默尔无疑也看到了这一点，他合理地指出："虽然胡塞尔也承认非意向的体验，但这种体验作为材料的因素也进入到意向体验的意义统一之中。"②

此外，"体验"概念在胡塞尔的哲学中还包含着另一层意义，这层意义与前一层意义是密切相关的，即：体验的原真性(Originaritaet)。这个原真性所指的不是在直向思维中对意识客体的直接把握，不是原本性(Originalitaet)，而是指在反思中显现出来的对各种

① 胡塞尔：《纯粹现象学和现象学哲学的观念》第一卷，[178]。

② 伽达默尔：《解释学》第一卷，第72页。

意识行为的自身感受;前者只是感知才具有的特征,[①]而后者则是所有自身的、第一人称的意识行为都具有的一个本质因素。[②] 具体地说,例如,我感受到痛苦和我回忆我的痛苦,在这两个痛苦之间有原本性的差异,前者是原本的,后者是再造的;我对自身痛苦的感受和我对他人的痛苦的感受,在这两种感受之间有原真性的差异,前者是我对痛苦的亲身体验,因而是原真的,后者只是我对他人体验的同感,因而只是移情的。实际上,在中文的"体、验"这两个字中已经表述出"原真性"这层含义:体验一般被理解为"亲身的"(体)"经历"(验)。德文的"Erlebnis"一词中也含有这层意思。我们在后面将会看到,这层意思在狄尔泰那里也被称之为"Lebendigkeit",即生动性或生命性。[③]

与在胡塞尔哲学中一样,"Erlebnis"(体验)在狄尔泰哲学中也占有中心位置。但在狄尔泰那里还有一个与"Erlebnis"(体验)密切相关的概念:"Ergebnis"(结果)。伽达默尔对狄尔泰的著作极为熟悉。在对"体验"一词的语词史进行考察之后,他指出,在狄尔泰的"体验"概念中包含着双重因素:"泛神论的因素和实证论的因素,即体验(Erlebnis)和它的结果(Ergebnis)。"[④]这个结论与伽达默尔所考察的"体验"一词的词源是相符合的:"'体验'一词的构造显然以这两个方面的含义为根据:一方面是直接性,这种直接性要先于所有的

---

① 参阅胡塞尔:《被动综合分析》,第4页:"感知……就是原本性意识。"

② 参阅胡塞尔:《纯粹现象学和现象学哲学的观念》第一卷,[225]:"另一方面,每一个体验(或者说,每一个真实生动(lebendige)的体验)都是'当下存在的'体验。在它的本质中包含着对它本身进行反思的可能性,在这种反思中,体验的特征必然被描述为是确然的和当下存在着的。"

③ 在德文中"Leben"(生活、生命)、"Lebendigkeit"(生动性)、"Erleben"(体验)以及"Lebenswelt"(生活世界)都具有"leb"这个词根;而在中译文中无法体现这几个词的一致性。

④ 伽达默尔:《解释学》第一卷,第70页。

解释、加工或传达，并且仅仅为解释提供依据，为构造提供材料；另一方面是从这种直接性中获得的收获，即它的恒久的结果（Ergebnis）。”[①]“Erlebnis”（体验）所包含的词根是“leb”，即“生命”或“生活”。所以伽达默尔合理地说，“在体验中显现出来的是生命，这只是意味着，我们所要返归的最终的本源是生命。”[②]伽达默尔的这个解释与体验的词源是相一致的。同样，“Ergebnis”（结果）一词包含的词根是“geb”，即“给予”。伽达默尔将它等同于“生命的客体化”，也就是生命的创造物或“结果”。[③] 从这个意义上说，“体验”（生命）是第一性的、本源的，“结果”（被给予）是第二性的、派生的。因而，在体验一词的两个含义中，“体验统一表现了被给予之物的现实统一”[④]。据此，伽达默尔认为，狄尔泰的生命概念具有目的论的意向：“因为生命在意义构成物中客体化了，所以，所有对意义的理解都是‘将客体化的生命回置到它们产生于其中的精神的生命性中’因而体验概念构成了所有关于客体的认识的认识论基础。”[⑤]

我在这里还无法确切地肯定，伽达默尔对“体验”概念的分析，尤其是对狄尔泰的“体验”概念的分析，在多大的程度上带有“解释”的成分。如果这种解释不是随意的，那么狄尔泰“体验”概念的这两个含义也是与胡塞尔对“体验”的理解与规定的基本内涵相一致的，甚至可以说，狄尔泰的“体验”概念中含有某种与胡塞尔的“主体构造”思想相应的东西。伽达默尔认为，这是由于狄尔泰在这一点上受了胡塞尔的启发。[⑥] 我们至少可以肯定，“将客体化的生命回置到它们

---

① 伽达默尔：《解释学》第一卷，第 67 页。
② 伽达默尔：《解释学》第一卷，第 72 页。
③ 伽达默尔：《解释学》第一卷，第 71 页。
④ 伽达默尔：《解释学》第一卷，第 71 页。
⑤ 伽达默尔：《解释学》第一卷，第 71 页。
⑥ 伽达默尔：《解释学》第一卷，第 248 页。

产生于其中的精神的生命性中”，这个思想在胡塞尔和狄尔泰的“体验”概念中都具有重要的位置，它一方面表明，客体产生于主体之中，另一方面它意味着，自我(ego)是他我(alter ego)的基础。一言以蔽之，“体验”指明了先验自我生命的原始性和创造性。

但伽达默尔在《真理与方法》一书中之所以不惜用大量的篇幅来讨论“体验”概念，其目的并不是在于介绍狄尔泰或胡塞尔的思想，而是在于借此概念指出这两人思想中所包含的困境以及解释学克服这些困境的必要性和必然性。伽达默尔批评胡塞尔和狄尔泰说：“本体论的在先把握(Vorgriff)在胡塞尔那里和在狄尔泰那里是相同的”。[①] “在先把握”是借用了海德格尔的概念，它暗示理解所具有的“在先形式”(Vorform)和认识的有成见性；而“本体论的在先把握”是对胡塞尔和狄尔泰的这样一个质问：“在他们两人那里，生命概念的真正内容是否过多地受到从最终的被给予性出发进行推导这样一种认识论模式的外来影响。”[②]这就是说，伽达默尔认为，胡塞尔的最终论证(Letztbegruendung)的思想，或者说，“将客体化的生命回置到它们产生于其中的精神的生命性中”的思想本身就是一个认识论的成见，它束缚了胡塞尔思想的发展，使胡塞尔一直停留在自我意识的内在性中，未能超出意识去朝向生命的“功能圈”。因此，伽达默尔得出结论说：“实际上，生命概念的思辨内涵在这两个人那里都始终没有得到展开”。[③] 这里的“思辨”一词显然与传统意义上的“形而上学”密切相关。狄尔泰的过失在于“只是为了与形而上学的思维进行对抗才寻找生命这个立足点”；而胡塞尔的过失在于“没有想到生命

---

① 伽达默尔：《解释学》第一卷，第254页。

② 伽达默尔：《解释学》第一卷，第254页。

③ 伽达默尔：《解释学》第一卷，第255页。

概念与形而上学传统，尤其是与思辨唯心主义的联系”。[①]

的确，在胡塞尔和狄尔泰的思想中都缺乏思辨的因素，因为它恰恰是胡塞尔和狄尔泰一生孜孜不倦所要避免、所要反对的东西；胡塞尔这样做是出于笛卡尔和康德等人的直观主义传统意识，狄尔泰则是出于海尔德和施莱尔马赫的浪漫主义传统意识。

那么这个被胡塞尔和狄尔泰忽视了的、通过思辨才能达到的“功能圈”在伽达默尔那里究竟是指什么呢？伽达默尔在这个问题上诉诸于黑格尔的思辨唯心主义传统和约尔克伯爵（Graf Yorck）的现代研究。他认为，约尔克伯爵在这方面所作的工作实际上要比胡塞尔和狄尔泰更多，因为他指明了两种可能性：“他不仅抱着认识论的意图而回返到生命上，而且还紧紧地把握住由黑格尔所发掘出的生命和自身意识之间的形而上学关系。这就是他超出狄尔泰，并且也超出胡塞尔的地方。”[②]这两种可能性分别意味着两个不同的方向：一个是返回到生命本身，并从生命中推导出他物或他人的方向，如上所述，这是胡塞尔所遵循的以及狄尔泰后来试图遵循的原则；另一个方向则在于哲学按照自然的进程“重复生命的实验”，重复生命从意识到自身意识的进程。如果我们把前一个方向称之为“生命哲学”的努力，那么后一个方向便可以被标志为“自然哲学”的追求。这当然很容易让我们联想到由谢林提出并在黑格尔那里得到进一步贯彻的同一哲学思想。伽达默尔也承认这一点，他认为约尔克“确实是在思辨唯心主义的同一哲学的水平上作进一步的思考”。[③] 这样，意识的基本特征就不仅是自发的，同时也是从属的。生命既构造对象，对象

---

① 伽达默尔：《解释学》第一卷，第 255 页。

② 伽达默尔：《解释学》第一卷，第 258 页。

③ 伽达默尔：《解释学》第一卷，第 258 页。

也造就生命。[①] 胡塞尔在《逻辑研究》第一卷中曾批判过这一做法并戏谐地讽刺说："我们在玩着一种优雅的游戏：从世界中发展出人，从人中发展出世界；上帝造人，人造上帝。"[②]哲学史似乎兜了一个圈子又回到了胡塞尔在撰写《逻辑研究》之前的位置上。

但伽达默尔这些论述的实际意图并不在于返回到同一哲学上去，而仅仅是为海德格尔和伽达默尔的"理解"概念所作的一种铺垫、一个"历史的准备"而已。在海德格尔那里，生命已经获得了"理解"的意义。尽管海德格尔本人很少使用"生命"这个概念，但他的"此在"概念几乎就是"生命"的同义词。因而伽达默尔正确地指出，在海德格尔那里，"理解是人类生命本身的原初存在特征。"[③]而"理解"在海德格尔看来是一种双向的运动：一方面它"筹划着它的朝向可能性的存在"；另一方面，"这种理解着可能性的存在本身是一种'能够存在'，因为这些可能性作为开启的可能性反冲到此在之中"。[④] "筹划"所表明的方向是生命对自身的超越，即构造出客体，或者说，超越出存在者，达到存在；"反冲"所表明的方向则是存在在生命中，或者说，在此在中的自身实现。前一个运动于胡塞尔的主张是相一致的，我们已经看到在胡塞尔的"构造"思想与海德格尔的"筹划"思想之间的相应和相继关系；后一个方向则是与黑格尔所提出"自身意识的实现"的思想相平行的。黑格尔、胡塞尔、海德格尔在这里相聚，从而产生出解释学的时代。伽达默尔看到了海德格尔的这一综合能力并且

① 参阅约尔克：《意识态度与历史》，图宾根，1956 年，第 36 页；引自伽达默尔《解释学》第一卷，第 256 页："自发性和从属性是意识的基本特征，无论是在肉体表述的领域，还是在心理表述的领域，这两个特征都是根本性的，正如没有对象，也就没有看，没有躯体的感觉，也没有表象、意愿和感受一样。"

② 胡塞尔：《逻辑研究》第一卷，A121/B 121。

③ 伽达默尔：《解释学》第一卷，第 265 页。

④ 海德格尔：《存在与时间》，第 148 页。

紧紧地把握住它。所以，他在《伽达默尔全集》第三卷的"前言"中说："尽管我的哲学研究的重点有很大一部分是在希腊哲学中，但我仍在近代思维中找到了三位大师，他们的思想和语言对我的自己思维尝试起着决定性的作用，这三位大师就是：黑格尔、胡塞尔和海德格尔。"①

伽达默尔在陈述约尔克伯爵思想时所用的语言也是海德格尔式的："一切有生命的东西都是从与它们相异的东西中养成自身的。生命存在的基本事实是同化。区分因而同时也就是不区分。异己者被自己所占有。"②我们可以将这句话与海德格尔的话相比较："理解的筹划具有形成自身的本己可能性。我们将理解的这种形成称之为释义。理解在释义的过程中有所理解地获取被理解者。理解在释义中不是成为某种它物，而是成为它自身。"③为约尔克和海德格尔所共有的这种一分为二、合二为一的思想，或者说，一中有二、二中有一的思想与海德格尔的基础本体论相结合，便展开了一个极为广阔的哲

① 伽达默尔：《新近哲学》第一卷，第Ⅴ页。当然，还必须指出，在对伽达默尔最有影响的这三位思想家中，海德格尔的作用无疑是第一位的："最重要的东西我是从海德格尔那里学到的。"（伽达默尔：《解释学》第二卷，第485页）这是因为海德格尔的解释学思想和方法为伽达默尔提供了联结传统与现实的纽带。伽达默尔在他的自传中曾回顾说："海德格尔如此吸引我和其他人的地方在哪里？当然，我当时还不能回答这个问题。现在可以看出，这个吸引人的地方在于：哲学传统的思想构成在他那里得以活跃起来，因为它们没有被理解为是对现实问题的回答。由于发现了现实问题的动机史，这些问题便被赋予某种不可避免性的特征。被理解的问题不能简单地成为知识。它们成为本己的问题。"（同上书，第484页）可以说，伽达默尔与传统的联系和对传统的理解，包括与胡塞尔、黑格尔的联系和对胡塞尔、黑格尔的理解，主要是以海德格尔为中介的。这一事实的弊端在于，伽达默尔他常常很难摆脱海德格尔的阴影。伽达默尔自己承认，曾有一度时间，写作对他来说是真正的痛苦："我始终有这样一种该死的感觉，就好像在我写作时，海德格尔总在我身后看着我写。"（同上书，第491页）而实际上必须承认，伽达默尔一生也没有能超越出海德格尔的作用圈而走出很远。

② 伽达默尔：《解释学》第一卷，第257页。

③ 海德格尔：《存在与时间》，第148页。

学背景。实际上，如果没有海德格尔在本体论上和解释学上的发挥，那么约尔克的与此有关的思想在哲学史上并不会显示出特别吸引人的地方。

伽达默尔在这方面显然依据和发挥了海德格尔的思想。“在解释学循环中进行的‘前理解’和‘文本意义’之间的相互作用”，“在‘效果史’的意识中进行的所有解释的历史束缚性或各种历史‘视域的融和’可能性”，以及如此等等，在这些观点中充满了主体、客体，或者说，理解与被理解之物的对立与统一。“我的研究的意义……在于寻找一切理解方式的共同点并且指出，理解从来就不是一种对某个被给予的‘对象’的主观行为，而是属于效果史的，也就是说，理解属于被理解之物的存在。”[①]“我们并不能在我们生产出某物并因此而把握住某物的地方经验到存在，而只能在产生出的某物被理解的地方经验到存在。”[②]

因此，施特拉塞尔曾正确地暗示说，伽达默尔的哲学是与胡塞尔的意向性学说、即主体构造能动性学说相对立的，它毋宁说是一种接受性的哲学。[③] 这种说法强调的是伽达默尔的“理解”概念的非主体性，亦即非主体构造性；它也许有片面之处，但却是对伽达默尔哲学思想的一种总体特征勾划。

18. 胡塞尔和伽达默尔的“视域”概念

“视域”(Horizont)概念是胡塞尔后期思想中的一个重要概念。没有它，胡塞尔的发生现象学的观念是无法想象的。以后在伽达默

---

① 伽达默尔：《解释学》第二卷，第441页。

② 伽达默尔：《解释学》第二卷，第446页。

③ 《真理与证实》，第146页。

尔的解释学中，这个概念又被伽达默尔所沿用并且成为解释学的一个中心概念。

按照伽达默尔的说法，“视域”这个概念作为哲学术语被运用的历史最早始于尼采和胡塞尔。[①] 撇开尼采不论，胡塞尔用“视域”这个概念所表述出来的哲学意义在哲学的发展史上并不陌生，可以说是前有古人，后有来者。例如，康德的“理念”(Idee)、海德格尔的“筹划”(Entwurf)等等，都与“视域”有异曲同工之处。这一点，在我们把握了胡塞尔的“视域”之后便可以领悟到。当然，按照胡塞尔本人在他后期著作《欧洲科学的危机与先验现象学》中的说法，W.詹姆士(W.James)是他所知的“唯一一个在‘fringes’(边缘)的标题下注意到视域现象”的哲学家。[②] 据此，伽达默尔曾认为，胡塞尔的“视域”和“视域意识”的概念受到过詹姆士的启发。[③] 但胡塞尔又批评詹姆士说，他不可能在“缺乏对意向对象和隐含性的现象学理解的情况下”把握“边缘”这个问题。[④] 我们在这里因而要有保留地说，胡塞尔的视域概念在术语上受詹姆士的边缘概念的直接影响。

胡塞尔的“视域”概念作为哲学术语是一个在较后期才出现的概念。具体地说，这个概念作为哲学术语在《逻辑研究》(1900/01年)中尚未产生，但在《纯粹现象学和现象学哲学的观念》第一卷(1913年)中，它的地位已经明显地得到了突出。此后，它逐渐成为胡塞尔哲学的一个根本性概念。这种变化是有其内在原因的。在说明这个概念的发展之前，我们必须首先理解胡塞尔思维的逻辑发展。

---

① 参阅伽达默尔：《解释学》第一卷，第308页。

② 胡塞尔：《欧洲科学的危机与先验现象学》，第267页。

③ 参阅伽达默尔：《解释学》第一卷，第250页。

④ 胡塞尔：《欧洲科学的危机与先验现象学》，第267页。

如前所述，贯穿于胡塞尔哲学始终的一个主要特征是：意识生活作为哲学的必然出发点。我们在前面所阐述的胡塞尔“现象”概念和“现象学”概念、“体验”概念等都与这个出发点有关：现象是指意识活动和在意识活动中构造出来的意识对象，或者说，它是指现象和它在意识中的显现；现象学是关于思维(cogitationes)学说，如此等等。在这里，“现象”、(笛卡尔意义上的)“思维”、“体验”等等与“意识”这个概念是同义的。

在《逻辑研究》时期，胡塞尔对作为出发点的“体验”的基本理解是“非意向体验”(hyle)+“意向体验”(noesis)，它们的和也就是“描述的、实项的内容”；因此，这一时期的现象学也被胡塞尔称为“描述的现象学”或“描述的心理学”[①]，“非意向体验”通过“意识活动”的统摄而构造出意识对象；但意识对象在这一时期尚不在现象学的考察范围内。当然，在对“体验”的这个理解中，意向性已经被认为是体验的一个重要成分或特征，因为非意向性的感觉材料是被动的，颜色、长度、硬度等等本身不指向一个对象，只有当它们被主动性的意向活动“赋予意义”时，或者说，“被赋予灵魂”、“被激活”、“被立义”、“被统摄”、“被意指”，以及如此等等时，一个与一定的对象有关的意义统一才得以形成，一个对象才会显现出来。

当《逻辑研究》在1913年出第二版时，胡塞尔已意识到自己过去的片面性。他在第二版前言中认为，《逻辑研究》的第一版“未能充分顾及到‘意识活动’与‘意识对象’之间的区别和相应关系”，“只是片面地强调了意识活动的含义概念，而实际上在某些重要的地方应当对意识对象的含义概念做优先的考察。”[②]所以，在同年出版的《纯粹

① 胡塞尔：《现象学的心理学》，第37页；胡塞尔手稿，B Ⅱ1，第25页。

② 胡塞尔：《逻辑研究》第一卷，B ⅩⅣ－B ⅩⅤ。

现象学和现象学哲学的观念》第一卷中，胡塞尔把研究的范围扩大到作为意识活动之构成物的“意识对象”上，因为他已经发现，意识活动的本质特征，即意向性与意识对象是不可分割地联系在一起的，意向性联结着意向体验和意向的被体验之物：“我们几乎可以这么说：在体验中被给予的是意向连同意向的客体，意向客体本身不可分割地属于意向性，因而也就实项地寓居于意向本身之中。”[①]这时的“体验”概念的外延与前面所述的英加尔登的意识概念 1)的外延已经是相等的了。它既包含“体验”本身，也包含“被体验之物”。

一旦现象学的研究扩展到“被体验之物”，即“意识对象”方面，那么它所从事的内容便必然与具体的事物发生关系。现象学所要探讨的便不仅仅是感知、想象、图像意识、符号意识、判断等等这些意识行为；而且它还要询问，例如，桌子、教室、学校、国家、世界这些对象是如何通过意识活动被构造出来的？我、你、他、我们、你们、他们、社会这些对象又是如何在我意识中显现出来的？这也就是作为“第二哲学”的“现象学哲学”所要讨论的问题。对这一问题的研究正是胡塞尔《纯粹现象学和现象学哲学的观念》第二卷的主要意图所在。在胡塞尔晚年撰写、身后才发表的《欧洲科学的危机与先验现象学》一书中，“视域”问题又与“生活世界”问题一起获得了在现象学研究方面的新的意义。

所谓“视域”(Horizont)，通常是指一个人的视力范围，因而它是一种与主体有关的能力。它是有限的：即使视域不为事物所阻挡，它的最大范围也就是天地相交的地方，即地平线。所以在德文中，“视域”和“地平线”是同一个词。但“视域”又可以说是开放无限的：随着主体的运动，“视域”可以随意地延伸；对于主体来说，“视域”的边界

① 胡塞尔：《纯粹现象学和现象学哲学的观念》第一卷，[186]。

是永远无法达到的。地平线是一个只能看到，而无法划定的场所。因此，“视域”的有限性与被感知的实在性有关，“视域”的无限性与未被感知的可能性有关。

当“视域”一词被作为哲学概念运用时，这两层含义都被保留了下来。同时它的意义还得到了扩充。简单地说，哲学意义上的“视域”不仅仅与生理－物理的“看”的范围有关，而且与精神的“观”的场所有关。因而作为哲学概念的视域似乎也可以译作“观场”。在这个意义上，感知、想象、感受、直观、本质直观、判断等等意识行为都具有自己的“视域”。

“视域”概念与“体验”在胡塞尔那里有不可分割的联系。与最基本的感知体验相符合，“视域”的最初含义是指一个感性感知对象（被体验的事物）的背景，或者说，它是指与感性的感知对象一起在感性感知过程中被给予的那个“晕”（Hof）。这个“晕”既是指时间性的“晕”，也是指空间性的“晕”。

从时间上说，“每一个体验自身都是一条生成的河流，它本身原初地生产出不变的本质类型；保留（Retention）和前展（Protention）的不间断河流通过本身流动着的原真性阶段而得到中介，在原真性的阶段中，体验的活的现在相对于它的‘即将’和‘而后’被意识到。”①这里所说的“原真性”，是指对一个体验的当下的、直接的拥有。它不是通过回忆或期待而被再造、被当下化的东西。例如：我听一首乐曲，这乐曲中的每一个音符都在“原印象”（Urimpression）的意义上被我感知到；这种“听”不同于我对这首乐曲的回忆或想象。

---

① 胡塞尔：《纯粹现象学和现象学哲学的观念》第一卷，[149]。胡塞尔在这里所说的“原真性”（Originalitaet）与他的“原本性”（Originaritaet）是同义的。但在交互主体性的现象学中，“原真性”与“原本性”有本质区别。因此，在严格的意义上，胡塞尔在这里应当用“原本性”一词，而不应用“原真性”这个词。详细论述参阅后面有关交互主体性的部分。

但是，我对这首乐曲的听不是一个由各个间断的、跳跃的音响感知所组成，而是一个连续不断的感知的“体验流”。这是在因为听的感知中不仅包含着一个当下的“原印象”，它构成这个感知的中心，而且还包含着一个在时间上向前和向后伸展着的“视域”，一个以“原印象”为中心的、在这个感知中“一同被意指的”“时间晕”。胡塞尔将体验在时间上向前的伸展称之为“前展”(Protention)或“即将的视域”(Horizont des Vorhin)，而将在时间向后的伸展称之为“保留”(Retention)或“而后的视域”(Horizont des Nachher)”。[①] 这是指，每一个感知体验在时间上都有一个向前的期待和向后的保留。当一个体验消失，另一个体验出现时，旧的体验并不是消失得无影无踪，而是作为“保留”留存在新体验的视域之中。同样，一个更新的体验也不是突然落到新体验中，而是先作为“前展”出现在新体验的视域之中。对一首乐曲的体验流因而是一个从“前展”到“原印象”，再到“保留”的连续过渡过程。新的“即将”随体验的流动不断出现在视域之中；又不断地转变成“当下”，“当下”达到了印象强度的顶峰，并不断变成“而后”；“而后”不断地削弱，最终脱离视域的范围。如果没有这个“视域”，那么我听到的就只会是各种不同的音响而已，一首乐曲的旋律便无法得以形成。“体验”之所以能够成为一个在时间上连续的过渡，正是因为“视域”在时间上的不断延伸。这里的“即将”、“而后”、“现在”便构成感知体验的“三重体验视域”。[②] 由于回忆和想象作为“当下化”(Vergegenwaertigung)的行为是对感知的再造，因此，这个“三重视域”的时间性结构对回忆和想象也有效，就是说，当我们在回

---

① 参阅胡塞尔:《纯粹现象学和现象学哲学的观念》第一卷，[164]。

② 胡塞尔:《纯粹现象学和现象学哲学的观念》第一卷，[164]。对时间视域的阐述还可参阅倪梁康:“胡塞尔，通向先验本质现象学之路”，载于《文化:中国与世界》第二期，北京，1987年，第298－301页。

忆或想象例如一说乐曲时，回忆或想象的体验也具有时间上的“三重视域”。

从空间上说，每一个感知体验都具有“内视域”(Innenhorizont)和“外视域”(Aussenhorizont)。我们先以一个对空间对象的外感知为例：我在看一张桌子。我看到的是桌子的这一边，因而真正原本地被给予我的、真正被我感知到的也是桌子的这一边。但我的意向却指向整张桌子，我的意识活动把我所有的感觉材料统摄为一张桌子的整体、一张具有各个未被我感知到的面的桌子，而不仅仅只是统摄为桌子的这一面。因此，实际上，桌子作为意识对象本身包含着的东西要比在被统摄之前的感觉材料更多。胡塞尔认为，对空间事物的外感知无一例外地服从于这个规律。[①] 我们可以说，在对桌子的感知中包含着本真被感知之物(桌子被看到的这个部分)和本真未被感知之物(桌子的未被看到的其他部分)，它们构成了与这张桌子有关的一个感知视域。在这个视域中，本真被感知之物是当下的，正如在时间意识中的“现在”是当下的一样；而本真未被感知之物则是“共同当下的”(mitgegenwaertig)，就像在时间意识中的“即将”和“而后”也是“共同当下的”一样。“当下的”部分构成与桌子有关的视域的中

---

① 参阅胡塞尔：《被动综合判断》，第3、4页：“外感知是一种不断的要求，即要求自己做了一些按其本质来说无法做到的事情。因而，在某种程度上，在外感知的本质中包含着一个矛盾。……任何一个空间对象都必定是在一个角度上、在一个透视性映射(perspektivische Abschattung)中显现出来，这种角度和透视性映射始终只是单方面地使这个对象得以显现。无论我们如何完整地感知一个事物，它永远也不会在感知中全面地展现出它所拥有的，以及感性事物性地构成它自身的那些特征。这里不可避免地要谈到对象所具有的、被现实地感知到的这些和那些面。每一个透视、每一个持续进行着的、个别的映射的连续性都只提供了各个面。我们坚信，这不仅仅是一个单纯的事实：一个竭尽无遗地包含了被感知之物所具有的所有感官事物性内涵的外感知是不可想象的，一个可以在最严格意义上的封闭感知中全面地、从它感性直观特征的所有方面被给予的感知对象也是不可想象的。因此，在外感知和物体“对象”的相互关系中，包含着本真被感知之物与本真未被感知之物的区别。”

心，它和“共同当下的”部分的关系在于：一旦我把赋予这些感觉材料以“桌子”的意义，它就表明它所具有的不仅仅是这个被我看到的面，而且它还具有其他可看的部分，例如它的后面、下面、里面以及如此等等。

胡塞尔这样来描述“当下”部分和“共同当下”部分的关系：“即使就已经被现实地看到的这一个面而言，它也发出这样一种召唤：走近些，再走进些，然后改变你的位置再看我，改变你看的方式，定睛地注视我，以及如此等等，你会在我身上发现许多新的东西，发现更多的局部色泽等等，你会发现，刚才只是一般地、不确定地被你看到的这个木材具有先前未被看到的结构等等。就是说，甚至在已看到的东西中就已包含着在先把握（Vorgreifen）的意向。已看到的东西对于不断出现的新东西来说只是一个先示（Vorzeichnen）的范围，是一个对进一步的规定而言的 X。统摄和先行在不断地进行着。”[①]当然，这里至此为止所描述的还只是“内视域”，它包含着各种在我们视域范围内的可能性，这种可能性或多或少是确定的，例如，我走到桌子背后便可以看到桌子的确定的后面，打开桌子可以看到它的里面，如此等等。

“除了这种内视域以外，我们还有外视域”。胡塞尔认为，“外视域”也是一种先示，但这种先示是指：在先地指示出一种在直观上还不具有任何范围的东西，因此，相对于对内视域范围的充填而言，外视域中的被先示之物与以后的充填的差异要更大些。”[②]我们可以看出，这种外视域已经是一种不处在我们的直观范围之内的可能性。胡塞尔之所以说它在直观上不具有任何范围，是因为我们还没有一

① 胡塞尔：《被动综合判断》，第 5 页。

② 胡塞尔：《被动综合判断》，第 7 页。

个确定的意向指向这个视域，因而对这个意向的充实也是不确定的。与内视域相比，外视域的最主要特征便是它的不确定性。例如，如果我们面对桌子，并没有看到身后的事物，那么，当我们回过头来时，我们所看到的东西当然就是不确定的。但无论外视域是如何不确定，它都是一种始终存在着的可能性。随着我们身体的运动，我们会不断地获得新的视域，外视域会不断地转变成内视域，内视域会不断得到进一步的规定。我的目光可以越过桌子超向教室里的其他桌椅、朝向教室；我还可以走出教室获得更新的视域。原先处在我视域之中的桌子这时已经消失，但这种消失是一种在体验流中的时间性的消失，我们可以随时通过回忆将这张桌子的视域再造出来，尽管在回忆中被再造的桌子与原初看到的桌子之间已经隔着一个再造性变化。

正是这种在时间和空间上对视域的不断获得、不断积累和不断扩展，一个在时间和空间上连续伸展的“世界视域”对我显现出来。对此，胡塞尔在《纯粹现象学和现象学哲学的观念》第一卷中曾有明确的论述，他认为正是通过“这个可变化的，但始终一同被设定的视域，世界的命题才获得其本质的意义”①。在他的后期著作《欧洲科学的危机与先验现象学》中，他又这样概括说：“正是由此人们才能看到：每一个世界性的(weltlich)被给予性都是在一个视域的如何之中的(im Wie des Horizontes)被给予性，在视域中还隐含着进一步的视域，而且，这些视域作为世界性的被给予之物最终都会带有一个世界视域并因此作为世界性的而被意识到。”②这个由主体构造出来的并且始终与主体有关的世界视域也被胡塞尔称之为“生活世界”，它

---

① 胡塞尔：《纯粹现象学和现象学哲学的观念》第一卷，[90]。

② 胡塞尔：《欧洲科学的危机与先验现象学》，第267页。

是所有客观世界的基础。这样，现象学的世界概念与客观科学的世界概念便在某种程度上形成对立。我们在后面将对这种对立作进一步的展开。

由此可见，“视域”概念在胡塞尔那里的最重要意义首先在于，它说明了单个对象与作为这些对象之总和的世界之间的过渡关系，说明了具体、充实的视域与抽象、空乏的视域之间的过渡关系。

我们可以从两个方面来考察这种关系：从个别对象这方面来看，对对象视域的构造始终具有一种进一步规定的特征，因而这种构造不断超越出自身，最终达到对普遍世界视域的构造；所以伽达默尔说，胡塞尔的“这个无所不包的世界视域是通过意向性而被构造出来的”。[①] 从作为对象之总和的世界这方面来看，世界是通过各个对象视域的连续构造而被构造出来的一个总体视域；正如芬克所说，在胡塞尔那里，“世界本身被理解为各种被构造的对象所具有的被构造的视域”。[②] 正是在这个意义上，我们说“视域”概念在胡塞尔哲学中所起的作用与“理念”概念在康德哲学中、“筹划”概念在海德格尔哲学所起的作用是相同的。

但所有这些都还仅仅与视域构成的直接性有关，或者说，与直观的世界视域有关。如果我们把视域概念的扩展到相对间接经验的范围，使它不仅包括作为客体化行为的时空直观，而且也包括通过图像、符号、判断而获得的间接时空视域，那么我们首先面临的一个问题便是：既然我能构造视域，你能构造视域，那么我如何能够超出我的视域而达到你的视域。因为，各个意识活动的主体所构造的视域肯定不是完全相异、互不相通的，否则人际间的交往和沟通便无从谈

---

① 伽达默尔：《解释学》第一卷，第 251 页。

② 《胡塞尔与近代思维》，第 150 页。

起。因此胡塞尔在这里所说的世界视域实际上不是某个人的视域，而是一个匿名的、对多数人有效的世界视域。当然，对于胡塞尔本人来说，这个问题已是第二性的了，因为在这之前首先要回答的是：我作为一个鲁宾逊式的个体如何能够意识到他人的存在，另一个自我如何对我的自我显现出来。意识活动在这里构造的不只是一个作为他物的对象，而且还是一个作为他人的对象。这涉及到交互主体性的问题，我们把它放在后面讨论。在这里，我们暂且设定他人的存在，而首先关注一个对胡塞尔来说实际上第二性的问题：我如何进入到他人的视域中去，进入到这个比我的直接世界视域更为普遍的间接世界视域中去。这个世界视域在时间上的延伸构成了我不能直接经验到的历史世界和未来世界，在空间上的延伸构成了我不能直接经验到的整个现实世界。

这便是伽达默尔在提出“视域融合”的原则之前，视域概念所具有的主要问题背景。

在《真理与方法》一书中，伽达默尔尽管对胡塞尔的“视域”概念没有作十分详尽的分析，但他已充分地把握住了这一概念在胡塞尔思想中的基本意义：“毫无疑问，对于胡塞尔的现象学研究来说，视域这个概念和现象具有主导性的意义。借助于这个我们也有理由运用的视域概念，胡塞尔显然是在试图捕捉意指的所有有限的意向性向整体的重要连续性的过渡。一个视域不是一个僵化的界限，而是一种随你一起流动，并且邀请你进一步向前进展的东西。”[①]伽达默尔在这里不仅大致描述了“视域”的基本性质和“视域”概念的基本作用，而且也指出了“视域”概念在现象学和解释学中的渊源关系。但伽达默尔对视域的理解显然建立在海德格尔基本哲学意图的基础之

① 伽达默尔：《解释学》第一卷，第250页。

上。伽达默尔只是运用胡塞尔的视域概念来发挥海德格尔的解释学思想。换言之，胡塞尔对他来说只是手段，海德格尔才是他的目的。在胡塞尔那里，我们可以看到，直接直观的视域是出发点。视域是由内向外进行扩展，由直接性达到间接性、由个体性达到普遍性。而在伽达默尔这里过程则相反：普遍的、间接的视域是更深一个层次的东西。直接直观的视域、即当下的视域是受间接视域影响和制约的。在他看来，“没有过去，当下的视域是无法构成的。正如没有一个当下的视域是自为的一样，人们想要获得的那种自为的历史视域也不存在。理解始终是这些被误认为是自为存在的视域的融合过程。”[①]当下的视域中有着过去的、传统的渊源，这就是说，任何直接明见的直观中都已包含着在先意指、在先判断（Vorurteil）的成分；而过去的当下判断又隐含着过去的传统，如此可以类推下去。因此伽达默尔说：“我们首先可以从较古的时代以及从它们对其自身和对其起源的素朴态度中认识到这种融合的力量。这种融合始终是在传统的支配下进行的。在传统的支配下，旧的东西和新的东西不再明显地相互区分，而是不断地结合成为活的效力。”[②]我们当然也可以依照胡塞尔原本性的要求去追问：有没有最初的、无历史、无过去的当下视域？或者说，是否可以设想一个这样的视域？伽达默尔似乎并不否认这种视域的存在。只是他认为我们无法将自身移置到这个视域中去，我们为传统所迫而无法理解这个原初的世界。我们的世界“永远也不会是那个混沌初开的世界（Welt eines ersten Tages），而是一个流传给我们的世界。”[③]因此，我们可以设定一个确切意义上的原始文本，也就是一个效果历史的原始开端，这个开端是我们传统的来

① 伽达默尔：《解释学》第一卷，第311页。

② 伽达默尔：《解释学》第一卷，第311页。

③ 伽达默尔：《解释学》第二卷，第498页。

源，但本身却作为创世之初的世界而免受传统的影响。只是这个世界是不可把握、不可理解的。这个设定永远只是一个设想、一个假设而已。伽达默尔曾在《真理与方法》一书中谈到历史学家和神学家兰克(L. Ranke)，兰克认为历史学家与牧师一样，理想都在于直接性：无论是直接面对史实，还是直接面对上帝①；实际上这也是胡塞尔作为哲学家所追求的理想。而从上面的结论来看，伽达默尔显然认为这仅仅只是一个良好的愿望。

伽达默尔的所有这些论述实际上都是为了说明他所提出的解释学的"效果史原则"，正如他自己所说："我们对视域构成和视域融合所作的全部阐述都恰恰是为了描述效果历史意识的进行方式。"②可以看出，一方面是胡塞尔现象学的"明见性原则"，即："任何一个原本给予的直观都是一个合理的认识源泉"，③胡塞尔在《纯粹现象学和现象学哲学的观念》第一卷中曾将它称之为"一切原则的原则"④；另一方面是伽达默尔解释学的"效果史原则"，伽达默尔在《真理与方法》中将它概括为："在所有理解中，无论人们是否明确地意识到，效果历史的效果都在发挥着作用"⑤；显然，在这两者之间存在着一种相互对立。我们可以将这种对立称之为对理解的无成见性的要求与理解的必然成见结构的主张之间的对立。这个对立实际上只是胡塞尔和海德格尔之间对立的进一步展开而已。

---

① 参阅伽达默尔：《解释学》第一卷，第215页。

② 伽达默尔：《解释学》第一卷，第311页，第347页。

③ 胡塞尔：《纯粹现象学和现象学哲学的观念》第一卷，[43]。

④ 胡塞尔：《纯粹现象学和现象学哲学的观念》第一卷，[43]。

⑤ 伽达默尔：《解释学》第一卷，第306页。

19. 胡塞尔和伽达默尔的“历史意识”与历史主义批判

在一般的意义上，胡塞尔是一个观念主义者(ein Idealist，或译作：唯心主义者)。胡塞尔自已并不否认这一点。按照他的观点，与观念、可能性相对应的是经验、现实性。[①] 可能性是一(即与统一性有关)，现实性是多(即与杂多性有关)。这就是说，一个可能性可以现实化，使无数个现实显现出来。没有可能性的地方，现实性也就无法显现、无法被给予；但如果没有现实性，却并不意味着可能性的不存在。任何现实都奠基于可能之中，可能性却无须依赖现实。在这里，胡塞尔的唯心主义独断论的特征是非常明显的。他认为，完全一般地说，任何一种个体的存在都是偶然的、一次性的，它们都可以回溯到本质存在的必然性或本质存在的一般性上去。[②] 我们可以把现实规定为：个别的、偶然的、有限的、有时间性的、有历史性的、一次性的；与此相反，可能性是一般的、必然的、无限的、无时间性、无历史性、无数次性的。对本质可能性的认识也就是对现实事实的规律性的认识。胡塞尔一再强调的观念直观或本质直观为此提供了方法论的依据。这些论点和方法构成了胡塞尔观念主义的基本成分。将这个观点运用于现象学的意识分析领域，我们便可以作出这样的论证：相对于作为纯粹可能性的先验意识而言，人类意识只是一个现实化了的事实(也许是这样的事实之一)；而相对于作为种属意识的人类意识来说，个体的意识又只是无数个现实化了的事实之一。通过我

---

① 事实与本质、观念与经验、个体与一般、可能与现实，这些对立在胡塞尔那里是同一的。

② 参阅胡塞尔：《纯粹现象学和现象学哲学的观念》第一卷，[9]。

们对可能性的认识和把握，我们也就认识和了解了无数现实化了的事实。这种情况当然适用于人类意义生活的各个领域：只要我们理解了精神生活的统一的本质构造，我们便可以明察所有杂多的精神活动的事实组成："任何精神构成——我们在尽可能广泛的意义上理解这个词，它可以包括任何一种社会统一，其中最下层的是个体本身的统一，但它也包括各种文化构成的统一——都具有自己内在的结构，具有自己的类型，具有其丰富多彩的外部形式和内部形式，它们在精神生活本身的河流中生成，又发生变化，并且在任何一种变化的过程中产生出结构上和类型上的差异。在直观的外部世界中，有机体生成的结构和类型为我们提供了准确的类比。（在这个直观的外部世界中，）没有固定的种类，没有由固定的有机体因素所组成的固定种类的固定构成。所有表面上固定的东西都是一条发展的河流。如果我们通过内在的直观而生活到精神生活的统一中去，我们便可以感受到支配着这个精神生活的动机，从而'理解'各种依赖于精神的统一动机与发展动机的精神形态的本质与发展。通过这种方式，所有历史的东西在其特有的'存在'中，即在其'精神的存在'中，对我们来说都将是'可理解的'、'可说明的'，都是一个意义所具有的内在因素的统一，并且同时也是那些合乎意义地按照动机而进行的构成和发展的统一。"①

这段话充分地体现出胡塞尔在历史意识方面的信念。当我们在这里谈到"历史意识"这个题目时，我们所涉及到的显然是与事实、个体、经验、现实有关的东西。历史是一条变动不居的现实之流，是人类此在的事实之流。但在胡塞尔看来，所有历史的事物和现象都受精神生活的动机支配，都具有其形成和发展的统一，都具有其本质的

---

① 胡塞尔：《哲学作为严格的科学》，323/4。

类型和本质的发展，从这个意义上说，任何历史现象都有其规律性，因而是“可理解”、“可说明的”。胡塞尔的这一信念力图排除作为经验科学的历史科学与作为观念科学的自然科学之间的对立，将“普遍的数学模式”也运用于历史领域，从而把握历史发展的本质和规律，这在某种程度上与黑格尔、马克思的信念是一致的，尽管在他们之间还有方法上的巨大差异。①

因此，胡塞尔认为他所面临的第一性任务不是去关注、观察、收集、分析人类历史的各种事实，而是去认识和把握先验意识的本质结构和纯粹动机。② 它构成了胡塞尔的“历史理解”观：哲学对于历史科学的指导意义在于，“彻底地研究形态学结构和这个结构的类型学，彻底地研究这个结构的发展联系，并且通过最内在的回复生活的方式（Nachleben）来使那些规定着这结构之本质的精神动机得到历史的理解。”③这个信念如前所述显然与他的学生海德格尔、舍勒、贝克尔等人的信念发生冲突，也与伽达默尔等稍年青一代哲学家的思想明显相背。因此，伽达默尔虽然承认，胡塞尔的意识分析赋予精神科学的客观性（相当于我们这里所说的历史科学的观念性）一个全新的背景，展示出精神科学和自然科学的所有问题最终都可以回溯到

---

① 人们很难把胡塞尔与黑格尔、马克思一起列入 K.波普所说的那种“历史主义”的范畴，即主张可以通过对历史规律的把握而预测历史发展的进程。因为，一方面，胡塞尔认为从对历史事实本身的研究中不能得出真正的、纯粹的本质认识，至多只能获得经验的一般性；另一方面，胡塞尔并不认为对历史意识本质的把握能够对现实化的事实作出预测，因为在本质认识中不包含任何现实的陈述，正如数学可以指导我们进行天文学的研究，却不能告诉我们在哪里发现新的星系一样。

② 这当然是指胡塞尔一生思维的主要趋向而言，它并不排除这一事实：胡塞尔在后期，甚至早在 1910 年期间便对人类政治、历史的危机问题有所关注，并将这些思想明确地在《欧洲科学的危机与先验现象学》一书中加以表露。对于胡塞尔的历史哲学观，我们在后面将会作详细的论述。

③ 胡塞尔：《哲学作为严格的科学》，323/4。

纯粹意识的观念，即本质性的意向性成就上去，[①]，但他在《真理与方法》一书中仍然明确地表述了新一代哲学家对胡塞尔观念主义立场的态度："事实性的人类此在根据其'埃多斯'、根据其本质只能在现象学的研究中得到揭示，但人类此在是一次性的、有限的和历史的，它实际上不愿被看作是一个埃多斯的事例，而想作为最实在的事物而得到承认，这就产生了一个困境，一个原则性的问题。胡塞尔和整个现象学研究在这个困境中经历到了自身的局限性、有限性和历史性。"[②]而产生出这个困境的根源在伽达默尔看来正是在于，从事现象学研究的研究者本人也是事实性的人类此在的一个部分，因而也具有其有限性和历史性。

伽达默尔在这里已经暗示，作为人类此在的一部分的认识者无法认识高于人类此在自身的先验可能性："实际上，一切认识者与被认识之物的相即性并不依据它们具有同样的存在方式这一事实，而是通过它们两者共同具有的存在方式的特殊性而获得其意义。这种相即性在于：无论认识者，还是被认识之物，都不是'在本体论上的''现存之物'，而是'历史性的'，也就是说，它们都具有历史性的存在方式。"[③]稍后，伽达默尔又用"解释学的处境"概念对"历史性的存在方式"作了解释："处境这一概念的特征恰恰在于，我们不是处在这处境的对面，因而也就无法获得关于它的对象性知识。我们处在处境之中，我们总是发现我们已处在这样一个处境之中，对这个处境的澄明是一项永远无法彻底完成的任务。这也适用于解释学的处境，即我们在面对我们所要理解的流传物时所身临的那个处境。对这个处境的澄明，即对效果历史的反思，是无法完成的，但之所以无法完成，

① 参阅伽达默尔：《解释学》第一卷，第264页。

② 伽达默尔：《新近哲学》第一卷，第109页。

③ 伽达默尔：《解释学》第一卷，第266页。

并不是因为反思具有缺陷，而是因为我们是历史性的存在，这种无法完成性是由历史存在的本质所决定的。”[①]据此，他最后对“历史性的存在”定义说：“所谓历史性地存在，这就是说，永远不能在自身的知识中达到领悟。”[②]这些说法已大致地勾勒出伽达默尔思想的框架，人类主义、相对主义的因素在这里是显而易见的。在读伽达默尔这些论述时，我们自然会联想到苏轼的诗句“不识庐山真面目，只缘身在此山中”，但这句古诗还不能十分准确地表达伽达默尔的思想，因为在伽达默尔对胡塞尔的批判和对解释学观点的阐述中，他不仅主张：由于我们身在此山（人类此在），因而无法认识此山的真面目；而且他还认为：由于我们身在此山，所以我们也无法认识山外之物（先验意识）的真面目。

因此，在伽达默尔看来，在涉及历史意识时，对一次性的历史的理解本身也是一次性的、历史性的。理解无法超脱出历史的处境而达到纯粹的客观性。理解的历史性在伽达默尔那里上升为“解释学的原则”。[③] 据此，伽达默尔便又与海德格尔“此在就是理解”的思想达到了吻合，他一再地以海德格尔的口气强调：“理解……就是作为在世存在的此在的进行方式”，“理解就是此在的存在方式”，“理解就是人类生命本身的原初存在特征”。[④]

这样，“历史意识”便在伽达默尔的哲学思想中占据了中心的位

---

① 伽达默尔：《解释学》第一卷，第307页。

② 伽达默尔：《解释学》第一卷，第307页。

③ “解释学的原则”与前一章所提到的“效果史的原则”是一致的：它们都强调理解的历史性。但从伽达默尔的定义上看，“效果史的原则”与“解释学的原则”似乎各有偏重：伽达默尔曾在区分了“历史的现实性”（文本）和“历史理解的现实性”（当下）之后对“效果史”定义说：“一门名副其实的解释学应当在理解本身中指明历史的现实性。我把这种要求称之为效果历史”。（同上书，第305页）由此看来，“效果史原则”偏重于指明理解对象的历史性，“解释学原则”偏重于强调理解行为的历史性。

④ 伽达默尔：《解释学》第一卷，第264页。

置。它一方面包含着“理解历史”,另一方面包含着“历史理解”。前者表明对一个已有的、历史性视域进行把握的企图,这个视域由于时空的间隔对我们来说或多或少是陌生的;后者则意味着这种把握所具有的历史性结构,或者说,在先结构(Vor-Struktur),这个结构是持续发生着作用的传统不断“叠加”、不断“积淀”的结果,它“构成了某个现在的视域”①。前者代表着理解的对象构成——文本(Text);后者代表着理解的行为发生——当下(Gegenwart)。伽达默尔认为这便是解释学在历史意识中所要把握的东西:“以历史意识进行的每一次与传统的交往,自身都会经历到文本与当下之间的张力关系。解释学的任务在于,不是天真地使这两者相互适应,以此来遮盖这种张力,而是有意识地展开这种张力。”②“这里也存在着一种张力。这是在我们对传统的陌生性和熟悉性之间的张力,是在历史地被意指的、枯萎的对象和对传统的所属性之间的张力。这个‘之间’便正是解释学的真正位置。”③

在这个意义上,解释学的历史意识首先是指一种对视域的矛盾、差异的认识,一种对被理解物和理解之间对立的指明,一种对历史视域和当下视域不同性的承认:“历史意识就是意识到它自身的不同性,并且因此将传统的视域区别于自身的视域。”④当然,这种差异是一种在相互关系之中的差异,是一种相对的差异。之所以相对,是因为在这两个视域之间必定有相交的部分,一个对我来说完全陌生的历史视域不可能与我发生关系,成为我理解的对象。这也就是歌德

① 伽达默尔:《解释学》第一卷,第311页。

② 伽达默尔:《解释学》第一卷,第311页。

③ 伽达默尔:《解释学》第一卷,第300页。

④ 伽达默尔:《解释学》第一卷,第311页。

和洪堡所提出的“理解者只能理解已理解了的东西”[①]这一主张的意义所在。

但历史意识还包含另一方面的意义。从视域的本质和理解的本质来看，我们不可能把历史视域和现在视域当作两个相互隔离、各自封闭的处境，从而把对历史的理解当作对现在视域的摆脱和对历史视域的进入。我们在这里可以重温伽达默尔的主张：“没有过去，当下的视域是无法构成的。正如没有一个当下的视域是自为的一样，人们想要获得的那种自为的历史视域也不存在。”[②]正是因为理解者当下的视域是持续发生作用的传统不断“叠加”、“积淀”的结果，所以它本身包含着一定的历史视域。而理解者所要理解的那个历史视域中又出于同样的原因而必然隐含着对它而言的历史视域。这两个视域是不同的，但却不是相互封闭、隔离的。要想理解历史的视域，必须要拥有这个视域。这种拥有不是通过这种方式来进行：即：或将自身移出当下视域置于历史视域之中，或设法使当下的视域与历史的视域相重合。因为“历史意识不是一种自身的消融”，即不是一种对自身历史性的摆脱，“而是一种不断增长的自身占有”[③]，即传统在自身中的不断积累。在这种情况下，对历史视域的把握，或者更一般地说，对任何一个与本身视域不同的另一个视域的把握都需要把自身连同当下视域移置到一个更广泛的视域中去，这个更广泛的视域更多地包含了被理解的历史视域。用伽达默尔的话来说：“这种自身移置既不是一个个体对另一个个体的同感，也不是用自身的标准来使

---

① 参阅歌德：《浮士德》，第一场：“你不会获得不是从你自己灵魂中涌出的泉水”；第四场：“每个人都只学会他所能学的东西”；以及《W.v.洪堡著作集》第一卷，第597页：“为了理解，人们必须在另一种意义上已经有所理解。”

② 伽达默尔：《解释学》第一卷，第311页。

③ 伽达默尔：《解释学》第一卷，第239页。

他人服从于自己，而是始终意味着向一个更高的普遍性的上升，这种普遍性不仅克服了自身的局部性，而且也克服了他人的局部性。”[①] 当然，伽达默尔在这里所指的是一个较为理想的理解所具有的特征，就是说，我们可以设想，我们能够进入到一个如此广泛的视域中去，以致这个广泛的视域不仅包含了我们所具有的当下视域，而且还完全包含了被理解的历史视域。在这种情况下，施莱尔马赫的主张便可以成为事实，即：“我们应当比作者本人更好地理解作者”[②]，因为我们原则上可以具有比作者本人更广泛的视域。

因此，与我们在前面所说的历史意识的第一个意义，即不同性的意义相反，在历史意识的第二个意义中更多地包含着统一性的特征：“真正的历史对象不是一个对象，而是此物与他物的统一，是历史的现实和历史理解的现实同处于其中的一种状况。”[③]这个统一建立在一个较为普遍的视域的基础上，更普遍的视域的不断赢得便意味着理解的可能性的不断增长，意味着认识的不断进步。

这样，“事物与智慧的相即性（adaequatio rei et intellectus）”这个传统的认识论问题便通过解释学而获得新的解决可能，它意味着作为理解对象的历史视域（事物）与作为理解行为的当下视域（智慧）在一个更广泛的视域中的融合（一致性）。“理解始终是……视域的融合过程”[④]成为一种认识论的主张。但这种主张并不承认事物与智慧的绝对同一性，因为我们不可能完全放弃自己的视域而进入到另一个陌生的视域中去。我们或者是根本不具有另一个须待理解的陌生视域，在这种情况下，理解根本便无法形成；或是我们仅仅部分

---

① 伽达默尔：《解释学》第一卷，第 310 页。

② 引自伽达默尔：《解释学》第一卷，第 195 页。

③ 伽达默尔：《解释学》第一卷，第 305 页。

④ 伽达默尔：《解释学》第一卷，第 311 页。

地具有这个陌生视域，这样，我们便只能期待部分地理解这个陌生视域；当然，我们也有可能具有一个极为广阔的视域，以至于我们可以完全地拥有这个须待理解的陌生视域，但即使这样，我们的视域只能大于这个陌生视域而不能与它相等同。所以，伽达默尔只谈承认“事物与智慧”的统一性，否认它们的同一性：“对于有限的－历史性的意识来说，意识与对象的绝对同一性原则上是不可及的。意识总是纠缠在历史的效果联系之中。”①

在陈述了胡塞尔和伽达默尔的历史意识之后，我们可以进一步理解他们两人从不同角度对狄尔泰历史主义的批判。

胡塞尔是从一种先验观念主义的立场出发，批评历史主义最终会导致相对主义。由于历史主义坚持从历史事实中找到最终的客观有效的真理，这样，真理、理论、科学这些观念就连同其他观念一起丧失其了真正的有效性。对于历史主义来说，“一个观念具有有效性，这就意味着，这观念是一个事实性的精神构成物，它被认作是有效的，并且在这种有效性的事实性中受到思维的规定。那种即使没有人能够实施，并且即使没有历史性的人类曾经实施过却也仍然是绝对的或‘自在’的有效性是不存在的。”②客观性、真理、观念等等因而在历史主义的结论中只是一些相对于人类而言有效的东西。这恰恰是胡塞尔在《逻辑研究》中所批判的人类主义、相对主义观点。因此，胡塞尔的先验观念主义历史意识决定了他和历史主义的对立。

伽达默尔对历史主义的批判也是针对它将历史事实视作客观有效的真理这个作法而发，但他的批判完全出于不同的立场。他指责历史主义一味追求历史事实的客观性和历史科学所具有的与自然科

① 伽达默尔：《解释学》第一卷，第 238 页。

② 胡塞尔：《哲学作为严格的科学》，324/6。

学的相同的客观有效性,从而忽略了视域的历史性、理解的在先结构这些事实。他不仅认为,历史主义无法回答这个问题,即历史意识如何能够超越出自身去达到客观的历史认识,也就是说,人们如何能够摆脱效果史的影响而客观地、无前见地把握历史事实;①而且他还批评历史主义说,它没有发现它自身所具有的历史性,没有从自己的历史出发去理解自身:“所谓历史主义的素朴性就在于它没有进行这种反思,并且由于相信它的操作方法而忘记了它自身的历史性。”②在这两点上,历史主义都可以被定义为是一种缺乏历史意识的学说:第一种意义上的历史意识的缺乏是指我们前面所阐述的伽达默尔历史意识观;第二种意义上的历史意识的缺乏则与伽达默尔对历史意识的另一个定义有关:“历史意识就是一种自身认识的方式”,③它实际上是指历史反思方法的缺乏。因此,在伽达默尔那里,是解释学历史意识决定了他与历史主义的对立。

可以看出,在对历史主义的批判中,胡塞尔与伽达默尔的区别在于:前者是用客观观念反对客观事实,后者则是用主观观念反对客观事实。确切地说,胡塞尔认为,从历史事实中无法推导出最终的客观性;伽达默尔则认为,根本无法获得最终的客观性。因此,尽管我们在前面说过,在胡塞尔与狄尔泰的论争中,伽达默尔站在胡塞尔一边;但伽达默尔对胡塞尔的支持是有限的。他排除了胡塞尔的先验思想,将意识的意向性本质仅仅限制在事实性的人类历史范围中。在某种程度上,伽达默尔甚至比狄尔泰离胡塞尔更远些。

---

① 伽达默尔:《解释学》第一卷,第239页。
② 伽达默尔:《解释学》第一卷,第304页。
③ 伽达默尔:《解释学》第一卷,第239页。

20. 解释学的“普遍性”问题

伽达默尔所著的解释学代表作《真理与方法》的第一卷[①]发表于1960年。这部著作的第一部分所探讨的是与美学意识有关的问题，第二部分所探讨的是与历史意识有关的问题；第三部分则分析这两种意识的共同媒介：语言，以及它在解释学中的地位和作用。1966年，当伽达默尔在回答“什么是解释学”的问题时，他仍然概括地指出，解释学与两种异化经验（Entfremdungserfahrung）有关，一种是美学意识的异化经验，它体现了我们与艺术（艺术传统）的关系；另一种是历史意识的异化经验，它体现了我们与以往生活（历史传统）的关系。[②] 这一说法与《真理与方法》的整体结构是一致的。[③] 但同时，伽达默尔又在他发表的一系列文章中表现出对解释学作进一步的发展的努力。这些文章以后被他收在《真理与方法》第二卷[④]的第四部分“进一步发展”中。我们在这里所要分析的便是对于这种发展解释学的企图来说具有代表性的一个问题，即“解释学的普遍性”问题。

只要伽达默尔在《真理与方法》中仅仅讨论美学意识、历史意识、语言媒介，那么解释学的方法给人的印象仍然是一种精神科学的方

---

① 这是指《伽达默尔全集》第一卷，《解释学Ⅰ：真理与方法——哲学解释学的基本特征》，图宾根，1986年，第五版。

② 参阅伽达默尔：《解释学》第二卷，第220、221页。

③ 可以看出，我们至今为止所讨论的仅仅是解释学问题中的一个部分而已，即关于历史意识的那个部分。这是伽达默尔解释学的主要部分。施特拉塞尔曾把伽达默尔的解释学的思想用一句话概念为：“理解从本质上来说是对效果史的理解。”（《真理与证实》，第141页）同时，这也是我们在这部书中所特别给予关注的解释学问题，因为胡塞尔现象学与伽达默尔解释学之间的关系在这里表现得尤为明显。

④ 这是指《伽达默尔全集》第二卷，《解释学Ⅱ：真理与方法——补充、索引》，图宾根，1986年，第一版。

法，这种方法作为“理解”的方法与自然科学的“说明”(Erklaeren)方法相对立。这样，伽达默尔就似乎继续停留在旧的“理解”观中，从而对理解问题在整体上并没有做出真正质的超越。这里所说的“旧的理解观”是指在海德格尔之前大多数哲学家所持的对“理解”问题的看法。它可以被概括为两点：1)“理解”是一种科学的方法，它的作用在于对心理过程、社会过程和历史过程等等进行再构或重构(rekonstruieren)；2)由于运用了这种“理解”的方法，精神科学本身便与自然科学区别开来，后者的主要方法在于对自然过程做出因果性的“说明”。——可以看出，我们前面所说的狄尔泰的浪漫主义解释学和历史主义观念论与这两点是基本相符合的。实际上，我们在这里还可以联想到雅斯贝尔斯早期的心理学工作：他在那里所作的对“理解心理学”和“说明心理学”的划分也或多或少地采纳了这种旧的“理解”观。①

然而，伽达默尔在撰写《真理与方法》之初，便对解释学提出哲学的要求并将它命名为“哲学的解释学”。作为古希腊哲学的出色专家，伽达默尔当然应该了解哲学在亚里士多德那里的最重要含

① 雅斯贝尔斯在他的早期著作《一般心理病理学》(柏林，1913年)中划分了两种心理学：“说明的心理学”和“理解的心理学”。他对“说明的心理学”的解释是：如果我们在心灵中心理学地，或在大脑中生物学地发现了一个心理状态或心理障碍的原因，那么我们便可以说，这个心理状态或心理障碍得到了说明。例如，某些心理障碍的原因可以是化学的——大脑中缺乏某种材料，也可以是物理的——大脑受到损伤。在这种情况下，我们所从事的是实证科学的一个分支。实证科学探讨的是现象之间的因果关系。“说明心理学”在这个意义上是一门客观科学。另一种心理学却与此不同。如果我们通过对动机的回溯而把握心理现象的联系，我们便会理解一个意识状态或一个心理主体的行为。当我们说，我理解他的感受；我理解他的做法等等时，我们就已处在“理解的心理学”的立场上了。理解者的理解主要依据于他自己的主观经验。他要理解如何从印象中产生出感受，从感受中形成希望、狂想、恐惧等等心理状况。在“说明的心理学”中，人们循着因果链去探索外在的原因；在“理解的心理学”中，人们则要追索内在的动机，要重新体验和同感其他人的心理状况。

义——哲学是关于一切存在的学说，无论是精神的存在还是自然的存在。这说明他从一开始就不打算将解释学局限在精神科学的领域之中，而是期望使解释学能够成为一门普遍的，就是说，对精神科学和自然科学同样有效的“方法论”或“工艺论”(Kunstlehre)。因此，尽管他在《真理与方法》中从未提到过，也从未阐述过“解释学的普遍性”问题，但这个问题确实是作为一个隐含的前提被包含在《真理与方法》的论述中。例如我们在《真理与方法》第一卷中已经可以读到：“效果历史作为一种真正的经验形式必定反映出经验的一般结构”，“历史意识在这里所提出的普遍要求是否合理”等等，以及与此类似的论述。[①]

在《真理与方法》之后的一些文章中，伽达默尔便明确地将这个意图加以贯彻。例如在1966年的“解释学问题的普遍性”一文中，伽达默尔指明：“我认为，解释学的问题绝不仅仅局限在那些作为我的研究的出发点的领域中。当时的那些研究只是为了首先确立一个理论的基础，而这个基础也能够负载我们当下文化的根本事实，也能够负载科学和对科学的工业技术利用。”[②]伽达默尔实际上在这里将解释学的问题作了双重的普遍化：一是将解释学原则的有效性扩展到历史之外，二是将解释学原则的有效性扩展到精神科学的领域之外。在1975年的“伽达默尔自传”中，他又对有关“解释学的普遍性问题”的争论回顾说：“我们生活在传统中，而这种传统并不是我们世界经验的一个部分，不是一个由文字和纪念碑所组成、并且传播着用语言撰写的和历史地受到论证的所谓文化传统。毋宁说这就是世界本身，它交往性地被经验到，并且作为一个无限开放的任务不断地被传

① 伽达默尔：《解释学》第一卷，第343、363页。

② 伽达默尔：《解释学》第二卷，第226页。

给我们。……只要某物被经验到，只要某个未知性受到扬弃，只要有澄悟、明察和获取的活动在进行，解释学的过程也就发生了，这个过程是一个向语句之中、向共同的意识之中的纳入(Einbringung)的过程。即使是现代科学的独白式的语言也是通过这种途径才获得社会性的实在。我觉得，曾被哈贝马斯所极力否定过的解释学的普遍性在这里得到了充分的论证。”[①]伽达默尔在这里所表述的最主要思想可以概括为：一切认识过程，包括认识世界的过程，都是理解的发生，都是解释学的过程。我们在这里将“理解”与“解释学”视为同一，因为伽达默尔本人将解释学定义为关于理解的理论，更确切地说：对最高的一般性进行理解和使最高的一般性得以理解的理论。在这个意义上，一方面，解释学应当和逻辑学一样具有普遍性；另一方面，解释学并不隶属于逻辑学，而应当回溯到更为古老的修辞学传统上去。

在这里，我们已经可以发现一种新的理解观了。这种理解观可以说是由海德格尔开始的。海德格尔认为，在存在中的此在受到被抛的生存状态的规定。理解是此在的形式。[②] 而此在在它作为存在者属于一个时代、一个社会、一个文化之前已经存在着了。没有一种智慧是非历史的、超历史的。因此可以导出，理解是某种主体性的东西，是某种与人类生命、生存有关的东西。用伽达默尔的话来说，实际上，“是我们本身所具有的判断最终决定了我们所判断的事物的陈

---

① 伽达默尔：《解释学》第二卷，第498页。伽达默尔在这里对哈贝马斯的批评与他们在解释学普遍性问题上的论战有关。哈贝马斯也否认理解只是一种客观科学的方法，但他又主张只有透彻地把握住符号性的行为方式，才有可能进行整体的理解。这种理解观实际上并不否认解释学的普遍性原则，但对此普遍性的有效范围做了限制。详细的情况可以参阅哈贝马斯：“解释学的普遍性要求”，载于《解释学与辩证法》，第一卷，图宾根，1970年，第73至104页；伽达默尔：“解释学问题的普遍性”，载于伽达默尔：《解释学》第二卷，第219至231页。关于伽达默尔与哈贝马斯之间的这一分歧，我们在后面分析哈贝马斯的思想时会展开论述。

② 参阅海德格尔：《存在与时间》，第142至145页。

述力量和有效性。”[①]

对于这种新的理解观来说，理解已不再被理解为是一种客观经验科学研究的方法。但这并不意味着，理解在这里被看作是一种不重要、无价值的东西。理解之所以被认为不是一种科学的方法，其理由在于理解的进行要先于科学研究。它比所有的科学活动都更古老、更根本。正因为如此，在许多现代哲学家的眼光中，理解恰恰是一种比科学方法更重要的东西。不仅当今德国哲学的两位代表人物伽达默尔和哈贝马斯把理解看作是人所具有的一种基本的“生活形式”，而且，维特根斯坦、梅洛－庞蒂等人都在理解问题上持同样态度。在这个意义上，伽达默尔认为，解释学不是一门与其他自然科学或精神科学相并列的学科，更不能说解释学是隶属于其他科学的，而是比任何一门科学都更为基础的理论。伽达默尔之所以反对在传统的习俗中将解释学称之为“解释学的科学”，就是基于这样一种理由：解释学的意识是一种可以全面展开的可能性，它不能被纳入到现代科学的范围中去。[②]

理解先于科学活动，但却与语言活动同步。伽达默尔对解释学所具有的全面可能性的论述是以语言问题为基础的。在《真理与方法》第一卷中，伽达默尔就用这样一句话来衔接解释学的历史意识问题部分和语言问题部分：“在理解中发生的视域融合乃是语言的真正成就。”[③]因为理解是一种思维行为，而“没有人会否认，我们的语言会影响我们的思维。我们用语句来思维。思维意味着，思考某物。而思考某物则意味着，言说某物”。[④] 因而，伽达默尔认为，可以这样

---

① 伽达默尔：《解释学》第二卷，第220页。
② 参阅伽达默尔：《解释学》第二卷，第222页。
③ 伽达默尔：《解释学》第一卷，第383页。
④ 伽达默尔：《解释学》第二卷，第200页。

来理解从解释学的维度所提出的普遍性要求：理解是在语言中进行的，"理解是束缚在语言上的"。[①] 从历史意识与语言的内在关系出发来考察解释学原则，伽达默尔便得出这样的结论："解释学意识的真正作用始终在于，人们能够看到可疑之物。如果我们所看到的不仅是各民族的艺术传统，不仅是历史的传统，不仅是在解释学的前条件中的现代科学的原则，而且是我们经验生活的整体，那么，我认为，我们就能够做到，将科学的经验与我们本己的、普遍的和人类的经验生活相衔接。因为我们现在达到了一个可以被称之为'语言的世界构造'的基础层次。它自身表现为效果史意识，这种效果史意识在先地规定了我们所有认识可能性。"[②]伽达默尔在这里所说的"语言的世界构造"显然是一个极为广泛的概念，它不仅包含美学意识、历史意识，而且还包含着科学意识；它为普遍的人类经验世界提供基础，因而在先地规定了人类认识的所有可能性。然而我们究竟应当如何来理解伽达默尔的这个"语言的世界构造"呢？

一般意义上的语言所具有的一个特征在于它的相对性。语言借助于符号进行，而符号本身与它所代表的思维内容之间没有必然的联系，例如表现"长城"的那个符号在各种语言中是不同的，"长城"本身并不一定非要通过这些符号来代表。胡塞尔曾在《逻辑研究》中指出过这一点。[③] 他同时还确定，符号性意识行为必然建立在直观的意识行为的基础之上，因为它本身不具备感性材料而必须依据一个直观性的行为才能进行，例如，如果我们在符号性意识中出现"长城"

---

① 伽达默尔：《解释学》第二卷，第230页。

② 伽达默尔：《解释学》第二卷，第228页。

③ 胡塞尔：《逻辑研究》第二卷，第二册，A564/B 92："符号性的质料（即意义）只需要依据某个内容，但在它的种类特殊性和它本身的特殊组成之间，我们找不到必然性的纽带"；A527/B 55："一个符号性意向的本质在于：在符号意向中，意指行为的显现对象与充实行为的显现对象相互之间没有关系。"

这个意向，那么这个意向必定是以直观到的内容为依据：或者是我们看到被写出来的“长城”这个文字，或者是我们听到被说出来的“长城”这个声音，或者是我们用手触摸到“长城”这个盲语，如此等等。因而符号性意识从根本上说是第二性的，最原初的意向行为是直观。[①] 当然，这个观点在海德格尔的《存在与时间》中便从整体上地受到了修改。在这里，海德格尔主张：“所有的看(Sicht)都建立在理解的基础上，这样，纯直观的优先地位便被取消了。”[②]“直观”和“思维”变成了理解的衍生物，而且是一种远离理解的衍生物。甚至连“现象学的‘本质直观’也建立在理解的基础上。”[③]在这个意义上，“言谈”和“倾听”这些集直观行为和符号意识于一身的思维活动，都建立在理解的基础之上。[④] 从《逻辑研究》到《存在与时间》的这条发展线索表明，胡塞尔和海德格尔都将这种一般意义上的语言看作是偶然的、派生的、相对的。最本原的行为应当或者是直观(胡塞尔)，或者是理解(海德格尔)。

现在，伽达默尔如何能从语言的相对性中引导出他所要论证的理解的普遍性或解释学的普遍性呢，这种普遍性一方面应当与无限性有关，另一方面应当与绝对性有关。

伽达默尔接受这样一种说法，即：“我们对世界的经验并不仅仅是在语言学习中和在语言训练中进行的”，他甚至认为“这一点无疑是正确的”。[⑤] 伽达默尔为此举例说，哈贝马斯依据皮亚杰(J. Pi-

---

① 胡塞尔：《逻辑研究》第二卷，第二册，A546/B 74：“在所有非本真的充实(即符号性的充实)中都隐含着本真的充实(直观的充实)，也就是说，非本真的充实之所以具有充实的特征，要归功于在它自身中所隐含的本真的充实。”

② 海德格尔：《存在与时间》，第146页：“言谈和倾听建立在理解的基础上。”

③ 海德格尔：《存在与时间》，第146页。

④ 参阅海德格尔：《存在与时间》，第164页。

⑤ 伽达默尔：《解释学》第二卷，第204页。

aget)的研究而得出结论,也存在着前语言的世界经验;H.普莱斯纳(H.Plessner)使人们注意到另一种语言的解释学,即手势、表情、举止的语言,笑和哭的语言;并且,我们还随时面对着那个通过科学而构造起来的客观世界,在这个世界中,精确的数学符号的特殊语言为理论的构成提供了坚实的基础,以及如此等等。所以他说:"我承认,所有这些现象表明,在语言和惯例的所有相对性的背后存在着一种共同的东西,它根本就不再是语言了,而是一种以可能的语言化的共同之物,用'理性'(Vernunft)这个词来表述它们也许并不是最坏的做法。"[①]但伽达默尔认为,所有这些事实都并不与解释学的语言原则相矛盾,因为"人类自身表现的所有这些形式本身都必须不断地被纳入到心灵与自身的内在对话中去。"[②]伽达默尔的这一论述清楚地划分出了两种意义上的语言概念:通常意义上的语言和内心的语言。

第二种意义上的语言是一种更基本的语言现象。它代表了在语言问题上由胡塞尔到海德格尔的第二条发展线索。这条路线首先在胡塞尔的意义理论中露出轨迹。在《逻辑研究》的第一项研究"表达与含义[③]"中,胡塞尔区分了两种"表达"(Ausdruck),或者说,"表达"所具有的两种功能:"在交往功能中的表达"和"在孤独的心灵生活中的表达"。在交往性功能中的表达的本质在于,它是作为符号而起作用的",[④]"在交往性的言谈中的所有表达都是作为符号而发挥其功能",[⑤]它通过符号(语词)而传播意义,符号的载体是意义。而在孤

① 伽达默尔:《解释学》第二卷,第204页。

② 伽达默尔:《解释学》第二卷,第204页。

③ 一般说来,"含义"(Bedeutung)与"意义"(Sinn)在胡塞尔那里是同义的。但须注意,德文的"Bedeutung"是动词的名词化,因而既可作动词用,也可作名词用:作动词用时,它在胡塞尔那里标志着"意指",即"意义的给予";作名词用时,它才与"意义"同义。

④ 胡塞尔:《逻辑研究》第二卷,第一册,A35/B 35。

⑤ 胡塞尔:《逻辑研究》第二卷,第一册,A33/B 33。

独的心灵生活中，表达不再作为符号而发挥功能，[①]因为这里所涉及到的不是表达的传播（Kundgebung）功能，而是表达的意指（Bedeutung）功能。表达的传播功能只是在“现实的语词中”，“在现实的言谈和倾听中”即借助于符号才成为可能[②]，而表达的意指功能则只须借助于想象；“在孤独的言谈中，我们根本不需要现实的语词，而只需要想象的语词便够了。”[③]“语词的不存在并不会干扰我们。但语词的不存在也不会引起我们的兴趣。因为真正的表达的功能并不取决于此。但如果表达的功能取决于此，那么传播的功能便与意指的功能结合在一起了：思想不仅仅是以意指的方式得到表达，而且也借助于传播而被告知；这种情况当然只有在现实的言谈和倾听中才会可能。”[④]由此可见，表达的基本功能在胡塞尔看来是它的意指功能，表达就是对一个意义（指向）的表达。如果我们回溯到在语言问题上的两条发展线索上去，那么，我们在前面所说的语言的第一个概念，即一般意义上的语言，与表达的传播功能有关，与符号、语词有关；语言的第二个概念，即我们这里所涉及的更为基本的语言层次则与表达的意指功能有关，与意义有关。

海德格尔在《存在与时间》的有关论述中表明，他显然把握了胡塞尔上述主张的实质性内涵。在关于这个问题的论述上，海德格尔在《存在与时间》中对胡塞尔所持的态度可以说是得到了典型的表现：一方面，海德格尔不指名地批评胡塞尔在语言问题上的第一种倾向：“根据‘表达’、‘符号形式’，根据作为‘陈述’的告知、对体验或生活‘形态’的‘传播’这些观念的主导线索，那些把握‘语言本质’的企

---

① 胡塞尔：《逻辑研究》第二卷，第一册，A24/B 24。

② 胡塞尔：《逻辑研究》第二卷，第一册，A36/B 36。

③ 胡塞尔：《逻辑研究》第二卷，第一册，A36/B 36。

④ 胡塞尔：《逻辑研究》第二卷，第一册，A36/B 36。

图……的确已从概念上领悟了语言。但是,即使人们将这些不同的规定块组合在一起,它们也不能使我们赢得对语言的完全充分的定义”。[①] 另一方面,海德格尔则指名道姓地依据胡塞尔的《逻辑研究》第二卷中的第一、四、五、六项研究和《纯粹现象学和现象学哲学的观念》第一卷中第 123 至 127 节的研究;[②]但这种依据也是染上了基础本体论色彩的依据:“关键的问题始终在于:首先在此在分析的基础上将言谈结构的本体论－生存论总体整理出来”;因而,“含义学说植根于此在的本体论中。含义学说的兴衰系于此在的本体论。”[③]这个主张与海德格尔后期所说的“语言是存在的居所”[④]是一脉相承的。这种“言谈结构的本体论－生存论总体”所指的无非就是深层次上的语言现象,它与胡塞尔所说的语言在孤独的心灵生活中所具有的含义功能是基本一致的。在这个意义上,我们可以理解海德格尔的一些不无矛盾说法:“言谈在生存论上是与处身性和理解一样原初的”,[⑤]“言谈的另一种本质可能性,即沉默,也具有同样的生存论基础”,[⑥]以及如此等等。

胡塞尔的“在孤独的心灵生活中的意指”和海德格尔的“作为言谈的另一种本质可能性的沉默”共同构成了伽达默尔所说的“心灵与自身的内在对话”的理论背景。用解释学的语言来说,“心灵与自身的内在对话”就是“自我的自身理解”,对话所处的语言圈就是理解的

---

① 海德格尔:《存在与时间》,第 163 页。

② 参阅海德格尔:《存在与时间》,第 166 页,注①。

③ 海德格尔:《存在与时间》,第 166 页。

④ 海德格尔:《关于人道主义的通信》,载于《路标》,法兰克福/美茵,1978 年,第 311 页。

⑤ 海德格尔:《存在与时间》,第 161 页。而他紧接着又说,“言谈和倾 听建立在理解的基础上”。(同上书,第 164 页)

⑥ 海德格尔:《存在与时间》,第 164 页。

“视域”。由这种内心的对话出发，语言可以借助于符号发挥交往的功能，从而达到自身的语言圈与他人的语言圈的融合。从语言的这个角度来考察，伽达默尔解释学所描述的理解过程也就是一个语言从“内在对话”到“语言的世界构造”的展开过程：“人与人之间真正的相互归属是这样形成的：每一个人首先都是一种语言圈，这些语言圈相互接触并且一再地相互融合。由此而产生形成的始终是语言，在语汇和语法中的语言，这种语言永远带有在每一个这样的谈话者与他的伙伴之间进行的对话的内在无限性。这就是解释学的基本维度。”[①]在这里，理解就是对话，对话就是理解；无论这种对话是一种心灵与自身的内在对话，还是自我与他我的外在对话。

当然，伽达默尔本人并没有做出“内在对话”与“外在对话”的划分，我们只是从他的论述中推导出这种划分，因为自身语言圈与陌生语言圈的接触和融合就是语言的外在化，其结果是使一种外在的、衍生的、相对的，即在一定的范围内交互主体地有效的符号语言得以产生。但我们可以注意到，“内在对话”与“外在对话”的划分并不是一个区分第一性语言和第二性语言的妥当方法，因为我们处处发现，心灵与心灵之间无须借助符号语言也可以发生交流，即文学家们所说的“心与心的相撞”。因此，区分第一性语言和第二性语言的关键似乎不在于“内在”和“外在”，而在于交流——无论是内在的，还是外在的交流——是否借助于符号语言进行。屠格涅夫曾以一句深沉的感叹来结束他的不朽之作《贵族之家》：“人生里面有些瞬间，也有些情感……那是我们只能意会，却不可以言传的。”他所描述的当然不仅仅是文学家的感受，而且是第一层次的语言和第二层次的语言，亦即“意会”和“言传”之间的奠基关系。伽达默尔所坚持的“解释学的普

① 伽达默尔：《解释学》第二卷，第 231 页。

遍性”是建立在这种第一层次的语言或理解的基础上，而不须依赖任何相对的、第二性的符号语言。这种第一层次的语言极为广泛，所以伽达默尔用“语言的世界构造”来标志它，并且“它自身表现为效果史意识，这种效果史意识在先地规定了我们所有认识可能性”，[①]当然也包括对他人、传统、文化、精神、自然等等的认识可能性。据此，伽达默尔确认，“因而我有理由维护理解和言谈的普遍性要求。显然确定无疑的是，我们可以将一切用语言表述出来，并且我们可以试图相互表明对一切事物的理解。我们在做这些时始终受到我们的能力的有限性的束缚，只有一种真正无限的对话才能使这种要求得到实现。”[②]他宣告，“这里绝不含有任何语言相对主义。”[③]

---

① 伽达默尔：《解释学》第二卷，第228页。

② 伽达默尔：《解释学》第二卷，第201页。

③ 伽达默尔：《解释学》第二卷，第200页。

第三章
胡塞尔的现象学与舍勒的哲学人类学

胡塞尔思维在当代德国哲学中的最重要影响一方面表现在海德格尔的哲学中，另一方面表现在舍勒的哲学中。他们二人都在自己的哲学纲领上附以现象学的标记。哈贝马斯曾经这样来概括现象学在舍勒和海德格尔那里所经历的发展："现象学在人类学化的过程中获得了其广度，在本体论化的过程中获得了其深度，并通过这两条途径而吸取了生存主义的现时性。"①

21. 舍勒与胡塞尔及其现象学的关系

马克斯·舍勒于 1874 年 8 月 22 日出生在德国的慕尼黑市，父亲是德国人，母亲是犹太人。1894 年在文科中学毕业后，舍勒进入慕尼黑大学学习哲学和心理学。舍勒可以被称为德国哲学界自谢林以来的又一位"哲学神童"。他的大学生涯非常短暂：第一个学期学的是哲学和心理学，第二、三学期先后在慕尼黑和柏林学习医学，第四学期在耶拿大学继续学习哲学。第五和六学期便完成了博士论文"对逻辑原则与伦理原则之间关系的确定"并在著名哲学家 R. 奥伊铿（R. Eucken）那里通过论文答辩，时年二十三岁。两年之后，他又在奥伊铿那里完成了教授资格论文"先验的和心理学的方法"。在完

---

① 哈贝马斯：《后形而上学思维》，第 12 页。

成教授资格论文一年后，舍勒在耶拿大学开始教学活动。这时他的主要研究课题是伦理学和认识论，而他的研究基本上是在新康德主义的精神中进行的。

1901 年，舍勒参加在哈勒举行的一次康德研讨会，在会上认识了胡塞尔。这次会面在很大程度上影响了舍勒一生的哲学追求。他自己在 1922 年时曾这样回顾他与胡塞尔的第一次接触："当笔者在 1901 年……第一次结识胡塞尔时，曾与他进行过一次轻松的哲学交谈，谈话涉及到直观和感知的概念。笔者……曾坚信，我们直观给予之物的内涵〔原初〕要远比这个内涵所具有的、与感性组成、它们的发展衍生和逻辑统一形式相应的东西更丰富。当笔者向胡塞尔陈述这一观点时，……胡塞尔马上指出，他也将直观概念作了类似的扩展，使它也包括所谓的'范畴直观'。从这一时刻起，一种精神的联系便得以形成，这个联系以后在胡塞尔和笔者之间始终存在着，并且，它给笔者带来了极大的收益。"[①]舍勒与胡塞尔之间的这种精神联系持续了二十多年，直到舍勒去世，其中两人之间的合作长达十五年之久。1906 年，舍勒经胡塞尔的推荐转到慕尼黑大学任私人讲师并在那里与慕尼黑现象学学派的代表人物盖格、道伯特、普凡德尔等人接触。[②] 四年之后，舍勒因私人的一些麻烦而失去了慕尼黑大学的讲师位置，转至哥廷根大学任教，进入到以胡塞尔、莱纳赫、康拉德为首的哥廷根现象学团体中。在这期间，舍勒的现象学思想已趋成熟，或者毋宁说，他已经开始发展他自己的现象学。到哥廷根一年后，舍勒

---

① 舍勒："德国当代哲学"，载于《德国当代生活》，柏林，1922 年，第 198 页；这篇文字以后被收在舍勒：《同情的本质与形式》(《舍勒全集》第七卷，伯尔尼，1973 年)中；这段引文也可参阅舍勒：《后期著作》，《舍勒全集》第九卷，伯尔尼，1960 年，第 308 页。

② 这几个人都是当时著名哲学家、心理主义代表人物利普斯(Th. Lipps)的学生，胡塞尔在《逻辑研究》中曾一再地引用和批判过利普斯的著作。

便开始发表以现象学为基础的论文。1913年，胡塞尔创立著名刊物《哲学与现象学研究年刊》。舍勒与普凡德尔、盖格、莱纳赫一同成为由胡塞尔主编的《哲学与现象学研究年刊》的编委，标志着舍勒在现象学界已占有重要位置。在1913年该年刊的第一期上，舍勒的《同情感的现象学理论以及论爱与恨》(1923年第二版改名为《同情的本质与形式》)和他的代表作《伦理学中的形式主义和质料的价值伦理学》第一卷与胡塞尔的重要著作《纯粹现象学和现象学哲学的观念》第一卷同时发表；1916年，年刊的第二期又登载了《伦理学中的形式主义和质料的价值伦理学》的第二卷。舍勒的这两部著作与普凡德尔的《思想心理学》(哈勒，1913、1926年)、盖格的《美学享受的现象学文论》(哈勒，1913年)、W.沙普的《感知现象学文论》(哥廷根，1913年)、D.卡茨的《触觉印象的显现方式》(罗斯托克，1920年)等等著述一起，成为自《逻辑研究》以来现象学的第一批研究成果，同时也标志着舍勒哲学思想发展达到了巅峰期。舍勒在《伦理学中的形式主义和质料的价值伦理学》中反对康德的形式主义伦理学，提出自己的质料的价值伦理学。他将这门质料的价值伦理学的基础建立在一种先天被给予的内容上，人们可以通过意向性的感觉明察到和把握到这种内涵。舍勒还提出一种新的价值论，即各种价值处在一种客观的等级制中，从感性价值(愉快－不愉快)，到生命价值(高贵－庸俗)和精神价值(善－恶、美－丑、真－假)，最后是圣人和凡人的价值。这部著作今天已成为现象学研究和本世纪哲学研究的经典著作之一。伽达默尔对此评价说："舍勒用他的质料价值伦理学论证了一个现象学的研究方向，它第一次将天主教道德哲学的传统与现代哲学的最进步立场融合在一起，并且它至今还在发挥着作用。"[①]1916

① 伽达默尔：《解释学》第二卷，第109页。

年，胡塞尔离开哥廷根，去弗莱堡大学接替李凯尔特的教椅。在弗莱堡不久便形成了一个由胡塞尔、海德格尔为中心的弗莱堡现象学学派。至此，哥廷根、慕尼黑、弗莱堡在德国思想界构成一个三足鼎立的现象学之势。舍勒本人曾对当时他在德国现象学发展状况中的位置做过一个评价："除了胡塞尔之外，只有我自己和海德格尔提供了关于现象学的一个确定轮廓，并且提供了系统建立哲学的基本纲要。"[①]这个评价至今看来仍然是符合事实的。

1918年，舍勒受聘任科隆社会科学研究所所长，随后又被聘为科隆大学哲学、社会学教授。1921年，他发表了他的宗教哲学主要著作《宗教问题——论宗教的创新》。此后他的目光又转向人类学、社会学和形而上学。1928年的《人在宇宙中的位置》为人们提供了舍勒所设想、但尚未完成的人类学体系轮廓：他在这部书中划分了人类心理的四个层次：感觉欲望、直觉、联想记忆和实践智慧，他认为这四个层次与有机自然界的层次构造是相符合的。舍勒将这四个层次作为生命的原则与那种使人能够完全脱离开自然联系的精神的原则相对立。当然，尽管生命与精神有着本质的差异，它们却又是相互依赖的：精神本身无力实现它的观念；而无精神的生命则是盲目而无方向的。精神用观念来贯穿生命，没有观念，生命便毫无意义；反过来，只有生命才能使精神活动起来，使观念在生命中得以实现。这部篇幅不到一百页的小册子为以后哲学人类学的全面发展奠定了基础。1928年，舍勒获得法兰克福大学正教授的位置。但刚到法兰克福不久，他便因心脏病突发而在那里去世，享年只有五十四岁。

如果可以用两句话来归纳我们对舍勒一生思维历程的第一印

---

① 这是舍勒自己在"当代德国哲学"一文上手写的一个附注。转引自W.亨克曼(W. Henckmann)："舍勒哲学中的意向性问题"，载于《布伦塔诺研究》第3期，1990/91年，第210页。

象，那么第一句应当是：舍勒是一个不断变化、发展的哲学家。他常常引用歌德的话说："谁在漫游，就与我最亲近。"我们从前面的介绍已经可以看出，舍勒的哲学发展和立场变化至少可以分成三个阶段：舍勒首先从早期新康德主义阶段进入到中期现象学阶段，这两个阶段在时间上以本世纪初为分界线，在空间上以舍勒第一次结婚并定居耶拿为分界线；此后他又从中期现象学阶段转到后期进化论的泛神论阶段，这两个阶段在时间上以本世纪二十年代初为分界线，在空间上以舍勒从哥廷根迁居科隆为分界线。① 接下来，描绘舍勒思维历程特征的第二句话则应当是：他不仅多变，而且涉猎的领域极广。他是一个伦理学家、知识社会学家、人类学家、现象学、宗教哲学家、形而上学家、教育学家等等。他在其中的每一个领域中都显示出自己的才华，都留下自己的痕迹。伽达默尔说他"熟悉所有的现实和科学，他充满激情地对现代人类、个别的人、社会、国家、宗教的生活问题进行透彻的思考，他是一个与胡塞尔并列的完全独立的和天才的现象"。②

但是，另一方面，我们也不可避免地要提出他的哲学思想的统一性问题。施泰格穆勒曾描述说："毫无疑问，舍勒的哲学蕴涵着异常多的有益想法。但同时也消除不掉这样一种印象，即好像他往往被这些大量的想法所追逐，以至于这些想法几乎使他窒息，而他又找不到必要的时间来系统地整理这些直观，来为自己的主张奠定充分的基础，提供充分的论证。"③伽达默尔出于同一个理由将舍勒称之为

① 尽管空间的变化纯属巧合，但看来还是有人将它与舍勒哲学观点的变化联系在一起。哲学人类学家 F.哈默(Felix Hammer)在谈到这个问题时便抱怨说，"人们过于按照外在的标准来作判断，就好像一个思想家的哲学必然会随居住地的变换而改变一样。"(F.哈默：《神主的人类学？——舍勒的人类观及其局限性》，海牙，1972 年，第 16 页)

② 伽达默尔：《新近哲学》第一卷，第 109 页。

③ 施泰格穆勒：《当代哲学主流》第一卷，第 130 页。

“挥霍者”，即一个浪费自己才华的人，“他拿来又给去，他是无限的富有——但却不保留任何东西”。[①] 然而，只要我们进行较为深入一些的观察，我们便可以发现，舍勒的哲学研究并不是一堆灵感的杂凑。我们能够从舍勒的思想中找到联结各个具体部分的主导线索：舍勒哲学研究的根本方法建立在现象学的基础上，而他哲学研究的兴趣则始终朝向人的问题。舍勒传记的作者威廉·马德认为，支撑舍勒哲学的柱子有七根：作为爱的生物的人，价值等级，人格主义，现象学的哲学，三个事实，知识与教育的形式和因果要素；而贯穿他的体系的线索只有两条：一是他对人的理解，二是他对现象学方法的理解。[②] 我们这里所要讨论的主要是胡塞尔现象学思想在舍勒的这两个理解中的效应或影响。

作为现象学运动的第一批成员，舍勒与这个运动的发起人胡塞尔之间的关系当然也是哲学史家们所极为关注的问题。

舍勒与胡塞尔之间的直接交往似乎很有限。除了在前面所述的哈勒的初次见面之外，有案可查的只是舍勒1913年在哥廷根拜访过胡塞尔一次，1916年和1922年在弗莱堡还拜访过两次。[③] 当然，我们不能排除这种可能，即舍勒和胡塞尔在哥廷根大学里和在哥廷根的“哲学协会”的聚会上与胡塞尔有过较多的接触。但史料上仅仅记

---

① 参阅伽达默尔：“作为挥霍者的马克斯·舍勒”，载于《在哲学当代发展中的马克斯·舍勒》，保罗·古德（Paul Good）主编，伯尔尼，1975年，第11至18页；转引自江日新：《马克斯·舍勒》，台北，1990年，第24页。

② 马德：《马克斯·舍勒》，汉堡，1980年，第50页。

③ 参阅《胡塞尔全集－资料》第一卷，《胡塞尔年表——埃德蒙德·胡塞尔的思想和生活道路》，卡尔·舒曼（K. Schuhmann）编，海牙，1977年，第182页、第200页、第259页。在最后一次拜访时，舍勒在胡塞尔家中吃了晚饭。关于这次拜访，伽达默尔曾回忆说：“当我1923年到弗莱堡去听海德格尔和胡塞尔的课时，人们告诉我，舍勒短暂地拜访了胡塞尔。他用这个问题难住了老先生：亲爱的上帝是否能够区分左和右”。（伽达默尔：“作为挥霍者的马克斯·舍勒”，第14页。）

载舍勒曾认真研究过胡塞尔的《逻辑研究》和《纯粹现象学和现象学哲学的观念》第一卷，而没有记载舍勒曾听过胡塞尔的课。因此马德有理由认为，舍勒“从未将自己理解为是胡塞尔的学生，他也不是胡塞尔的学生。当有人将他称为胡塞尔的学生时，他觉得自己受到了中伤。”①

这并不是对舍勒现象学与胡塞尔现象学之间亲缘关系的否认。恰恰相反，在下一节中我们将会清楚地看到，舍勒的现象学是配得上“应用现象学”这个称号的。但同样明显的是，舍勒的现象学思想与胡塞尔的现象学思想之间的关系与其说是一种学习和继承，不如说是一种相通与吻合。换言之，舍勒的现象学直观分析方法与其说是一种通过对胡塞尔思想的研究而后天获得的具体工作能力，不如说是一种在他那里早已潜隐的、在对胡塞尔著作的研究中产生共鸣并通过这种研究而被激发出来的才华。实际上，舍勒自己在他 1899 年的任教资格论文中就已经开始独立地寻找现象学之路。他在这篇论文中探讨了先验的和心理学的方法，并且否定了这两种方法。他勾画出了一条被他称之为“精神论的（noologische）方法”的道路。“精神论”这个概念虽然是一个取自于他的老师奥伊铿哲学中的术语，但我们从他后期著作《人在宇宙中的位置》对精神、观念、生命的论述可以看出，精神这个概念是一个与胡塞尔的观念性和本质性更为接近的范畴。因此，舍勒在这篇论文中所寻找的和摸索的“精神论方法”，恰恰就是胡塞尔在《逻辑研究》中付诸实施的东西：现象学的本质直观方法。因此，舍勒自己曾把现象学形容为“在监狱中被囚禁了多年的人迈入一个盛开的花园的第一步”。② 所谓被囚禁的人，是指今日

---

①　马德：《马克斯・舍勒》，第 31 页。

②　舍勒：《论价值的颠覆》，《舍勒全集》第三卷，伯尔尼，1972 年，第 339 页。

和昨日的欧洲人，当然也包括舍勒自己，始终受到他们自己的机械体制束缚，在这种体制的重负下“叹息和呻吟”；他只看到地球，只感到他四肢的沉重，忘却了他的上帝、他的世界。而现象学的本质直观方法为他提供了摆脱这种重负的可能，使他得以看到自己的本质并回到自己的本质上去。舍勒对现象学的领悟和把握，可以用得上“心有灵犀一点通”的说法。

此外，我们还可以看到，在关于哲学是否可能成为并且是否必须成为严格的科学这个有争议的问题上，舍勒坚定地站在胡塞尔一边。这与我们刚刚论述的舍勒现象学方法观是密切相关的，确切地说，它涉及到舍勒对现象学方法之科学性的信念：现象学方法是否能够为哲学成为严格的科学提供方法论上的依据和工具。舍勒自己认为，在他和胡塞尔之间，“至少就此事的实质而言”，只存在着一种“术语上的差异”。[①]

当然，舍勒的这种说法有其局限性。他与胡塞尔在这个问题上的一致性只是在于他们两人都认为：哲学是严格的科学；哲思就是对一种超世的、绝对的“观念王国”、“价值王国”的部分获取与部分拥有。[②] 然而当问题一旦涉及到：哲学是一门关于什么的严格科学？作为哲思对象的“观念王国”或本质王国是由什么组成的？这时他与胡塞尔的分歧便会显示出来。舍勒的天主教道德哲学思想决定了他不是——像胡塞尔所做的那样——把纯粹意识及其本质和本质结构看作是哲学所要探讨的绝对之物，而是从一种“神主人类学”的角度出发，把“上帝的观念”、“上帝的王国”看作是哲学思维所要把握的绝

---

① 舍勒：《论人的永恒》，《舍勒全集》第五卷，伯尔尼，1968 年，第 75 页。

② 参阅胡塞尔手稿，B II 19，第 42 页：“哲学就是朝向绝对认识的意向”；还可参阅舍勒：《知识形式与社会》，《舍勒全集》第八卷，伯尔尼，1960 年，第 26 页：舍勒在这里将哲学研究者的精神所朝向的那个永恒的“王国”定义为“绝对的观念王国和价值王国”。

对之物。[①] 正是在这个意义上，舍勒把“哲学思维”定义为“一种获取着所有可能事物之本质的、受到爱的规定的行为”；也正是在这个意义上，哈默给舍勒的现象学方法加上一个在胡塞尔的现象学方法中不曾有过的定语，即把它称之为“爱的本质直观”[②]，因为在他那里，对上帝观念的爱与对本质的直观结合在一起，或者，如伽达默尔所说，“天主教道德哲学的传统与现代哲学的最进步立场融合在一起”；这样，现象学在舍勒那里便不仅得到了接受和运用，而且可以说是经历了一次“修正主义”的改造。在这点上，舍勒与胡塞尔的对立是明显的：舍勒通过本质直观所要把握住的绝对之物——上帝的观念，正是胡塞尔在《纯粹现象学和现象学哲学的观念》第一卷中通过先验的还原所要排斥的超越的东西，[③]它对于胡塞尔来说不是一种直接地、内在地、原本地被给予之物，而是一种超越出直观范围之外的对象。因此，哲学的对象应当是绝对之物，这对他们两人来说都无疑义；但这种绝对之物究竟是超越之物(Transzendentes)，还是先验之物(Transzendentales)，对这个问题的不同回答则构成了舍勒和胡塞尔之间的一个主要分歧。如果我们可以说，胡塞尔哲学对原本性的追求是一种“从下而上”构造哲学体系的努力，那么舍勒哲学对“上帝”的设定则决定了他“从上而下”考察事物的方式。

从胡塞尔这方面来看，一切迹象表明，胡塞尔对舍勒的了解和论

---

① “神主的人类学”这个概念借用了哈默的术语(参阅 F. 哈默：《神主的人类学？——舍勒的人类观及其局限性》)。所谓“神主”(Theonomie)是指上帝在人类道德实现过程中所起的决定性作用。这个概念在一定程度上是与“自主”(Autonomie)概念相对立的。

② 参阅哈默：《神主的人类学？——舍勒的人类观及其局限性》，第一章：“爱的本质直观作为通向关于人的哲学观念的道路”，第 19－54 页。

③ 参阅胡塞尔：《纯粹现象学和现象学哲学的观念》第一卷，第 58 节：“上帝的超越性受到排斥”。

述，无论是直接的还是间接的，较之于舍勒对胡塞尔的了解和论述要少得多。胡塞尔与舍勒的关系因而一般说来是一种单向的关系，即：舍勒如何理解和对待胡塞尔及其现象学。至于胡塞尔如何对待舍勒及其现象学这个问题，用以下的一些资料便几乎可以将答案罗列殆尽。

1910 年，当舍勒在慕尼黑失去私人讲师的位置而准备在国外谋求大学职务时，他曾请胡塞尔为他写一封推荐信。胡塞尔在同年 7 月 18 日所写的推荐信中对舍勒作了很高的评价："舍勒博士先生希望能在国外找到一个可以使他在向其他文化民族传播德意志精神文化的工作中发挥作用的位置。根据我对他的人格、他的多方面的巨大才华的了解，我可以最衷心推荐他。我认为他特别适合这一传播工作。舍勒博士先生作为哲学家处身于那些推动着我们这个时代的德意志精神生活的哲学战斗之中。他绝不是一个二流的思想家，而是一位极其敏锐、独立和具有科学的严格性的研究者。"[①]但在这封信中也可以看出，胡塞尔对舍勒思想的了解主要以间接的为主。"我从一些长期听舍勒博士先生课的学生们那里得知，他具有极佳的教学能力。毫无疑问，他是一位享有特殊声誉的教师……"。[②] 即使是在十三年之后，胡塞尔对舍勒的了解也并没有明显地增多。伽达默尔在回忆他 1923 年在弗莱堡与胡塞尔的交往时曾涉及舍勒。有一次在听过胡塞尔的课后他向胡塞尔谈起舍勒："当我后来对胡塞尔谈起舍勒留给我的那种着魔般的印象时，胡塞尔十分惊愕地说：'噢，幸

---

① 参阅胡塞尔手稿，R I Scheler，18. VIII. 10；或者参阅"舍勒遗稿——存于慕尼黑市立图书馆"，Ana 315 E II，1。

② 胡塞尔手稿，R I Scheler，18. VIII. 10；或者参阅"舍勒遗稿——存于慕尼黑市立图书馆"，Ana 315 E II，1。

好我们不仅有他，而且还有普凡德尔。'"[①]胡塞尔在这里给人的印象显然是他从未对舍勒有过深入的了解。[②]

大约在20世纪三十年代初，胡塞尔才越来越清楚地感受到来自其他哲学代表人物和派别的挑战，他也越来越明确地表露出对舍勒的现象学与他自己的现象学之间差异的看法。在1930年为《纯粹现象学和现象学哲学的观念》第一卷英文版所写的"后记"中，胡塞尔批评说："德国哲学的境况"是"生命哲学"（指狄尔泰）、"新的人类学"（指舍勒）、"'生存'哲学"（指海德格尔）"在争夺统治地位"。[③]"人们没有理解'现象学还原'的原则上的新义，因而也没有理解从世间的（mundanen）主体性（人）向'先验主体性'的上升；所以人们还是停滞在一种人类学中，无论它是经验的还是先天的人类学。按照我的学说，这种人类学根本没有达到特别的哲学基础，并且对于哲学来说，这是一种向'先验人类主义'或'心理主义'的堕落。"[④]从胡塞尔的手稿中可以确定，他在1931年4月20日通读了舍勒的著作《人在宇宙中的位置》，这有可能是他对舍勒人类学思想的第一次直接的考察。在两天后写给英加尔登的一封信中，胡塞尔已经表露出他对舍勒的研究结果：他甚至将舍勒和海德格尔一同称为他的"对立者"。[⑤]在两个月后写的另一封信中，胡塞尔又说："为了德国读者，并且考虑到

---

① 伽达默尔："作为挥霍者的马克斯·舍勒"，载于《在哲学当代发展中的马克斯·舍勒》，第12页。

② 如果我们熟悉胡塞尔所具有的那种数学家的性格特征，那么我们就不会将此看作是胡塞尔对舍勒的一种轻视。因为，除非涉及直接、明确的对手，否则胡塞尔很少会有时间去关心同时代思想家的活动。而且他自己也承认：他很难进入到其他人的思路之中。（参阅H.施皮格伯格："回忆胡塞尔"，载于《胡塞尔与现象学运动》，第40页。）

③ 胡塞尔：《纯粹现象学和现象学哲学的观念》第三卷，第138页。

④ 胡塞尔：《纯粹现象学和现象学哲学的观念》第三卷，第140页。

⑤ "我将要在柏林、哈勒和法兰克福讲现象学的人类学，必须仔细地读一下我的对立者舍勒和海德格尔的书。"（参阅胡塞尔手稿，R I Ingarden，19.IV.31。）

自舍勒以来所流行的对现象学的误解，我开始对《笛卡尔式的沉思》进行加工。”[①]

我们在舍勒这里发现，他的思想与胡塞尔现象学的相通之处在于对现象学方法（本质的还原方法）的理解，而他们两人的分歧则与对这种方法所能达到的绝对结果的理解有关，或者说，与什么是“先验”、什么是“世间”的问题有关。这种情况在很大程度上再现了海德格尔与胡塞尔的关系。当然，如果我们不是根据本书的论述顺序，而是按照现象学运动的时间先后来看，我们毋宁应当说，海德格尔对胡塞尔的继承与背离在很大程度上是舍勒与胡塞尔之间关系的再现。从胡塞尔的角度来看，舍勒和海德格尔都没有能够理解他的《纯粹现象学和现象学哲学的观念》第一卷中所提出的“现象学还原”，即“先验还原”的方法，因而仍然停留在人类主义、心理主义的泥潭之中。而舍勒和海德格尔恰恰是代表了当代哲学的主流：抛弃形而上学，面对人的问题。正是在这个意义上，哈贝马斯认为，现象学在海德格尔和舍勒那里获得了生存主义的现时性。

① 胡塞尔手稿 R I Koyre，22. VI. 31。胡塞尔本人已两次证明（可以参阅这封信以及 1929 年 12 月 2 日致英加尔登的信：“你问我，深入的‘海德格尔研究’结果如何？我已经得出结论，我无法将这部著作纳入到我的现象学的范围中来，而且很遗憾，我不仅必须在方法上完全地拒绝这部著作，而且在本质上以及在实事上也必须拒绝它。为此，我更加要重视《笛卡尔式的沉思》这本书的德文版，将它作为我的一部系统的‘主要著作’来完成。”），在他对《笛卡尔式的沉思》一书德文版的加工中，反驳海德格尔和舍勒的人类主义哲学是他的主要意向之一。因此，要探讨现象学阵营中的“内战”问题，这部著作是一个重要的依据。另一方面的依据由 1988 年出版的《胡塞尔全集－资料》第二卷提供。这是胡塞尔晚年的助手芬克按照胡塞尔的委托，根据胡塞尔本人的研究手稿而整理出的《笛卡尔式的沉思》中第六项沉思的初稿（全名为《第六项笛卡尔式的沉思——第一部分：一门先验方法论的观念》，H. 埃伯林（H. Ebeling）等编，1988 年），胡塞尔本人对此手稿所做的评注和补充也被收在这一卷中一同发表。

22.胡塞尔与舍勒的现象学还原论

尽管人们,包括胡塞尔本人在内,会拒绝将舍勒的整个哲学思想称之为“现象学的”,尽管舍勒本人也不把自己理解为是胡塞尔的学生,但大多数人都不会否认舍勒所具有的现象学分析能力或现象学操作能力。施泰格穆勒在他的巨著《当代哲学主流》一书中以这样一段话来开始他对舍勒的评述:“如果说胡塞尔宣告了一种新的哲学方法的产生,那么舍勒是将此方法付诸实施的第一个人。”[①]正是在这个意义上,施泰格穆勒将舍勒的哲学命名为“应用现象学”。所谓“应用”,是指舍勒在道德、宗教、教育、政治等等这些人类文化领域中对现象学主旨的实施和对现象学方法的应用;这个主旨就是对绝对认识的把握;这个方法就是对传统偏见的摒弃和对本质、观念的直观。与在其他学科中一样,当我们在这里谈到“应用”问题时,它也与理论被付诸于实践的做法有关,即:理论研究的结果被运用于实际生活的领域,对绝对的、普遍必然的有效性的认识被用来指导个别的、偶然的事实。因此,一门应用科学首先必须以一门理论科学作为自己的前提;理论科学是第一性的、奠基性的;而应用科学则是第二性的、被奠基的。正是由于这个原因,我们始终将“形式逻辑”区别于“应用逻辑”,将“理论数学”区别于“应用数学”,将“理论物理学”区别于“应用物理学”,如此等等。与此相同,一旦我们同意将舍勒的现象学称之为“应用现象学”,我们也就在某种程度上与施泰格穆勒一样,默认了舍勒哲学所依据的方法前提是作为“理论现象学”的胡塞尔现象学。

胡塞尔本人原则上不会反对“应用现象学”这种提法,当然这里

---

① 沃尔夫冈·施泰格穆勒:《当代哲学主流》第一卷,斯图加特,1978年,第96页。

必须有个前提，这就是："应用现象学"不能作为第一哲学而与"理论现象学"（也就是先验现象学）相并列，更不能凌驾于"理论现象学"之上。实际上，当胡塞尔在1930年批评海德格尔哲学和舍勒哲学"是一种向'先验人类主义'或'心理主义'的堕落"时，[①]他的目的并不是在否认"先验人类主义"研究或"心理主义"研究本身的合法性，也不是在否认现象学方法对于这些研究的可用性，而只是为了指责它们"在争夺统治地位"，在强行要求某种本来不应属于它们，而应属于"理论现象学"的东西——第一性和奠基性。如果一门与人类思维有关的"应用学科"不去以第一哲学自居，不去争夺统治地位，那么这种研究本身是无可指责的，尤其是当这种研究是在现象学的方法中进行时。胡塞尔本人也曾设想过这样一门作为"应用现象学"的"第二哲学"，它也就是被胡塞尔在他主要著作《纯粹现象学和现象学哲学的观念》的标题中放在"纯粹现象学"之后的"现象学哲学"。"纯粹现象学"作为"第一哲学"应当是"一门绝对自身证明的普遍方法论；或者，从理论上理解：一门关于所有可能认识的纯粹（先天）原则的总体性科学和所有在这封闭体系中纯粹推演出的先天真理。"[②]与此相对，"现象学哲学"作为"第二哲学"则是"所有'真正的'、即在理性方法中'进行解释'的事实科学"。[③] 当然这不是指关于实在事实的科学，而是指关于先验事实的科学，因此胡塞尔又称它是"一门在绝对意义上的关于存在之物的科学"。[④] 他在1907年所做的题为"现象学的观念"的著名讲座中就提出：我们"需要"这样一门"被我们称之为形而上学的科学"，即"第二哲学"，但他随后便"不去考虑认识批判

① 参阅胡塞尔：《纯粹现象学和现象学哲学的观念》第三卷，第140页。

② 胡塞尔：《第一哲学》，《胡塞尔全集》第七卷，海牙，1956年，第13、14页。

③ 胡塞尔：《第一哲学》，第14页。

④ 胡塞尔：《现象学的观念》，第23页。

的形而上学任务”，而是去“纯粹地坚持它的阐明认识和认识对象之本质的任务”了①。这是可以理解的，因为在解决第一性的哲学任务之前没有必要去考虑一个第二性的哲学问题。当然，在此后的二十多年中，胡塞尔仍然还打算在《纯粹现象学和现象学哲学的观念》的第二卷中展开这方面的研究。如前所述，胡塞尔本人在1913年，海德格尔在1927年都对此书作了预告②，但这部著作直到胡塞尔去世也未能达到胡塞尔所要求的出版水平。③

我们在上篇中已经涉及并部分回答了这样一个问题，即：胡塞尔是否以及为什么自始至终没有能够对这门“第二哲学”或“应用现象学”做出令他自己满意的研究结果？在这里，我们要考虑的另一个问题是，舍勒这方面会如何对待人们所做的这种“理论现象学”和“应用现象学”的划分？

正如海德格尔不会同意贝克尔将他哲学解释成是一种对胡塞尔先验现象学的“具体化”一样，④舍勒也不会接受后人对他哲学所做的“应用现象学”的解释，只要在“应用科学”的概念中还包含着“第二性”、“被奠基性”的意义。因此，胡塞尔对舍勒所做的指责在很大程度上是确切的；所谓“确切”并不是指：舍勒的确是在为一门第二性的哲学强求第一性的权利，强求“统治地位”——这样我们就是以胡塞尔的立场和角度来做判断了；这里所说的“确切”主要是指：胡塞尔的这种指责建立在对舍勒哲学的一个主要意图的正确理解之上，这个

---

① 胡塞尔：《现象学的观念》，第23页。

② 参阅胡塞尔：《纯粹现象学和现象学哲学的观念》第一卷，[5]，海德格尔：《存在与时间》，第47页，注①。

③ 胡塞尔为此书所写下的手稿经玛丽・比梅尔(Marly Biemel)整理后于1952年作为《纯粹现象学和现象学哲学的观念》第二卷，即《胡塞尔全集》第四卷发表(海牙)。

④ 参阅贝克尔：“美的事物的衰败性和艺术家的冒险性。在美学现象领域中的本体论研究”，载于《胡塞尔纪念文集》，第39页。

意图就是：把哲学人类学建立成为一门第一性的哲学学说。

舍勒的这个哲学意图在他的许多著述中是明白可见的，例如在“关于人的观念”一文中他指出：“在确定的理解中，所有哲学的中心问题都可以回溯到这样一个问题上：人是什么，以及他在存在、世界和上帝的界限之内具有什么样的形而上学位置和处境。”[①]《人在宇宙中的位置》一书的开端也是：“人是什么，他在存在中的位置是什么？从我的哲学意识第一次苏醒以来，这些问题比其他任何一个哲学问题都更根本地困扰着我。”[②]此外，我们从舍勒的许多重要著述的标题中也就不难看出他的主导思想动机：“人的永恒”、“处在均衡时代的人”，“人在宇宙中的位置”，“人与历史”、“关于人的观念”，以及如此等等。因此，伽达默尔正确地评价说：“哲学人类学通过他而上升为一门中心的哲学科学，它的影响一直深入到上帝学说中，它最终将他的永不安宁的思辨精神从天主教会的束缚中解脱出来。”[③]尽管人们对舍勒思想中人与上帝的关系还有争议，但人的问题在他哲学中的中心地位是有目共睹的。“哲学人类学”这个概念与例如“哲学解释学”、“语言哲学”等等标题一样，都不仅仅是对一个特定课题、特定现象的哲学探讨，而且它们还负载着哲学的大全主义使命。

中心课题的差异因而是舍勒和胡塞尔哲学意向的主要分歧，它涉及到他们两人对“先验现象学还原”方法的理解。后人将这种方法简称为“先验还原”。

经常被人引用的一段胡塞尔对“先验还原”的阐述是这样的：“我们不以自然的方式来进行那种属于自然构造意识、带有超越命题的行为，并且我们不让自己受到那种在这些行为中隐含着的、不断朝向

① 舍勒：《论价值的颠覆》，第 173 页。

② 舍勒：《人在宇宙中的位置》，伯尔尼，1983 年，第 5 页。

③ 伽达默尔：《新近哲学》，第 110 页。

更新的超越命题的动机的制约——我们将所有这些命题‘排斥’出去，我们不附和这些命题；我们在进行把握和进行理论研究时将我们的目光朝向那个在其绝对的本己存在中的纯粹意识。因此，尽管我们将整个世界连同所有的事物、生物、人，包括我们自己，都‘排斥’掉了，但这个在其绝对的本己存在中的纯粹意识仍然作为我们正在寻找的‘现象学的剩余’而留存下来。实际上我们没有失去任何东西，但却获得了整个绝对的存在，确切地看，这个存在在其自身中隐含着所有世界性的超越，在自身中构造着所有这些世界性的超越。”①胡塞尔在这里所说的“自然方式”，是隐含在我们日常生活中以及隐含在自然科学中的一种对待世界、人和社会的存在的态度：我们不假思索地认定它们是存在的，但不去反思它们为什么是存在的。这种态度又被胡塞尔称之为“存在设定”或“自然命题”。如果我们放弃和排斥这种自然的命题，不做任何在先的存在设定，而是面对我们直接把握到的实事本身，那么我们便能够获得一种哲学的态度，在这种哲学态度中不含有任何超越的东西，一切都是直接的、内在的；这便是胡塞尔所说的纯粹意识。进一步的纯粹意识分析将会告诉我们：意识是如何通过自己的意向构造能力而使对象显现出来，并赋予这些被意识创造出来的对象以客观自在的存在，从而澄清所谓客观存在的根源是在纯粹先验的主体性之中。但这种“进一步的纯粹意识分析”已经属于现象学本质直观的范围，而我们在这所要讨论的只是现象学的“先验还原”问题，所以我们首先把注意力集中在“先验还原”的主要特征上；当现象学反思的目光所指向的是纯而又纯的先验意识时，所有的实在设定都“被判为无效”，传统、权威、信仰、教育所传授给我们的所有一切，以及由这一切所组成的那个我们生活于其中并

---

①　胡塞尔：《纯粹现象学和现象学哲学的观念》第一卷，[94]。

且对我们来说确定无疑的世界——它们对于进行先验还原的现象学反思者来说都失去了其原来的有效性。简言之，一切必须从头开始，以往的规则无效。

对于胡塞尔的“先验还原方法”，舍勒在去世前所写的《人在宇宙中的位置》一书中曾做出过积极的表态：“胡塞尔……将观念认识与对世界事物的偶然的此在系数的‘现象学的还原’或‘加括号’联结在一起，以便获得世界事物的‘本质’(essentia)。当然，我在一些个别的问题上还不能赞同这个还原的理论，但我却可以承认，这种还原的行为相当真实地阐明了人类的精神。”[①]我相信，舍勒的这段评价是经过深思熟虑后才写下的；因为在这段话中包含了他自己对“先验还原”方法的特定解释。

1)首先，舍勒在这里认为胡塞尔的“先验还原”是一个与“观念认识”，即“本质直观”认识相“联结”的方法，而这已经是对胡塞尔“先验还原”的一种修正了。因为，在胡塞尔那里，“本质直观”或“本质还原”是对实在事实的排斥和向纯粹意识的回溯，它可以作为一种把握本质的方法而被运用于任何一门本质科学的领域中，因而它原则上说不是一种特殊的哲学方法；而“先验还原”是对所有自然命题的排斥，包括对所有“本质存在”设定的排斥，例如对个体的人(自我、他我)、集体的人(家庭、国家、社会)等等本质存在的设定；因而“先验还原”是一种较之于“本质还原”更为彻底的、特殊的、哲学的方法。换言之，“先验还原”方法所含的主要动机是“一切从零开始”，是一种朝向“原本性”、朝向最终根据的哲学企图；而“本质还原”——至少在胡塞尔看来——则是一种在拥有若干实在事实的基础上把握观念可能性的科学努力。我们在舍勒对“先验还原”方法的上述解释中可以隐

① 舍勒：《人在宇宙中的位置》，第53页。

约地感觉到(并且在下一节还会更清楚地把握到),他有一种用“本质还原”的方法来冲淡以致取代“先验还原”方法的意图:“先验还原”被看作是一种为“获得世界事物的本质”而“对世界事物的偶然的此在系数”所进行的“现象学的还原”或“加括号”。这种解释如果是其他人所做,也许不会引起我们的注意。因为我们只要把“世界事物的偶然此在”理解为自然态度中的实在世界,把“世界的本质”理解为“纯粹意识的意向性”,那么这种对“先验还原”的解释就不能被看作是违背了胡塞尔原来赋予它的意义。但是,在舍勒做出这种解释的情况下,我们就必须仔细揣度他的用心。

2)这个用心在我们所引用的舍勒同一段表述中就可以得到证实。舍勒在这里紧接着强调说,他“可以承认,这种还原的行为相当真实地阐明了人类的精神”。舍勒的这个承认是意味深长的,因为胡塞尔用“先验还原”的方法所要达到的根本目的绝不是,至少绝不仅仅是对“人类精神”的“真实阐明”;从他提出“先验还原”的主导动机来看,“整个世界连同所有的事物、生物、人,包括我们自己”,恰恰是胡塞尔先验现象学所要排斥的东西。人类主义,无论是经验的,还是先天的,对于胡塞尔来说都只是相对主义的一种表现形式而已——种类的相对主义。当然,在把握了纯粹意识的本质结构之后,人们可以将这种绝对的认识运用于人类精神这个相对的、事实性的领域,从而获得“应用”的实效,即对人类精神的认识。但这已经不属于纯粹现象学的“先验还原”的问题范围,而属于现象学哲学的实施领域了。“先验还原”恰恰意味着一个与之相反的方向:摆脱“人类精神”,回溯到“纯粹意识”上去。如果舍勒在这里仅仅承认“先验还原”所阐明的是“人类精神”,那么他的潜台词显然在于怀疑或否认“先验还原”所企图达到的那个先验(纯粹)意识的层次。

只有在经过对“现象学还原”的这些修正之后,舍勒才有可能接受“现象学还原”的方法。实际上我们已经可以看出，舍勒与胡塞尔在对“现象学还原”的问题的理解上，差异多于相同，分歧多于一致。

这种对现象学方法理解上的不一致性，早在舍勒1917年写给格里默(A. Grimme)的信中得到第一次公开的证明。舍勒这封信中批评格里默说：“您的信和您的著作都包含着一个不确切的前设：现象学的一致性。人们用现象学这个名称所能称呼的东西既不是一组实证的定理，也不像马堡学派这个名字那样是一个方法进程的统一。现象学只是一种态度(Einstellung)艺术的统一，即所谓现象学的看(Sehen)。”①从这段话中可以得到两点启示：其一，现象学不是一种方法，而是一种态度；舍勒这个说法与胡塞尔对现象学的定义显然是有冲突的。胡塞尔在完成向先验现象学的转变后对现象学概念的第一次(1907年)定义是：“现象学：它标志着一门科学，一种诸科学学科之间的联系。但现象学同时并且首先标志着一种方法和思维态度(Denkhaltung)：特殊的哲学思维方式和特殊的哲学方法。”②撇开胡塞尔所用的“态度”(Haltung)一词和舍勒所用的“态度”(Einstellung)一词在德语中意义上的差异不谈，③我们可以在此明确地注意到胡塞尔对现象学作为一种方法的强调和舍勒对现象学作为一种方法的否认。而舍勒之所以否认现象学是一种方法，很大的可能是因为胡塞尔从完成向先验现象学的转变以来大都将“现象学方法”作为“现象学还原”(即先验还原)的同义词来使用。④ 其二，现象学只是

---

① 舍勒1917年5月4日致格里默的信。转引自威廉·马德：《马克斯·舍勒》，第65页。

② 胡塞尔：《现象学的观念》，第23页。

③ “Haltung”的最基本含义是“姿势”；“Einstellung”的最基本含义是“调整”。胡塞尔也用“Einstellung”一词来描述现象学的特征：现象学的“态度”是一种与在自然态度中进行的“直向思维”态度相区别的“反思”。(参阅胡塞尔：《纯粹现象学和现象学哲学的观念》第一卷，[93－95]、[118、119]。)

④ 参阅《纯粹现象学和现象学哲学的观念》第一卷，[53－55]、[59]、[209]等等。

一种“看”的统一；在这个表述中我们可以发现舍勒对现象学的理解与海德格尔在十多年后对现象学概念的解释相同。海德格尔在《存在与时间》中对现象学的定义是：“让人从自身展示之物本身出发，如它从其本身所展示的那样来看它”，或者简而言之，“让人看到实事本身”。[①] 可以说，舍勒和海德格尔在这点上的共同之处在于：他们都主张，现象学只是“看”的方式；但他们或是不承认，或是避而不谈，现象学规定了要“看”什么。

必须指出，我们在这里所依据的舍勒的这段表述虽然取自于他的一封通信，但这并不意味着这封通信可能出自一次漫不经心的随笔。在他的遗稿中我们可以发现，早在1913/14年期间，即在胡塞尔通过《纯粹现象学和现象学哲学的观念》第一卷的发表而公开了他向“先验”的突破之后不久，舍勒就已经对现象学方法有了这种理解：“现象学首先既不是一门新科学的名称，也不是哲学的代词，而是一种精神直观的态度，人们在这种态度中可以直观或体验到某种没有这种态度便始终隐蔽着的东西：这是一种特殊‘事实’的王国。”他接下来强调说：“我说的是‘态度’，而不是方法。方法是一种有目的的思考事实的过程，例如归纳、演绎……”[②]我们可以看到，正是出于对现象学的这种理解，舍勒在他著作中常常运用的是“现象学的”这个形容词，而不是“现象学”这个名词。在他去世的前一年，舍勒甚至写道：“我本人从根本上避免使用‘现象学’这个词”，[③]因为它在胡塞

① 海德格尔：《存在与时间》，第34页。

② 舍勒：《伦理学与认识论遗著Ⅰ》，《舍勒全集》第十卷，伯尔尼，1957年，第380页。舒茨对舍勒的现象学方法论述基本上是对舍勒这段话的重复：“对舍勒来说，现象学既不是新的科学，也不是哲学的替身，而是一个为要呈现某种特殊且隐晦的‘事实’世界之特殊的精神见识态度之名称。倘若我们把方法的意义限制为在思考或试验之历程中用以达到某种目的的技术的话，那么现象学是一种态度，而不是方法。”（阿尔弗雷德·舒茨：《马克斯·舍勒三论》，江日新翻译，台北，1990年，第22页。中译本将“舍勒”译作“谢勒”。）

③ 舍勒：《后期著作》，第285页。

尔、海德格尔和其他胡塞尔的学生那里有着不同的意义。

为了进一步理解舍勒和胡塞尔在“现象学还原”问题上的分歧，我们可以关注舍勒在我们引用的这份遗稿中随后所提出的一个重要的论断：“一门建立在现象学基础上的哲学所必须具有的主要特征在于，最生动地、最强烈地、最直接地体验接触世界本身……怀着对体验中的存在的渴望，现象学的哲学家到处都在寻找那些从中涌现出世界之内涵的‘泉源’本身，以图畅饮一番。”①这个论断可以说是再现了舍勒对现象学的“看什么”的理解：现象学是一种“看”，而且是对“世界”、“现实”的看②。因此，正如马德曾合理地指出的那样：“最切近地体验接触现实和从现实出发，这两点在舍勒的哲学中构成一个统一。”③在某种程度上可以说，胡塞尔“面对实事本身”的口号在舍勒这里被修改成了“面对现实本身”。这里所说的“现实”或“世界”是指“人”或“人类”的精神现实，而不是指客观有效的“世界”和关于这个世界的知识。④ 如果说在舍勒的现象学方法中还包含着还原的成分，那么这必定是指他对实在世界的排斥和向人本身的回溯。正是

---

① 舍勒：《伦理学与认识论遗著Ⅰ》，第380页。

② 舍勒的“世界”和“现实”概念具有双重含义，这里所提到的只是其中的一个含义。详见下一节。

③ 马德：《马克斯·舍勒》，第60页。

④ 舍勒在这点上是与狄尔泰相通的：他将自然世界的存在和自然科学作为前设和传统进行排斥，同时却保留了人的存在及其人文科学和历史科学的有效性。这种偏爱在某种程度上证明：胡塞尔用对狄尔泰的“人类主义”和“心理主义”的指责来批评舍勒的做法是合理的；（参阅胡塞尔：《纯粹现象学和现象学哲学的观念》第三卷，第140页；以及胡塞尔1931年在柏林的讲演：“现象学与人类学”，载于“哲学与现象学研究”，第二卷，第1期，1941年9月，第1-14页。）

伽达默尔用对狄尔泰的“历史主义”的指责来批评舍勒也是合理的。（参阅伽达默尔：《解释学》第一卷，第287页：“我不相信舍勒的这个意见是合理的，即：历史科学可以使在先地被意识到的传统的压迫不断得到削弱。我觉得，在这种意见中所隐含的历史科学的独立性是一种自由的臆想，舍勒通常是不会看不穿这种臆想的。”）

在这个意义上，他才赞成胡塞尔“对世界事物的偶然的此在系数”所进行的“现象学的还原”或“加括号”。这实际上反映了理论科学家与实践科学家对待现实的不同看法：前者要求避开现实，以免受到现实的左右；后者要求切近现实，以图能够更好地指导现实。

我们可以引用胡塞尔和舍勒的各自的现象学陈述来对他们两人的思维方式做一个有趣的比较，以此说明胡塞尔现象学与舍勒现象学风格上的差异。典型的胡塞尔理论现象学的考察方式是一种“书房思维”，它从一个狭窄的、然而却是原本的视域出发，由下而上地达到总体的视域：“我可以使我的注意力到处漫游，从刚才所看到和注意到的写字桌，穿过我身后未被看见的房间部分，朝向阳台，进入到花园，朝向亭子里的孩子们，等等，朝向所有那些我所‘知道”的客体，它们在这里或那里存在于我的直接地一同被意识到的环境之中——这种‘知道’不含有任何概念思维，它随着注意力的转向而仅仅是部分地、大都很不完整地变化成为一个清晰的直观。”①而舍勒式现象学考察的开端则以系统现实的实践世界、价值世界为出发点，由上而下地达到对各个本质的认识：“我处身于一个由感性客体和精神客体组成的庞大世界中，这些客体不断地激动着我的心和我的热情……无论我是研究一个个体，一个历史时代、一个家庭、一个民族的最内在本质，还是研究其他任何社会历史单位的最内在本质，我都只有在认识了这些本质的事实价值估测和价值进行的系统——这个系统始终具有一定的层次——之后，我才能最深刻地认识和理解这个本质本身。”②

马德认为：舍勒式现象学设想的特征可以概括为三点，“背向世

① 胡塞尔：《纯粹现象学和现象学哲学的观念》第一卷，[48、49]。

② 舍勒：《伦理学与认识论遗著Ⅰ》，第347页。

界、面向人本身；而最首要的则是朝向永恒的本质”。[①] 这个概括也适用于我们在这里对舍勒现象学思想的总体描述：“背向世界”和“面向人本身”这两点再现了舍勒的“现象学还原”思想，它包含着“排斥”和“回溯”的因素；这是我们在这一节中已讨论过的问题。“朝向永恒的本质”则是对舍勒“本质直观”方法的概括；它构成我们在下一节中所要论证的课题。

23.胡塞尔和舍勒的“本质直观”之异同

在描述过胡塞尔的现象学本质直观过程和特征之后，我们来看一下舍勒对现象学本质直观的理解。

正如在前面已经指出的那样，大多数人认为，舍勒将胡塞尔所创造的现象学方法加以实际的运用，这种看法在一定的意义上是正确的。舍勒本人则否定现象学方法的统一性并最终拒绝使用现象学一词，这种做法在一定的意义上也是合理的。既然我们承认这两种观点都有合理性，那么这也就意味着我们不把这两种观点之间的矛盾看作是一种在内容上必然的对立，除非人们错误地理解了现象学方法的实际内涵[②]。我们毋宁把这种矛盾看作是一种术语上的差异：如果人们与胡塞尔相背地把“现象学的方法”仅仅理解为“本质直观的方法”，那么舍勒的哲学思维确实可以说是在对这种方法的运用中进行的；而如果我们与胡塞尔相同地把“现象学的方法”理解为“先验

---

① 马德：《马克斯·舍勒》，第 38 页。

② 哈默在其著作《神主的人类学？——舍勒的人类观及其局限性》中的论述便是一例。一方面可能是由于对胡塞尔“先验还原”和“本质直观”内涵的不甚理解，另一方面也许是因为受舍勒用“本质直观”来冲淡甚至取代“先验”这一意图的干扰，哈默将“现象学还原”与“本质还原”混为一谈，从而没有澄清舍勒现象学思想中的真正动机所在。

还原”的方法，那么舍勒对“现象学方法”一致性的否认便是可以理解的。由此我们也可以领悟舍勒对“现象学方法”忽而赞同、忽而拒绝的做法的原因所在。①

对舍勒与胡塞尔在现象学本质直观方法上共同性，以及对舍勒所具有的本质直观的能力，大多数熟悉舍勒思想的学者都不表示怀疑。舒茨曾称舍勒“是胡塞尔现象学成就所能让人接受之本质直观新乐园中的第一位天才——亚当，是第一个所有事物（连最平常的也一样）将其本质及意义展现给他的人。”②对此，我们还可以参考现象学运动的另一位间接成员伽达默尔对舍勒的评论：“胡塞尔的‘本质直观’学说就好像是专门为他制作的，因为他拥有一种具有穿透性的直观能力，这种能力使他能够在生物学和心理学、人类学和社会学的广泛科学领域、在历史科学领域中获得了对人类生活的本质规律的辉煌洞察。”③除此之外，我们在各种关于舍勒的文献中还可以找到许多类似的说法。可以说，胡塞尔和舍勒的本质直观或本质还原都是排除经验事实，直接把握纯粹本质、抽象范畴、先天观念的现象学方法，它们之间的共同性是毋庸置疑的。

但这种共同性不是一种绝对的共同性，它并不意味着同一种的方法在不同领域中的相同运用，甚至不能意味着同一种方法在不同领域中的不同运用。我们在对现象学运动各个分支的考察中，首先是在对海德格尔和舍勒哲学的考察中发现一个惊人的事实：当问题仅仅涉及到作为纯粹形式的方法时，在各个现象学家之间并没有很

---

① 英加尔登的回忆在一定程度上是对这个问题的说明：“我后来在舍勒那里也发现了‘本质还原’等等表述——他并不愿意随胡塞尔一起进行先验的还原，但他觉得本质还原还是有意义的。”（英加尔登：“胡塞尔的还原问题”，转引自江日新：《马克斯·舍勒》，第101页。）

② 舒茨：《马克斯·舍勒三论》，第1页。

③ 伽达默尔：《新近哲学》第一卷，第109页。

大的分歧;然而,一旦人们将这种方法与研究的领域结合起来,各种现象学本质还原的变异形态便产生出来。以至于我们难免要提出这样的问题:作为内容的领域的不同是否必然会导致对作为形式的方法的理解上的差异?领域上的分歧是否与形式上的相同成反比。如果答案是肯定的,那么胡塞尔所说的现象学本质直观作为一种哲学方法的普遍有效性就受到了严重的怀疑。梅洛-庞蒂在他的代表作《感知现象学》的一开始便回答了这种怀疑,他用重点号标出了他对现象学的这样一种理解:“现象学作为一种风格或文体是可进行的和可认识的,它作为运动而存在,但它还没有成为一种封闭的哲学意识。”[①]现象学方法的形式同一性在这里实际上已经被还原为在风格和文体上的相同性了。

我们这里要讨论的就是:舍勒的现象学方法与胡塞尔现象学方法的同一性究竟延伸到哪一点上为止?——我们在前面已经指出,尽管舍勒强调,现象学还原可以使我们摆脱事实,达到“本质”,但“现象学仅仅在这个态度上具有统一性,而在进一步的结果和方法上则不具有统一性”。[②] 因此,更确切地说,我们在这里所要做的就是对这种在本质还原的进一步结果上和方法上的不统一性进行较为详尽的说明。

我们首先考察舍勒与胡塞尔各自的本质直观结果上的异同。——在舍勒这里,本质与事实的区分仍然有效。但舍勒更常用的做法是对三种事实的划分:“自然的事实”、“科学的事实”和“现象学的事实”,最后一种事实又被舍勒称之为“哲学的事实”或“纯粹的事实”,它已经在一定程度上与“本质”的概念是同义的了。所谓“自

① 梅洛-庞蒂:《感知现象学》,德文版,第4页。
② 马德:《马克斯·舍勒》,第65页。

然的事实”，在舍勒那里是指“一个在事物本身和我们在经验这些事物时所具有的状况之间的中间王国。它可以说是一个回答，即世界对我们肉体状况以及它们的统一性、我们的欲望对宇宙所提出的问题的一个回答。相对于‘纯粹事实’而言，它是一个在双重意义上的‘象征’——事物本身的象征和我们的状况的象征。”①正是从这种自然的事实之中，人们获得“日常的知识”，从而形成“自然的世界观的态度”。舒茨曾举例说：不管哥白尼(Copernicus)怎么说，在“自然的世界观的态度”中，太阳依然从海上升起，从西山落下；地球仍然是我们熙来攘往的不动大地。②

与自然的事实相对立的一方面是现象学的事实或哲学的事实，另一方面是科学的事实，即具体科学、实证科学的事实。这两种事实之所以与自然的事实相对立，是因为它们都属于非自然的事实，这些事实带有人工的特征，带有人为的痕迹。所谓人工或人为，是指我们必须经过一定的操作才能获得这两种事实。具体地说，要想获得“科学的事实”或关于这些事实的知识，必须进行科学的还原，其结果是“科学态度”的形成，③哥白尼的“日心说”是这种科学事实的一个例子；而要想获得“纯粹的事实”，从而建立起“哲学的”或“现象学的态度”，人们则必须进行现象学的还原。这样，这三种事实和三种态度中的每一种事实与态度都与其他两种事实与态度处于对立状态。由现象学还原所导致的现象学事实和态度一方面区别于自然的事实和态度，另一方面也区别于科学的事实和态度。但这三种事实并不是相互并列的三个领域，而是在它们之间存在着一种奠基关系。用舍勒的话来说：“现象学的成败都在于这样一个主张：有〔现象学事实〕

① 舍勒：《伦理学与认识论遗著Ⅰ》，第436页。

② 参阅舒茨：《马克斯·舍勒三论》，第23页。

③ 参阅舍勒：《伦理学和认识论遗著Ⅰ》，第461页。

这样一种事实存在——正是这种事实奠定了自然事实和科学事实这些其他事实的基础,这种事实相互间的联系奠定了其他事实相互间联系的基础。”[①]

在这一点上,舍勒与胡塞尔的现象学思想不发生冲突,尽管在两者之间还有一些非原则性的差异:胡塞尔意义上“自然的态度”不仅包含舍勒意义上的“自然态度”,而且还包含着舍勒所说的“科学态度”;而胡塞尔所说的与“自然态度”相对立的“现象学的态度”或“哲学态度”则与舍勒意义上的“现象学态度”或“哲学态度”具有一致性。这就是舍勒所说的现象学“在态度艺术上的统一性”[②]。这种广义上的现象学态度的统一性实际上已经不再是现象学的专利了:“当释迦牟尼说,‘观察每一个事物,这是一件壮丽的事情,而作为这些事物存在,却是一件可怕的事情’时,他已经意识到了这一点,并且他还发展出了一种将世界和自身非现实化的技术。当柏拉图为找到事物的‘起源’而把观念直观与心灵对事物的感性内涵的背离和向自身的返回联结在一起时,他也意识到了这一点。而当胡塞尔为了获得世界事物的‘本质存在’而将本质认识与一种‘现象学还原’,即对世界事物的偶然此在系数的‘删除’或‘加括号’联系在一起时,他同样也意识到了这一点。”[③]胡塞尔之所以在现象学的领域中极具重要性并成为现象学的创始人,是因为他第一次将达到这种态度的方法确定下来,提供了一种获得“纯粹事实”的操作技术,即本质直观的方法:“如果我们要从这里更深地进入到人的本质中去,那么我们就必须想象这样一些意识行为的组构,这些意识行为可以导致观念直观的意识行为。在进行这种行为时,我们有意或无意地运用一种技术,这种技

---

① 舍勒:《伦理学和认识论遗著Ⅰ》,第448页。

② 参阅舍勒1917年5月4日致格里默的信。

③ 舍勒:《人在宇宙中的位置》,第52页。

术可以被称之为对事物、世界的现实性特征的扬弃(的企图)。在这种企图中,在这种把握本质的技术中,本质的逻各斯——一旦它成为'对象'——就会从具体的、可感受到的事物世界中显现出来。"[①]此外,舍勒对明见性概念的理解比胡塞尔理解要较为狭窄一些。对他来说,"明见性"是一种仅仅与本质直观有关的东西,它是"一种本质的澄明,在这种澄明中,本质在最严格的意义上自身被给予地展示出自身"。[②] 哲学思维在舍勒与"观念化"或"本质化"的活动是同义的。至此为止,我们所突出的都是现象学在态度上的统一,而在此同时所接触到的现象学态度上的差异还仅仅只与术语和定义有关。

然而,即使在这种为舍勒所承认的"态度上的统一性"中也已经隐含着分歧的萌芽。如果我们进一步探讨下去,就会接触到胡塞尔和舍勒现象学本质直观方法上的差异。马德非常恰当地指出,舍勒所用的"态度"这个概念比"思维"要更合适,因为"它是一种在哲学认识上的道德倾向"。[③] 现象学的态度以及现象学的还原因而在舍勒那里实际上是一种与道德准则有关的东西。对于舍勒来说,在这种"态度"中进行的内在行为就意味着对绝对价值和绝对存在的爱,意味着对自然的自我贬低,意味着对欲望、虚荣的自我控制;[④]简而言之:它意味着排除现实,扬弃和粉碎我们对世界的欲望,回到作为爱的生物的人之本质上去。

因此,在现象学本质直观方法上,舍勒从两个方面偏离胡塞尔;而这两个方面都或多或少地与舍勒对事实与本质的特殊理解有关:一方面,舍勒认为,本质直观作为现象学还原所要排斥的是世界的现

---

① 舍勒:《人在宇宙中的位置》,第 52 页。
② 舍勒:《论人的永恒》,第 298 页。
③ 马德:《马克斯·舍勒》,第 64 页。
④ 参阅舍勒:《论人的永恒》,第 89 页。

实特征，即生命的冲动、欲望、刺激等等。“人的存在就意味着：对这种现实回掷一个‘不’字。”[①]很明显，舍勒这里所说的“现实”已经与胡塞尔意义上的“世界现实”发生分歧。确切地说，在舍勒的现象学本质直观（也是现象学还原）的概念中不仅包含着胡塞尔所主张的“对世界的非现实化”（entwirklichen），即把现实世界的存在，包括自我的存在，判为无效，不去对它们做任何运用；而且它同时还意味着舍勒自己所提出的对认识的“非感性化”（entsinnlichen），甚至是对认识的“非肉体化”（entleiblichen）。所谓“非感性化”或“非肉体化”是指一种超脱自然生命、超越肉体感官的过程。胡塞尔受到舍勒的批评，因为他至少仍然将他的范畴直观奠基在感性的内容之上。[②]

可以说，胡塞尔将本质直观的能力看作是人所具有的一种第六感官，[③]而舍勒则认为，本质直观就是一种禁欲的能力和说不的能力；胡塞尔所要求的是对事实的存在的“不关心”和“悬搁”，而舍勒则要求对感情欲望的做出禁止。正是在这个意义上，舍勒批评胡塞尔说：“对世界的‘去除现实’或对世界的‘观念直观’意味着什么？它并不像胡塞尔所认为的那样是对（那种在任何自然感知中已经含有的）存在判断的抑制；‘A是实在的’这个判断已经在它的陈述中要求一种体验的充实，只要‘实在’不仅仅只是一个空泛的词汇。”[④]他自己对“本质直观”的理解是：“毋宁说，这种对世界的‘去除现实’或对世界的‘观念直观’意味着（对我们来说）尽力去扬弃实在因素本身，去湮灭那整个实在的有力侵入以及由这种侵入所引起的相应的情

---

① 舍勒：《人在宇宙中的位置》，第52页。

② 参阅舍勒：《伦理学与认识论遗著Ⅰ》，第448、449页。

③ 胡塞尔在1907年期间就曾论述说：一个想把握本质的人，必须具备精神直观的能力；“假如他不具有另一种感官，我们怎么能使他信服呢？”（胡塞尔：《现象学的观念》，第61页，中文版，第54页。）

④ 舍勒：《人在宇宙中的位置》，第54页。

绪——它意味着去消除那种'世俗性的恐惧'"。[①] 因为在舍勒看来，"所有现实对于每一个活的生物来说首先是一个给人带来阻碍和束缚的压力，而'纯粹恐惧'(不带任何客体的恐惧)则正是这种压力的相关物。"[②]我们在前面曾经指出过舍勒对"生活"与"精神"的区分，与此相关，舍勒的本质直观所要排斥的是"生活"这种感性的存在，在这个意义上，人的真正存在就意味着"生活的禁欲者"[③]；而本质直观所要获得的则是"精神"："只有那种被我们称之为精神的存在才能进行这种非现实化的行为，只有精神才能以纯粹意志的形式通过一种'意志行为'完成对感情欲望中心的非现实化"。[④] 在这里，"感情欲望"、"情绪"等等概念的频繁出现表明：本质直观所涉及的是"情感"与"理智"或"生活"与"理性"的对立。由此可见，在舍勒的对本质直观的理解中，柏拉图主义的道德色彩是相当浓烈的。

另一方面，舍勒对胡塞尔本质直观思想的偏离还表现在：他的本质直观作为现象学还原所要获得的最终本质并不是在胡塞尔意义上的先验意识本质，而应当是与上帝有关的永恒观念。许多舍勒研究学者都指出过这个事实，例如：哈默认为："典型的舍勒式的现象学"是建立在一种"通过奥古斯都而基督教化了的柏拉图的理念论基础上"[⑤]，汉斯·库恩(H. Kuhn)则干脆把舍勒的思想称之为一种"经过现象学更新的奥古斯都主义"[⑥]。

按照胡塞尔的本质直观论，1)如果运用这种本质直观的是物理学家、几何学家、数学家等等，换言之，如果这种本质直观的运用范围

① 舍勒：《人在宇宙中的位置》，第54页。
② 舍勒：《人在宇宙中的位置》，第54页。
③ 舍勒：《人在宇宙中的位置》，第55页。
④ 舍勒：《人在宇宙中的位置》，第55页。
⑤ 哈默：《神主的人类学？——舍勒的人类观及其局限性》，第39页。
⑥ H.库恩：《神学与教会辞典》，第九卷，弗莱堡，1964年，第383页。

是意识对象领域，那么人们通过它所获得的本质便与自然事物和事件有关；2）如果运用这种本质直观的是心理学家，就是说，如果这种本质直观的运用范围是人类心理或人类意识行为，那么人们通过它所获得的本质是人类心理的本质结构；3）如果运用这种本质直观的是先验现象学家，或者说，如果这种本质直观的运用范围是先验意识领域，那么人们通过它所获得的本质就将是先验论意识的本质构造，它在胡塞尔学说中意味着最终的确然性，因此也构成胡塞尔哲学所追求的最终目的。——但在舍勒这里，本质直观所要把握的是绝对的存在和绝对的价值，它的结果是与人和世界的价值秩序、价值等级有关的东西。在本质直观所把握到的"纯粹意志"或"精神"之中，首先展现给我们的人的存在的纯粹事实，它表明人作为人的本质在于他是一种"爱的生物"："人，早在他是思维生物或意欲生物之前，就是一个爱的生物（ens amans）。[①] 但这种"爱"显然不是指情感之爱或性爱等等，它"不是追求和欲求，更不是需求"[②]。而是一种在某种程度上可以说是柏拉图式和奥古斯都式的"精神之爱"，从宗教上说，它与基督教观念上的爱是等值的，"爱是精神的非感性之爱"；[③]从哲学上说，爱是一种原本性的行为，"爱在任何时候、任何地方都是一种创造价值的活动，而不是一种再造价值的活动。"[④]就像感知在胡塞尔的现象学中是原本地构造出原初意识对象的行为一样，爱在舍勒的现象学中所具有的功能是原本地构造出价值。这些在爱的本质直观中显现出来的价值与本质或纯粹事实是一致的，它们在初级阶段上是精神性的价值，在高级阶段上是神圣性的价值。用舍勒的话来说，

---

① 舍勒：《伦理学与认识论遗著Ⅰ》，第 356 页。

② 舍勒：《论价值的颠覆》，第 73 页。

③ 舍勒：《论价值的颠覆》，第 73 页。

④ 舍勒：《同情的本质与形式》，第 133 页。

"对本质的爱"就是"对上帝的普爱的回报之爱和回应之爱"[1];"每一种爱都是未完成的对上帝的爱。"[2]

舍勒从这两方面对胡塞尔本质直观思想的修正与舍勒本人本质直观理论的特征,尤其与是他的本质论的特征是相互对应的。现象学本质直观在舍勒那里所具有的两个最基本的特征就是:对认识的非感性化和将本质抬高成为上帝的观念。这两点使他的现象学本质直观概念明确地与胡塞尔的本质直观概念区别开来。[3]

可以肯定地说,胡塞尔与舍勒的本质直观思想的差异实际上完全是由他们各自对事实与本质的理解所导致的。本质与事实的对立在胡塞尔那里是本质直观理论得以成立的一个无可置疑的前提,而在舍勒那里,这种对立有相当大的一部分已经成为世俗之物与神圣之物对立的代名词。

24. 舍勒的精神概念与胡塞尔的意识概念——现象学领域的差异

舍勒与胡塞尔对现象学还原方法的不同理解和实施,必然导致在现象学还原后他们各自所拥有的"现象学剩余"之间的差异。换言之,现象学还原方法的不同,也就意味着现象学研究对象和研究领域的不同。

我们在第一篇中已经说明,胡塞尔现象学的研究对象可以被概括为是作为意识的意识,或者说,是意识本身。在进行了胡塞尔意义

---

① 舍勒:《同情的本质与形式》,第152页。

② 舍勒:《伦理学与认识论遗著Ⅰ》,第355页。

③ 这个观点也可以参阅哈默:《神主的人类学?——舍勒的人类观及其局限性》,第35页。

上的现象学还原之后，我们面对的是纯粹的意识，它包含感觉材料、意识活动和意识对象。胡塞尔用他的现象学直观分析向人们证明，纯粹意识的最根本的特征在于它的意向性，意识总是关于某物的意识。任何一个意识行为，要么本身具有意向能力，要么以一个本身具有意向能力的意识行为作为它的基础。这样，本身具有意向能力的意识行为便构成第一性的、奠基性的意识行为。对这类原本意识行为的分析是其他现象学分析的前提。

这个结论显然与舍勒所理解的现象学第一性研究对象不相符合。我们在前面已经不只一次地看到，排在舍勒现象学研究对象第一位的不是胡塞尔意义上的意向性行为，如感知、想象、符号意识等等，而是情感行为，如爱、恨、期望等等。这个做法与舍勒的现象学还原操作是前后一致的：在进行了舍勒意义上的现象学还原之后，作为现象学的剩余留存下来的东西也可以用一个概念来概括：精神。

一方面是胡塞尔现象学的中心概念：意识，另一方面是舍勒现象学的中心概念：精神。在这两者之间所存在的绝不仅仅只是一个术语上的差别。在这个问题后面隐藏着一个根本性的、多层次的问题。这一点我们从舍勒对意向性这个意识本质特征的态度中便可以看出。

舍勒在他的教授资格论文中曾将他所寻求建立的学说称之为“精神论”，在那里，“精神”概念与胡塞尔的意识本质有相通之处。舍勒认为，精神是一种存在形式，是一种内在于行为之中的对某物的指向关系活动。对精神的这一理解与胡塞尔的意向性学说显然是相符合的。因此，尽管舍勒这时还没有接触到意向性概念，因而在这部著作中也从未谈到过意向性问题，但他在此之后很快便接受了这个由布伦塔诺发现，并由胡塞尔加以哲学化的重要范畴。舍勒以后对胡塞尔现象学的不同表态，都与这个可以被形容为“不谋而合”或“一拍即合"的事实有关。[①]

可以说，在舍勒将自己理解为"现象学家"的这个时期（大约在1906年至1922年期间），舍勒对现象学研究对象和领域的理解以及他对意识的意向性问题的理解基本上还是与胡塞尔保持一致的。我们在舍勒写于1911至1912期间的《关于三种事实的学说》的手稿中可以读到："意向联系、'关于某物的意识'"展示了"所有现象学考察的基本事实"[②]。更进一步说，舍勒在此期间与胡塞尔一样，将现象学还原后留存下的意识领域视为现象学的研究范围，并且在此基础上对他自己的现象学哲学构想做了进一步规定，这些规定被W.亨克曼归结为以下七点：

1）把握行为与对象之间的相关性规律，根据这个规律来建立行为现象学、实事现象学和相关性现象学；

2）确定各个具有意向能力的行为种类之间的差异，这些行为种类包括如爱、恨、本质直观、思维、感情、信仰等等；

3）探讨在意向行为中被意指的对象的内在性规律，同时也不排斥对对象的超越性的研究；

4）将意向对象规定为一种通过本质直观才能认识到的先天本质，使它们能够区别于后天的此在；

5）探讨各种本质和行为种类与奠基秩序和被给予性秩序所具有的系统本质联系之间的规律性关系；

6）确立"自身被给予性"是最高的现象学认识标准；

---

① 舍勒在《论价值的颠覆》中将由胡塞尔开创的现象学比喻为"在监狱中被囚禁了多年的人迈入一个盛开的花园的第一步"（第339页）；在致格里默的信中他却称自己不是胡塞尔的学生，早在阅读胡塞尔的《逻辑研究》之前，他就已经发展了他的哲学基本设想，以及如此等等。这些说法都带有一定的真实性。它们表明了舍勒早、中期的现象学追求在某种程度上的独立性和它与胡塞尔思想在某种程度上的相合性。

② 舍勒：《伦理学与认识论遗著Ⅰ》，第475页。

7)把握现象学分析的方法,用它来明见地直观意向对象。[①]

尽管在舍勒的这些现象学追求中还流露出与胡塞尔现象学意向的不和谐之音,但在总的方向上是赞同多于背离。

需要注意的是,舍勒与胡塞尔在现象学方法问题上以及在现象学研究领域问题上的"不谋而合"是与他早期哲学思考密切相关的。精神概念与意识概念在意向性特征上的一致性即使在他的哲学活动中期也仅仅意味着部分的相合。舍勒在中期对意向性的理解与他在早期对精神的定义有相继的联系:意向性基本上渊源于他早期所理解的"人类精神的价值功能"[②]。虽然舍勒中期在精神概念中加入了胡塞尔意向性概念的成分,给意识加上"我们关于某物的精神意识"[③]的称号,但如果我们将这里的某物理解为价值,那么"精神的构造价值的能力"与"精神的价值功能"这两个范畴便又可以相互衔接起来。因此,在舍勒那里,精神的价值构造功能显然是精神所具有的最基本规定性。舍勒对胡塞尔意向性概念的立即接受,其原因并不在于:舍勒与胡塞尔一样,通过这个概念而发现了意识构造对象的能力;毋宁说,舍勒发现意向性这个概念揭示了意识的构造能力,无论这种能力是指构造对象的能力,还是指构造价值的能力。这种能力就是舍勒的"功能"概念的代名词。

也许正是舍勒从早期至中期对精神的这种一贯理解导致了他后期对胡塞尔现象学的疏远和反叛。从"精神"和"意识"、"功能"和"意向性"这两对概念的比较中可以发现:在舍勒的理解中,"精神"、"功

---

① 对此的详细论述可以参阅 W. 亨克曼:"舍勒哲学中的意向性问题",载于《布伦塔诺研究》第 3 期,1990/91 年,第 206 页。

② 舍勒:《早期著作》,第 340 页。

③ 舍勒:《同情的本质与形式》,第 309 页。

能”是比胡塞尔的“意识”、“意向性”更为广泛的两个概念。这正是舍勒在其思想发展的后期对胡塞尔的意识论和意向性学说进行批判的基本理由。

对胡塞尔意识概念的批判可以在舍勒1922年至1927年期间的著述和手稿中找到。[①] 与海德格尔对胡塞尔的批评一样，舍勒的批判也始终以含而不露的形式出现。它主要集中在这一点上：胡塞尔的意识概念过于狭窄。

在舍勒看来，胡塞尔意识概念的狭窄性首先在于，胡塞尔将它限制在认知性的意识行为上，例如感知、思维、判断等等，从而忽略了对类似同情、悔恨等等情感性的意识行为的关注。舍勒在这里所说的认知行为和情感行为，相当于胡塞尔在《逻辑研究》中对所有意识行为所做的在客体化行为和非客体化行为之间的划分。当然，舍勒对情感行为有他自己的理解，他认为这种行为同样也具有意向能力。抛开舍勒和胡塞尔各自对情感行为或非客体化行为的规定上的差异不论，舍勒对胡塞尔意识概念的狭窄性的这一批判并不是十分确切的。因为胡塞尔本人一再强调，现象学的意识领域包含了所有的体验，无论是认知性的，还是情感性的。胡塞尔在其一生的意识分析中从未表露出将情感行为排斥在意识领域之外的意图。导致舍勒这一误解的原因也许是由于胡塞尔虽然在他未发表的手稿中并没有忽略对情感行为的分析研究，但在其生前所发展的著作中却对情感行为始终置而不论，因为胡塞尔坚持这样一种观点，对意识的分析必须“自下而上地”进行，在完成对第一性的认知行为的分析之前，不能过

---

① 可以参阅舍勒这一时期的著述和手稿，例如“德国当代哲学”、“人在宇宙中的位置”、“作为实证认识的形而上学认识论和方法论手稿”等等。

于匆忙地讨论第二性的情感行为。[①]

由此可见，舍勒对胡塞尔的意识概念的批评，与其说是对这个概念的狭窄性的批评，不如说是对胡塞尔所声称的认知行为（即舍勒所理解的意识概念）的奠基性的批评或置疑。在舍勒的批判中的确也包含着这层含义：舍勒认为，德文中的“意识”一词（Bewusstsein）起源于“知识”（Wissen）。“意识始终是关于某物的意识”，这句话用严格的语言来翻译应当是：意识始终是某物被意识到。因此，这个某物是先于意识而存在的。首先被知道的（be-wusst）是这个某物，然后在反思中（re-flektiert）意识本身才被知道。关于某物的知识因而要先于关于意识的知识。[②] 就此而言，舍勒可以得出两个结论：首先，胡塞尔现象学中的“意识”（即客体化行为）并不能声称自己具有奠基性，因为，某物在它之前便已经被知道。[③] 其次，胡塞尔现象学中的“意识”也不能声称自己具有总体性，因为它只是各种“知识”类型中的一种，此外在舍勒看来还有“解脱性知识”、“统治性知识”以及其他等等；换言之，“知识”较之于“意识”是一个更广泛、更基本的概念。

应当说，舍勒对胡塞尔意识概念的批判从一开始便建立对胡塞尔的误解之上，但这并不妨碍舍勒通过这种批判来阐述他自己的哲学构想。在《同情的本质与形式》的第二版（1922年）中，舍勒提出了

---

① 在第一篇中已经说明，胡塞尔对第一性和第二性意识行为的划分，在《逻辑研究》中是出于这样一个理由：情感行为（非客体化行为）不具有意向能力，因此必须以具有意向能力的认知行为（客体化行为）为基础；在《笛卡尔式的沉思》与后期其他著作中，则是因为情感行为（实践行为）属于先验意识事实的范畴，认知行为（理论行为）则属于先验意识本质的范畴。

② 参阅舍勒：《后期著作》，第185页。

③ 这个结论与我在第7节“现象学反思的反思”中用现象学分析的方法所得出的结论是基本一致的，即：现象学的反思只能是一种反思性的再造，只能是一种“后思”（Nach-Denken）。

“出神的知识”(ekstatisches Wissen)这样一个概念[①],认为这种知识才是最原初的知识形式。与“出神的知识”相比,意识不是一种“原事实”,而是一个第二性的范畴。舍勒将这种知识称作是一种“对事物的简单拥有”。在他看来,尽管我们文明化了的成年人已经遗忘或抛弃了这种知识,但它在原始人和儿童那里还不断地表现出来,并且,在我们的所有对事物和事件的感知和表象中也还可以找到这种知识的残余。这种“出神知识”与意识的区别在于:它不是一种为知而知的知识,它甚至不具有与自我的联系。[②] 在这一点上,舍勒不仅是在反布伦塔诺和反胡塞尔的意义上说话,而且他的立场与整个欧洲大陆的笛卡尔传统都是相对的。

当然,人们会很快提出这样一个问题:“知识”与“精神”在舍勒那里都是比胡塞尔意识概念更为广泛的范畴,那么这两者本身究竟处在一种什么样的关系之中呢?应当说,“精神”在舍勒那里是比“知识”更大的概念。因为任何知识都是一种精神行为,但不是任何精神行为都是一种知识。舍勒曾给精神以这样一个定义:它是“行为、功能、力量的总称”[③],是人进行的各种活动的统一形式。在舍勒的理解中,胡塞尔的意识概念(意向性)在这里基本上与“功能”同义,至多(如果舍勒抛弃他对胡塞尔的误解)也只能与“行为”同义。而就“知识”概念而言,它的外延要大于“功能”,小于“行为”。

---

① “出神”一词来源于希腊－拉丁文中的“Existasis”,带有从某种状态中出来的含义。通常被译作“狂喜”、“消魂”或“心醉神迷”。我们随后便可以看到将这个词译作“出神”的理由。

② 参阅舍勒:《后期著作》,第 189 页。舍勒对“出神”一词的运用,很可能是从海德格尔那里获得灵感:它本身就带有“忘却自身”、“脱离自我”的含义。——《存在与时间》曾在“出离自身”(das Ausser sich)的意义上解释“出神”:“时间性就是自在和自为的原初‘出离自身’本身。因此我们将这里所描述的未来、过去、当下这些现象称之为时间性的‘出神’。”(海德格尔:存在与时间》,第 329 页)。

③ 舍勒:《论人的永恒》,第 203 页。

我们还可以更进一步地展开对舍勒的精神概念：一方面，与“精神”相对立的是“生命”，为此，有人也赋予舍勒哲学以“精神－生命－二元论”的称号[①]。在“生命”这个概念中又包含着“自然”和“世界”的意义，因此，精神和自然的对立也在这里表现出来。

另一方面，“精神”本身在舍勒那里又可分为“人的精神”和“上帝的精神”。舍勒所说的精神通常是指人的精神，它与“人格”这个概念基本是同义的。人的精神是对唯一的一个神的精神的反映，是后者的一个不完善的表现形式，因此，“精神本身带有一种对永恒和神的朝向”。[②]

可以看出，对舍勒的精神概念的分析是舍勒哲学研究中的一个中心课题，但它已经超出了本书所要讨论的范围。我们在这里可以并且也只需确定，舍勒的“精神”概念已经远远地脱离开胡塞尔意识现象学的范围，成为一门现象学人类学的核心概念。如果我们可以将胡塞尔的现象学称之为“意识现象学”，将海德格尔的现象学称之为“存在现象学”，那么我们也同样有理由将舍勒的现象学称之为“精神现象学”——当然不是在黑格尔的意义上。

回顾一下我们至此为止的分析，我们可以得出这样一个结论：舍勒对胡塞尔先验意识现象学的改造最终集中在两个问题上：其一，将现象学的还原理解为对实在问题的扬弃，其二，用精神概念来取代胡塞尔的意识概念。我认为这是理解舍勒现象学研究领域与胡塞尔现象学研究领域之间差异的关键。

---

① 参阅哈默：《神主的人类学？——舍勒的人类观及其局限性》，第 99 页。

② 舍勒：《论人的永恒》，第 199 页。

第四章
胡塞尔的现象学与哈贝马斯的社会哲学

25. 哈贝马斯哲学:“理性的联盟系统”

现象学哲学家施特拉塞尔曾做过一项很有意义的工作。他对伽达默尔、哈贝马斯、维特根斯坦、梅洛-庞蒂四位哲学家的“理解”观进行比较,试图从理解概念出发把握住当代西方思维的脉搏。他认为,伽达默尔的理解观强调历史-解释学的角度,哈贝马斯的理解观则主张批判地对待交往性此在的基本形式,维特根斯坦突出在理解中语言的作用,梅洛-庞蒂则从前人格、前肉体的角度入手来分析理解。①

这四种理解观无疑对当今整个西方哲学的思维趋向具有代表意义。它们与哈贝马斯本人所列的西方哲学四大潮流,即分析哲学、结构主义、现象学、西方马克思主义,②是基本吻合的:维特根斯坦的理解观立足于语言哲学的基础之上,指明了英美哲学的主导趋势;梅洛-庞蒂的理解观在很大程度上是法国哲学传统的典型写照,同时开辟了现象学结构主义的先河;伽达默尔和哈贝马斯则分别是德国哲学在二十世纪的两个重要思想运动的继续:现象学运动和西方马克思

---

① 《真理与证实》,第141至178页。

② 参阅哈贝马斯:《后形而上学思维》,第12、13页。

主义运动。

这些思潮当然不是四条永不相交的平行河流。这一点我们在哈贝马斯那里尤其可以注意到：不仅黑格尔、马克思的传统思想在他的哲学中发挥着作用，而且胡塞尔、海德格尔以及维特根斯坦的当下影响也规定着他的思维内容。我们今天已经很难把他划归在一个单一的流派之中。他既可被称作批判的社会哲学家，又可被称作现象学的解释学家，甚至也可以将他称为政治哲学家或语言哲学家或哲学人类学家等等。瓦尔登菲尔茨曾用一个具有典型德国政治特征的术语将哈贝马斯的哲学形象地比喻为“理性的联盟系统”，在这里，“各种理性形式的艰难合作取代了某一个包罗万象的理性。各式各样的东西在这个理性大联盟中找到一席之地：语言实用学、论证学、行为理论、系统理论、批判理论、解释学，其中还有生活世界的现象学。”[①]这里的“理性”概念已经不再具有康德、黑格尔传统意义上的理性了。在下面的论述中，我们将对此做出说明。但是，我们的主要意图是在于：对哈贝马斯的这个纷繁复杂的“理性联盟”中的各主要成分之间的联系做出大致的描画，以便我们能尽快地进入到我们这里感兴趣的讨论课题中去。

在当代德国哲学论坛上，哈贝马斯还可以算是一个较为年轻的代表，尽管他在本世纪变化纷纭的哲学思潮中已经饱经沧桑。哈贝马斯于 1929 年 6 月 18 日出生在德国中部的杜塞尔多夫城，大学期间曾就学于哥廷根、苏黎世、波恩。1954 年在波恩大学获得博士学位。在六十年代初完成教授资格论文之后，他在海德堡大学与伽达默尔等人一起讲授哲学课程。1964 年，哈贝马斯北聘为法兰克福大

① 瓦尔登菲尔茨：“世界的理性化——一个方案。对哈贝马斯交往行为理论的批判性思考”，载于《在生活世界的网中》，第 94 页。

学哲学和社会学教授。1970年起，他就任施塔恩贝格“马克斯－普朗克研究所”所长。自1981年以后又回到法兰克福大学任教。哈贝马斯在大学时代便受著名的西方马克思主义者卢卡奇（G. Lukacs）思想影响较深，五十年代又作为助手与阿道尔诺一起工作。从他的哲学、政治的思维方式来看，哈贝马斯的思想起源于西方马克思主义中的法兰克福学派，这个学派曾经被看作是六十年代西方学生运动的理论支柱。法兰克福学派的早期代表人物将自己称之为“批判的理论”，他们之中最重要的人物有马克斯·霍克海姆（Max Horkheimer）、特奥多尔·W.阿道尔诺（Theodor W. Adorno）、赫伯特·马尔库塞（Herbert Marcuse）等等。哈贝马斯则属于法兰克福学派的中间一代人，属于这代人还有例如奥斯卡·耐格特（Oskar Negt）、克劳斯·奥菲（Claus Offe）、阿尔布莱希特·魏勒默（Albrecht Wellmer）等等。

早期的“批判理论”曾坚持马克思的观点，认为人类总有一天会用理性构造自己的历史，并且人类应当在实践活动中为自己设定这样一个理性的目标。而在达到这个理性历史之前，所有历史都只是人类的“前历史”。因此，“批判理论”的首要任务是对人类所从事的那些偏离理性、异化于理性的社会实践活动进行批判。批判的标准以及批判的前提当然在于理性和对理性的认识。但这种观点不久便遭到这一观点提出者本人的怀疑，因为他们发现，资本主义总是在不断地设想出新的方法来维持自己的存在。资本主义实际上在不断地巩固着自身，而社会革命的构想还遥遥无期。尤其是在经历了德国纳粹主义的疯狂之后，许多早期的“批判理论”代表人物开始对理性感到失望，例如阿道尔诺后来便相信，只有在艺术中还能发现理性，朝向未来、朝向理性的政治实践已经不再可能。这种倾向以后在中、后期法兰克福学派中表现得尤为突出。事实上，法兰克福学派的“批判理论”在一开始就与马克思主义的理论传统具有一定的差异，现在它又与马克思主义的实践观念划清了界限。

与法兰克福学派主要成员阿道尔诺、霍克海姆的做法相反，也与胡塞尔后期对“理性危机”的理解相反，哈贝马斯不仅认为理性处于“危机”之中，而且主张理性的“瓦解”是势在必然。因此，哈贝马斯在六十年代末、七十年代初提出，要发展一种具有实践意图的社会理论。他在1971年为《理论与实践》新版（初版1963年）所写的导引中便阐述了他的这种“重建社会批判理论”的打算：“这部著作所汇集的是一些主要在历史方面的研究，它们应当展开一个具有实践意图的社会理论的观念并且将这门理论的形态与其他方面的理论区别开来。”[①]我们几乎可以说，哈贝马斯至今为止的整个哲学讨论都是围绕着理论与实践的关系而进行的。他本人认为，可以从三个角度来考察理论与实践的关系：第一个角度是在后期资本主义的社会体系中科学、政治与公众意见的关系；2）认识与兴趣的关系角度；3）一门接受了批判角色的社会理论的方法论角度。[②] 在1981年发表的两卷本《交往行为理论》中，这一“重建社会批判理论”的工作得到实施。哈贝马斯在这里指出：“交往行为的理论是……一门社会理论的开端，这门社会理论竭力要证明它自己的批判标准。”这句话的具体含义实际上在他十三年前出版的《认识与兴趣》（1968年）中已经得到说明。哈贝马斯在这里提出，客观的认识是不存在的。研究过程对它的客体领域加以组织，使这个客体领域能够符合那些产生于行为着、因而也认识着和研究着的人之中的兴趣。这也就是说，理论认识过程本身始终受到认识者本人实际兴趣的制约。对客观性的追求因

① 哈贝马斯：《理论与实践》，法兰克福/美茵，1988年，第9页。

② 哈贝马斯：《理论与实践》，第11页。

此而无法超出主观性的范围之外。

这个想法在方法上仍然是对黑格尔"历史哲学"思想的继承。黑格尔在他《世界历史的哲学》讲座的一开始便对他的"历史哲学"的任务做出这样的规定:"思辨从自身中提出自己的哲学思想,而不去顾及存在的事物,它带着这些思想来接触历史,它把历史作为一种素材来对待,它不是维护历史的原状,而是让历史去迎合这些思想,先天地构造出历史。"[①]但我们必须注意,这种"历史哲学"在黑格尔看来并不意味着一种对历史的"主观随意的"改造以及对历史客观性的放弃,恰恰相反,由于我们从理性、绝对理念出发来"先天地构造历史",因此这个意义上的历史较之于经验事实的历史更为客观,也就是更符合绝对观念。显而易见,黑格尔把客观性建立在理性的基础上,对理性的认识因而构成对历史的客观认识的前提条件。哈贝马斯对客观认识的否定与早期"批判理论"对理性的绝望是一脉相承的。它们都在本体论上背离了黑格尔。但哈贝马斯的思想又区别于早期"批判理论"。他的主张在于,黑格尔用理性构造历史这个企图本身已经带有兴趣的成分,它与实践的活动领域是密不可分的。因此,技术的和实践的认识兴趣并不是对一种为了获得客观性而必须被排斥掉的对认知的控制;毋宁说,正是这些兴趣在规定着现实被客观化的角度,并因此而规定着现实能够被经验到的角度。哈贝马斯用"兴趣"这个表述所要指明的是认识所处于其中的生活联系。因此,哈贝马斯强调,任何理论的提出都具有实践的意图。早期批判理论,包括他本人的批判理论,已经与实践兴趣密不可分,它们所具有的兴趣在于理性认识和人性解放。因此,理论理性作为历史哲学所设定的未来或理想,不是一个在形而上学沉思中把握到的客观理念,不是一个远

① 黑格尔:《世界历史的哲学》,第一卷,莱比锡,1944年,第1页。

离实践的形而上目标，而是它本身就隐藏在实践活动本身之中，它本身就是实践设计的结果。哈贝马斯随之而提出他的一整个社会改造的设想，并把这个设想称作是“一个现代主义的方案”[①]。所谓“理性联盟体”由此而获得一个具体的行动纲领。而“那些反现代主义、前现代主义、后现代主义，以及任何一种以臆想或宿命的方式死抱住那些无可救药的东西不放的保守派都被划归到了反对党的阵营之中”。[②]

哈贝马斯在这里所理解的“理性”概念实际上已经与黑格尔传统意义上的“理性”——这也是胡塞尔或阿道尔诺、霍克海姆所理解的“理性”——大相径庭了。从他所运用的术语上也可以看出，哈贝马斯较少地使用打上康德、黑格尔烙印的德文“理性(Vernunft)”这个词，而更多地使用来自拉丁文的“理性(Rationalitaet)”概念；因为前者明显带有客观的“理性理念”的含义，而后者则仅仅意味着一种主观的“合乎理智”。瓦尔登菲尔茨指出，在哈贝马斯那里，“Vernunft的力量已经被削弱成为一种 Rationalitaet 的特性”。[③] 所谓“理性的”，无非是指那些拥有知识并且拥有体现着知识的符号性表述的个人。

如果对客观意义上的“理性”以及对这种理性重建(例如胡塞尔所做的努力)的幻想已经破灭，如果客观的认识不复存在，那么哈贝马斯“批判理论”现在就必须说明：自己的主张是建立在什么样的规范基础之上，或者说，“批判理论”必须说明它现在所依据的批判标准是什么。阿道尔诺和霍克海姆的“批判理论”已经无法澄清这个基础

① 参阅哈贝马斯：《交往行为理论》，法兰克福/美茵，1981年，第二卷，第482页。

② 参阅哈贝马斯：“现代主义——一个未完成的方案”，载于《短篇政论文集》，法兰克福，1981年，b。

③ 参阅哈贝马斯：《交往行为理论》，法兰克福/美茵，1981年，第一卷，第25页。

和标准，因为他们自纳粹时代以来便对历史变革和理性认识不抱希望，对人性解放也不再感兴趣。既然理性本身已经成为怀疑的对象，那么对理性的客观认识和对理性历史目标的实现就更不应再成为人们的理想。由此而产生的一个必然结果是："批判理论"本身的价值也随之受到怀疑。

但哈贝马斯则试图用他的"交往行为理论"来解决这个困境。他想表明，真理、自由、正义这些与理性有关的观念是一些建立在语言交往结构中的相互联结的"拟－先验（quasi-transzendental）的"基本规范。在社会科学理论构成的各个不同层次上，经验分析和规范前设之间的关系可以得到阐明。这是一种将实践理性的观念重新运用在经验的社会科学中的企图。哈贝马斯为此而受到指责，因为在一个科学主义的时代中，这种做法被认为是荒谬的。但哈贝马斯面临的最大困难并不在于对付这种指责——几乎所有欧洲大陆的人本主义思想家都会遇到这种指责——，而是在于他必须回答这样一个问题，即：他从哪里才能获得批判的社会理论的规范基础，同时又不至于像黑格尔哲学那样陷入到形而上学的泥潭之中。哈贝马斯对这个问题的回答是：这种规范的基础在于语言之中。

我们至此为止已经发现哈贝马斯的第一个出发点：理性以及对理性的客观认识不存在；现在我们可以看到他的思想所具有的第二个出发点：科学家根据他的兴趣来组织他的研究领域，而这种兴趣是从他的"生活世界"中吸取的。由此我们很快便可以理解，为什么"生活世界"概念自《交往行为理论》发表以来在哈贝马斯社会哲学中日趋得到重视的原因。哈贝马斯是把"生活世界"这个概念作为"交往行为"的互补概念而引入的，[①]因为"交往行为"植根于"生活世界"

① 参阅哈贝马斯：《后形而上学思维》，第 87 页。

之中。[1] 在哈贝马斯看来,"生活世界"一方面是由个体的能力以及直观的知识所构成的,正是由于具有这种能力和知识,人们才能够应付一个境况;另一方面,"生活世界"也是由社会实践和直观知识构成的,正是因为对这种实践和直观的信赖,人们才能处身于一个境况之中;说到底,"生活世界"是由一些以平凡的方式被意识到的背景信念所构成的。正是在这种熟悉的背景中,人们之间的相互理解才得以可能。正是这种相互理解在维系着社会行为或交往行为。所以,"生活世界"的这种知识不是在街头巷尾可以找到的东西,而是它包含在语言之中。"个体的同一性和集体的同一性(在旧社会学语言中的个人与社会)这两个术语不应当作为认识构造理论的基本概念,而应当作为行为交往理论的基本概念得到展开。我们必须先区分这两个维度,然后再将行为联系与客体领域的拟-先验构造联结在一起。此外,对于这里所存在着的差异来说,维特根斯坦的语言先验主义是一个极好的指示器。"[2]

据此,在寻找真理的科学过程之中,社会科学家已经将一系列背景性的前设带入到了理解之中。语言构成任何一个科学过程的基础。所以,我们首先必须讨论在语言中包含着的背景信念。从这里出发,人们也许可以获得"社会批判理论"的规范基础。这里的联系实际上首先是由维特根斯坦指出来的。哈贝马斯将自己与维特根斯坦的语言观和胡塞尔的"生活世界"命题结合在一起,用下面这句话浓缩地概括出他的"社会批判理论":"在语言对话中开启的、为人们所共同居住的生活世界的社会空间,为我们提供了解开交往理论中

---

① 参阅哈贝马斯:《后形而上学思维》第 85 页。

② 哈贝马斯、卢曼:《社会理论还是社会技术论》,法兰克福,1971 年,第 177、178 页。

‘社会’这个概念的钥匙。”[①]

这样,我们在这里就基本说明了哈贝马斯《理论与实践》、《认识与兴趣》、《交往行为理论》这三部代表作的主要内容,“理论”与“实践”、“认识”与“兴趣”、“经验分析”与“规范前设”这些中心概念代表了他思想发展的不同阶段,构成了他的“社会批判理论”的“背景知识”。哈贝马斯本人认为,至《交往行为理论》发表止,一个哲学史上的“范式变化”已经完成,具体地说,这个变化意味着“从意识哲学向语言实用学的转向”[②]。

在大致介绍了哈贝马斯社会理解观和历史理解观与他解释学思想和现象学思想的关系之后,与我们至今为止的做法一致,在下面对哈贝马斯的论述中,我们的分析将局限在他哲学思想中与胡塞尔哲学有关的方面。具体地说,哈贝马斯与胡塞尔思想的联系主要表现在现象学的解释学和现象学的社会学这两个相互联结方向上,前者涉及到“理解”以及“相互理解”这些概念,后者则与“生活世界”的概念密切相关。

26.哈贝马斯所理解的“生活世界”

“生活世界”这个概念在哈贝马斯的社会哲学中显然占有中心位置并且具有特殊的意义,至少自八十年代以来是如此。哈贝马斯本人在《理论与实践》和《认识与兴趣》中已经开始关注“生活世界”这一概念,而在他的《交往行为理论》(1981 年)以及《现代主义的哲学讨论》(1985 年)这两部重要著作中,他更是用了相当大的篇幅来讨论

---

① 转引自 D.赫斯特(D.Horster):“约尔根·哈贝马斯”,载于《哲学家辞典》,斯图加特,1989 年,第 304、305 页。

② 哈贝马斯:《交往行为理论的前探与后补》,法兰克福/美茵,1984 年,第 7 页。

“生活世界”的概念。[①] 此后，在1988年发表的论文集《后形而上学思维》中，哈贝马斯又一次明确地表述了胡塞尔“生活世界现象学”对他本人哲学的影响，我们在这里将主要依据他在这部著作中的最新说法。

哈贝马斯显然十分了解胡塞尔“生活世界”概念的含义以及胡塞尔提出这个概念的意图。在1971年的《社会理论还是社会技术论》一书中，哈贝马斯认为：“胡塞尔认识到，以往被哲学传统视为虚无的日常意见和行为的实践是奠基性的层次，并且，他将自然的生活世界引入到先验的发生中来”。[②] 在1981年的《后形而上学思维》中，他又强调：“如所周知，在其后期著作中，胡塞尔在‘生活世界’的标题下所做的努力是为了探索直接的可靠性和无疑的确然性的基础。他试图用现象学的手段来澄清‘生活世界’这个隐含知识的领域，这个前直言判断和前范畴的领域，这个被人们遗忘了的日常生活实践和世界经验的意义基础的领域。”[③]胡塞尔对“生活世界”的两个重要规定在这两处都已经得到突出，一方面是“生活世界”的非课题化状态，哈贝马斯也将关于“生活世界”的知识称之为“隐含的知识”、“非课题性的知识”或“背景知识”。他认为，“胡塞尔用非课题性知识这个概念指出了一条说明〔生活世界〕这个意义基础的途径”，[④]并且重申，“与所有非课题性的知识一样，生活世界的背景也是隐蔽地、前反思地当下存在着。”[⑤]另一方面，哈贝马斯也顾及到“生活世界”所具有的奠基作用：他将“生活世界”称之为“直接的可靠性和无疑的确然性的基

---

① 参阅哈贝马斯：《交往行为理论》，法兰克福，1981年，第二卷，第182－239页；《现代主义的哲学讨论》，法兰克福，1985，第376页以下。

② 哈贝马斯、卢曼：《社会理论还是社会技术论》，第176、177页。

③ 哈贝马斯：《后形而上学思维》，第85页。

④ 哈贝马斯：《后形而上学思维》，第92页。

⑤ 哈贝马斯：《后形而上学思维》，第85、86页。

础”或“意义基础”[①]，主张“先验意识应当在生活世界的实践中得到具体化”[②]。

“生活世界”在这两方面的特征是哈贝马斯关注的焦点。相反，“生活世界”的主观性、相对性特征则被哈贝马斯或是置而不论，或是轻描淡写地一笔带过。

哈贝马斯的这种做法显然是出于他自己哲学发展的考虑。我认为，哈贝马斯之所以对“生活世界”的非课题性和奠基性发生兴趣，主要有两个方面的原因：一方面，哈贝马斯确信，交往行为的基础就建立在“生活世界”所代表的那种无疑的（非课题性的）、根本的（奠基性的）信念之中，换言之，交往行为理论是建立在生活世界现象学的基础之上；另一方面，“生活世界”这个概念所展示的那个领域使哈贝马斯发现了理论与实践的本质关系，为他提供了将胡塞尔生活世界现象学纳入到西方马克思主义实践论中的可能性。哈贝马斯对胡塞尔“生活世界”方面研究结果的批判与发展也主要是在这两个方向上进行的。

在展开哈贝马斯对胡塞尔生活世界现象学的批判与发展之前，我们先分析一下哈贝马斯本人对生活世界的理解。哈贝马斯将关于生活世界的知识称之为“背景知识”，它的特征可以归结为三条：

首先，生活世界的背景知识的第一个突出特征在于它所具有的一种“无中介的确然性的方式”，哈贝马斯也把这个特征简单地称之为“直接性”。[③] 这种直接性与作为背景的生活世界有关：生活世界是背景，这也就意味着，一方面，这个背景就在我们背后，在我们与它之间不存在任何间隔；另一方面，这个背景是在我们背后，我们并不

---

① 哈贝马斯：《后形而上学思维》，第 88 页，第 92 页。

② 哈贝马斯：《后形而上学思维》，第 15 页。

③ 哈贝马斯：《后形而上学思维》，第 92 页。

面对这个背景。因此，哈贝马斯认为：这种直接的确然性“赋予那种我们无间距地生活于其中，经验、谈话和活动于其中的知识以一种二律背反的特征。”[①]这种二律背反表现在：生活世界的背景既是直接当下的，又是不被注意到的；既是强烈的，又是隐蔽的；既是不言而喻的，又是需要确证的；既是切近的，又是遥远的。严格地说，它既是一种知识，又不是一种知识。因为，“这种背景知识不可能从自身出发成为问题，只有当它被说出时，它才会涉及到那种可批判的有效性要求并因此而转变成一种可以缺少的知识”。[②] 换言之，当它作为背景时，它的有效性是确然的，它是我们赖以生存的知识；而当它成为课题时，它的有效性是可疑的，在这个意义上——也就是在柏拉图和胡塞尔的意义上——它又不是一种知识，而是一种意见(Doxa)。

其次，生活世界的背景知识的另一个突出特征在于它所具有的“总体化的力量”[③]。“生活世界用一个中心点和一些不确定的、可渗透的、可以说是只能避开，却无法超越的界限构造出一个总体。”[④]这里所说的总体既是指整个社会空间的总体，它包括村镇、地区、国家、民族、世界社会等等，也是指历史时间的总体，它包括一代又一代人的延续、各个历史时代、远古时代、个体的生活历史等等。而生活世界的中心在哈贝马斯看来是由共同的语言环境所构成的，而不是“像人类学化的现象学所主张的那样”，由我的肉体所构成。因而，生活世界在哈贝马斯这里从一开始就是一个交互主体性的世界、“一个社会的生活世界”：“我，在我的肉体中并且作为我的肉体，始终已经发

① 哈贝马斯：《后形而上学思维》，第92页。
② 哈贝马斯：《后形而上学思维》，第92页。
③ 哈贝马斯：《后形而上学思维》，第92页。
④ 哈贝马斯：《后形而上学思维》，第92页。

现我处在一个交互主体地共有的世界之中”。[①] “个体的生活历史和交互主体地共有的生活形式都一同交织在生活世界的结构之中，并且一同参与着对生活世界的总体化”。[②] 胡塞尔的“生活世界”问题和“交互主体性”问题在哈贝马斯这里可以说是同一个问题的不可分割的两个方面：“交互主体的生活世界”和“生活世界的交互主体”。[③] 在这个意义上，生活世界知识所具有的这种总体化力量与胡塞尔先验自我构造世界视域的能力所依据的出发点是完全不同的。

最后，生活世界的背景知识的第三个特征与直接性和总体化有关，它就是“背景知识的‘整体论’”[④]。这里的所谓整体，是指在生活世界中各种成分犬牙交错，相互融合，结为一体，混沌一片。在我们把生活世界作为课题之前，它虽然是一个不言而喻的整体，但同时也是一个不可分割的、没有系统的整体。因此，“尽管这种整体论看起来是透明的，但它仍然使人无法穿透背景知识”。[⑤] 哈贝马斯曾用一句话来概括这个特征：“生活世界是灌木丛。”[⑥]它的各个枝节（自然、社会、上帝、历史、当下、真假、善恶、美丑、是非等等）缠绕在一起，形成一个错综复杂的整体。只有当生活世界成为课题时，它才会被分解为各种知识范畴。而当它成为课题时，它已经不再是背景，而是对象了。

我们在这里可以大致地看出哈贝马斯对胡塞尔生活世界概念意义所做的取舍：哈贝马斯对生活世界的理解主要偏重于它的非课题

---

① 哈贝马斯：《后形而上学思维》，第 93 页。

② 哈贝马斯：《后形而上学思维》，第 24 页。

③ 哈贝马斯也常常用“交互行为”（Interaktion）、“交往”（Kommunikation）、“交互个人”（Interperson）等等这些概念来表明他这方面的意图。

④ 哈贝马斯：《后形而上学思维》，第 93 页。

⑤ 哈贝马斯：《后形而上学思维》，第 93 页。

⑥ 哈贝马斯：《后形而上学思维》，第 93 页。

特征和奠基作用。这两者是一致的：相对于哲学认识论来说，生活世界是前反思的，也就是说，它先于反思，并且构成反思的基础。用哈贝马斯自己的话来说，“这种非课题性的、被设定为前提的知识所具有的三个特征，即直接性、总体化的力量和整体论状态，它们也许能说明生活世界所具有的二律背反的‘地基作用’”，[①]这种地基作用在于：“生活世界用我们从经验中获得的保证构筑起一堵墙，用它来抵挡那些仍然是产生于经验之中的惊奇。”[②]生活世界的直接性、总体化的力量和整体论状态保证了生活世界这个主观相对的经验世界在新的经验的不断侵袭面前一直维持自己的整体存在，并且为客观主义的理想奠定牢不可破的基础。

因此，哈贝马斯承认：“我抱着这样一种想法来把握和拥有〔胡塞尔的〕这些〔生活世界〕研究的质料内涵，即：我认为，交往行为也是在一个生活世界中进行的，这个生活世界提供了对一个坚实的背景统一体的支持，一种能够承受风险的支持。交往行为所具有的那种明确的理解功能是在那种共同无问题的信念的视域范围中活动；经验和批判常常会引起不安，但这种不安一遇到那种由统一的解释模式、忠诚和能力所组成的、看上去广大而坚固、具有很深根基的岩石，便会被击得粉碎。”[③]哈贝马斯这里所说的“坚实的根基”、“共同无问题的视域”、“背景性的支持”，实际上都是对“生活世界”的非课题特征和奠基特征的另一种表述而已。

“生活世界”具有主观相对性，一方面，新的直接经验不断地部分摧毁着原先看来是无疑的确然性；另一方面，每一个人对“生活世界”的部分经验和关于“生活世界”的部分知识都不会一致，因而我们常

① 哈贝马斯：《后形而上学思维》，第93页。

② 哈贝马斯：《后形而上学思维》，第93页。

③ 哈贝马斯：《后形而上学思维》，第85页。

常会陷入相对主义的怀疑之中，产生不安和不解，尽管如此，这种感觉在对“生活世界”整体存在的共同信念上却可以说是微不足道的。因为，无论每一个人对其“生活世界”的感受有多么不同，但对作为整体的“生活世界”之存在的信念却几乎成了衡量一个人理智是否健全的标准并且构成我们社会交往的前提。

哈贝马斯对生活世界的这些理解同时也构成了他对胡塞尔生活世界现象学批评的出发点。首先，生活世界所具有的那种强烈而隐蔽的直接性奠定了任何一种知识模式的无法摆脱的基础：“当然，对不可避免的前设所做的自由变更方法很快便受到了限制。正如生活世界的背景很少受我们随意支配一样，我们也很难做到使所有事物都服从于一个抽象的怀疑。”①哈贝马斯在这里将胡塞尔的本质还原方法理解为一种排除前设，达到无成见性的方法，这种理解与胡塞尔赋予本质还原方法的原意显然是不完全相符合的。② 如果我们撇开这种技术性的误解不论，而是去把握哈贝马斯对胡塞尔现象学还原的批评的真实用意，那么我们可以看出，他的这一批评与胡塞尔现象学在当今，尤其是自海德格尔以来从解释学方面所遭受到的批评是大体一致的：胡塞尔所主张的对自然态度的排斥和悬搁，他所追求的无成见性理想被认为是认识论和理性批判中的“乌托邦”。

其次，这也是哈贝马斯所要极力展开的一个方面，如果我们不去顾及胡塞尔的先验哲学意向，而是仅仅关注作为本质心理学的现象学研究领域，那么，生活世界应当是作为主体的自我所构造出来的视域的总和，即世界视域。这里的主体在开始时是一个单独的主体，而

---

① 哈贝马斯：《后形而上学思维》，第 91 页。

② 胡塞尔之后的当代德国哲学代表人物，无论他们是有意还是无意，都带有一种将胡塞尔本质还原方法和先验还原方法混为一谈的倾向，在海德格尔和伽达默尔那里是如此，在舍勒和哈贝马斯这里也是如此。

后进一步展开为交互的主体。生活世界的形成过程是由一个主体到客体和交互主体以至整个自然的和社会的生活世界的构造过程。但哈贝马斯认为，从生活世界的总体化力量和整体状态出发，必须抛弃胡塞尔所赋予生活世界的这种含义。因为，自胡塞尔以来的现象学哲学家们在这方面所做的各种努力已经被证明是徒劳的，哈贝马斯在这里依据柏林大学的现象学哲学家托伊尼森（M. Theunissen）的研究结果，强调胡塞尔在《笛卡尔式的沉思》的第五项沉思中、海德格尔在《存在与时间》中、萨特在《存在与虚无》的第三部分中都曾对生活世界的原始构成做过无效的探讨，其结论应当是："我们可以设定一个孤独的、能够根据它的可能性来可靠地筹划自身的此在，然而仅仅在这个前提下，交互主体性的问题是无法得到解决的。"[①]哈贝马斯要求运用新的前提，并且这些前提可以不必拘泥于认识论的出发点，他说："显然，现象学的生活世界概念会给人不知不觉地造成一种印象，似乎它是一种从认识论那里借来的构造世界的设想，这种设想不能简单地被转用到社会哲学中来。为了避开社会现象学的困难，社会理论必须从开端上就摆脱认识构造的理论，从语用学这个薄弱环节突破，语用学天生就与那些通过语言中介的交互行为有关。因此，'生活世界'应当作为交往行为的互补概念被引进。"[②]

可以看出，哈贝马斯为他的社会哲学所选择的出发点或前提在于交互主体的共存和对话。这个选择突破了将社会哲学建立在认识论之上的传统，从一开始起就用交互主体在其中活动的生活世界来取代笛卡尔和胡塞尔的阿基米德之点。哈贝马斯将这个"交互主体"称之为"大型号的主体"：在胡塞尔的个体先验原－自我的前提被放

① 哈贝马斯：《后形而上学思维》，第 87 页。
② 哈贝马斯：《后形而上学思维》，第 50 页。

弃之后，“必然又会有一个发挥效用的主体被划归给生活世界，而这次被划归的这个主体不是一个仅仅具有认知功能的主体，而且还是一个包容着其整个交往和活动的生活实践的主体——这也就是胡塞尔所理解的实践，首先是他的那些将他与马克思联系在一起思考的学生们（早期的马尔库斯、莱菲布瑞（Lefebvre）、考西克（Kosik）、彼德洛维克（Petrovic）等等）所理解的实践。这样，社会化的个体在其中经验和行为的客观的联系便作为大型号的主体而得到展现。”[①]显而易见，哈贝马斯以社会实践主体为其哲学出发点的做法带有马克思和海德格尔的烙印[②]，但却与胡塞尔本人的对理论与实践之间奠基关系的理解恰恰背道而驰。

在对哈贝马斯生活世界的进一步的分析中，我们可以确定，为康德所发现并被胡塞尔通过本质还原所进一步深化了的意识的先天综合能力也得到了改造。康德所说的“感性材料”和“统摄能力”在胡塞尔那里意味着意识主体所具有的“立义－立义内容”模式：一堆杂乱的感觉材料被意识活动所“激活”、被赋予意义，一个意识对象由此而显现出来。而在哈贝马斯这里，这种先天综合能力变成了“后天的世界知识”与“先天的语言知识”的组合：“如果对世界知识的定义在于，它是后天被获取的知识，而语言知识相对地说是一种先天的知识，那么这种背景就可以得到论证：世界知识和语言知识在生活世界的背景中成为一体。”[③]在这个意义上，胡塞尔的先验现象学哲学可以说是一门“单个主体的哲学”，哈贝马斯的现象学社会哲学则可以被称

---

① 哈贝马斯、卢曼：《社会理论还是社会技术论》，第177页。

② 马克思在谈到主体时，总是以社会化的、社会性的和社会中的人为其出发点；海德格尔则用现象学的方式表明：人首先是以一种忘却自身的方式生活于一个共同的世界（或者说，一个共在）之中，只有当他们从这种共同性中脱身出来之后才作为他人或者甚至作为他物而相互相遇。

③ 哈贝马斯：《后形而上学思维》，第94页。

作是一门“交互主体的哲学”，它们各自具有不同的先天形式与后天质料。哈贝马斯从自己的立场出发批评胡塞尔说：“由于主体哲学看不见语言交互主体性的特殊意义，因此胡塞尔无法认识到，交往的日常实践本身已经建立在观念化的前设的基础之上。”[①]

由此可见，胡塞尔“生活世界现象学”的观念是在经过严格的修改、解释之后才被纳入到哈贝马斯本人的哲学“联盟体”之中。

27.哈贝马斯的“理解”观

在前一节中，我们已经接触到了在胡塞尔和哈贝马斯的知识论之间存在着的差异。哈贝马斯的论断——“交往的日常实践本身已经建立在观念化的前设的基础之上”[②]——是从另一个角度对胡塞尔现象学所主张的“无前设性”、“无成见性”的理想的反驳。在前面论及海德格尔和伽达默尔的思想时，我们已经指出，在胡塞尔现象学与以后或多或少接受它的效应的后继哲学之间，存在着一条哲学精神的“代沟”。梅洛-庞蒂曾用一句话来概括胡塞尔以后的哲学信念：“与实事本身的直接接触无非只是一个梦想。”[③]哈贝马斯的哲学思想当然也包含在这个“后继哲学”的概念之中。可以说，这里所探讨的四位胡塞尔以后的哲学家，海德格尔、伽达默尔、舍勒和哈贝马斯，是通过不同的途径而达到了相同的终点，至少就他们在认识论方面所得出的最普遍结论而言是如此。

我们之所以强调他们各自的途径不同，是因为这些哲学家尽管在以不同的程度接受胡塞尔思想效应这一点上具有共同性，但他们

① 哈贝马斯：《后形而上学思维》，第88页。

② 哈贝马斯：《后形而上学思维》，第88页。

③ 梅洛-庞蒂：《辩证法的历险》，德译本，法兰克福/美茵，1974年，第217页。

从其他哲学家那里之间所获得的不同理论渊源却构成了他们哲学思想之间的更多的差异性。这一点尤其表现在哈贝马斯的“理解”理论中。

哈贝马斯在“理解”理论方面的构想虽然也受到同时代哲学精神的影响，但更多地是处在首先是马克思，其次是弗洛伊德的作用圈中。我在本书第 13 节的一个脚注中曾引用赫尔施对马克思和弗洛伊德理解观的一个评价：“这两位思想家认为，他们所做的研究的科学特征在于，这种研究指明了幕前的、可见的、可明确说出的东西就是掩蔽、欺骗或自欺，并以此方式而展示出被遮蔽的、真实有效的实在。”“对于这两位思想家来说，与那些在清楚的意识中被故意呈现出来的东西相比，被遮蔽的东西始终是更为真实的。”[①]可以说，马克思和弗洛伊德的“理解”意味着一种“看穿”：将表面上明白无疑的东西看作假象，穿过它去把握到实事本身。我认为，这个特征同样表现在胡塞尔与海德格尔哲学中。“穿透”在胡塞尔那里意味着“转向”：从自然直向的观点转入到哲学反思的观点；“穿透”在海德格尔那里则意味着“去蔽”：去除存在者的蔽幛，达到对存在本身的把握。[②] 在这一点上，哈贝马斯与前四位哲学家的想法和做法是一致的。抛开其他三位哲学家对他的影响不论，哈贝马斯在他的就职讲座中曾对胡塞尔在 1937 年所提出的“危机”问题大加赞叹，认为胡塞尔比他的同时代人更清楚地看到了隐蔽在欧洲人“危机”后面的东西，通过对欧洲科学精神的批判，胡塞尔指明了当时欧洲文化所遭受的政治-军事威胁后面的深层根源。[③] 因而，胡塞尔对科学客观主义的批判此

---

① 燕娜·赫尔施：《哲学的惊异》，慕尼黑，1981 年，第 246 页。

② 对此问题可以参阅我在本书第 13 节中的详细说明。

③ 参阅哈贝马斯：“认识与兴趣”，载于《作为“意识形态”的技术与科学》，法兰克福/美茵，1968 年，第 146 页。

后也被哈贝马斯以及其他社会批判哲学家所接受，成为他们的批判理论中极为重要的一个组成部分。

当然，在这些哲学家之间还存在着巨大的差异。就胡塞尔而言，他的主导意向在于建立一门先验哲学，因而不具有对人类社会实践之改造的直接兴趣。这与马克思在“费尔巴哈论纲”第十一条中所提出的“哲学家们总是以不同的方式解释世界，而关键在于改造世界”[①]的主张正相反对。在这个理论与实践关系问题的对立中，哈贝马斯站在马克思一边。他认为，胡塞尔要求在“绝对理论明察”的基础上重建欧洲人的真正科学的自我责任感，但这种“绝对的理论明察”仍然没有摆脱传统的理论意义，它仍然是康德所说的那种“纯粹理性的规律”，而不是一种从实践理性出发能够为普遍立法奠定基础的规范。在胡塞尔的“理论”概念中没有包含为社会行为提供方向的指导性观念。

哈贝马斯对胡塞尔的这一批评是一个值得争论的问题。我们在前面实际上已经多次遇到过这类批评，例如在布伯、海德格尔、狄尔泰、伽达默尔、舍勒等哲学家那里。以后的胡塞尔研究家和注释家也一再地提出这个问题：施特拉塞尔确定这是一个“事实”，即“认识现象学处在胡塞尔哲学兴趣的中心。尽管胡塞尔一再强调，也存在着感情的、评价的和追求的意向；但他认为这些意向是奠基在认识意向之中”，由于对认识意向的过多关注，“胡塞尔缺乏改良世间实践的直接兴趣。”[②]J. M. 布洛克曼（J. M. Broekman）则认为，尤其是在胡塞尔谈及观念变化、悬搁的地方，人类生活实践也被搁置起来，从而“缺少了对劳动、语言、交互行为的分析，因此，对于胡塞尔来说，交往行

① 马克思：《马克思、恩格斯全集》第三卷，柏林，1981 年，第 7 页。

② 施特拉塞尔：“理解问题之新观”，载于《真理与证实》，第 135 页、第 170 页。

为的结构始终不具有认识论上的重要性。”[1]我们还可以看到一大批这样的观点。因此，在胡塞尔现象学的实践缺陷问题上，哈贝马斯的意见代表了大多数人的看法。

对于这个普遍的看法，我在这里只想提醒人们注意胡塞尔本人后期在“欧洲人危机中的哲学”讲演的第一部分中对理解与实践关系问题的深入分析，他在这里谈到现象学哲学所具有的“双重精神影响”，他认为哲学家的理论观点“不仅仅是一种新的认识态度”，而且很快就会由这种理论观念的提出而导致“人类此在的整个实践的全面改变”，因而也会导致“整个文化生活的全面改变。”不仅如此，胡塞尔在这里将哲学家的理论观点也等同于“普遍的批判态度”，等同于先验现象学的还原方法。他认为，在理论指导下的实践是一种较之于“自然的实践态度”而言“更高层次的实践态度”；因而，对低层次实践领域进行“排斥”和“悬搁”的做法，其目的最终在于达到高层次的实践领域。据此，“新的〔理论〕观点本身就是一种实践观点”。[2]

根据这些说明，而且也根据胡塞尔本人一生在实践理性批判方面所做的大量的未发表的研究，我们可以确定，在胡塞尔的哲学思想中并不存在理论脱离实践或理论与实践相隔离的问题。与其他哲学家一样，哈贝马斯对胡塞尔理论与实践之统一问题的批评，是一个由于哲学本身出发点的不同而引起的一种见仁见智的看法。我认为，这种看法至少缺乏现象学的明见性；换言之，胡塞尔现象学中的理论与实践之统一性问题不是一个现象学本身的内部问题。

但哈贝马斯从另一方面对胡塞尔知识论的批评却带有一定的合

---

① 参阅布洛克曼：“理论与实践的统一作为马克思主义、现象学和结构主义的问题”，载于《现象学与马克思主义》第一卷，瓦尔登菲尔茨等主编，法兰克福/美茵，1977 年，第 171 页。

② 参阅胡塞尔：《欧洲科学的危机与先验现象学》，第 326 - 333 页。

理性。这种批评主要集中在胡塞尔知识论的方法上。胡塞尔的现象学还原理论要求哲学家作为一个“不参与、无兴趣的旁观者”来反思人类的活动，要求哲学家仅仅描述、分析和表述他们所观察到的人类活动的本质规律，由此而把握住纯粹意识规律本身；也就是说，哲学家必须离开人类主观的实践活动来旁观这些实践，从中获得关于客观可能性的理论认识。这在哈贝马斯和一大批当代哲学家那里是不可能的，也是不可信的，是一个梅洛－庞蒂所说的“梦想”。因为哈贝马斯在知识论上的一个主要信念就是：任何一个认识都起源于兴趣，任何一个旁观者都带有兴趣。哈贝马斯本人在《作为“意识形态”的技术与科学》中将所有科学划分为三种并确定了与之相应的三种兴趣：首先是经验－分析科学连同其“技术兴趣”；其次是历史－解释科学连同其“实践兴趣”；最后是“在人类学上具有深层次的”行为科学（包括他本人的批判理论在内）连同其“人类精神解放的兴趣”。[①] 带有各种倾向的哲学家本身的活动也包含在这三种科学之中，因而也受各种各样的兴趣支配，“哲学意识将主体和客体的中介仅仅规诸于它的综合，但这种中介在开始时是通过兴趣而产生的”。[②] “即使是对这种兴趣的排挤，也属于这种兴趣本身。”[③]在这一点上，哈贝马斯不仅与马克思和其他西方马克思主义者（如布洛赫等）保持一致，而且也与伽达默尔、布伯、雅斯贝尔斯等其他现代哲学流派中的代表人物不谋而合。

但哈贝马斯对“认识”与“兴趣”交融状态的确定并不意味着对把

---

① 参阅哈贝马斯：《作为“意识形态”的技术与科学》，第157－159页。同时也可参阅Th.麦克伽塞（Th. McCarthy）：《哈贝马斯的批判理论》，德文版，《交互理解关系批判》，法兰克福/美茵，1980年，第76－110页。

② 哈贝马斯：《作为“意识形态”的技术与科学》，第160页。

③ 哈贝马斯：《作为“意识形态”的技术与科学》，第154页。

握客观真理这个古老哲学希望的全面否定。在哈贝马斯1976年对人种方法学问题的一次探讨中可以看出，他早已意识到，在胡塞尔绝对主义与“坦率的相对主义”之间，每一个主张人种方法学的哲学家都会面临一个进退两难的困境：他或者必须声称他具有通向客体领域的合法通道——这和胡塞尔的先验“悬搁”措施是相似的——并因此而背叛他的人种方法论初衷；或者他坚持自己的初衷而放弃对“纯粹理论”的要求。哈贝马斯试图找到一条在胡塞尔的绝对主义和“坦率的相对主义”之间的中间道路，他认为，要想摆脱这种绝对主义和相对主义的两难困境，唯一的出路在于指明：“社会科学的分析必定不可避免地与它所研究的日常解释相联结，并且这种分析可以说是能够反思地穿透这些解释，并且远远地超越出当时的语境，从而使对普遍交往前提的再构成为可能。”这就要求人们，不是将普遍理性结构仅仅看作为现象，而是“承认它们所受到的约束”。[①] 哈贝马斯在这里所暗示的第三种可能性实际上就在于：严肃地对待绝对普遍有效性的要求，并且通过反思的力量去再构和评价这种要求。

哈贝马斯在这里提到的“反思”，证明了他在人类理解问题上始终持有乐观态度。早在1968年的《作为“意识形态”的技术与科学》一书中，他便提出过“自身反思”(Selbstreflexion)的概念，并坚信，“在自身反思的力量中……认识与兴趣达到统一”[②]。当然，这种自身反思与绝对“认识”不能同日而语，但它也不仅仅只是一种相对的“意见”，因为，“尽管自身反思不能扬弃兴趣，但能在某种程度上超过

① 哈贝马斯：未发表的工作手稿，“关于社会学行为理论的几点说明”，第24－27页，转引自麦克伽塞：《交互理解关系批判》，第465页。

② 哈贝马斯：《作为“意识形态”的技术与科学》，第164页。

它和收容它”。[①]

因而,真正的理解在哈贝马斯那里就意味着对兴趣的超越和包容。而要想理解这种超越和包容是如何进行的,哈贝马斯本人的理解观是一个最佳范例:一方面,这种理解是一种看穿的理解,它揭开蒙在那些自以为是无兴趣的理论家(包括胡塞尔)眼前的面纱,指出他们理论活动的驱动力实际上就是兴趣。另一方面,这种看穿的理解本身又与兴趣密不可分,它本身也掺杂着兴趣,理解所揭示的真理因而也适用于它自己:它从来就不是,并且永远也不会是纯粹的认识。胡塞尔在《逻辑研究》曾用这样一句话来概括和讽刺与哈贝马斯理解观类似的悖谬主张:“存在着一种真理,即真理不存在”。但到了哈贝马斯的时代,胡塞尔的这一指责已经过时。哈贝马斯所指出的在绝对主义和相对主义之间的第三种可能性就在于:一方面,理解所具有的真理标准或有效性标准适用于它的对象范围。在涉及到理解对象时,理解的陈述是有效的,它有权提出自身陈述之有效性的要求。它超越了兴趣,成为一种认识、一种理论——这就摆脱了相对主义的困境;另一方面,在涉及到理解本身时,理解所提出的有效性要求不再适用,因为理解本身不包含在自己的理解对象的范围之中。它的陈述适用于它的客体,并不适用于它自身。只有在对理解本身的理解中,理解本身才成为更高层次的理解的客体。在对理解本身的理解中,理解本身包容的兴趣展现出来,成为更高层次的理解所陈述的内容——这就避免了绝对主义的结论。用哈贝马斯自己的话来说:“在自身反思中,一种为认识的认识与成熟的兴趣达到一致;因为反思的进行知道自己是解放运动。理性同时也处在对理性的兴趣之

---

① 哈贝马斯:《作为“意识形态”的技术与科学》,第160页、第163页。这里的“超过”和“收容”,在哈贝马斯的原文中是一个同时含有这两层意思的双义词“einholen”。

中。我们可以说，理性跟随在一种解放的认识兴趣之后，这种认识兴趣目的在于反思的进行本身。”①

如果我们将最初的理解对象标志为O，将最初的理解行为和以后更高层次的理解行为分别标志为V_1、V_2、V_3、……V_n，那么，我们可以用下面这样一个公式来表达哈贝马斯所描述的理解的相对性与理解的绝对性之间的关系，在这个公式中，理解的绝对性始终只限制在所有类型的括弧中：

$$V_1(O),\ V_2[V_1(O)],\ V_3\{V_2[V_1(O)]\},\ \ldots$$ ②

这个公式使我们联想起胡塞尔在《逻辑研究》和《纯粹现象学和现象学哲学的观念》第一卷中对现象学反思问题的分析：我在听音乐，这是一个自然的意识行为B。现象学反思将这个行为B作为自己的研究对象，要求把握在意识行为（我听）和意识对象（我听到的音乐）之间的本质关系。而现象学的方法论又将现象学的反思作为自己的研究对象，探讨在现象学反思与反思对象（自然的意识行为=我听音乐）之间的关系。这个反思R可以像哈贝马斯的理解过程一样，无限地继续下去：

$$R_1(B),\ R_2[R_1(B)],\ R_3\{R_2[R_1(B)]\},\ \ldots$$

抛开在反思有效性问题上的分歧不谈，哈贝马斯的“自身反思”概念与胡塞尔的“现象学反思”概念之间显然存在着一种亲缘关系。

① 哈贝马斯：《作为“意识形态”的技术与科学》，第54、55页。

② 我们在这里不再追究哈贝马斯对理解有效性的这一说明是否来源于罗（B. Russell）和哥德尔（K. Goedel）的研究成果。

哈贝马斯自己也常常使用“现象学的自身反思”或“批判的自身反思”来定义“自身反思”。当然，这里的亲缘关系更多地是方法上的亲缘关系，哈贝马斯的“自身反思”虽然接近胡塞尔的“现象学反思”(更确切地说：“现象学心理学的反思”)，但最终却有别于胡塞尔的“先验反思”。①

可以说，在认识与兴趣之间提供中介，是哈贝马斯为“理解”所设定的最终目的。施特拉塞尔认为，“在这个意义上，人们也可以将哈贝马斯的理解称之为一种辩证的理解。”这里所说的“辩证理解”意味着一种对话性的理解：“这种理解的具体任务在于，跨越在‘纯粹’科学和社会经济现实、理论与实践、认识与兴趣之间的现代深渊。”②也许这里还可以补充一点：这种理解的总体方向则代表了一种沟通胡塞尔意识现象学和马克思主义社会学的努力和尝试。

*　　　*　　　*

总而言之，无论是在“生活世界”的理论方面，还是在知识学的“理解”方面，哈贝马斯哲学与胡塞尔现象学的密切关系是不容怀疑

---

① 麦克伽塞对此观点持保留态度：“如果哲学在当今的历史条件下不再可能是‘纯粹理论’，不再可能是‘苏格拉底的对话’，而只可能是意识形态批判，那么我们很难明察到，批判——无论是认识论批判，还是其他类型的批判——如何得到论证。哈贝马斯也承认这一点。在他最新的著述中，他将认识兴趣的理论和交往权能的理论的特征描述为‘改造过的先验哲学’并将它们归入到一种不同于‘批判的自身反思’的反思样式中去。(哈贝马斯：《作为‘意识形态’的技术与科学》，第63－65页)从某些方面来看，这意味着哈贝马斯在〔反思〕样式观念方面的一个挪移：从经过唯物主义改造的‘现象学自身反思’向经过唯物主义改造的‘先验反思’的挪移。”(麦克伽塞：《哈贝马斯的批判理论》，德文版，《交互理解关系批判》，法兰克福/美茵，1980年，第184页。)——麦克伽塞在这里所说的“经过唯物主义改造”是指哈贝马斯的反思对象已不再是德国古典唯心主义传统上的和胡塞尔式的“意识”，而是在马克思意义上的“阶级意识”了。

② 施特拉塞尔：“理解问题之新观”，载于《真理与证实》，第177页。

的，无论这种关系是一种接受和被接受的关系，还是一种反抗与被反抗的关系。我们在这里可以用著名的哈贝马斯研究家 T. 克伽塞的话来概括这种关系："从胡塞尔的先验现象学，经过许茨的'社会世界'的现象学，直到今天的现象学社会学和人种方法学，这已经形成一个传统，在这个传统中，理解社会学的基础已经在生活世界理论的形式中得到了发展。哈贝马斯在众多的论著中展示了这个传统的最重要立场。"①

① 麦克伽塞：《交互理解关系批判》，第 184 页。

代结束语：现象学与西方马克思主义以及其他哲学思潮的交融的可能性

以上对胡塞尔哲学与哈贝马斯哲学之间关系问题的论述实际上同时展示了当代德国哲学中现象学与西方马克思主义交融的可能性。我们在“绪论”中已经指出，这两个流派分别代表了二十世纪德国哲学的最重要思潮。因此，它们的融合意味着一种将德国哲学两种主导倾向综合为一的可能性。

西方马克思主义代表人物卢卡奇（G. Lukacs）在二次大战结束之后不久曾有过《存在主义还是马克思主义》[①]的著述，它表现出了当时在两大德国哲学思潮之间的尖锐冲突。而在三十年之后，由瓦尔登菲尔茨、布洛克曼和帕采宁三人主编的四卷本《现象学与马克思主义》(1977－1979 年）则从四个方面探讨了在现象学和西方马克思主义之间进行交融的各种可能性：一是在纲领和方法之间的交融，二是在实践哲学方面的交融，三是在社会哲学方面的交融，四是在认识论与科学理论方面的交融。

但需注意的是，我们并不能由此轻易地得出结论，认为在现象学与西方马克思主义的关系发展上存在着一种从对立到交融的过渡。因为，只要看一看自现象学和西方马克思主义产生以来的历史，我们就会意识到这两个流派之间的交融从一开始就存在着：在现象学的阵营中，最早将马克思与胡塞尔放在一起思考的是一批非德国哲学家，例如，在法国有被哈贝马斯称为“海德格尔马克思主义者”的萨特

---

① 该书在二十世纪六十年代便已被译成中文出版。

和他在这方面的代表作《辩证理性批判》(1960 年);另一位现象学代表人物梅洛-庞蒂也曾从现象学立场出发试图对马克思做出新的理解(《辩证法的历险》,1955 年);在美国有 M.法伯(M.Farber)、在意大利有 E.帕奇(E.Paci)的现象学马克思主义理论,以及如此等等。在西方马克思主义的阵营中,这种合作的意向则表露得更早些。法兰克福学派的几位代表人物几乎无一例外地对胡塞尔哲学做过深入研究:霍克海姆和马尔库斯早期在弗莱堡大学学习过,都曾经是胡塞尔的学生。马尔库斯的"历史唯物主义现象学论集"(1928 年)是将胡塞尔与马克思相结合的第一次尝试,因而他本人被哈贝马斯称为"胡塞尔马克思主义者"。而阿道尔诺早期的博士论文便以胡塞尔现象学为题:《胡塞尔现象学中事物与意向对象的超越性》(1924 年);此后,他发表于 1956 年的《认识论的元批判——关于胡塞尔和现象学二律背反的研究》一书,至今仍被视作关于现象学的经典文献之一。

除了这种交融的努力之外,在现象学与马克思主义之间的对抗也曾经存在过。例如在东欧和苏联,胡塞尔的现象学曾一度被视为是一种对抗马克思主义的力量。

在今天,现象学与西方马克思主义交融的趋势占主导地位。从西方马克思主义的立场出发去接纳现象学的倾向主要表现在哈贝马斯那里,我们在前面的论述中已经有所选择地突出了这一倾向。与他在相同的方向上进行跋涉的是德国哲学家卡尔-奥托·阿佩尔(Karl-Otto Apel)。他的代表作、两卷本的《哲学的形变》(1976 年)就是在阐述"私人主体性"的先验哲学如何变形,从而成为"交互主体性"的先验哲学。哈贝马斯曾说,"我在这里探讨的是从意识哲学向语用学的转折的哲学动因,这个转折也正是卡尔-奥托·阿佩尔在《哲学的形变》中所要追求的东西,尽管他强调的重点有所不同。"哈贝马斯用库恩(Th.S.Kuhn)的术语将这个转折称之为"范式的变化”。[1] 当然，我们很难把阿佩尔的思想归入到西方马克思主义的范畴之中，毋宁说，他在其著述中与胡塞尔现象学所发生的接触更多地是与他建立一门“先验的实用主义”的意图有关。

这里已经涉及到了现象学与本世纪其他两个主要哲学思潮，即与分析哲学和结构主义交融的可能性。它们实际上已经超出了这里所讨论的当代德国哲学的范围。我们可以概括地说：在英美哲学界，尽管胡塞尔在现象学创建时期所抱的初衷与弗雷格、罗素和怀特海相近，尽管胡塞尔在此之后在英美哲学界的影响几乎绵延不断，例如较为明显地包含在卡尔纳普的哲学中，但现象学与分析哲学的结合始终无法成为主流。K.波普认为，“从胡塞尔的本质主义到现代的生存主义”的德国哲学发展已经误入“歧途”，“它导致了在我们这个时代的人们相当普遍地把康德和启蒙运动看作是完全过时的东西”。[2] 波普的这一评价，在很大程度上代表了英美分析哲学家对现象学的心态。与此相反，也许是因为现象学和结构主义同属欧洲大陆哲学，而整个欧洲大陆哲学联同其大背景的起点最终又可以综合为一的缘故，现象学与结构主义的内在联系和交融始终卓有成果。在某种意义上甚至可以说，和解释学一样，结构主义也仍然是在现象学的大范围中活动。P.利科在 1969 年时曾谈到现象学所受到的来自符号学或结构主义方面的“挑战”。但在东方的结构主义代表人物雅可布森那里，我们所看到的毋宁说是一种“现象学的结构主义”[3]。而在列维－施特劳斯（C. Levi-Strauss）、拉康（J. Lacan）的哲学中，

① 哈贝马斯：《交往行为理论的前研究和补充》，法兰克福/美茵，1984 年，“前言”，第 7 页。

② 波普：《研究的逻辑》，图宾根，1982 年，第 XXIV 页。

③ 此概念源于 E.霍伦斯坦：《罗曼·雅各布森的现象学结构主义》，法兰克福/美茵，1975 年。

也至少不存在与现象学的原则性的对立。瓦尔登菲尔茨说:"在坚信看的现象学家和坚信说的结构主义者之间绝不存在着敌对的关系"。[①] 因此,除了"现象学的结构主义"之外,我们处处还可以看到诸如"语言现象学"、"结构现象学"等等说法。

此外,在论题上更进一步超出我们讨论范围的还有胡塞尔现象学在文化交流(包括东西方文化交流)方面所提供的可能性。欧洲大陆的最新的现象学研究方向正是在于用胡塞尔对交互主体性问题的出色分析方法来解决与社会-政治-历史有关的交互文化问题。在这个意义上,黑尔德先生指出:现象学在今天引起的广泛注意"证实了由胡塞尔创始的现象学所具有的指明未来的能力。现象学是我们这个世纪的思维传统,它最先具备了解决那些在向下一个千年过渡的过程中所出现的急迫任务的哲学技能,这个任务在于,在下面这两条道路之间找到一条中间道路:第一条道路是以'后现代的'方式解脱所有规范性的约束;第二条道路则是那种会将所有个体强行纳入自身之中的理性大全主义。而对于各种文化之间的关系来说,这个寻找中间道路的任务则意味着,必须维持在下面两种趋向之间的有益张力:第一种趋向是整个人类正在无可阻止地结合为一个统一,胡塞尔曾希望这个统一体能够发展成为一个大全的理性共同体;第二种趋向则在于,在不同的文化中仍存在着这样一个需要,即在这个世界范围的联合过程中,各种文化不失去自己固有的面目。在这种情况下,现象学作为'现象的逻各斯'可以指明一条道路;因为胡塞尔从一开始便把现象学理解为一种理性的说明(逻各斯),它的意义正是在于澄清并维护所有现象的固有本质和固有权利。所以,欧洲的理性传统可以与一种无保留的、交互文化的开放性结合为一体。"[②]由

① 瓦尔登菲尔茨:《现象学引论》,第130页。

② 黑尔德:"致中国读者",载于胡塞尔:《现象学的方法》,倪梁康译,上海,1994年,第1页。

黑尔德和日本现象学家合作主编的现象学论文集《东西方之间的交互文化性》一书的出版，是在现象学的基础上展开东西方文化之间对话的又一次尝试。

在这个方向上尤其还要提到的是瑞士著名现象学家和汉学家耿宁(Iso Kern)先生多年来所做的努力。他在六十和七十年代所做的著名现象学研究成果《胡塞尔与康德》(海牙，1964 年)、《哲学的观念与方法》(柏林，1975 年)早已成为胡塞尔现象学研究方面的经典论著。而他自八十年代以来所进行的一系列对胡塞尔现象学与中国哲学，尤其是与中国佛教哲学的比较研究又从一个新的角度引起人们的关注。在"三位一体——一位现象学家的神学思考"(弗莱堡，1986 年)、"胡塞尔哲学中的自身意识与自我"(美茵茨，1988 年)等等文章中，我们已经可以看到，有一个博大的、跨越了区域文化的研究领域和研究可能性正在展现出来，因此，我们期望他在这方面会有更多的作品问世。

在现象学与中国哲学的关系问题上，我相信，耿宁先生的研究方向也将是中国大陆和台湾方兴未艾的现象学研究的未来主要方向之一。虽然胡塞尔本人一再强调理论现象学的第一哲学性质，虽然他本人从根本上是一个非实践的哲学家，我们对他哲学的研究却必定会带有"实践"或"实用"的目的，否则我们对他的"兴趣"便无从谈起。最一般地说，这个目的在于，借助于胡塞尔对现象学研究方法和研究领域的指明，我们有可能达到一个超越出特定的思维方式和特定的区域文化之上并同时包容这些思维方式和文化的高度。这同时也是我通过这部书的写作而在这个方向上所做的努力之一。

附　录

附　录　一

表 1

意识体验的本质结构与要素

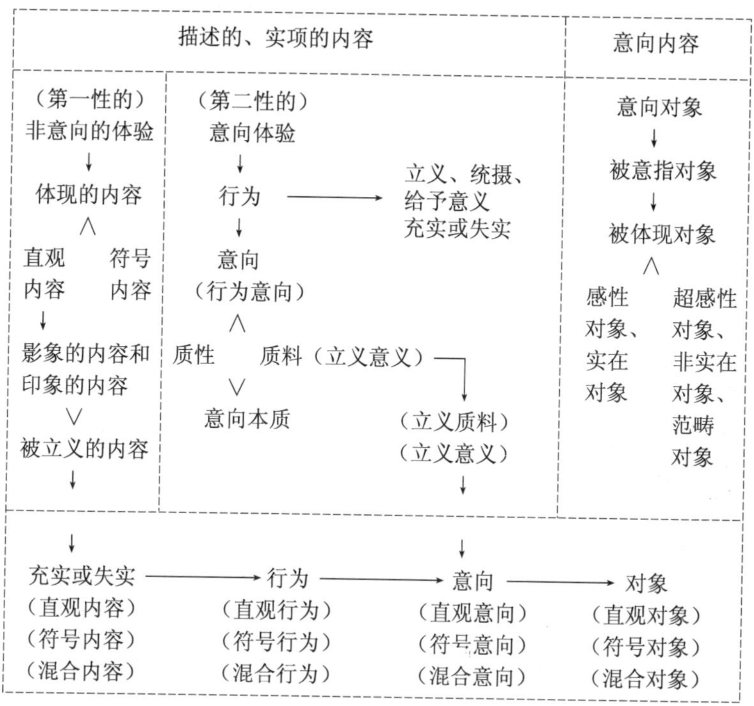

表 2

通向先验本质现象学之路

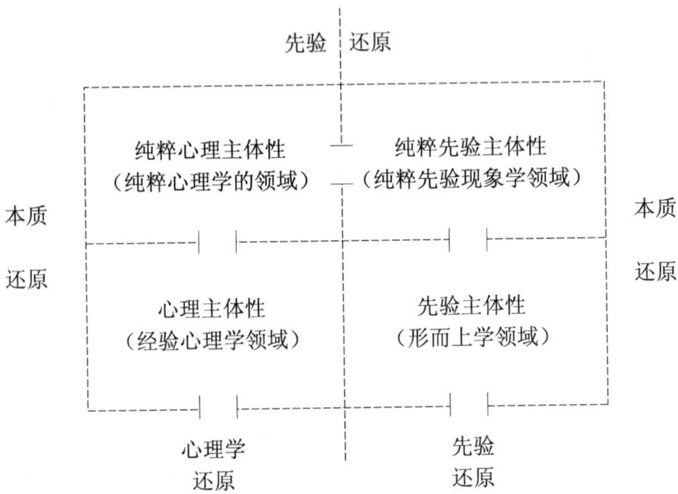

附录二：引用书目外文原名与中文译名对照[①]

Adorno, Th. W.: *Zur Metakritik der Erkenntnistheorie. Studien über Husserl und die phänomenologischen Anatomien*, Stuttgart 1956.（阿道尔诺，Th. W.：《认识论元批判。胡塞尔和现象学的二律背反研究》，斯图加特，1956年）

Apel, K.-O., *Transformation der Philosophie*, 2 Bde., Frankfurt/Main 1976.（阿佩尔：《哲学的形变》，两卷本，法兰克福/美茵，1976年）

Arendt, H., “Martin Heidegger zum 80. Geburtstag”, in *Merkur* 10 (1969).（阿伦特，H.：“马丁·海德格尔八十寿辰贺词”，载于《墨丘利》，第10期，1969年）

Avé-Lallemant, E., “Scheler's Phänomenbegriff und die Idee der Phänomenologie”, in *Neuere Entwicklung des Phänomenbegriffs*, *Phänomenologische Forschungen*, Bd. 9, Freiburg 1980.（阿维-拉勒蒙，E.：“舍勒的现象概念和现象学经验的观念”，载于《现象学研究》第九卷，《现象概念的最新发展》，弗莱堡，1980年）

—— “Die Phänomenologische Bewegung-Ursprung, Anfänge und Ausblick”, in: *Husserl und die Phänomenologische Bewegung*.（“现象学运动——起源、开端、展望”，载于《胡塞尔与现象学运动》）

Becker, O., “Von der Hinfälligkeit des Schönen und der Abenteuerlichkeit des Künstlers. Eine Ontologische Untersuchung im Ästhetischen Phänomenbereich”, in *Festschrift Edmund Husserls*, Tübingen 1974.（贝克尔，O.：“美的事物的衰败性和艺术家的冒险性。在美学现象领域中的本体论研究”，载于《胡塞尔纪念文集》，图宾根，1929年）

Bernet, B./Kern, I./Marbach, E., *Husserl. Darstellung seines Denkens*,

① 这里提供的只是本书所引的外文书目的中译名，以便读者查找。被引用的中文本书目和中译本书目在脚注中已予标明，这里不再一一列出。此外，这里的文献也不包含附录中直接用原文标出的所引著作名称。

Hamburg 1989.(贝耐特,R./凯恩,I./马尔巴赫,E.:《埃德蒙德·胡塞尔——他的思想介绍》,汉堡,1989 年)

Biemel, W., "Einleitung des Herausgebers", in: Husserl, *Idee der Phänomenologie*.(比梅尔,W.:"出版者引论",载于胡塞尔:《现象学的观念》)

——"Husserls Encyclopaedia-Britannica-Artikel und Heideggers Anmerkungen dazu (1950)", in H. Noack (Hrsg.), *Husserl*, Darmstadt 1973.(比梅尔,W.:"胡塞尔的不列颠大百科全书-条目和海德格尔的注释",载于 H. 诺阿克(编):《胡塞尔》,达姆斯塔特,1973 年)

——*Heidegger*, Hamburg 1973.(比梅尔,W.:《海德格尔》,汉堡,1973 年)

Bloch, E., *Das Prinzip Hoffnung*, Bd. I, Frankfurt/Main 1959.(布洛赫,E.:《希望的原则》第一卷,法兰克福/美茵,1959 年)

Bloch, K./Alelbert, R. (Hrsg.), *Denken heißt überschreiten. In memoriam Ernst Bloch*, Frankfurt/Main 1982.(布洛赫,K.、阿德尔贝特,R.(主编):《思维就意味着超越。纪念恩斯特·布洛赫》,法兰克福/美茵,1982 年)

Boehm, R., "Einleitung des Herausgebers", in. Husserl, *Phänomenologie des inneren Zeitbewußtseins*.(波姆,R.:"出版者引论",载于胡塞尔:《内时间意识的现象学》)

Brentano, F., *Psychologie vom empirischen Standpunkt*, Bd. I, Hamburg 1955.(布伦塔诺,F.:《经验立场上的心理学》第一卷,汉堡,1955 年)

——*Grundzüge der Ästhetik*, Bern 1959.(布伦塔诺,F.:《感性论基本原理》,伯尔尼,1959 年)

Broekmann, "Die Einheit von Theorie und Praxis als Problem von Marxismus, Phänomenologie und Struktualismus", in *Phänomenologie und Marxismus*, Bd. I.(布洛克曼,J. M.:"理论与实践的统一作为马克思主义、现象学和结构主义的问题",载于《现象学与马克思主义》第一卷)

Buber, M., *Das Problem des Menschen*, Heidelberg 1982.(布伯,M.:《人的问题》,海德堡,1982 年)

Dilthey, W., *Einführung in die Geisteswissenschaften*, Stuttgart 1957.(狄尔泰:《精神科学引论》,斯图加特,1957 年)

Eley, L., *Transzendentale Phänomenologie und Systemtheorie der Gesellschaft. Zur philosophischen Propädeutik der Sozialwissenschaft*, Freiburg 1972.(艾勒,L.:《先验现象学与社会系统论——社会科学的哲学概论》,弗莱堡,1972 年)

Farías, V., *Heidegger und der Nationalsozialismus*, Frankfurt/Main 1989.(法

里亚斯,V.:《海德格尔与国家社会主义》,德文版,法兰克福/美茵,1989年)

Fink, E., "Welt und Geschichte", in *Husserl et la Pensee Moderne. Actes du deuxieme Colloque International de Phénoménologie*, hrsg. von H. L. Van Breda/J. Taminaux, J., Den Haag 1959.(芬克,E.:"世界与历史",载于H.L.范·布雷达/J.塔米尼奥(编):《胡塞尔与近代思维》,海牙,1959年)

Gadamer, H.-G.,(伽达默尔,H.－G.:)

1) Gesammelte Werke:(《伽达默尔全集》部分)

Bd. I: *Hermeneutik I. Grundzüge einer philosophischen Hermeneutik*, Tübingen 1986.(《解释学Ⅰ:真理与方法——哲学解释学的基本特征》,《伽达默尔全集》第一卷,图宾根,1986年)

Bd. II: *Hermeneutik II. Ergänzungen, Register*, Tübingen 1986.(《解释学Ⅱ:真理与方法——补充、索引》,《伽达默尔全集》第二卷,图宾根,1986年)

Bd. III: *Neuere Philosophie I. Hegel. Husserl. Heidegger*, Tübingen 1987.(《新近哲学Ⅰ:黑格尔、胡塞尔、海德格尔》,《伽达默尔全集》第三卷,图宾根,1987年)

2) Andere Schriften:(其他部分)

—— "Zusammenfassender Bericht", in H. L. Van Breda (Hrsg.), *Vérité et Vérifikation. Actes du quatrieme Colleque International de Phenomenologie*, Den Haag 1974.("总结报告",载于H.L.范·布雷达(编):《真理与证实》(第四届国际现象学研讨会文献),海牙,1974年)

—— "Erinnerung [an Husserl]", in *Husserl die Phänomenologische Bewegung*.("回忆胡塞尔",载于《胡塞尔与现象学运动》)

——"Max Scheler - Der Verschwender", in *Max Scheler im Gegenwartsgeschehen der Philosophie*, hrsg. von P. Good, Bern/München 1975.("作为挥霍者的马克斯·舍勒",载于《在哲学当代发展中的马克斯·舍勒》,保罗·古德主编,伯尔尼,1975年)

—— "Die Hermeneutik und die Diltheyschule", in *Philosophische Rundschau* 3, 1991.("解释学与狄尔泰学派",载于《哲学评论》,3,1991年)

Gurwitsch, A., *Das Bewußtseinsfeld*, Berlin 1975.(古尔维奇,A.:《意识领域》,柏林,1974年)

Habermas, J., *Theorie und Praxis*, Frankfurt/Main 1963.(哈贝马斯,J.:《理论与实践》,法兰克福/美茵,1988年)

—— *Technik und Wissenschaft als Ideologie*, Frankfurt/Main 1968.(《作为"意识形态"的技术与科学》,法兰克福/美茵,1968年)

—— "Der Universalitätsanspruch der Hermeneutik", in *Hermeneutik und Dialektik*, Bd. I, hrsg. von Bubner, R./Cramer K./Wiehl, R., Tübingen 1970.("解释学的普遍性要求",载于《解释学与辩证法》,第一卷,图宾根,1970 年)

—— *Erkenntnis und Interesse*, Frankfurt/Main 1971.(《认识与兴趣》,法兰克福/美茵,1971 年)

—— *Theorie des kommunikativen Handelns*, 2 Bde, Frankfurt/Main 1981.(《交往行为理论》,法兰克福/美茵,1981 年,第二卷)

—— *Moralbewußtsein und kommunikatives Handeln*, Frankfurt/Main 1983.(《道德意识与交往行为》,法兰克福/美茵,两卷本,1983 年)

—— *Vorstudien und Ergänzungen zur Theorie des kommunikativen Handelns*, Frankfurt/Main 1984.(《交往行为理论的前探与后补》,法兰克福/美茵,1984 年)

—— *Nachmetaphysisches Denken*, Frankfurt/Main, 1988.(《后形而上学思维》,法兰克福/美茵,1988 年)

—— "Heidegger - Werk und Weltanschauung", in *Heidegger und der Nationalsozialimus*.("海德格尔——著作和世界观",载于 V.法里亚斯:《海德格尔与国家社会主义》)

—— "Die Moderne - ein unvollendes Projekt", in *Kleine Politische Schriften*, IV, Frankfurt/Main 1981 b.("现代主义——一个未完成的方案",载于《短篇政论文集》,法兰克福,1981 年,b)

—— *Diskurs der Moderne*, Frankfurt/Main, 1985.(《现代主义的哲学讨论》,法兰克福/美茵,1985 年)

——Unveröffentlichtes Arbeitspapier "Einige Bemerkungen zur soziologischen Handlungstheorie", zitiert aus McCarthy, *Kritik der Verständigungsverhältnisse*.(未发表的工作手稿,"关于社会学行为理论的几点说明",转引自麦克伽塞:《交互理解关系批判》)

Habermas, J., Luhmann, N., *Theorie der Gesellschaft oder Sozialtechnologie*, Frankfurt/Main 1971.(哈贝马斯,J./卢曼,N.:《社会理论还是社会技术论》,法兰克福/美茵,1979 年)

Hammer, F., *Theonome Anthropologie? - Max Schelers Menschenbild und Seine Grenzen*, Den Haag 1972.(哈默,F.:《神主的人类学? ——舍勒的人类观及其局限性》,海牙,1972 年)

Hegel, G. W. F., *Philosophie der Weltgeschichte*, 1. *Band*, *Die Vernunft in der Geschichte*, Leipzig 1944.(黑格尔,J. W. F.:《世界历史的哲学》,第一卷,

《历史中的理性》,莱比锡,1944 年)

Heidegger, M., *Sein und Zeit*, Tübingen 1979.(海德格尔,M.:《存在与时间》,图宾根,1979 年)

—— "Mein Weg zur Phänomenologie", in *Zur Sache des Denkens*, Tübingen 1969.("我的现象学之路",载于《面对思维实事》,图宾根,1969 年)

—— *Vier Seminare*, Frankfurt/Main 1977.(《四次讨论课》,法兰克福/美茵,1977 年)

—— *Prolegomena zur Geschichte des Zeitbegriffs* (1925), Gesamtausgabe Bd. 20, Frankfurt/Main 1979.(《时间概念历史导引》,《海德格尔全集》第二十卷,法兰克福/美茵,1979 年)

—— *Die Grundprobleme der Phänomenologie* (1927), Gesamtausgabe Bd. 24, Frankfurt/Main 1975.(《现象学的基本问题》,《海德格尔全集》第二十四卷,法兰克福/美茵,1975 年)

—— *Phänomenologie und transzendentale Wertphilosophie*, Gesamtausgabe Bd. 56/57. Frankfurt/Main 1987.(《现象学与先验的价值哲学(1919)》,《海德格尔全集》第五十六/五十七卷,法兰克福/美茵,1987 年)

—— "Brief über den Humanismus", in *Wegmarken*, Frankfurt/Main 1978.("关于人道主义的通信",载于《路标》,法兰克福/美茵,1978 年)

—— *Die Frage nach dem Ding*, Tübingen 1962.(《事物问题》,图宾根,1962 年)

—— *Was ist Metaphysik?* Frankfurt/Main 1949.(《什么是形而上学》,法兰克福,1949 年)

—— "Vom Wesen des Grundes", in *Festschrift Edmund Husserls*, Tübingen 1974.("论根据的本质",载于《埃德蒙德·胡塞尔纪念文集》,图宾根,1974 年)

Held, Klaus., "Einleitung" zu Edmund Husserl. Ausgewählte Texte I: *Die phänomenologische Methode*, Stuttgart 1985.(黑尔德,K.:"引论",载于《现象学的方法——胡塞尔文选Ⅰ》,斯图加特,1985 年)

—— "Einleitung" zu Edmund Husserl. Ausgewählte Texte II: *Phänomenologie der Lebenswelt*, Stuttgart 1986.("引论",载于:《生活世界的现象学——胡塞尔文选Ⅱ》,斯图加特,1986 年)

—— "Das Problem der Intersubjektivität und die Idee einer phänomenologischen Transzendentalphilosophie", in *Perspektiven transzendental-phänomenologischer Forschung*, hrsg. von M. Claeges und K. Held, Den Haag 1973.("交互主体性的问题与现象学的先验哲学的观念",载于《现象学研究的角度》,U.克莱斯格斯、K.黑尔德主编,海牙,1972

年）

Henckmann, W., "Das Intentionalitätsproblem bei Scheler", in *Brentano Studien* 3, 1990/91.（亨克曼，W.："舍勒哲学中的意向性问题"，载于《布伦塔诺研究》，3，1990/91年）

Herrmann, F.-W. v., Der Begriff der Phänomenologie bei Heidegger und Husserl, Frankfurt/Main 1981.（海尔曼，F－W.v.：《胡塞尔与海德格尔的现象学概念》，法兰克福/美茵，1981年）

Hersch, J., *Das philosophische Staunen. Einblicke in die Geschichte des Denkens*, München 1981.（海尔施，J.：《哲学的惊异：思维史观察》，慕尼黑，1981年）

Holenstein, E., Roman Jakobsons phänomenologischer Struktualismus, Frankfurt/Main 1975.（霍伦斯坦，E.：《罗曼·雅各布森的现象学结构主义》，法兰克福/美茵，1975年）

Horster, D., "Jürgen Habermas", in *Philosophen Lexikon*, Stuttgart 1989.（赫斯特，D.："约尔根·哈贝马斯"，载于《哲学家辞典》，斯图加特，1989年）

Humboldt, W. v., *Gesammelte Schriften*, Bd. I, Berlin 1903.（洪堡，W.v.：《W.v.洪堡著作集》第一卷，柏林，1903年）

Husserl, E.:（胡塞尔，E.）

1）Husserliana ——Edmund Husserl. *Gesammelte Werke*, Den Haag bzw. Dordrecht/Boston/Lancaster Martinus Nijhoff（《胡塞尔全集》，海牙，或者：多德雷赫特/波斯顿/拉卡斯特）：

Bd. I: *Cartesianische Meditationen und Pariser Vorträge*.（第一卷：《笛卡尔式的沉思和巴黎讲演》，1973年）

Bd. II: *Die Idee der Phänomenologie*（*Fünf Vorlesungen*）.（第二卷：《现象学的观念（五篇讲座稿）》，1973年）

Bd. III,1: *Ideen zu einer reinen Phänomenologie und phänomenologischen Philosophie. Erstes Buch: Allgemeine Einführung in die reine Phänomenologie*. Text der 1.- 3. Auflage.（第三卷/1：《纯粹现象学和现象学哲学的观念》第一卷，第一册，《纯粹现象学概论》，1973年）

Bd. III, 2: *Dass. Ergänzende Texte*（*1912－1929*）.（第三卷/2：《纯粹现象学和现象学哲学的观念》第一卷，第二册，《补充文字（1912－1929年》1973年）

Bd. IV: *Ideen zu einer reinen Phänomenologie und phänomenologischen Philosophie. Zweites Buch: Phänomenologische Untersuchung zur Konstitution*.（第四卷：《纯粹现象学和现象学哲学的观念》第二卷，《现象学的构造研

究》,1973 年)

Bd. V: *Ideen zu einer reinen Phänomenologie und phänomenologischen Philosophie. Drittes Buch: Die Phänomenologie und die Fundamente der Wissenschaften*.(第五卷:《纯粹现象学和现象学哲学的观念》第三卷,《现象学与科学的基础》,1973 年)

Bd. VI: *Die Krisis der europäischen Wissenschaften und die transzendentale Phänomenologie. Eine Einführung in die phänomenologische Philosophie*.(第六卷:《欧洲科学的危机与先验现象学。现象学哲学引论》,1962 年)

Bd. VII: *Erste Philosophie (1923/24). Erster Teil: Kritische Ideengeschichte*.(第七卷:《第一哲学》第一卷,《批判的观念史》,1956 年)

Bd. VIII: *Erste Philosophie (1924/25). Zweiter Teil: Theorie der phänomenologischen Reduktion*.(第八卷:《第一哲学》第二卷,《现象学还原理论》,1959 年)

Bd. IX: *Phänomenologische Psychologie (Vorlesungen Sommersemester 1925)*.(第九卷:《现象学的心理学》,1968 年)

Bd. X: *Zur Phänomenologie des inneren Zeitbewußtseins (1893 - 1917)*.(第十卷:《内时间意识的现象学》,1966 年)

Bd. XI: *Analysen zur passiven Synthesis (Aus Vorlesungs- und Forschungsmanuskripten 1918 - 1926)*.(第十一卷:《被动综合分析》,1966 年)

Bd. XIII: *Zur Phänomenologie der Intersubjektivität (Texte aus dem Nachlaß. Erster Teil: 1905 - 1920)*.(第十三卷:《交互主体性的现象学》第一部分,1973 年)

Bd. XVI: *Ding und Raum* (Vorlesungen 1907).(第十六卷:《事物与空间》,1973 年)

Bd. XVII: *Formale und transzendentale Logik. Versuch einer Kritik der logischen Vernunft*.(第十七卷:《形式的与先验的逻辑。逻辑理性批判论》,1974 年)

Bd. XVIII: *Logische Untersuchungen. Erster Band: Prolegomena zur reinen Logik*.(第十八卷:《逻辑研究》第一卷,《纯粹逻辑学导引》,1974 年)

Bd. XIX, 1: *Logische Untersuchungen. Zweiter Band: Untersuchungen zur Phänomenologie und Theorie der Erkenntnis*. Erster Teil.(第十九卷/1:《逻辑研究》第二卷,第一册,《现象学和认识论研究》,1975 年)

Bd. XIX, 2: *Logische Untersuchungen. Zweiter Band: Untersuchungen zur Phänomenologie und Theorie der Erkenntnis*. Zweiter Teil.(第十九卷/2:《逻辑研究》第二卷,第二册,《现象学对认识的说明的要点》,1975 年)

Bd. XXII：*Aufsätze und Rezensionen*（*1890－1910*）.（第二十二卷：《文章与书评（1890－1910）》，1979年）

Bd. XXIII：*Phantasie*，*Bildbewußtsein*，*Erinnerung*. *Zur Phänomenologie der anschaulichen Vergegenwärtigungen*. *Texte aus dem Nachlaß*（*1898－1925*）.（第二十三卷：《想象、图像意识、回忆。直观当下化的现象学》，1980年）

Bd. XXV：*Aufsätze und Vorträge*（1911－1921）.（第二十五卷：《文章与报告（1911－1921）》，1987年）

2）*Husserliana-Dokumente*，Den Haag oder Dordrecht u. a.：（《胡塞尔全集－资料》部分）

Bd. I：*Husserl-Chronik*. *Denk- und Lebensweg Edmund Husserls*，hrsg. von K. Schumann，1977.（《胡塞尔全集－资料》第一卷，《胡塞尔年表——埃德蒙德·胡塞尔的思想和生活道路》，编者：K. 舒曼，海牙，1977年）

Bd. II：Fink，E.，VI. *Cartesianische Meditation* Teil 1. *Die Idee einer transzendentalen Methodenlehre*. Texte aus dem Nachlaß Eugen Finks（1932）mit Anmerkungen und Beilagen aus dem Nachlass Edmund Hussels（1933/34，hrsg. von H. Ebeling/J. Holl/G. van Kerckhoven，Dordrecht/Bosten/London 1988.（《胡塞尔全集－资料》第二卷，《第六项笛卡尔式的沉思——第一部分：一门先验方法论的观念》，H. 埃伯林等编，多德雷赫特，1988年）

3）Weitere Schriften und Dokumente von Husserl：（《胡塞尔全集》以外的著述和资料）

—— *Erfahrung und Urteil*. *Untersuchung zur Genealogie der Logik*，redigiert und hrsg. von L. Landgrebe，Hamburg 1985.（《经验与判断》，汉堡，1985年）

—— "Husserls Brief an Hugo von Hofmannsthal"，in R. Hirsch，"Edmund Husserl und Hugo von Hofmannsthal. Eine Begegnung und ein Berief"，in *Sprache und Politik*. *Festgabe für Dolf Sternberger*，hrsg. von C. J. Friedrich，Heidelberg 1968，S. 108－115.

—— Gespräche von Sr. Adelgundis Jaegerschmit OSB mit Edmund Husserl，in *Edith Stein*. *Wege zur inneren Stille*，hrsg. von W. Herbstrith，Aschaffenburg 1987.（"A. 耶格施密特与埃德蒙德·胡塞尔的谈话录"，载于《埃迪·施泰因：通向内在宁静之路》，阿沙芬堡，1987年）

—— *Briefe an Roman Ingarden*，Den Haag 1968.《致罗曼·英加尔登的信件集》，海牙，1968年。

4）Unveröffentlichte Manuskripte von Husserl：（未发表的胡塞尔手稿）

Ms. B II 1., B II 19., R I Scheler, 18. VIII. 10., R I Ingarden, 19. IV. 31., R I Koyre, 22. VI. 31.

Ingarden, R., "Über den transzendentalen Idealismus bei E. Husserl", in *Husserl et la Pensee Moderne*.(英加尔登,R.:"论 E.胡塞尔的先验唯心主义",载于《胡塞尔与近代思维》)

—— "Probleme der Husserlschen Reduktion", in *Analecta Husserliana*, Vol. IV.("胡塞尔的还原问题",载于《胡塞尔全集——拾零》第五卷)

Jamme, Ch., "Überrationalismus gegen Irrationalismus. Husserls Sicht der mythischen Lebenswelt", in *Phänomenologie im Widerstreit*.(雅默,Ch.:"用超理性主义来反对非理性主义",载于《争论中的现象学》)

Jamme, Ch./Pöggeler, O.(Hrsg.), *Phänomenologie im Widerstreit*, Frankfurt/Main 1989.(雅默,Ch./珀格勒,O.(主编):《争论中的现象学》,法兰克福/美茵,1989 年)

Jaspers, K., *Einführung in die Philosophie*, Berlin 1962.(雅斯贝尔斯,K.:《哲学引论》,柏林,1962 年)

—— *Philosophische Autobiographie*, München 1977.(《哲学自传》,慕尼黑,1977 年)

—— *Philosophie*, Bd. I, Berlin 1973.(《哲学》第一卷,柏林,1973 年)

—— *Allgemeine Psychopathologie. Ein Leitfaden für Studierende, ürzte und Psychologen*, Berlin 1913.(《一般心理病理学。供学生、医生和心理学家用的教科书》,柏林,1913 年)

Kant, I., *Prolegomena zu einer jeden Metaphysik, die als Wissenschaft wir auftreten können*, in Werke in sechs Bänden, Bd. III, Schriften zur Metaphysik und Logik, Darmstadt 1983.(康德,I.:《未来形而上学导论》,载于《六卷本康德全集》,第三卷,《形而上学与逻辑学著作》,柏林,1911 年)

—— *Logik*, in *Werke in sechs Bänden*, Bd. III.(-《逻辑学讲义》,《六卷本康德全集》,第三卷)

Kern, I., "Einleitung des Herausgebers", in Husserl, *Zur Phänomenologie der Intersubjektivität*, 1. Teil.(凯恩,I.:"出版者引论",载于胡塞尔,《交互主体性的现象学》第一卷,海牙,1973 年)

—— "Die drei Wege zur transzendentalphänomenologischen Reduktion in der Philosophie Edmund Husserls", in *Tijdschft voor Filosofie* 24, 1962.("埃德蒙德·胡塞尔哲学中通向先验现象学还原的三条道路",载于《哲学杂志》,24,1962 年)

—— *Husserl und Kant. Eine Untersuchung über Husserls Verhältnis zu Kant und zum Neukantismus*, Den Haag 1964.(《胡塞尔与康德。关于胡塞尔与康德和新康德主义者的关系的研究》,海牙,1964 年)

—— *Idee und Methode der Philosophie. Leitgedanken für eine Theorie der Vernunft*, Berlin/New York 1975.(《哲学的观念与方法。一门理性理论的指导思想》,柏林,1975 年)

—— "Die Lebenswelt als Grundlagenproblem der objektiven Wissenschaften und als universales Wahrheits- und Seinsproblem", in *Lebenswelt und Wissenschaft in der Philosophie Edmund Husserls*, hrsg. von E. Ströcker, Frankfurt/Main 1979.("生活世界作为客观科学的基本问题和作为普遍的真理和存在问题",载于《埃德蒙德·胡塞尔哲学中的生活世界与科学》,主编:E. 施特雷克,法兰克福/美茵,1979 年)

—— "Selbstbewußtsein und Ich bei Husserl", in *Husserl-Symposion Mainz* (27.6/4.7.1988), hrsg. von G. Funke, Stuttgart 1989.("胡塞尔哲学中的自我与自身意识",载于《美茵茨胡塞尔研讨会》,主编,G. 封克,斯图加特,1989 年)

—— "Trinität - Theologische Überlegung eines Phänomenologen", in *Freiburger Zeitschrift für Philosophie und Theologie* Bd. 33 1986.("三位一体——一位现象学家的神学思考",载于《弗莱堡哲学与神学杂志》,第 33 卷,1986 年)

Kolakowski, L., *Die Suche nach der verlorenen Gewißheit: Denkwege mit Edmund Husserl*, Stuttgart 1975.(科拉克夫斯基,L.:《寻找失落了的确然性:随胡塞尔同走的思路》,斯图加特,1977 年)

Kuhn, H., "Scheler", in *Lexikon für Theologie und Kirche*, Bd. IX, Freiburg 1964.(库恩,H.:《神学与教会辞典》第九卷,弗莱堡,1964 年)

Lang, P. Ch., "Gadamer", in *Philosophen Lexikon*, Stuttgart 1989.(朗,P. Ch.:"汉斯-格奥尔格·加达默尔",载于《哲学家辞典》,斯图加特,1989 年)

Löwith, K., *Von Hegel bis Nietzsche*, Zürich/New York 1941 (1. Aufl.) und 1950 (2. Aufl.).(勒维特,K.:《从黑格尔到尼采》,苏黎世/纽约,1941 年第一版,1950 年第二版)

Levinas, E., "Husserl - Heidegger", in *Husserl und die Phänomenologische Bewegung*.(莱维纳斯,I.:"胡塞尔—海德格尔",载于《胡塞尔与现象学运动》)

Luhmann, N., "Intersubjektivität oder Kommunikation: unterschiedliche Ausgangspunkt", in *Archivio di Filosofia*, 54 (1986), S. 41 - 60.(卢曼,

N.:“交互主体性还是交往行为:社会学理论构成的不同出发点”,载于《哲学文库》,第 54 期,1986 年)

Lukács, G., *Existenzialismus oder Marxismus*, Berlin 1951.(卢卡奇,G.:《存在主义还是马克思主义》,柏林,1951 年)

Mader, W., Scheler, Hamburg 1980.(马德,W.:《马克斯·舍勒》,汉堡,1980 年)

Mansfeld, J., *Die Vorsokratiker* (Griechisch/Deutsch), Stuttgart 1987.(曼斯菲尔德,J.(选编/翻译):《前苏格拉底思想家(希文/德文版)》,斯图加特,1987 年)

Marbach, E., “Einleitung des Herausgebers”, in Husserl, *Phantasie, Bildbewußtsein, Erinnerung*.(马尔巴赫,E.:“出版者引论”,载于胡塞尔,《想象、图像意识、回忆》)

Marx, K., Karl Marx-Friedrich Engels. *Werke*, Bd.3, Berlin 1981.(马克思,K.:《马克思、恩格斯全集》第三卷,柏林,1981 年)

McCarthy, Th., *Kritik der Verständigungsverhältnisse. Zur Theorie von Jürgen Habermas*, Frankfurt/Main 1980.(麦克伽塞,Th.:《交互理解关系批判。论约尔根·哈贝马斯的理论》,法兰克福/美茵,1980 年)

Melle, U., *Das Wahrnehmungsproblem und seine Verwandlung in phänomenologischer Einstellung. Untersuchung zu den phänomenologischen Wahrnehmungstheorien von Husserl, Gurwitsch und Merleau-Ponty*, Den Haag/Boston/Lancaster 1983.(梅勒,U.:《现象学观点中的感知问题及其演变。胡塞尔、古尔维奇和梅洛-庞蒂的现象学感知理论研究》,海牙,1983 年)

Merleau-Ponty, M., *Phänomenologie der Wahrnehmung*, Berlin 1966.(梅洛-庞蒂,M.:《感知现象学》,德文版,柏林,1966 年)

——*Die Abenteuer der Dialektik*, Frankfurt/Main 1974.(《辩证法的历险》,德译本,法兰克福/美茵,1974 年)

Misch, G., *Lebensphilosophie und Phänomenologie. Eine Auseinandersetzung der Diltheyschen Richtung mit Heidegger und Husserl*, Stuttgart 1967.(米施,G.:《生命哲学与现象学。狄尔泰学派与海德格尔和胡塞尔的分歧》,斯图加特,1967 年)

Mühlmann, W.E., *Geschichte der Anthropologie*, Wiesbaden 1986.(米尔曼,W.E.:《人类学史》,威斯巴登,1986 年)

Müller, M., “Erinnerung [an Husserl]”, in *Husserl und die Phänomenologische Bewegung*.(米勒,M.:“回忆胡塞尔”,载于《胡塞尔与

现象学运动》)

Passweg, S., *Phänomenologie und Ontologie —— Husserl, Scheler, Heidegger*, Leipzig Leipzig/Strassburg/Zürich 1939.(帕斯威克,S.:《现象学和本体论——胡塞尔、舍勒、海德格尔》,莱比锡/施特拉斯堡/苏黎世,1939 年)

Pazanin, A., "Wahrheit und Lebenswelt beim späten Husserl", in *Vérité et Vérifikation*.(帕采宁,A.:"后期胡塞尔的真理与生活世界",载于《真理与证实》)

Pöggler, O., "Die Krise des phänomenologischen Philosophiebegriffs", in *Phänomenologie im Widerstreit*.(珀格勒,O.:"现象学的哲学概念的危机(1929)",载于《争论中的现象学》)

Popper, K.R., *Logik der Forschung*, Tübingen 1982.(波普,K.:《研究的逻辑》,图宾根,1982 年)

Ricoer, P., "Ideologie und Ideologiekritik", in *Phänomenologie und Marxismus*, Bd.I.(利科,P.:"意识形态与意识形态批判",载于《现象学与马克思主义》第一卷)

—— "Husserl und der Sinn der Geschichte", in *Husserl*, hrsg. von H. Noack, Darmstadt 1973.("胡塞尔与历史的意义",载于《胡塞尔》,海尔曼・诺阿克主编,达姆斯塔特,1973 年)

Römpp, G., *Husserls Phänomenologie der Intersubjektivität und ihre Bedeutung für eine Theorie intersubjektiver Objektivität und die Konzeption einer phänomenologischen Philosophie*, Dordrecht, 1992.(伦普,G.:《胡塞尔的交互主体性现象学》,多德雷赫特,1992 年)

Saner, H., *Jaspers*, Hamburg 1984.(萨尼尔,H.:《雅斯贝尔斯》,汉堡,1970 年)

Sartre, J.P., *Das Sein und das Nichts. Versuch einer phänomenologischen Ontologie*, Hamburg 1962.(萨特,J.-P.:《存在与虚无。一个现象学本体论的尝试》,汉堡,1962 年)

—— *Kritik der dialektischen Vernunft*, Hamburg 1967.(《辩证理性批判》,汉堡,1967 年)

Scheler, M.,(舍勒,M.)

1) *Gesammelte Werke Schelers*, Bern/München.(《舍勒全集》,伯尔尼或慕尼黑)

Bd.I: *Frühe Schriften*, 1971.(第一卷,《早期著作》,1971 年)

Bd.II: *Der Formalismus in der Ethik und die materiale Wertethik. Neuer Versuch der Grundlegung eines ethischen Personalismus*, 1966.(第二卷,

《伦理学中的形式主义与质料的伦理学》,1966 年)

Bd. III: *Vom Umsturz der Werte*, 1966.(第三卷,《论价值的颠覆》,《舍勒全集》第三卷,1972 年)

Bd. V: *Vom Ewigen im Menschen*, 1968.(第五卷,《论人的永恒》,《舍勒全集》第五卷,1968 年)

Bd. VII: *Wesen und Formen der Sympathie*, 1973.(第七卷,《同情的本质与形式》,1973 年)

Bd. VIII: *Die Wissensformen und die Gesellschaft*, 1960.(第八卷,《知识形式与社会》,1960 年)

Bd. IX: *Spätere Schriften*, 1976.(第九卷,《后期著作》,1976 年)

Bd. X: Schriften aus dem Nachlaß I. *Zur Ethik und Erkenntnislehre*, 1957.(第十卷,《伦理学与认识论遗著》第一部分,1957 年)

Bd. XI: Schriften aus dem Nachlaß II. *Erkenntnislehre und Metaphysik*, 1979.(第十一卷,《认识论与形而上学遗著》第二部分,1979 年)

2)Weitere Schriften von Scheler.(其他部分)

——*Die Stellung des Menschen im Kosmos*, Bern 1983.(《人在宇宙中的位置》(单行本),伯尔尼,1983 年)

——*Wesen und Formen der Sympathie*, Bonn 1923.(《同情的本质与形式》(单行本),波恩,1923 年)

——Ms. Ana 315 E II, 1.(手稿 Ana 31 5 E II,1)

——Brief an A. Grimme am 04.05.1917.(1917 年 5 月 4 日致格里默的信)

Schelling, F. W. J., *Ausgewählte Schriften*, Bd. I (1794 - 1800), Frankfurt/Main 1985.(谢林,《谢林选集》第一卷,法兰克福/美茵茨,1985 年)

Schmitz, H., *Neue Phänomenologie*, Bonn 1980.(施密茨,H.:《新现象学》,波恩,1980 年)

Schulz, W., *Philosophie in der veränderten Welt*, Pfullingen 1972.(舒尔茨,W.:《改变了的世界中的哲学》,普夫林根,1972 年)

Schneeberger, G., *Nachlese zu Heidegger. Dokumente zu seinem Leben und Denken*, Bern 1962.(施内贝格,G.(主编):《海德格尔追读——关于他的生活与思想的资料》,伯尔尼,1962 年)

Sepp, H. R. (Hrsg.), *Husserl und die phänomenologische Bewegung - Zeugnisse in Text und Bild*, Freiburg 1988.(塞普,H. - R.:《胡塞尔与现象学运动——图片与文字证明》,弗莱堡,1988 年)

Spaemann, R., "Der Streit der Philosophie", in *Wozu Philosophie*? hrsg. von H. Lübbe, Berlin 1978.(施贝曼,"哲学家们的争吵",载于《哲学有何用?》,

H. 吕贝主编，柏林，1978 年）

Spiegelberg, "Erinnerung [an Husserl]", in *Husserl und die Phänomenologische Bewegung*.（施皮格伯格，H.："回忆胡塞尔"，载于《胡塞尔与现象学运动》）

Stegmüller, W., Hauptströmungen der Philosophie - Eine kritische Einführung, Bd.1, Stuttgart 1978.（施泰格穆勒，W.：《当代哲学主流》第一卷，斯图加特，1978 年）

Strasser, St., *Welt in Widerspruch. Gedanken zu einer Phänomenologie als ethischer Fundamentalphilosophie*, Dordrecht 1992.（施特拉塞尔，St.：《矛盾中的世界——关于一门作为伦理基础哲学的现象学的想法》，多德雷赫特，1992 年）

—— "Problem des 'Verstehens' in neuer Sicht", in Vérité et Vérifikation.（"'理解'问题之新观"，载于《真理与证实》）

—— "Grundgedanken der Sozialontologie Edmund Husserls", in *Zeitschrift für philosophische Forschung* 29, 1975.（"埃德蒙德·胡塞尔的社会本体论基本思想"，载于《哲学研究杂志》，第 29 期，1975 年）

Ströker, E., "Phänomenologie und Psychologie. Die Frage ihrer Beziehung bei Husserl", in *Zeitschrift für philosophische Forschung*, Nr.37, 1983.（施特雷克，E.："现象学与心理学——它们在胡塞尔哲学中的关系问题"，载于德国，《哲学研究杂志》，第 37 期，1983 年）

Theunissen, M., *Der Andere. Studien zur Sozialontologie der Gegenwart*, Berlin 1977.（图伊尼森，M.：《他人。当代社会本体论研究》，柏林，1965 年）

Tugendhat, E., *Der Wahrheitsbegriff bei Husserl und Heidegger*, Berlin 1965.（图根特哈特，E.：《胡塞尔与海德格尔的真理概念》，柏林，1970 年）

Van Breda, H.L., (Hrsg.), *Vérité et Vérifikation*. Actes du quatrieme Colleque International de Phenomenologie, Den Haag 1974.（H.L.范·布雷达（编）：《真理与证实》（第四届国际现象学研讨会文献），海牙，1974 年）

Van Breda, H.L./Taminiaux, J.(Hrsg.), *Husserl et la Pensee Moderne/Husserl und das Denken der Neuzeit* (Den Haag 1959).（H.L.范·布雷达/J.塔米尼奥（编）：《胡塞尔与近代思维》，海牙，1959 年）

Van Breda, H.L./Taminiaux, J.(Hrsg.), *Edmund Husserl 1859 – 1959* (Den Haag 1959).

Waldenfels, B., *Das Zwischenreich des Dialogs. Sozialphilosophische Untersuchungen in Anschluß an Edmund Husserl*, Den Haag 1974.（瓦尔登菲尔茨，B.：《对话的间域。与胡塞尔相衔接的社会哲学研究》，海牙，1971 年）

——*In den Netzen der Lebenswelt*, Frankfurt/Main 1985.(《在生活世界的网中》,法兰克福/美茵,1985 年)

——*Einführung in die Phänomenologie*, München 1992.(《现象学引论》,慕尼黑,1992 年)

Waldenfels, B./Broekmann, Jan M./Pazanin, A.(Hrsg.), *Phänomenologie und Marxismus*, 4 Bde. Frankfurt/Main 1977 – 1979.(瓦尔登菲尔茨等(编):《现象学与马克思主义》。四卷本,法兰克福/美茵,1977 – 1979 年)

Waelhens, De A., "Die phänomenologische Idee der Intentionalität", in *Husserl et la Pensee Moderne*.(瓦伦士,deA.:"现象学的意向性观念",载于《胡塞尔与近代思维》)

Hugo, O., "Edmund Husserl und die Universität Freiburg", in *Husserl und die Phänomenologische Bewegung*.(胡果,O.:"胡塞尔与弗莱堡大学",载于《胡塞尔与现象学运动》)

Yorck, *Bewußtseinseinstellung und Geschichte*, Tübingen 1956.(约尔克,《意识态度与历史》,图宾根,1956 年)

出 版 后 记

撰写这部著作的最早准备工作可以追溯到1987年，当时我正在德国弗莱堡大学胡塞尔文库为我的博士论文研究课题《E.胡塞尔现象学中的存在信仰问题——与胡塞尔一同进行的尝试》准备资料。在研究胡塞尔现象学的过程中，我不断地接触到当代德国哲学各个代表人物与胡塞尔的关系问题。它促使我在做博士研究的同时也开始考虑与"现象学及其效应"相关的研究方向。

国内的胡塞尔现象学研究较之于亚洲的日本要起步晚，甚至比韩国也要晚几十年，这是一个事实。虽然自八十年代以来，国内哲学界对胡塞尔现象学的研究兴趣不断增长，研究水平也有了较快的提高，但导致这种情况出现的原因主要在于国内学者们对处在胡塞尔作用圈中的整个当代德国哲学研究逐步深入化。换言之，对胡塞尔的兴趣首先并不来自胡塞尔研究本身，而主要是间接地通过它在其他西方哲学流派中产生的持久效应所引起的。

鉴于这两方面的考虑，完成博士学位回国后，我搁下了将自己博士论文译成中文出版的计划，首先考虑《现象学及其效应》的撰写。初稿以"现象学研究"为题在南京大学哲学系给研究生讲授，1991/92冬季学期和1992/93年冬季学期各讲一次，因而这部书的初稿实际上是讲座稿。这在形式上很符合德国学院哲学家的著述风格和习惯。内容上是否也能符合，则要由读者来评说了。愿其中所学所借、所评所议、所思所悟，能得到同仁的评判与指点。

三联出版社对此书的出版给予热情的支持；编辑吕祥博士对此

书的内容、结构、风格提出了许多有益的建议，借此鸣谢！

此外还要感谢比利时卢汶大学胡塞尔文库慷慨地允许我引用胡塞尔未发表的手稿！

最后要感谢我在国外的各位现象学界朋友和同仁！瑞士现象学家耿宁博士和 E.马尔巴赫博士、德国现象学家 H.-R.塞普博士和 U.梅勒博士等等，他们在我写作此书的过程中不断地为我提供有关的资料，使我在回国仍然能及时掌握德国现象学研究的最新研究动向和成果。

倪梁康

1993 年 5 月于南京

修订版后记

古人说，每一本书都有自己的命运。舍勒又说，书的命运是由作者的责任和理解的偶然掺杂而成的。笔者对此都深信无疑。本书发表后，有幸受到各方学人的关注。三联书店两次印刷，印数达一万五千余册。此后该书又被收入中国出版集团的《中国文库》中，于2005年再次印刷（可惜没有得到机会修订）。一部学术书在如今这个时代能有如此多的读者，可以说命运之神待它不薄了。

算起来，《现象学及其效应》是笔者用中文发表的第一部专著。自完成它的撰写以来，已有十多年的时光过去。笔者的心情也由忐忑不安转为略感欣慰。这并不是因为在笔者与此期间所能看到的评论中赞誉多于批评，而是因为这些评论均在严肃的学术讨论中进行，从而使笔者获益良多。更令笔者感动的是一些前辈学者以各种方式对笔者本人以及本书的关心和支持。这里的研究能在1991年获得国家社会科学基金青年项目的资助，并在1999年获得国家首届社会科学研究基金成果奖，说明学界对笔者的努力有一定程度的认可。无论如何，通过本书的撰写以及此后与本书各类读者的各种方式的交流对话，笔者在学术研究道路上所获得的帮助与启示是难以言尽的。是故特别在此向关心此书的诸多学长和学友深表谢意！

应当说，时隔十多年，笔者不仅对此书所阐述的一些问题已经有了新的认识，而且对自己的总体学术研究内容和研究方式也有了进一步的领会。尽管如此，毋宁说，正因如此，作者的此次修订，没有在内容上对本书做出根本性的改动。很显然，这样的改动无疑意味着重写。而对哲学文献史的回顾表明，这类重写往往是得不偿失的。因此，与笔者已经出版的研究文集《意识的向度——以胡塞尔为轴心的现象学问题研究》(北京：北京大学出版社，2007 年)相似，笔者没有对以往的研究内容和研究方式进行改造，而只是在文字上做了必要的修正，其中包括对文字错误、印刷错误等等方面的订正，以及对外文人名和概念翻译方面的统一。这里特别要感谢一些读者来函对本书所含各类错误的指正！希望并相信这次的修订版能够为读者提供一个错误较少的版本。

撰写这部著作的原委，原先在初版的“后记”中有所说明，但它在初次发表时被删去了，或者也有可能被遗漏了。其后几次重印也未能加入。为此一直觉得这是本书的一个缺憾，甚至还隐隐地认为该书尚未最终完成。此次借修订的机会，将它作为初版后记”发表出来，算是为本书画上个句号。

借此次修订之际，笔者本应还增加至少两三个附录。其一是“胡塞尔与海德格尔的存在问题”；其二是“从胡塞尔到舍勒的感受现象学的发展”。它们的讨论内容与本书的研究课题一致，属于笔者对胡塞尔现象学与其他各类现象学关系问题的继续关注和讨论，亦即属于这本书的问题域。但这两篇文字在此期间已在不久前出版的《现象学的始基——胡塞尔〈逻辑研究〉释要》(北京：中国人民大学出版社，2009 年)中分别作为“第六章：第五逻辑研究：感受现象学究竟意味着什么”和“第十二章：胡塞尔与海德格尔的存在问题(对第七章的展开)”发表，因而这里便不再重复。

以此方式，笔者这些年来关于现象学及其效应的研究，算是有了一个大致的总结。

倪梁康
2001 年 4 月初稿于南京
2005 年 2 月二稿于广州
2011 年 6 月 三稿于广州